Marilyne & Wyatt Woodsmall

Auf dem Weg zu exzellenter Kommunikation

Die 9 Schlüssel zum persönlichen und beruflichen Erfolg

Ein NLP-Trainingsprogramm

D1695097

Marilyne & Wyatt Woodsmall

Auf dem Weg zu exzellenter Kommunikation

Die 9 Schlüssel zum persönlichen und beruflichen Erfolg

Ein NLP-Trainingsprogramm

Aus dem Amerikanischen von
Michael H. Koulen

Junfermann Verlag • Paderborn
1998

Copyright © der deutschen Ausgabe: Junfermannsche Verlagsbuchhandlung, Paderborn 1998

Copyright © 1995 by Marilyne Woodsmall and Wyatt Woodsmall

Originaltitel: People Patterm Power: P^3

Covergestaltung: Petra Friedrich

Satz: La Corde Noire – Peter Marwitz, Kiel

Die Deutsche Bibliothek – CIP-Einheitsaufnahme
Woodsmall, Marilyne:
Auf dem Weg zu exzellenter Kommunikation: Die 9 Schlüssel zum persönlichen und beruflichen Erfolg. Ein NLP-Trainingsprogramm / Marilyne Woodsmall, Wyatt Woodsmall. [Übers.: Michael H. Koulen]. – Paderborn: Junfermann, 1998.

    Einheitssacht.: People Pattern Power: P^3 <dt.>
    ISBN 3-87387-395-8

ISBN 3-87387-395-8

Inhalt

Die neun Schlüssel zum beruflichen Erfolg

Prolog

Ich bin ein sehr erfolgreicher Manager. Dieses Buch handelt davon, wie ich es wurde. Ich hatte das große Glück, für ein Unternehmen namens Success Inc. zu arbeiten, wo man mir die neun Schlüssel zum geschäftlichen Erfolg beibrachte. Diese Schlüssel werden *People Patterns* genannt; sie bilden die Grundlage für meine Leistungen und Erfolge. Den neun People Patterns entsprechen neun verschiedene Muster, die bei allen Menschen zu finden sind. Ich habe gelernt, diese Muster bei mir selbst und bei anderen zu entdecken. Und vor allem: Ich habe gelernt, mich gegenüber jedem Menschen so zu verhalten, wie seine persönlichen People Patterns es erfordern. Meine Kommunikationsfähigkeiten haben davon stark profitiert. Ich habe meine Wirkung und meinen Einfluß auf andere Menschen in einer Weise steigern können, wie ich es nie für möglich gehalten hätte. Das vorliegende Buch erzählt die Geschichte, wie ich mit jenen Mustern zum ersten Mal in Berührung kam.

Ein Unternehmen namens Success

Ich erinnere mich noch gut an meinen ersten Arbeitstag bei der Success Inc. An diesem Tag begann ein neuer Abschnitt in meinem Leben. Allerdings wußte ich damals noch nicht, welche Veränderungen mir bevorstanden. Nach vier Jahren College und einem MBA-Abschluß an einer renommierten Universität wollte ich meine Karriere in der wirklichen Welt fortsetzen. Ich wollte akademische Bücher und Theorien hinter mir lassen, um das Gelernte endlich anzuwenden. Eine Zeitlang hatte ich mich in verschiedenen Unternehmen umgesehen, doch hatte mir keines davon richtig zugesagt. Obwohl ich ein brauchbarer Manager war, schien mir stets etwas zu fehlen, etwas, das ich nicht genau benennen konnte. Schließlich hatte ich mich für eine Aufgabe im mittleren Management der Success Inc beworben. Und hier fand ich dann das, was ich immer gesucht hatte – meine Ausbildung zu einem richtigen Manager.

Ich habe diesen inzwischen weit zurückliegenden ersten Tag bei der Success Inc. immer noch klar vor Augen. Als ich an jenem Morgen zur Arbeit fuhr, ließ ich im Geiste nochmals alles Revue passieren, was ich über meinen neuen Arbeitgeber wußte und was mich zu diesem Unternehmen hingezogen hatte. Verglichen mit allen Unternehmen, für die ich inzwischen gearbeitet hatte, war Success Inc. in mehrfacher Hinsicht bei weitem das erfolgreichste. Erstens nahm es einen Spitzenplatz beim Verkauf ein. Zweitens bekam es mit die besten Noten seiner Branche bei der Bewertung der Kundenzufriedenheit. Drittens genoß die Qualität seiner Produkte und Dienstleistungen einen hervorragenden Ruf. Viertens war Success Inc. bekannt und geachtet aufgrund seiner innovativen Ansätze bei der Mitarbeiterführung. Und schließlich – ein ganz wesentlicher Punkt – wurde es von seinen eigenen Mitarbeitern als eines der Unternehmen eingestuft, für die man landesweit am liebsten arbeiten wollte.

■ Das Interview

Allerdings gab es noch etwas, das mich von Anfang an für diese Firma einnahm: die ganz besondere Art der Führung des Vorstellungsgesprächs. Bis dahin waren alle Vorstellungsgespräche, an denen ich teilgenommen hatte, praktisch nach identischem Muster verlaufen. Stets war es um meine Ausbildung, meine Berufserfahrung und mein allgemeines Auftreten gegangen. Offensichtlich handelt es sich bei diesen Faktoren um die gängigen Kriterien der Kandidatenbeurteilung. Bei Success Inc. hingegen stellte man mir eine Reihe von Fragen, die mir zunächst höchst ungewöhnlich vorkamen:

„Was möchten Sie in Ihrer Karriere erreichen?"

„Welche Wirkung wird das auf Sie haben?"

„Nach welchen Gesichtspunkten haben Sie sich Ihren derzeitigen Job ausgesucht?"

„Leben Sie Ihr Leben spontan oder eher nach einem Plan?"

„Woran erkennen Sie, ob Sie eine Arbeit gut gemacht haben?"

Dann legte man mir eine Reihe von Fotos vor. Eins zeigte eine Gruppe von Menschen auf einer Uferpromenade, ein anderes einen belebten Park. Ich sollte ausführlich beschreiben, was ich auf diesen Bildern sah. Als nächstes sollte ich mir vorstellen, wie ich wie durch eine Tür in meine ideale Karriere eintrat, und dann beschreiben, was ich dabei sah. Schließlich baute man drei Stühle vor mir auf und bat mich, ihre Beziehung zueinander zu beschreiben. Ich hatte nicht die geringste Ahnung, was man mit derartigen Fragen über mich herauszufinden versuchte, doch offenbar muß ich einigermaßen zufriedenstellend geantwortet haben, denn kurz darauf bekam ich meinen Vertrag.

P^3 – P hoch drei

Nun war ich also frischgebackener Mitarbeiter der Success Inc. In der Personalabteilung füllte ich die üblichen Formulare aus und freute mich auf das zehntägige intensive Orientierungs- und Trainingsprogramm mit meiner neuen Mentorin. Noch hatte ich keine Ahnung, welche unbekannten und faszinierenden Lektionen mich erwarteten! Die Sekretärin führte mich in das Büro meiner Mentorin, ließ mich Platz nehmen und erklärte, daß Shana in wenigen Minuten bei mir sein würde. Shanas Büro war sehr interessant. Als ich mich umsah, entdeckte ich auf ihrem Schreibtisch einen seltsamen transparenten Würfel, in dem der Buchstabe **P** eingeschlossen war. Dann entdeckte ich verschiedene Poster an der Wand. Auf einem stand: **PEOPLE PATTERN POWER IST DER SCHLÜSSEL ZUM PERSÖNLICHEN UND GESCHÄFTLICHEN ERFOLG.** Auf dem Regal hinter Shanas Schreibtisch standen nicht nur die neuesten Managementbücher, sondern auch einige Titel über Golf und Tennis.

In diesem Augenblick hörte ich jemand mit angenehmer Stimme „Hallo" sagen. Ich drehte mich um und begrüßte meine neue Mentorin. Shanas Augen leuchteten vor Energie und Enthusiasmus. Sie musterte mich mit einem Blick, der alles zu erfassen schien. Ihr Händedruck war fest, beinahe wie mein eigener. Sie bat mich, Platz zu nehmen, und setzte sich selbst nicht etwa hinter den Schreibtisch, sondern mir direkt gegenüber. Irgendwie fühlte ich mich in ihrer Gegenwart recht entspannt, so daß es keine große Überwindung kostete, sie nach dem merkwürdigen Würfel mit dem eingeschlossenen **P** zu fragen.

„Gut, daß Sie danach fragen", antwortete sie. „Dieser Würfel beschreibt die Grundlagen des Erfolgs unseres Unternehmens. Im übrigen genau der Stoff, mit dem wir uns während Ihres Orientierungs- und Trainingsprogramms in den nächsten beiden Wochen beschäftigen werden. Wir nennen ihn P^3 – P hoch drei –, was für People Pattern Power steht. Eine Macht oder Kraft, die Sie ausüben können, wenn Sie die People Patterns bei der Arbeit und in Ihrem Leben richtig einsetzen.

P^3 steht aber auch für People Pattern Person, für die Art von Person oder Mensch, die Sie mit Hilfe unseres speziellen Trainingsprogramms werden können.

„Aha", sagte ich, „das ist also mit dem Schild an der Wand gemeint."

„Genau", antwortete sie, „und vielleicht sollten wir damit beginnen. Zuerst wollen wir den Begriff *People Patterns* definieren. People Patterns sind schlicht die Muster des menschlichen Verhaltens. Obwohl wir alle einzigartig sind, verhält sich doch jeder auf seine charakteristische Art und Weise. Jeder hat seine eigene Kollektion von Mustern, von denen er einzelne wiederum mit anderen Menschen gemein hat. Derartige Muster repräsentieren die verschiedenen Filter, durch die wir Informationen über die uns umgebende Welt aufnehmen, durch die wir diese Informationen bewerten, durch die wir uns davon motivieren lassen und durch die wir uns zu bestimmten Handlungen entschließen. Diese Muster wirken wie eine Spezialbrille mit auswechselbaren Gläsern. Jede Linse bringt bestimmte Aspekte unserer Umgebung in einen scharfen Fokus, während sie andere Aspekte verzerrt oder gänzlich tilgt. Jede Linse bzw. jeder Filter stellt ein bestimmtes People Pattern dar. Die wichtigsten dieser Muster werden wir genauer untersuchen. Was jeden einzelnen Menschen unverwechselbar macht, ist seine besondere Kombination dieser Muster. Alles, was wir über diese Muster und wie man sie verwendet, herausgefunden haben, wird in unserem People Pattern Credo zusammengefaßt. Hier ist ein Exemplar für Sie."

Ich betrachtete das Blatt Papier, das Shana mir überreichte, und begann zu lesen:

Das People Pattern Credo

Alle Menschen werden von Gewohnheiten regiert. Gewohnheiten führen zu konsistenten Verhaltensmustern. Unsere gesamte Sprechweise und unsere Handlungen zeugen von diesen Mustern. Die Muster können von einem ausgebildeten Beobachter leicht entdeckt werden. Sie können verwendet werden, um die Kommunikation zu erleichtern. Sie können auch verwendet werden, um unseren Einfluß auf andere zu erhöhen. Wer weise ist, wird die Muster entsprechend verwenden. Wer dies unterläßt, mißachtet die Einzigartigkeit seines Gegenübers.

„Dies sind die Grundsätze unseres People Pattern Credos. Und nun müssen wir uns darüber unterhalten, wie man sie anwendet. Wenn Sie nämlich wirksam damit arbeiten wollen, müssen Sie bereit sein, Ihr eigenes Verhalten zu ändern, um andere

Menschen dazu zu bewegen, ihr Verhalten zu ändern. Oder um es mit anderen Worten zu sagen: Menschen denken auf ihre eigene Weise, nicht auf unsere.

Um einen anderen Menschen dazu zu bewegen, sein Verhalten oder seine Art zu denken zu ändern, müssen Sie Ihre Kommunikation auf seine Denk- und Verhaltensweisen einstellen. Was bei Ihnen eine Veränderung auslöst, ist oft etwas ganz anderes, als was andere zu einer Veränderung bewegt."

Dann fuhr Shana fort: „People Patterns reflektieren nicht den Inhalt, sondern die Form, in der wir denken. Wir müssen uns auf die People Patterns – also die Welt-Modelle – unserer Gesprächspartner einstellen, wenn wir mit unserer Kommunikation etwas bewirken wollen. Dazu müssen Sie vier Dinge tun, nämlich fokussieren, beobachten, kommunizieren und verifizieren.

FOKUSSIEREN bedeutet einfach, zu wissen, welches spezifische Ergebnis Sie mit einer bestimmten Kommunikation erreichen möchten. Ihre Kommunikationen sollten einen Zweck haben. Handeln Sie nicht einfach impulsiv oder aufs Geratewohl, sondern haben Sie bei allem, was Sie tun und sagen, ein bestimmtes Ergebnis im Sinn. Ich kann das nicht genug betonen. Effektive Kommunikatoren arbeiten immer mit wohlgeformten Zielen. Ohne klare Vorstellung der Ziele wird Kommunikation zu einer Zufallsangelegenheit. Und zur Formulierung der Ziele gehört auch, zu wissen, welche Wünsche in bezug auf das Denken und Verhalten Ihres Gegenübers Sie haben. Wenn Sie sich eine klare Vorstellung davon machen, können Sie Ihre Kommunikation so gestalten, daß Sie die Reaktionen erhalten, die Sie möchten.

Mit BEOBACHTEN wollen wir ausdrücken, daß man seine ganze Aufmerksamkeit auf den Gesprächspartner richtet, bis man sein oder ihr Weltmodell versteht. Oder anders ausgedrückt: Erkennen Sie seine oder ihre spezielle Kombination von People Patterns. Beobachten Sie sie so lange, bis Sie genauso denken können wie Ihr Gegenüber. Beobachten Sie so lange, bis seine Denkstruktur zu Ihrer wird. Erst dann werden Sie Ihre Kommunikation auf sein Weltmodell einstellen können.

Doch zum BEOBACHTEN gehört noch etwas. Sie müssen auch wahrnehmen, wie der Mensch, mit dem Sie kommunizieren, auf Sie reagiert. Man muß sich davon überzeugen, ob das, was man tut, auch funktioniert oder nicht. Der einzige Weg dahin führt über das fortlaufende Beobachten der verbalen und nonverbalen Reaktionen Ihres Gesprächspartners. Wir bei Success Inc. verfolgen einen sehr pragmatischen Kommunikationsansatz. Er stützt sich auf den einfachen Grundsatz: Die Bedeutung der Kommunikation liegt in der Reaktion, die man erhält. Mit anderen Worten, es kommt nicht darauf an, was Sie mitteilen wollen oder was Sie mitzuteilen glauben, sondern darauf, was Ihr Gegenüber als Ihre Kommunikation wahrnimmt. Aus praktischen Gründen bestimmen wir die Bedeutung unserer Kommunikation danach, wie unser Gesprächspartner auf uns reagiert. Entspricht seine Reaktion unserer Absicht, dann hatten wir Erfolg. Entspricht seine Reaktion nicht unserer Absicht, dann hatte unsere Kommunikation keinen Erfolg im Hinblick auf das erstrebte Ergebnis. In diesem Fall muß man etwas anderes versuchen. Alles andere hat nämlich eine höhere Erfolgswahrscheinlichkeit als das, was nicht funktioniert. Ebensowenig hilft es, die Kommunikation einfach zu wiederholen, lauter oder mit mehr Nachdruck, falls die erste Reaktion nicht unseren Erwartungen entspricht. Hier muß man die eigene Art des Kommunizierens so lange ändern und die Reaktionen darauf beobachten, bis man Erfolg hat." Shana gab mir ein Zeichen, meine Fragen noch zurückzustellen, und fuhr fort:

„KOMMUNIZIEREN heißt, in eine Interaktion mit jemand eintreten auf der Basis seiner oder ihrer speziellen People Patterns, bis die Veränderung, die man bei seinem Gegenüber bewirken will, ihm im Rahmen seines Weltmodells einleuchtend erscheint. Beim Kommunizieren kommt es entscheidend darauf an, sich der Form der Denkprozesse des Partners anzugleichen. Vergessen Sie nicht, daß die *Form* dessen, was Sie sagen, wichtiger ist als der *Inhalt*. Es ist wie bei einer Fremdsprache. Der Inhalt ist das, was Sie übermitteln möchten, und die Form ist die Sprache, in der Sie ausdrücken, was Sie kommunizieren möchten. Wenn der Gesprächspartner unsere Sprache nicht versteht, können wir den Inhalt bis zur Erschöpfung wiederholen – es wird keinen Zweck haben. Spricht man jedoch die gleiche Sprache wie der andere, versteht er uns sofort. Normalerweise verfangen sich die Leute in Fragen des Inhalts und vergessen dabei, daß Inhalt in der Sprache des Gegenübers ausgedrückt werden muß, um verstanden zu werden. Das ist gemeint, wenn wir davon sprechen, sich in der Kommunikation auf die People Patterns des Partners einzustellen. Man braucht allerdings genügend Flexibilität im eigenen Verhalten, um die eigenen Muster überwinden und die Muster des Gesprächspartners annehmen zu können. Denken Sie daran, daß die Dinge eher durch gezielte Veränderung als durch Zufall zu verbessern sind. Wenn Sie wollen, daß ein anderer sich verändert, müssen wir die Art unserer Kommunikation mit ihm verändern.

VERIFIZIEREN schließlich bedeutet zu überprüfen, ob die beabsichtigte Änderung tatsächlich eingetreten ist. Falls nicht, hat man bei einem der vorherigen Schritte etwas falsch gemacht. Dann muß man den Prozeß wiederholen, bis das erstrebte Ziel erreicht ist. Um das Ganze zusammenzufassen: Man fokussiert das Ziel, beobachtet Muster und Reaktionen des Gegenübers, variiert die Kommunikation, bis man die gewünschte Reaktion erhält, und verifiziert dabei beständig, ob man erfolgreich ist.

P^3 – People Pattern Power (die Macht der People Patterns) beziehungsweise People Pattern People (die Menschen, die mit diesen Mustern arbeiten) – ist der Schlüssel zum Erfolg unseres Unternehmens. P^3 ist die Zusammenfassung unserer Firmenprinzipien, die sich auf die verschiedenen Wahrnehmungsfilter beziehen, durch die die Menschen die Welt wahrnehmen. Eine People Pattern Person (alias *P hoch drei*) ist jemand, der die verschiedenen Filter bei anderen mit Leichtigkeit erkennt. Er kann sein eigenes Verhalten und Sprechen dahingehend modifizieren, daß es zu den People Patterns seiner Kommunikationspartner paßt. Er ist jemand, der die vier Schritte des Veränderungsprozesses versteht und anwendet. Dadurch wird er von anderen nicht nur besser verstanden, sondern er erhöht seine Chancen, auf andere verändernd einwirken zu können."

Das People-Pattern-Power-Trainingsprogramm

Da dies meine erste Begegnung mit Shana war, hielt ich es für besser, einfach zuzuhören, und so fuhr sie fort, mein Trainingsprogramm bei Success Inc. zu erklären.

„Bei diesem Eins-zu-Eins-Trainingsprogramm werden Sie lernen, eine Art spezieller Brille aufzusetzen, durch die Sie Ihre eigenen People Patterns wie auch die Ihrer Kommunikationspartner erkennen können. Sie werden lernen, die Filter Ihrer Brille so zu wechseln, daß sie zu den Filtern derjenigen Menschen passen, mit denen Sie gern effektiver kommunizieren möchten. Vergessen Sie nicht, daß wir alle unsere persönlichen Brillen mit einem ganz persönlichen Satz von Filtern aufhaben. Aus dieser speziellen Filterkombination entsteht unser ganz persönliches Weltmodell, das sich in unserem jeweiligen Verhaltensprofil widerspiegelt. In dem Maße, wie sich unser Modell mit dem anderer Menschen deckt, werden wir in der Lage sein, besser mit ihnen zu kommunizieren.

In den nächsten beiden Wochen dieses Orientierungs- und Trainingsprogramms werden Sie beginnen, die grundlegenden People Patterns zu entdecken, die die Eingänge unserer Sinneswahrnehmung bewachen. Sobald Sie diese Muster erkennen, werden Sie wissen, welche Elemente der Erfahrung durchgelassen und welche herausgefiltert werden. Und mit diesem Wissen können Sie sich auf die Filter der Weltmodelle Ihres Gegenübers einstellen. Dann können Sie beginnen, die Welt mit den Augen des anderen zu sehen. Mehr noch: Sie können beginnen, seine Sprache zu sprechen und sozusagen in seinen Schuhen zu gehen. Sie können die Grenzen seiner Erfahrung wie auf einer Landkarte verzeichnen. Kurz, Sie können mit anderen effektiv und effizient kommunizieren, weil Sie sich auf deren Erfahrungen einstellen.

Unser internes Verhaltensprofil oder Weltmodell dient nicht nur als Wegweiser bei unseren täglichen Interaktionen, sondern enthält auch einen speziellen Satz von Sprachmustern, vermittels derer wir verbal kommunizieren. Sicherlich wissen Sie, wie oft die Nichtübereinstimmung von Sprachmustern zu Desastern in der Interaktion führt. Unser Training soll Ihnen also nicht nur dabei helfen, die Welt durch die Filter eines anderen zu betrachten, sondern auch Ihre Sprachmuster so zu gestalten, daß sie den People Patterns der Person entsprechen, mit der Sie gern wirksamer kommunizieren möchten. Wir wollen Sie dazu befähigen, sich in die Realität anderer Menschen hineinzuversetzen und ihre People Patterns mit ihnen zu teilen, und sei es auch nur zeitweise und zum Zweck einer bestimmten Interaktion. Es hat keinen Sinn, über Ihre Erfahrungen zu sprechen, wenn sie nicht mit denen Ihres Gesprächspartners zusammenpassen. Er wird Sie einfach nicht verstehen. Natürlich wird er den Inhalt des Gesagten verstehen, doch es ist die Art und Weise Ihres Kommunizierens, die zählt. **Wie** Sie etwas sagen, ist genauso wichtig wie das, **was** Sie sagen. Leider legt unsere Kultur auf Form keinen besonderen Wert. Wirkungsvolle Kommunikatoren wissen aber, daß der Inhalt nur zweitrangig ist. In Wirklichkeit kommt es darauf an, sich auf das Weltmodell des Kommunikationspartners einzustellen; und wenn Sie das gut machen, geschieht es völlig außerhalb der bewußten Wahrnehmung des anderen."

„Wenn ich Sie richtig verstanden habe", unterbrach ich, „wird mich das Trainingsprogramm in die Lage versetzen, zu verstehen, wie ich selbst und andere funktionieren. Ich werde die Wahrnehmungsfilter anderer Menschen in meine eigene Brille einsetzen können, dadurch meine Kommunikation mit ihnen verbessern und somit eine bessere Chance bekommen, sie zu beeinflussen und zu verändern."

„Richtig", lächelte Shana und ergänzte: „Aber Sie werden auch mehr Mitgefühl entwickeln für Menschen, deren People Patterns sich von den Ihren unterscheiden. Sie werden einsehen, warum wir oft dermaßen negativ von Leuten denken, die sich anders verhalten als wir. Wie oft glauben wir doch, daß andere uns das Leben absichtlich schwermachen. Mit Hilfe der People Patterns können wir erkennen, daß es diese Absicht meistens gar nicht gibt und daß die anderen eigentlich nur ihren eigenen Mustern folgen. Damit können wir uns entspannen und zur zweiten Konsequenz aus unserem People-Pattern-Credo kommen: Wir streben nach weniger Streß und Konflikt im Unternehmen und in uns selbst."

14

Über Menschen und Schubladen

„Hört sich toll an", antwortete ich. „Allerdings frage ich mich, ob die People Patterns nicht einfach wieder eine neue Methode sind, um Menschen in Schubladen einzusortieren."

„Eine gute Frage", erwiderte Shana. „Niemand möchte sich gern in eine Schublade stecken lassen, und doch kategorisieren wir andere fast ständig. Wenn wir jemanden beschreiben oder mit einem Begriff bezeichnen, sortieren wir ihn in bestimmte Schubladen ein. Verwaltungen machen das ja andauernd auf ihren Formularen und Fragebögen mit ihren Unterscheidungen nach Staatsangehörigkeit, Religion, Familienstand und dergleichen. Übrigens sind Frauen von diesen bürokratischen und zugleich kulturell akzeptierten Kategorisierungen stärker betroffen als Männer. Denken Sie nur einmal an die Bezeichnungen „Fräulein" und „Frau" mit all den dazugehörigen Assoziationen. Männer hingegen werden allgemein nur mit „Herr" angeredet. Nun ja, aber das ist ein Thema, mit dem wir uns vielleicht später einmal beschäftigen.

Unsere Hauptfrage hier lautet: Wie sehr wird menschliches Miteinander durch das Einsortieren in Schubladen gefördert oder behindert? Und welche Konsequenzen hat das Einsortieren? Um diese Fragen geht es beim People-Pattern-Power-Trainingsprogramm. Nur als People Pattern Person mit People Pattern Power können wir uns sich in das Weltmodell eines anderen Menschen hineinversetzen. Und erst dann fangen wir an, Mitgefühl zu entwickeln für unsere Kollegen und Kunden, mit denen wir vierzig Stunden und mehr pro Woche und zweiundfünfzig Wochen pro Jahr zusammen sind. Erst wenn wir die Welt durch die People-Pattern-Filter der anderen betrachten, lernen wir zu verstehen, weshalb sich ihr Verhalten, ihre Sprache und ihre Reaktionen von den unsrigen unterscheiden. Schließlich wollen wir uns hier nicht mit falschen Kategorien selbst behindern, sondern einen Weg aufzeigen, wie man Mitarbeiter und Manager, Angehörige, Freunde und alle anderen in einer ständig schwierigeren und feindlicheren Welt besser verstehen kann."

„Da möchte ich Ihnen wirklich zustimmen", warf ich ein.

„Noch eine Bemerkung zum Kommunikationsstil hier bei Success Inc. Wir haben herausgefunden, daß alle besonders erfolgreichen Kommunikatoren ein Geheimnis kennen. Sie wissen, daß der Mensch ein Gewohnheitstier ist und in all seinen Tätigkeiten, im Denken, Sprechen, Gehen, Essen oder Arbeiten, bestimmten Mustern folgt. Sie verstehen, daß solche Muster auf physischer, mentaler und emotionaler Ebene wirksam sind. Unsere wichtigsten mentalen Gewohnheiten äußern sich im Gebrauch unserer People Patterns, unserer Wahrnehmungsfilter. Diese

People Patterns oder Filter bestimmen, was ein Mensch von der Welt wahrnimmt und was nicht. Oder anders gesagt: Die People Patterns legen fest, wie wir unser Leben privat und beruflich gestalten. Im Berufsleben prägen sie unseren Umgang mit Vorgesetzten, Kollegen, Mitarbeitern und Kunden. Wie sie darüber hinaus unseren gesamten sozialen Umgang mit anderen Menschen beeinflussen, darüber wollen wir später einmal diskutieren.

Sobald man dieses Geheimnis kennt, weiß man, wie man mit anderen zu kommunizieren hat, wenn man sie zu einer Verhaltensänderung bewegen möchte. Man wird praktisch in eine völlig neue Weltsicht eingeweiht, nämlich die aus der Perspektive des anderen. Ich hatte ja schon auf eins der Grundgesetze des menschlichen Verhaltens hingewiesen: **Menschen denken auf ihre eigene Art, nicht auf unsere. Wenn wir auf sie einwirken wollen, müssen wir Muster verwenden, die zu ihrem Weltmodell gehören, nicht zum Modell von jemand anderem. Erfolgreiche Kommunikation verwendet Muster, die der vom Gegenüber wahrgenommenen Realität entsprechen.**

Die Frage der Manipulation

Ich dachte über all das eine Weile nach und hatte dann eine Frage: „Ich akzeptiere, was Sie sagen. Aber könnte man das alles nicht auch als Manipulation bezeichnen?"

Shana lächelte. „Ein ausgezeichneter Einwand, und ich bin froh, daß Sie ihn zur Sprache gebracht haben. Das spricht für Ihre Integrität im Umgang mit anderen. Es gibt verschiedene Antworten, die alle etwas damit zu tun haben, was *Manipulation* bedeutet. Es kann sein, daß Sie in einem Lexikon verschiedene Bedeutungserklärungen finden. Es gibt z.B. eine Bedeutung von *Manipulation* als „geschickte Handhabung". Ich bezweifle, daß Sie hiergegen etwas einzuwenden hätten. In einem anderen Sinn wird *Manipulation* definiert als Einwirkung auf eine Person oder Situation zum eigenen Vorteil. Das dürfte wohl das Verhalten sein, das Ihnen und anderen Leuten Kopfschmerzen bereitet." Ich nickte zustimmend, während sie fortfuhr:

„Es läßt sich gar nicht vermeiden, daß man andere beeinflußt, positiv wie negativ. Alles, was man tut oder unterläßt, übt auf andere eine Wirkung aus. Die eigentliche Frage ist, ob man seinen Einfluß auf andere bewußt und verantwortungsvoll ausübt oder eher unbewußt und von Zufällen begleitet. Insofern kommt man also gar nicht umhin, andere zu manipulieren. Alles, was man tut, ist Manipulation. Der

16

Unterschied liegt darin, ob Manipulation absichtlich oder unabsichtlich geschieht, und wenn absichtlich: ob jemand darin geschickt ist oder nicht. Einige der manipulativsten Menschen, die ich kenne, halten sich selbst überhaupt nicht für manipulativ, und zwar, weil es bei ihnen ganz unbewußt geschieht. Sie halten ihr Verhalten nicht für manipulativ, weil es unbewußt und ohne Absicht geschieht – doch es bleibt Manipulation.

Die eigentliche Frage lautet also: Wie manipuliert man andere? Wenn es auf deren Kosten geht – man nennt das auch eine Gewinner-Verlierer-(Win-Lose-)Situation, dann werden die Verlierer bei nächstbester Gelegenheit versuchen, es einem heimzuzahlen. Rache ist eine ganz natürliche Reaktion, wenn man das Gefühl hat, übervorteilt worden zu sein. Da kann rasch eine Eskalation entstehen. Etwas anderes ist es, jemanden so zu manipulieren, daß beide gewinnen. Hier spricht man von einem Win-Win-Spiel. Man selbst übervorteilt nicht und wird auch nicht übervorteilt. Die People Patterns sind, wie andere seriöse Persönlichkeitstypologien auch, ein sehr wirksames Instrument. Man kann es im Sinne von Win-Win gebrauchen oder für ein Win-Lose-Spiel mißbrauchen. Mein Rat an Sie ist, dieses Instrument verantwortungsbewußt einzusetzen und in sämtlichen privaten und professionellen Interaktionen stets auf Win-Win hinzuarbeiten. Alles andere zahlt sich nicht aus und wird auf Dauer auch nicht funktionieren.

Man kann People Patterns auch auf andere Weise betrachten. Jeder Mensch filtert die Welt nach Maßgabe seines inneren Modells. Die People Patterns ermöglichen ein Verständnis dieses Filterungsprozesses. Es gibt zwei Wege, mit anderen zu kommunizieren. Entweder kommuniziert man entsprechend den eigenen Mustern. Um unsere Botschaft verstehen zu können, wird unser Gegenüber sie mit Hilfe seiner eigenen Filter übersetzen. Er wird das von uns Gesagte also entsprechend seinem Weltmodell tilgen, generalisieren und verzerren. Natürlich entstehen so Fehlinterpretationen und Mißverständnisse. Die zweite Möglichkeit besteht darin, die eigene Botschaft in die Sprache des anderen zu übersetzen und sie seinen Mustern anzupassen. Dann muß der andere sie nicht erst mit Hilfe seiner Filter übersetzen, da man sie ja von vornherein danach ausgerichtet hat. Das hat verschiedene Folgen. Erstens senkt man die Wahrscheinlichkeit von Mißverständnissen. Zweitens beschleunigt man Kommunikationsprozesse, weil die Übersetzungszeit reduziert wird. Drittens zollen wir dem anderen Respekt, da wir unsere Kommunikation so gestalten, daß es möglichst einfach für ihn ist, uns zu verstehen. So baut man Brücken zwischen den Menschen anstelle von Mauern." Ich hörte weiter aufmerksam zu, als Shana fortfuhr:

„Lassen Sie uns kurz betrachten, wie man andere Menschen überzeugen oder beeinflussen kann. Es gibt verschiedene Möglichkeiten. Man kann versuchen, jemanden zu bedrohen, zu beschwatzen oder zu überreden. Oder man versucht etwas ganz anderes, ausgehend von der Einsicht, daß Menschen aus ihren eigenen Beweggründen heraus handeln und nicht aus unseren. Deshalb helfen unsere Gründe wenig, wenn wir sie von etwas überzeugen wollen. Der effektivste Weg, jemanden zu überzeugen, besteht darin, die Motive und das Weltmodell des anderen zu verstehen und die eigene Botschaft entsprechend zu präsentieren. Im allgemeinen haben Menschen immer ein Motiv und handeln nur ganz selten rein beliebig. Wenn jemandem etwas im Rahmen seines Weltmodells sinnvoll erscheint, wird er es tun. Wenn nicht, dann nicht. Die People Patterns helfen uns dabei, die Weltmodelle der anderen zu verstehen."

„Das heißt aber doch nicht, daß man automatisch in der Lage wäre, andere zu beeinflussen oder zu überzeugen?" wandte ich ein.

„Nein, ganz und gar nicht", bestätigte Shana. „Das geht nur, wenn man seine Position so präsentieren kann, daß sie dem anderen einleuchtend erscheint. Dazu braucht man Kreativität und ein Verständnis für die Welt des anderen. Natürlich ist es bedeutend einfacher, Menschen zu etwas zu bringen, wovon sie profitieren, als dazu, Dinge zu tun, von denen sie nichts haben. Womit wir wieder beim Win-Win wären. Wenn Ihr Ziel eine Win-Win-Situation ist und Sie sie im Sinne des Weltmodells Ihres Partners präsentieren können, wird er Ihnen folgen. Falls Sie auf Win-Lose aus sind, wird es sehr schwierig, das so zu präsentieren, daß es im Rahmen seines Weltmodells sinnvoll ist. Natürlich kann man immer noch versuchen, den anderen zu zwingen, zu überlisten, zu täuschen oder zu verwirren, doch handelt es sich dabei um Manipulation im schlechtesten Sinne. Ich möchte Ihnen raten, in Ihren geschäftlichen wie privaten Beziehungen stets auf Win-Win-Situationen hinzuarbeiten und sie so zu präsentieren, daß sie dem anderen im Rahmen seines Weltmodells sinnvoll erscheinen. Dies ist die Essenz unseres Ansatzes der People Patterns. Der bekannte Verkaufstrainer Zig Ziglar sagt immer, daß man alles auf der Welt bekommen kann, wenn man jemandem dabei hilft, das zu bekommen, was er will. Im Leben geht es um Win-Win und fairen Tausch. People Patterns erleichtern es, anderen zu geben, was sie wollen, und dabei das zu bekommen, was man selbst möchte."

„Ich habe den Eindruck, daß Sie und Success Inc. hier doch eine hervorragende Analyse von Kommunikation geleistet haben. Sollten sich nicht andere Unternehmen ein Beispiel daran nehmen?" sagte ich begeistert.

„Interessant, daß Sie darauf hinweisen. Denn so kann ich gleich zur ersten Lektion in Sachen People Patterns kommen, die damit zu tun hat, warum Menschen Veränderungen so schwierig finden. Wo etwas Neues auftaucht, gibt es immer jemand, der den Status quo beibehalten will. Derartige Menschen fühlen sich wohl, wenn alles so bleibt, wie es ist; sie zu einer Änderung zu veranlassen ist eine ziemliche Herausforderung."

Die People Patterns: ein Überblick

„Zum Schluß für heute möchte ich Ihnen einen kurzen Überblick über das Trainingsprogramm zur People Pattern Power geben. Es wird sich über zwei Wochen erstrecken, mit einer Auffrischung in einigen Monaten. Sie werden neun People Patterns kennenlernen: ihre charakteristischen Merkmale, wie man sie bei sich und anderen erkennt und wie man sie in drei verschiedenen Geschäftsbereichen anwendet. Gemeint sind Management, Verkauf und Verhandlungen. Später werden Sie dann mehr erfahren über Personalauswahl, Personalausbildung und Placement bzw. Stellenzuweisung. Jeder Trainingstag wird damit beginnen, daß ich Ihnen ein neues Pattern erkläre und wie man es bei sich und anderen erkennt. Danach werden Sie jeweils einen Topmanager aus einem der genannten drei Geschäftsfelder besuchen, der Sie persönlich in die spezifische Anwendung des Patterns auf seinem Gebiet einweisen wird."

„Hört sich nach einem tollen Programm an. Am liebsten würde ich sofort anfangen."

„Sie haben schon angefangen. Hier ist eine kurze Übersicht über die neun People Patterns, die Sie in den kommenden zwei Wochen kennenlernen werden. Analysiert man die Menschen, so stellt man fest, daß sie mit vier primären Aktivitäten beschäftigt sind. Zuerst nehmen sie Daten aus der Umgebung auf. Wir nennen dies die perzeptionelle Aktivität, die Sinneswahrnehmung. Sodann reagieren sie auf diese Daten im Lichte derjenigen Daten, die sie bereits in ihrem Gedächtnis gespeichert haben. Dabei gibt es drei Reaktionsformen. Nummer eins ist das Nachdenken über die aufgenommenen Daten. Wir nennen dies die kognitive Aktivität. Nummer zwei sind die emotionalen Reaktionen, die wir als affektive Aktivität bezeichnen. Und drittens gibt es Handlungen; hier sprechen wir von konativen Aktivitäten. Jede dieser vier primären Aktivitäten ist mit bestimmten People Patterns verbunden.

Sie werden von drei People Patterns erfahren, die sich auf die Wahrnehmung beziehen. Diese sind das Veränderungs-People-Pattern (Change People Pattern), das sich auf unsere Wahrnehmung von Übereinstimmung und Unterschied bezieht, das Primäre-Interessen-People-Pattern (Primary Interest People Pattern), das mit den Inhalten zu tun hat, an denen wir interessiert sind, und schließlich das Informations-People-Pattern (Information People Pattern), das sich darauf bezieht, wie wir Daten aus der Welt aufnehmen und im Gedächtnis speichern. Zwei weitere People Patterns steuern die Kognition: das Bezugsrahmen-People-Pattern (Evaluation People Pattern) mit seinem Bezug auf unsere Urteile über die Welt und das Entscheidungs-People-Pattern (Decision People Pattern), das mit den Grundlagen unserer Entscheidungen zu tun hat. Der affektive Bereich umfaßt unsere Emotionen und Gefühle, und hier sind auch unsere Werte angesiedelt. Die beiden zuständigen People Patterns sind das Motivations-People-Pattern (Motivation People Pattern), das sich darauf bezieht, wie jemand motiviert ist, und das Motiv-People-Pattern (Motive People Pattern), das das Warum unserer Motivationen gestaltet. Zuletzt gibt es zwei People Patterns der Handlung. Das Aktivitäts-People-Pattern (Activity People Pattern) bezieht sich darauf, wie Menschen ihre Handlungen gestalten, und das Organisations-People-Pattern (Organization People Pattern) beschreibt, wie Menschen mit Zeit und Raum umgehen.

So, damit haben Sie jetzt einen ersten Überblick über die People Patterns. Morgen früh fangen wir an mit der Erklärung des ersten Patterns, danach werden Sie einige unserer besten Manager in den Bereichen Organisation, Verkauf und Verhandlung kennenlernen. Haben Sie für heute noch Fragen?"

People-Pattern-Profil

In der Tat hatte ich einige Fragen. Die erste bezog sich auf das zurückliegende Vorstellungsgespräch. „Als ich mich zum ersten Mal bei Success Inc. vorstellte, habe ich einen Test namens People-Pattern-Profil mitgemacht. Werde ich die Anwendung dieses Tests lernen?"

Shana lächelte: „Ich freue mich, daß Sie danach fragen. Sie werden in der Anwendung der People Patterns ausgebildet werden, die die Grundlage des People-Pattern-Profils bilden. Natürlich kann man nicht jedem Menschen einen Test vorlegen, um seine People Patterns herauszufinden. Sie werden lernen, die Muster im Kontext Ihrer normalen beruflichen Tätigkeiten zu erkennen. Wichtiger noch: Sie werden lernen, wie man die Patterns einsetzt, um Veränderungen zu bewirken. Es gibt zahllose Methoden der Klassifizierung von Menschen. Entscheidend für jedes System aber ist seine Brauchbarkeit. Es nützt überhaupt nichts, wenn man in zwei Minuten neun People Patterns identifizieren kann. Die Bedeutung der Patterns liegt darin, daß man mit ihrer Hilfe Veränderungen bewirken kann. Darum wird es bei Ihrer Ausbildung gehen.

Das People-Pattern-Profil selbst ist ein nützliches Instrument, das in vielfältiger Weise eingesetzt werden kann, beispielsweise bei der Personalauswahl. Beim Teambuilding, also beim Bilden guter Arbeitsteams, kann es verwendet werden, um der Verschiedenartigkeit der Teammitglieder gerecht zu werden und Kooperation zu entwickeln. Ein Spezialist für Organisationseffektivität kann den Test als diagnostische Hilfe verwenden bei der Entscheidung, welche Intervention am sinnvollsten ist. Es gibt noch viele andere Möglichkeiten, auf die ich jetzt nicht weiter eingehen möchte. Wie Sie wissen, verwenden wir das People-Pattern-Profil im eigenen Haus und gestatten anderen Unternehmen und Beratern eine Verwendung auf Lizenzbasis. Um dieses Instrument von uns erwerben und anwenden zu können, verlangen wir, daß der Kunde an unserem Trainingsprogramm teilnimmt, das ihm die Kenntnis der People Patterns und die Einsatzmöglichkeiten des Tests vermittelt."

Kompetenz-Modellierung

Ich hatte noch eine letzte Frage: „Ich habe hier schon öfters den Begriff *Modellieren* gehört. Was bedeutet er, und in welchem Zusammenhang steht er mit beruflicher Kompetenz sowie den People Patterns?"

Shana dachte einen Moment lang nach. „Das ist ein weites Feld. Sie werden später, nach der Ausbildung in den People Patterns, ein Training im Modellieren erhalten. Im Augenblick möchte ich nur ganz allgemein antworten:

Das Modellieren ist vielleicht der wichtigste Schlüssel zum Erfolg unseres Unternehmens. Es handelt sich dabei um einen Prozeß des Erfassens, Kodierens, Replizierens und Transferierens von Fachwissen. Zunächst nimmt man einen Experten, der etwas besonders gut macht. Man stellt sich die Frage, wie das möglich ist. Wie ist es möglich, daß ein Mitarbeiter ganz hervorragende Ergebnisse erzielt, während andere nur Mittelmaß produzieren? Die Antwort steckt in zwei Aspekten: was jemand tut und wie er es tut. Viele Berater behaupten, Verhaltensmodellierung zu betreiben. Normalerweise liefern sie aber nicht mehr als eine Liste dessen, was der Experte tut. Was wir hier machen, geht viel tiefer. Jeder von uns ist wohl schon in der Situation gewesen, genau zu wissen, was er erreichen wollte, hochmotiviert zu sein und doch nicht fähig zu sein, es zu tun. Der Grund ist stets, daß wir entweder nicht wissen, wie wir uns organisieren sollen, oder daß es etwas in uns gibt, das uns am Erfolg hindert. Unser Ansatz beim Modellieren erfaßt nicht nur, was der Experte macht, sondern auch, wie er es macht. Und er konzentriert sich darauf, dem Menschen, der eine bestimmte Fähigkeit erwerben möchte, dabei zu helfen, alle störenden Blockaden zu beseitigen. Alle unsere Trainings beruhen auf Modellen. Wir modellieren die Experten eines bestimmten Fachgebiets und entwerfen danach ein Training, in dem das Expertenwissen auf ausgewählte Trainees transferiert wird. Dazu gehört ein besonderes Training mit Schwerpunkt auf Verhaltensänderung. Es genügt nicht, zu wissen, was man tun soll. Es kommt darauf an, auch tatsächlich dazu in der Lage zu sein. Hier liegt der Fokus unserer Modellierungsprozesse und unserer Trainings.

Das Modellieren hat drei wichtige Nebeneffekte. Erstens reduziert es die Trainingszeiten und führt im Vergleich zu konventionellen Ansätzen zu einem höheren Level von Fähigkeiten. Zweitens hilft es beim Design optimaler Mensch-Maschine-Interaktion; wir sprechen hier von Psychoergonomie. Und drittens kann es bei der Personalauswahl helfen. Heutzutage glaubt man oft, daß man jeden für beinahe jede Aufgabe trainieren kann. Doch das ist nicht so. Es kommt darauf an, die richtigen Leute auszuwählen und sie richtig auszubilden. Und die beste Auswahl sind solche Mitarbeiter, die bereits über die gleichen Talente und angeborenen Fähigkeiten verfügen wie Menschen, die bei der jeweiligen Tätigkeit bereits erfolgreich sind. Hier kommt das Modellieren ins Spiel. Herkömmlicherweise wird bei Einstellungen auf Ausbildung und Berufserfahrung Wert gelegt. Keins von beiden korreliert jedoch mit Berufserfolg. Etwas ausgefeiltere Ansätze basieren auf komplexen psychologischen Tests. Unglücklicherweise ignorieren derartige Tests die Schlüsselfaktoren für künftigen Erfolg, die man nämlich nur dadurch erhält, daß man bereits erfolgreiche Vorbilder modelliert."

Dann fuhr Shana fort: „Sie haben nach beruflicher Kompetenz für bestimmte Aufgaben gefragt. Viele Unternehmen haben erleben müssen, daß die traditionellen Auswahl- und Trainingsverfahren nicht zu den verlangten Ergebnissen geführt haben. Auf der Suche nach den Ursachen kam man darauf, daß man zwar die für eine High Performance erforderlichen Leistungen definieren, jedoch nicht feststellen konnte, ob Kandidaten zu diesen Leistungen überhaupt in der Lage waren. So entwickelte sich die Suche nach sogenannten *Kompetenzen*. Eine Kompetenz ist eine grundlegende Eigenschaft einer Person, welche ursächlich mit herausragender Jobperformance verknüpft ist. Die Suche nach Jobkompetenzen stützt sich auf die Annahme, daß das, was Mitarbeiter von einer Leistung auf hohem Niveau abhält, ein Mangel an Fähigkeit oder Kompetenz ist. Eine wichtige Einsicht. Das Problem liegt jedoch in der Umsetzung dieses Programms. Ausgerüstet mit einer grundsätzlich richtigen Einsicht machten sich Unternehmen daran, die fundamentalen Kompetenzen zu identifizieren. Und hier beginnt das Problem. Vielfach wurden gesuchte Eigenschaften so vage oder allgemein formuliert, daß nichts dabei herauskam. Subtilere Ansätze zerlegen Kompetenzen in einfachere Grundkategorien wie Einstellungen, Glaubenssätze, Werte, Selbstbilder, Motive, Charakterzüge, kognitive und verhaltensmäßige Fähigkeiten sowie Wissensinhalte. Diese Ansätze sind präziser und gleichzeitig schwieriger zu handhaben. Ein Modellierungsansatz bietet die größten Chancen, die Kompetenzen zu identifizieren, die zur tatsächlichen Jobperformance gehören, weil er sie von denjenigen Vorbildern ableitet, die im betreffenden Job bereits hervorragende Leistung gezeigt haben. Zu oft beruhen Kompetenzbeschreibungen auf bloßen theoretischen Annahmen anstatt darauf, was Leistungsträger tatsächlich tun. Im Bereich der Kompetenzanalyse ist unser Modellierungsansatz zur Zeit der beste, weil er auf Prozeßniveau ansetzt und diejenigen Merkmale herauspräpariert, die tatsächlich und ursächlich mit herausragender Leistung verknüpft sind. Außerdem erkennt er nicht nur das „Was", sondern auch das viel entscheidendere „Wie" und integriert dieses Wissen in Trainingsprogramme, die auf Verhaltensänderung und überlegene Leistung hin gestaltet werden.

Und zu guter Letzt: Was haben die People Patterns damit zu tun? Nun, sie bilden ein wichtiges Element im Modellierungs- wie im Kompetenzprozeß. Mit ihrer Hilfe erkennen wir, wie jemand die Welt filtert. Herausragende Leistung beruht auf einer Reihe von Faktoren, zu denen etwa folgende zählen: 1) ein Glaubenssystem, das herausragende Leistung unterstützt; 2) ein Satz von Werten, die dazu motivieren, Zeit, Energie und Ressourcen in die Erlangung von Meisterschaft zu investieren; 3) ein Satz von Wahrnehmungsfiltern und Sortiermustern, mit denen sich die erforderlichen Daten aus der Umwelt gewinnen lassen; 4) die Fähigkeit, sehr feine Unterscheidungen bezüglich dieser Umwelt treffen zu können in einem oder mehreren der folgenden Repräsentationssysteme: dem visuellen, dem auditiven, dem kinästhetischen, dem olfaktorischen, dem gustatorischen sowie dem digitalen, in dem sich Bedeutungen vollziehen; 5) eine optimale Strategie oder Sequenz im Gebrauch verschiedener Repräsentationssysteme; 6) eine Methode des Zerlegens von Aufgaben und ein Satz von Findungsprinzipien für fokussierte Entscheidungen. People Patterns beziehen sich sehr direkt auf den dritten Faktor. Sie sind nur ein Teil des Modellierungspuzzles. Für ein vollständiges Modell sind sie notwendig, aber nicht hinreichend. In den kommenden beiden Wochen werden Sie mehr über die People Patterns lernen. Falls Sie sich später für das Modellieren interessieren, werden Sie Gelegenheit bekommen, ihrem Interesse nachzugehen. Ansonsten glaube ich, daß es hiermit genug ist für den ersten Tag. Ich sehe Sie morgen früh. Machen Sie sich darauf gefaßt, eine neue Brille mit neuen Filtern aufzusetzen, mit der Sie eine ganz neue Welt sehen können. Machen Sie sich auch auf einige Erkenntnisse über sich selbst und andere Menschen gefaßt. Und vor allem: Seien Sie darauf vorbereitet, ein Meister der People Patterns zu werden, ein P^3-Manager."

Schlüssel 1: Das Veränderungs-People-Pattern

Einführung

Ich wartete darauf, von meiner Fahrgemeinschaft abgeholt zu werden, während meine Kinder sich für die Schule fertig machten. Meine jüngere Tochter war unzufrieden, weil ihr Kleidchen in der Wäsche war. Ich hörte die milde Verzweiflung in der Stimme meiner Frau: „Aber du kannst doch nicht jeden Tag dasselbe Kleidchen anziehen." Und die Antwort meiner Tochter: „Warum nicht? Ich mag das Kleid, und ich möchte es immer anziehen." Während ich noch über diese Bemerkung nachdachte, kam mein Sohn herein. Als meine Frau ihn sah, rief sie sofort: „Das kannst du aber nicht anziehen." – „Warum nicht?" beharrte er. – „Weil es nicht zusammenpaßt und furchtbar aussieht. Warum mußt du dich immer so seltsam anziehen?" – „Weil ich gerne seltsam aussehe", war seine Antwort. Meine Frau sah mich vielsagend an und meinte: „Ich frage mich, von wem du das wohl hast." In diesem Augenblick klingelten meine Mitfahrer, und ich verschwand eilends aus dem Haus.

Auf dem Weg zu Shanas Büro dachte ich über mein Einstellungsgespräch nach. Ich fing an zu verstehen, was es mit einigen der seltsamen Fragen auf sich hatte. Es dämmerte mir, wieviel ich trotz aller Ausbildung und Standardtheorien in bezug auf die Komplexität menschlicher Interaktionen noch zu lernen hatte. Im Büro angekommen, erzählte ich Shana von meinem Wissensdurst und meinen Überlegungen bezüglich des Interviewverlaufs.

„Aufgrund der Art meiner Fragen werden Sie mich wohl für ein Wesen von einem anderen Stern gehalten haben", amüsierte sich Shana.

„Nun, ich gebe zu, daß ich mich über all die seltsamen Fragen schon gewundert habe. Vor allem, weil sie so ungerührt und geschäftsmäßig von Ihnen vorgetragen wurden, als ob so etwas normal wäre und nicht etwa die Ausnahme."

„Anhand Ihrer Körpersprache und Augenbewegungen konnte ich erkennen, daß Ihr Verstand unter Hochdruck arbeitete. Und was noch wichtiger war: Aus Ihren Reaktionen war mir klar, daß Ihnen diese Abwechslung gegenüber herkömmlichen Interviewsituationen nicht unlieb war.“

„War das so offensichtlich?“ Mir war es ein bißchen peinlich, daß mein Innenleben so offen zutage gelegen hatte.

Shana freute sich. „Daran merkte ich, daß ungewöhnliche oder atypische Dinge auf Ihre Aufmerksamkeit wie ein Magnet wirken. Also waren Sie aus dem gleichen Holz geschnitzt wie ich, und ich wußte, daß wir in dieser Hinsicht wunderbar miteinander auskommen würden.“

„Wie haben Sie all das so schnell feststellen können?“ fragte ich einigermaßen beeindruckt.

„Genau darum geht es in der heutigen Lektion. Erinnern Sie sich noch an die drei Stühle, die ich während des Interviews vor Ihnen aufgebaut habe? Ich stellte Ihnen eine Zielfrage nach der Beziehung der Stühle zueinander.“

„Genau. Und ich antwortete, daß sie alle unterschiedlich aussahen.“

„Ich hatte mir gedacht, daß Sie etwas in der Art sagen würden – ausgehend von einigen Ihrer voraufgegangenen Antworten und der ungewöhnlichen Krawatte, die Sie an dem Tag anhatten. (Auch meine heutige Krawatte ist nicht schlecht, dachte ich bei mir.) Doch davon später mehr. Zurück zu den Stühlen.“

Ich muß zugeben, daß ich wirklich anfing, mich zu fragen, wie Shana ihre Informationen über mich so schnell zusammenbekam.

„Wundert es Sie nicht, weshalb manche Leute so lange in einem Job bleiben, manchmal sogar ihr ganzes Berufsleben lang? Ich wette, das wäre nichts für Sie, stimmt's?“

„Äh, ja, stimmt. Aber wie kommen Sie darauf?“ Allmählich reichte es mir.

„Nun, mein Freund, ist die Zeit gekommen, Sie in die Geheimnisse der Veränderung einzuweihen! Nur ein bißchen Geduld. Ich werde Ihnen alles erklären. Fragen Sie sich nicht manchmal, warum einige Menschen stets im selben Restaurant essen gehen, während andere immer etwas Neues ausprobieren? Und warum einige stets die gleiche Automarke fahren oder beim selben Händler kaufen, während andere bei jedem neuen Wagen die Marke wechseln? Welche Beziehung gibt es zwischen dem, was Sie heute bei der Arbeit tun, und dem, was Sie vor einem Monat gemacht haben? Weshalb reagieren manche Menschen so negativ auf alles, was von ihrer normalen Routine abweicht, während andere den Wechsel brauchen?“

„Wie ist es nur möglich, daß sich die Menschen so unterschiedlich verhalten?“ fiel ich ein. „Diese Frage stelle ich mir schon sehr lange, und während der gesamten Zeit meiner Studien und praktischen Erfahrungen war nichts und niemand je in der Lage, mir diese Frage zu beantworten."

„Unterschiedlich! Genau! Es entspricht genau Ihrem Muster! Die Antwort auf Ihre Frage hat mit einem anderen grundlegenden People Pattern, dem Change People Pattern oder kurz: Change Pattern, zu tun. Zunächst zeigt es uns, in welchem Maß jemand mit Veränderung umgehen kann oder nicht. Und es enthüllt auch, wie jemand die Elemente seiner gegenwärtigen Erfahrung zu seinen vergangenen Erfahrungen in Verbindung setzt."

„Und das erkennen Sie an drei gewöhnlichen Stühlen?" fragte ich, obwohl ich das Gefühl hatte, die Antwort schon zu kennen.

„In jeder Sekunde stürzen Tausende von Sinnesreizen auf uns ein. Das Change Pattern reflektiert die vier Arten, wie jemand mit Hilfe seines Wahrnehmungsfilters diese Informationsflut aus seiner Umwelt filtert. Unser spezieller Wahrnehmungsfilter personalisiert unsere Erfahrung von der Welt; mit seiner Hilfe können wir erklären, warum wir unser eigenes Verhalten so oft – auch im Hinblick auf andere – für die Norm halten, während es in Wirklichkeit nur Ausfluß unseres persönlichen Weltmodells ist. Wie reagieren wir also, wenn wir jemandem begegnen, der auf eine anscheinend identische Situation nicht genauso reagiert wie wir?"

„Nun ja ..."

„Meistens halten wir einen Menschen mit einem Weltmodell, das sich von dem unsrigen unterscheidet, doch für einen kompletten Idioten, oder nicht?" lachte Shana.

Der Change-Test

„Was ist also das Change People Pattern, und wie können wir es bei uns und anderen erkennen? Und wie funktionieren jene Wahrnehmungsfilter, die unsere Erfahrung für uns aufbereiten? Kurz gesagt richtet jeder Mensch in einer gegebenen Situation seine Aufmerksamkeit auf eines von vier Elementen. Welches der vier er wählt, bestimmt sein Veränderungs-People-Pattern. Wir haben einen einfachen Test, um das Change Pattern schnell zu bestimmen. Man legt drei gleiche Münzen mit dem Bild nach oben nebeneinander, zwei weisen in die gleiche Richtung, eine ist um 90 Grad gedreht. Machen Sie den Test zuerst mit sich selbst und dann mit einem Freund oder Kollegen. Stellen Sie die folgende Zielfrage: „Welche **Beziehung** besteht zwischen den drei Münzen?" Achten Sie darauf, genau diese Formulierung zu verwenden, und konzentrieren Sie sich auf die Antwort. Wir interessieren uns nicht für langwierige philosophische Reflexionen, sondern für die ersten spontanen Reaktionen der Testperson auf unsere simple Frage.

Man kann statt der Stühle auch Münzen oder drei andere einander ähnliche Objekte verwenden. Ich benutze das Wort ‚ähnlich' nur ungern, weil es meinen Überzeugungen total widerspricht." Zum ersten Mal begann das Wort *ähnlich* irgendwie eine neue Bedeutung zu bekommen.

„Sie werden erstaunt sein, wie unterschiedlich die Reaktionen der Testpersonen sein können. Bei diesem Münzentest, wie in jeder anderen Lebenssituation, fällt den Menschen immer eine der folgenden vier Kategorien auf: 1) Einige stellen nur Übereinstimmungen fest, z.B. daß die Münzen alle einen Adler zeigen, daß sie alle auf dem Tisch liegen, die gleiche Farbe haben usw. Manchmal geht es sogar soweit, daß unsere Frage von ihnen nochmals wiederholt wird, freilich mit einer interessanten Veränderung: *Ja, welche Ähnlichkeit besteht zwischen den Münzen?* Andere Kandidaten nehmen ganz spontan die um 90 Grad gedrehte Münze und legen sie so hin wie die beiden anderen. Dies sind alles Menschen, die nur Übereinstimmungen feststellen und jegliche Unterschiede übersehen – entweder weil sie sie wirklich nicht wahrnehmen oder weil sie sie unwichtig finden. Diese Personen nennen wir die **Übereinstimmungs**-Menschen. Menschen mit extrem ausgeprägtem Übereinstimmungs-People-Pattern bemerken noch nicht einmal, daß eine Münze gegenüber den beiden anderen um 90 Grad gedreht ist. 2) Andere Kandidaten stellen zuerst Übereinstimmungen und dann Unterschiede fest. Sie erklären beispielsweise, die Münzen seien im Prinzip gleich, bis auf ein oder zwei Unterschiede, etwas daß eine Münze um 90 Grad gedreht ist oder etwas mehr glänzt oder daß die Jahreszahlen verschieden sind. Diese zweite Kategorie nennen wir **eingeschränkte Übereinstimmung**. Menschen dieser Kategorie haben ein ausgeglicheneres Verhältnis der Wahrnehmung von Übereinstimmungen und Unterschieden, allerdings bemerken sie zuerst die Ähnlichkeiten und dann die Abweichungen. 3) In die dritte Kategorie fallen Personen, die nur Unterschiede feststellen und noch nicht mal erwähnen, daß es sich immerhin um die gleiche Münzsorte handelt.

In der Tat sind die drei Münzen ja auch ganz verschieden: mit unterschiedlichen Jahreszahlen, unterschiedlich polierter Oberfläche oder verschiedenen Positionen auf dem Tisch. Solche Menschen nennen wir **Unterschieds**-Menschen; ihre Wahrnehmungsfilter registrieren nur Unterschiede und keine Gemeinsamkeiten. 4) Die vierte Gruppe bilden Testpersonen, die zuerst Unterschiede und dann beiläufig noch die eine oder andere Übereinstimmung feststellen – etwa daß alle Münzen auf dem Tisch liegen oder von derselben Münzart sind. Hier sprechen wir von Menschen des **eingeschränkten Unterschieds**. In jeder Situation erleben sie zuerst Unterschiede und Einzigartigkeiten, dann erst Übereinstimmungen. Können Sie mir folgen?"

„Durchaus. Doch was sagt uns die Antwort einer Testperson über ihre Filter und ihr äußeres Verhalten?" fragte ich. „Außerdem interessiert mich, ob die genannten Kategorien in etwa gleich starker Verteilung vorkommen."

„Ich will mit Ihrer letzten Frage beginnen", sagte Shana. Die Kategorien sind nicht gleichmäßig vertreten. In modernen Industriegesellschaften ergibt sich folgendes Bild: Etwa 5% bis 10% der Bevölkerung gehören zu den Übereinstimmungs-Menschen. In Entwicklungsländern und ländlichen Gebieten liegt dieser Anteil höher. Ungefähr 55% der Bevölkerung zählen zum Typ der eingeschränkten Übereinstimmung. Zusammen machen die Kategorien *Übereinstimmung* und *eingeschränkte Übereinstimmung* etwa zwei Drittel der Menschheit aus. Zur Gruppe des eingeschränkten Unterschieds gehören etwa 25% der Bevölkerung, und der Anteil reiner Unterschieds-Menschen liegt bei etwa 5% bis 10%. In industrialisierten Ländern sowie bei Stadtbewohnern und gut Ausgebildeten liegt ihr Anteil etwas höher. Die Kategorien von Übereinstimmung und Unterschied sind also beinahe gleich stark. Das große Ungleichgewicht ergibt sich aus der doppelt so großen Zahl von Personen der Gruppe *eingeschränkte Übereinstimmung* gegenüber der Gruppe *eingeschränkter Unterschied*. Diese Verteilung spielt in der Praxis durchaus eine Rolle, und Sie werden von Ihren anderen Lehrern in den Fachabteilungen mehr dazu erfahren."

Nach kurzer Überlegung fuhr Shana fort: „Nun zu Ihrer anderen Frage. Die Art und Weise, in der Sie auf die Frage nach den drei Stühlen oder den drei Münzen antworten, zeigt in erster Linie, wie gut Sie mit Veränderungen umgehen können und wie Sie auf neue Situationen und Erfahrungen reagieren – bis hin zu ihrem gesamten Lebensstil. Ihre Reaktion weist außerdem darauf hin, mit welchen Mitmenschen Sie gut zurechtkommen und mit welchen nicht. Denken Sie daran: Wer einen anderen Wahrnehmungsfilter besitzt als wir selbst, wird notwendigerweise die Welt anders wahrnehmen und anders auf sie reagieren als wir. Und oft macht es uns dann

Probleme, zu verstehen, wie jemand doch auf eine ganz offensichtliche Situation so unerwartet reagieren kann. Wir haben diesen Test ungezählte Male durchgeführt, mit Einzelpersonen und mit Gruppen. Mit großer Sicherheit kommt es immer wieder dazu, daß Angehörige der Kategorien *Übereinstimmung* und *eingeschränkte Übereinstimmung* die Reaktionen der Gruppen *Unterschied* und *eingeschränkter Unterschied* einfach nicht verstehen können – und umgekehrt. Wer Übereinstimmungen sieht, kann einfach nicht nachvollziehen, daß hier jemand von Differenzen spricht, während jemand, der von drei sehr einzigartigen Objekten ausgeht, die Gleichmacherei der anderen Gruppen unmöglich findet. Jede Seite hat große Schwierigkeiten mit der Weltsicht der anderen."

Übereinstimmung

„Lassen Sie uns jetzt Punkt für Punkt untersuchen, wie sich die vier Aspekte des Change People Patterns – Übereinstimmung, eingeschränkte Übereinstimmung, Unterschied und eingeschränkter Unterschied – in unserer heutigen Gesellschaft und in unserem persönlichen Lebensstil niederschlagen.

Zunächst betrachten wir die Welt mit den Augen eines Menschen, der alles nach Übereinstimmungen sortiert. Er mag keine Veränderungen und bevorzugt Kontinuität im privaten wie beruflichen Bereich. Auf einer einmal gewählten Arbeitsstelle bleibt er bis zur Pensionierung. Routinen sind seine Stärke. Er braucht eine stabile Welt und kann irritiert reagieren, wenn sich doch einmal Veränderungen einschleichen. Ein Übereinstimmungs-Mensch bleibt im selben Job, im selben Haus und läßt sich nicht scheiden. Wenn beide Partner mit Übereinstimmungs-Filtern operieren, werden sie aufkommende Beziehungsprobleme entweder ignorieren oder auf jeden Fall eine Lösung finden, die keine Änderung der Situation verlangt."

„Bitte verzeihen Sie, wenn ich unterbreche. Heißt das, daß Menschen mit Verschiedenheits-Filter keine Chance haben, ein Leben lang verheiratet zu bleiben?" fragte ich.

„Im Gegenteil. Sie haben die Wirkung des Kontextes außer acht gelassen. Im Falle echter Liebe, die etwas anderes ist als bloße Vernarrtheit, manifestiert sich das Change People Pattern in anderer Weise. Die Erfolgswahrscheinlichkeit einer Ehe steigt jedoch, wenn beide Partner das Leben durch ein Verschiedenheits-Pattern betrachten. Es gibt genügend glückliche Verschiedenheits-Paare. Hier sind beide Partner sehr auf Unterschiede hin orientiert, die auch in der Beziehung eine wichtige Rolle spielen. Das Glück besteht dann darin, das Spiel der Vielfältigkeit des Lebens gemeinsam zu spielen und eher Unterschiede als Gemeinsamkeiten miteinander zu teilen. Im Alltagsleben fördern beide den ständigen Wechsel von Aktivitäten und Schauplätzen, beispielsweise bei der Auswahl neuer Restaurants. Hier gibt es mehr Feuer als im Leben von Übereinstimmungs-Paaren. Außerdem weiß man ja, daß es ganz besondere Beziehungen gibt, in denen auch noch ganz andere als irdische Faktoren mitspielen."

„Übereinstimmungs-Paare würden bei einer derartigen Vielfalt von Aktivitäten und Interessen sicherlich ihre Schwierigkeiten haben", warf ich ein.

„Ja, und es ist für sie auch extrem schwierig, mit Überraschungen fertig zu werden, weil unerwartete Ereignisse nicht in ihr gewohntes Muster passen. In diesem Fall suchen sie einfach nach Übereinstimmungen und tun so, als ob Differenzen schlichtweg nicht existieren. Wenn z.B. ein Übereinstimmungs-Mensch, aus welchem Grund auch immer, geschieden wird, wird er oder sie ziemlich sicher nach einem neuen Partner suchen, der die gleichen Eigenschaften aufweist wie der vorige Partner oder der ihn oder sie zumindest in bestimmter Weise an ihn erinnert. Ein Scheitern im Beziehungsbereich kann zu starken Depressionen führen. Ein Großteil der zunehmenden Depressionen in unserer Gesellschaft steht in direktem Zusammenhang zur Einsamkeit der Menschen. Am schlimmsten dran sind diejenigen, denen gerade ein eine wichtige Beziehung in die Brüche gegangen ist. Haben sie eine ausgeprägte Übereinstimmungs-Orientierung und finden sich plötzlich getrennt von ihrem wichtigen Gegenüber, der früheren Basis für Gemeinsamkeit und Übereinstimmung, so enden sie nicht selten in tiefer Verzweiflung und Trauer. In einem therapeutischen Kontext kann es helfen, das Change People Pattern des betreffenden Menschen zu kennen, um seine extreme Verzweiflung möglicherweise besser zu verstehen.

Auch eine erzwungene Veränderung im Beruf kann von einem Übereinstimmungs-Menschen eher als traumatisch erlebt werden, weil er sich aus einer vertrauten Situation in ein neues, unbekanntes Arbeits- und Lebensumfeld begeben muß. Er sucht dann oft therapeutische Hilfe. Deshalb wirkt die gegenwärtige Arbeitsmarktlage, in der viele Firmen ihren Personalbestand abbauen, auch so traumatisierend. Unterschieds-Menschen sehen voraus, was passieren wird, und suchen sich einen neuen Job. Die loyalen Übereinstimmungs-Menschen bleiben, wo sie sind, und werden entlassen. Wenn die Welt plötzlich nicht mehr das ist, was sie einmal war, wissen sie oft nicht, wie sie damit umgehen können. Dies hat schon zu vielen persönlichen Tragödien geführt. Kein Wunder, daß die Geschäftswelt so attackiert wird. Was dort im wesentlichen geschieht: Die loyalen Übereinstimmungs-Mitarbeiter werden auf dem Altar der Firmengier geopfert. Viele System-denker vertreten die Ansicht, daß es in der Verantwortlichkeit der Firmen liege, für Vollbeschäftigung zu sorgen.

Wie auch immer, in jeder neuen Situation entdeckt ein Übereinstimmungs-Mensch Elemente, die Übereinstimmung mit bereits Vertrautem aufweisen. Es ist eben seine Art und Weise, die Welt zu verstehen und in ihr klarzukommen. Er sucht ständig nach Ähnlichkeiten. Im allgemeinen haßt er Veränderung und wird sich viel Mühe geben, dafür zu sorgen, daß alles so bleibt, wie es ist. Falls wegen einer beruflichen Veränderung ein Umzug einmal unumgänglich ist, wird ein Übereinstimmungs-Mensch danach streben, das neue Heim so eng wie möglich nach dem Vorbild des alten zu gestalten – durch Wahl des gleichen Haustyps oder einer ähnlichen Raumaufteilung oder durch Mitnahme des gesamten Mobiliars. Oft hat sei-ne Behausung sogar Ähnlichkeit mit dem Haus seiner Kindheit. Das Festhalten an den Überbleibseln der Vergangenheit liefert eine Schmusedecke zum Schutz gegen die Ungewißheiten der neuen Umgebung und macht den Jobwechsel etwas erträg-licher. Im Extremfall sind Menschen mit ausgeprägtem Übereinstimmungs-Muster so auf Übereinstimmungen fixiert, daß sie in der Wahrnehmung alles ignorieren oder sogar ausblenden, was nach Abweichung aussieht. Eine derartige Realitäts-verzerrung kann schließlich in einer selbstgemachten Phantasiewelt enden, in der die Zeit stillsteht – eine recht grobe Realitätsverzerrung."

Besonders starke Reaktionen zeigen Übereinstimmungs-Menschen auch, wenn ihre Routinen bezüglich ihrer Essenszeiten oder Arbeitsabläufe verändert werden sollen. Fragen Sie doch mal jemanden mit einem ausgeprägten Überein-stimmungs-Pattern, ob er Ihnen einen ganz kleinen Gefallen tun kann, der aus dem Rahmen seines dichtgepackten Terminkalenders fällt. In Zukunft werden Sie viel-leicht besser verstehen, warum Sie dabei öfters auf Ablehnung stoßen.

Übereinstimmungs-Menschen reagieren ungehalten, wenn Veränderungen in ihr Leben eindringen. Dies kann auch im Fall von Eltern mit starkem Übereinstim-mungs-Muster geschehen, die an den Versuchen ihrer Verschiedenheits-Kinder verzweifeln, den gemeinsamen Lebensstil zu ändern. Kommt Ihnen das bekannt vor?"

„Und wie", bemerkte ich. „Ich stelle gerade fest, daß meine jüngste Tochter zur Kategorie der Übereinstimmung gehört. Kein Wunder, daß ich manchmal Schwie-rigkeiten mit ihr habe."

„Übereinstimmungs-Menschen lehnen alles ab, was neu und anders ist", fuhr Shana fort, „und sind auch politisch und moralisch konservativ eingestellt. Echte Reaktionäre suchen sogar alles Abweichende, um es auszuschalten, damit nur

Gleiches übrigbleibt. Wie gesagt, Übereinstimmungs-Menschen machen etwa 5% bis 10% der Bevölkerung aus."

Eingeschränkte Übereinstimmung

„Ich komme nun zum zweiten Aspekt des Change People Patterns, der eingeschränkten Übereinstimmung. Wie schon erwähnt, erkennen Menschen mit diesem Filter in einer neuen Situation zunächst bekannte Übereinstimmungen und dann die offensichtlichen Unterschiede. Im Fall unserer drei Münzen stellen sie etwa zuerst fest, daß es sich um gleichartige Münzen handelt, die alle mit der gleichen Seite nach oben nebeneinander auf dem Tisch liegen. (Die Reihenfolge der Beobachtungen ist nicht entscheidend.) Danach bemerken sie einen oder zwei offensichtliche Unterschiede, etwa daß eine Münze gedreht und eine andere leicht zerkratzt ist.

Ich habe bereits darauf hingewiesen, daß die Kategorie der eingeschränkten Übereinstimmung die Mehrheit in unserer Gesellschaft stellt. Derartige Menschen haben eine ausgewogene Wahrnehmung von Übereinstimmungen und Unterschieden, wobei ihnen allerdings Übereinstimmungen zuerst auffallen. Menschen der eingeschränkten Übereinstimmung bleiben zwischen sieben und neun Jahren auf einem Arbeitsplatz, haben häufiger als Übereinstimmungs-Menschen während der Ehe eine Affäre (allerdings meistens nur einmal) und haben auch weniger Schwierigkeiten, mit Veränderungen im Leben umzugehen. Im Prinzip sind sie auf Übereinstimmung hin orientiert, brauchen aber gelegentlich etwas Abwechslung, um die Monotonie reiner Übereinstimmungs-Muster aufzubrechen. In gewisser Weise sind Personen mit dem People Pattern der eingeschränkten Übereinstimmung gesünder als Vertreter des reinen Übereinstimmungs-Musters, weil sie nicht in dem Maß zum Ignorieren oder Ausblenden größerer Teile der Wirklichkeit neigen, ein ausgeglicheneres Leben führen und nicht so oft in Therapie gehen.

„In meinem Beruf habe ich viele Menschen mit diesem Muster kennengelernt", ergänzte ich.

„Sehr gut beobachtet. In der Tat operieren die meisten Geschäftsleute mit dem Muster der eingeschränkten Übereinstimmung. Sie sind an verbesserten Versionen dessen interessiert, was sie schon haben. Verbesserung ist das Wesen des Kapitalismus und die Grundlage des Total Quality Management. Menschen der eingeschränkten Übereinstimmung mögen es, wenn die Dinge im Prinzip gleich bleiben, allerdings mit leichten Verbesserungen. Beispielsweise kaufen sie öfter als reine

Übereinstimmungs-Menschen aus Gründen der Abwechslung ein neues Auto, bleiben jedoch bei der gleichen Marke. Die Art und Weise der Beibehaltung von Übereinstimmung und der Integration von Veränderung hängen ganz vom einzelnen ab. Ein anderer Vertreter der eingeschränkten Übereinstimmung kauft zum Beispiel erneut das gleiche Automodell, doch in einer anderen Farbe. Es gibt hier, wie bei allen anderen Kaufentscheidungen, immer ein primäres Kriterium der Übereinstimmung und ein sekundäres der Abwechslung oder Veränderung. Entsprechend seiner Persönlichkeit, seinem Geschmack und seinen Gewohnheiten ist das bevorzugte Kriterium der Übereinstimmung natürlich bei jedem Menschen ein anderes.

Ein Repräsentant der eingeschränkten Übereinstimmung zeigt etwa das folgende typische Lebensmuster: Er bleibt etwa sieben bis neun Jahre in einem Job und wechselt dann. Falls er länger bei einer Aufgabe bleibt, gibt es dort vermutlich hin und wieder ein Element der Neuerung, das seinem Bedürfnis nach gelegentlicher Abwechslung entgegenkommt. Zum Beispiel mag er Tag für Tag mit denselben Tätigkeiten beschäftigt sein und seine Abwechslung bei den verschiedenen Menschen finden, denen er dabei begegnet. Gelegentliche Veränderungen des Tagesablaufs sind willkommen, wenn sie nicht zu oft geschehen. Er wohnt im selben Haus, bis ein unvorhergesehenes oder unabweisbares Ereignis (die Geburt eines Kindes, eine neue Stelle) eine Veränderung erzwingt. Für ihn ist ein Umzug nicht so traumatisch wie für den reinen Übereinstimmungs-Menschen. Es gibt sogar Menschen der eingeschränkten Übereinstimmung, die nach etwa sieben Jahren einfach deshalb umziehen, weil sie glauben, es sei jetzt an der Zeit. Oft fällt dies mit der sogenannten Midlife-Crisis zusammen.

Vor kurzem haben wir hier bei Success Inc. ein interessantes Experiment zum Thema eingeschränkte Übereinstimmung mit einem Mitarbeiter durchgeführt, dem ein externer Psychologe bescheinigt hatte, er litte an einer Midlife-Crisis. Obwohl er seine Arbeit liebte, verspürte er einen unerklärlichen und unbestimmten Drang nach Veränderung. Wir erkannten, was los war, und wechselten einfach einige Aspekte seines Arbeitsbereichs sowie einige der Kollegen, mit denen er zu tun hatte. Vielleicht versteckt sich hinter dem Begriff *Midlife-Crisis* doch etwas ganz anderes, als was normalerweise damit beschrieben wird. Möglicherweise liefert er nur einen Hinweis auf jemandes Change People Pattern. Wer kommt nun besser mit sogenannten schwierigen Zeiten im Leben zurecht, Menschen der Übereinstimmung oder der Verschiedenheit? Generell läßt sich feststellen, daß Menschen mit reinem Übereinstimmungs-Muster mit den hormonellen und sonstigen Umstellungen in der Lebensmitte weniger gut fertig zu werden scheinen. Diese Umstellungen zwingen einen dazu, sich selbst in ganz anderer Weise zu sehen, als es dem früheren Selbstbild entspricht. Genau damit haben reine Übereinstimmungs-Menschen Probleme. Bei Menschen der eingeschränkten Übereinstimmung hängt es davon ab, wie stark das Element der Veränderung ins Leben eindringt, in welchem Ausmaß sie die Umstellungen in der Lebensmitte als problematisch empfinden."

Verschiedenheit

„Der dritte Aspekt des Change People Pattern wird Difference People Pattern oder Verschiedenheits-Muster genannt. Ich könnte mir denken, daß gerade dieses Muster Sie besonders interessieren wird", meinte Shana. „Verschiedenheits-Menschen blühen auf, wenn ihnen das Leben ständig etwas Neues beschert. Überraschung ist für sie die Würze des Lebens. Beim Test mit den drei Münzen fallen ihnen nur Unterschiede auf: die leicht unterschiedliche Färbung, die verschiedenen Jahreszahlen oder daß sie nicht ganz in einer geraden Linie liegen. Kommt Ihnen das bekannt vor?"

„Genauso habe ich ja beim Test reagiert", erkannte ich.

„Reine Verschiedenheits-Menschen erwähnen noch nicht mal, daß die Münzen alle von der gleichen Art sind. Sie halten Leute, die von Übereinstimmungen sprechen, für langweilig. Verschiedenheits-Menschen sind ganz groß darin, Unterschiede manchmal bis in die kleinsten Nuancen hinein wahrzunehmen.

Wie die reinen Übereinstimmungs-Menschen, die sämtliche Unterschiede ausblenden, neigen auch Verschiedenheits-Menschen zur Verzerrung der Realität, und zwar durch Ausblenden sämtlicher Übereinstimmungen. Sie betreten einen Raum und sehen sofort, was sich verändert hat oder nicht an seinem Platz steht. Ihnen fällt stets das auf, was einzigartig ist oder anders als der Rest. Wer bemerkt, daß ein Bild leicht schief hängt oder die Bücher nicht gerade im Regal stehen? Natürlich unsere Anhänger des Unterschieds oder des eingeschränkten Unterschieds. Dinge, die ausgesprochen irritierend auf sie wirken, mögen Übereinstimmungs-Menschen nicht einmal beachtenswert finden. In ihrer Weise, die Wirklichkeit verzerrt wahrzunehmen, sind Verschiedenheits-Menschen das genaue Spiegelbild der Übereinstimmungs-Menschen – nur daß ihnen eben Differenzen statt Übereinstimmungen auffallen. Eine Beziehung, in der ein Partner zur Betonung der Übereinstimmungen und der andere zur Betonung der Unterschiede neigt, birgt erhebliches Konfliktpotential. Der Übereinstimmungs-Partner möchte lieber öfters zu Hause bleiben und den gewohnten Aktivitäten frönen: gemütlich ein gutes Buch lesen, mit einer Tüte Chips vor dem Fernseher sitzen oder Karten spielen. Der Verschiedenheits-Partner haßt die Monotonie immer gleicher Routinen daheim und sucht ständig etwas Neues. Auch bei der Arbeit wünscht sich ein Übereinstimmungs-Mensch wiederkehrende Aufgaben, während sein Gegenüber verschiedene Formen der Abwechslung schätzt."

„Jetzt kann ich verstehen, warum es so einfach war, mein Change People Pattern zu identifizieren", mußte ich zugeben.

Verschiedene Verschiedenheiten

„Als Experte für Verschiedenheiten werden Sie sicherlich verstehen, daß sich die Welt der Differenzen nicht auf eine einzige Kategorie reduzieren läßt. Natürlich gibt es verschiedene Arten von Nichtübereinstimmung und entsprechend zwei Hauptgruppen von Verschiedenheits-Menschen: 1) den Ausnahmensucher oder Gegenbeispielfinder (*mismatcher* oder *counter-exampler*) und 2) den Trotzkopf (*polarity responder*).

Jeder kennt den Zeitgenossen, der zu allem die Ausnahme herausstellt. Sein Lieblingsausdruck ist *Ja, aber* ... Als Fachmann für Ausnahmen und Gegenbeispiele ist er Spezialist im Herausfinden, warum etwas nicht klappt. Macht jemand einen Vorschlag, wird der Gegenbeispielfinder erklären, was daran nicht funktionieren kann. So jemand wird von anderen oft genug als echte Plage empfunden.

Allerdings haben Ausnahmensucher auch ihr Gutes, weil sie hervorragend die Aufgaben des Troubleshooters oder Problemlösers übernehmen können. Ideal ist, wenn sie wissen, an welcher Stelle der Diskussion Gegenbeispiele wirklich weiterhelfen. Das kann Meetings tatsächlich entspannter und produktiver machen. Am besten wartet unser Spezialist für Ausnahmen, bis ein Vorhaben fertig umrissen ist und die Chancen beschrieben sind, bevor er auf die Schwachpunkte hinweist. Vorzeitige Kritik entmutigt andere, so daß sie bald keine eigenen Vorschläge mehr machen. Auch hier kommt es also wieder einmal auf richtige Ausgewogenheit an. Dasselbe gilt übrigens auch für Mismatcher in der Rolle des Vorgesetzten oder Ehepartners. Wo jeder eigene Vorschlag vom Vorgesetzten oder Partner sofort niedergemacht wird, entsteht Frustration. Hier hilft es, das Verhalten des Kritikers direkt anzusprechen, so daß er oder sie weiß, daß Sie sein Muster erkannt haben. Dies kann zur Entspannung der Lage beitragen und den Kritiker zu mehr Akzeptanz bewegen. Seien Sie aber gewarnt, daß seine erste Reaktion durchaus im völligen Bestreiten des Sachverhalts bestehen kann. In jedem Fall kann eine Einsicht in die

Gründe seines Verhaltens dem Mismatcher helfen, sich von einer Plage in jemand zu verwandeln, der einfach ein anderes Weltmodell repräsentiert."

Trotzreaktionen

Der zweite Typ von Verschiedenheits-Mensch ist der Polarity Responder oder Trotzkopf. Er tut immer das Gegenteil von dem, was man ihm sagt. Es ist beinahe so, als würde diese Art von Reaktion durch eine Anweisung automatisch bei ihm ausgelöst werden. Wer Kinder hat, kennt dieses Trotzverhalten. Man bittet sie, etwas zu tun, und das Gegenteil wird gemacht, speziell in der sogenannten Trotzphase. Kluge Eltern wissen natürlich, wie man damit umgehen kann – indem man selbst einfach das Gegenteil von dem anordnet, was man erreichen will.

Normalerweise legt sich das Trotzverhalten im Prozeß des Heranwachsens, doch leider gibt es Menschen, die es auch als Erwachsene nicht abgelegt haben und ihrer Umwelt mit ihrer ständigen Kritik gehörig auf die Nerven gehen: *Das ist falsch. – So geht das nicht. – Du mußt das anders machen.* Dabei verschonen sie weder große Pläne noch kleinste Details. Uns kann es helfen, wenn wir das zugrundeliegende Muster erkennen und dem betreffenden Zeitgenossen behilflich sind, eine ausgewogenere Weltsicht einzuüben."

Eingeschränkte Verschiedenheit

Der vierte Aspekt des Change People Patterns ist der der eingeschränkten Verschiedenheit. Wie im Beispiel mit den Stühlen oder Münzen: Menschen mit diesem Muster nehmen zuerst Abweichungen und Unterschiede wahr, bevor sie offensichtliche Ähnlichkeiten erkennen. Auf ihrem Arbeitsplatz bleiben sie zwischen zwölf Monaten und mehreren Jahren. Bleiben sie länger, dann deshalb, weil sie in ihrer Tätigkeit genügend Abwechslung finden, um ihr Interesse ständig wachzuhalten. Mit niedrigerer Toleranzschwelle für Übereinstimmung bleiben sie entsprechend kürzer und wenden sich dann etwas Neuem zu. Wie beim Pattern der eingeschränkten Übereinstimmung haben Vertreter der eingeschränkten Verschiedenheit eine recht ausgewogene Weltsicht, weil sie sowohl Übereinstimmungen wie Differenzen einbeziehen können, ohne größere Realitätsanteile auszublenden. Auch sie mögen Veränderung, ganz wie die reinen Difference People, doch braucht sie nicht revolutionär zu sein. Es genügt, wenn sie überhaupt eintritt. Menschen des eingeschränkten Unterschieds mit ihren 25% Bevölkerungsanteil kann man zusammen mit den Menschen der eingeschränkten Übereinstimmung als Vertreter zweier Seiten einer Medaille ansehen."

„Können Sie ein Beispiel geben, wie sich das Muster der eingeschränkten Verschiedenheit im Alltagsleben auswirkt?" erkundigte ich mich.

„Eine entsprechende Person schätzt Vielfalt höher als Übereinstimmung. Doch gelegentlich zeigt sie doch ein Bedürfnis nach Wiederholung, nach etwas Vertrautem, selbst wenn es sich nur in einer Nebensächlichkeit ausdrücken mag. Solche Menschen gehen z.B. gern in wechselnden Restaurants essen, bestellen dort aber jedesmal das gleiche Gericht. Denken Sie daran, daß dieses Muster die Kehrseite bildet zur eingeschränkten Übereinstimmung, so daß die dort gegebenen Beispiele auch hier gelten, allerdings unter Betonung des Elements der Verschiedenheit gegenüber dem Element der Übereinstimmung. Jemand mit dem Muster der eingeschränkten Verschiedenheit braucht Abwechslung. In einer Ehe kann das Ausdruck finden in Form eines gemeinsamen Interesses an einer Reihe verschiedener Aktivitäten oder Hobbys, die ein Gegengewicht zur Kontinuität der Partnerschaft bilden. Scheidung kommt bei dieser Gruppe nicht so häufig vor wie bei den reinen Verschiedenheits-Menschen, aber doch bedeutend häufiger als bei den beiden Übereinstimmungs-Gruppen."

„Betrifft das auch das Verhältnis von Vorgesetzten und Mitarbeitern?" wollte ich wissen.

„Natürlich. Der Kontext mag sich ändern und tut es häufig auch im Laufe eines Tages, doch die zugrundeliegenden Muster bleiben dieselben. – Ich denke, als fähigen Verschiedenheits-Menschen habe ich Sie mit den Darlegungen des heutigen Morgens nicht überfordert. Nun ist der Moment für Sie gekommen, den Kollegen Marvin in der Abteilung Management aufzusuchen, wo Sie mehr über dieses interessante People Pattern erfahren werden."

Management

Marvin begrüßte mich freundlich. „Ich habe gehört, Sie sind von unserer Arbeitsweise hier ziemlich beeindruckt."

„Ja. Jetzt möchte ich gern wissen, wie sich das Change People Pattern im Management auswirkt und wie es mir beim Umgang mit verschiedenen Arten von Mitarbeitern helfen kann."

„Zunächst gibt es eine Korrelation zwischen dem Change People Pattern eines Menschen und der Zeit, die er in einem Job bleibt. Ein Übereinstimmungs-Mensch bleibt zwischen 15 Jahren und seiner gesamten Lebensarbeitszeit auf seiner Position – es sei denn, er würde entlassen oder die Arbeit brächte soviel Abwechslung, daß sie für ihn zu stressig würde. Jemand mit dem Muster der eingeschränkten Übereinstimmung bleibt unter den gleichen Voraussetzungen etwa sieben bis neun Jahre. Ein Vertreter der eingeschränkten Verschiedenheit bleibt, sofern der Anteil von Routinetätigkeiten nicht zu hoch ist, etwa ein bis zwei Jahre. Und ein reiner Verschiedenheits-Mensch möchte ständige Abwechslung und Veränderung. Er wechselt alle sechs bis zwölf Monate seinen Job, es sei denn, dieser würde ihm genügend Abwechslung bieten. Also, was dem einen seine Eule, ist dem anderen seine Nachtigall.

Wir wollen nun jeden Typus einzeln betrachten und mit dem Übereinstimmungs-Muster, dem Sie allerdings mit Sicherheit nicht zuzurechnen sind, beginnen. Wenn ein Vorgesetzter mit Übereinstimmungs-Pattern und Mitarbeiter mit davon verschiedenen Mustern zusammenarbeiten, kann man sich auf Schwierigkeiten gefaßt machen. Der Vorgesetzte möchte, daß seine Mitarbeiter ihre Aufgaben stets in der gewohnten Weise ausführen, d.h. so, wie er es will. Sein Motto lautet: *Wenn etwas nicht kaputt ist, dann bastel nicht dran rum* und: *Gut ist gut genug.* Kommt ein Mitarbeiter mit eigener Initiative oder Veränderungsvorschlägen, wird das durch den Übereinstimmungs-Filter des Vorgesetzten als Abweichung von der anerkannten Vorgehensweise interpretiert, die natürlich nicht akzeptiert werden kann. Er wird vielleicht das Gefühl haben, der Mitarbeiter wolle ihn austricksen, und ihm daher empfehlen, sich doch bitte an den bewährten Arbeitsformen seiner Kollegen zu orientieren.“

„Ich selbst habe als Vorgesetzter die Erfahrung gemacht, daß meine Übereinstimmungs-Mitarbeiter mir vorgeworfen haben, ich mische mich in ihre Angelegenheiten ein und wolle sie bevormunden“, gab ich zu bedenken.

„Ja, auch die umgekehrte Kombination aus Unterschieds-Vorgesetztem und Übereinstimmungs-Mitarbeitern kann zu Problemen führen. Generell gilt: Wenn man den Mitarbeitern ihren Job gut beigebracht hat, werden sie ihn für den Rest ihres Lebens so weitermachen. Bedenken Sie, daß ein Übereinstimmungs-Mensch seinen Job 15 Jahre und länger behalten möchte, sofern nicht äußere Faktoren eine Änderung erzwingen. Er möchte, solange es geht, auch im Job in seiner vertrauten Situation (*comfort zone*) bleiben. Übereinstimmungs-Mitarbeiter scheinen gegen strikte Anweisungen weniger Einwände zu haben; was sie irritiert, sind Veränderungen. Mit ihrer Bloß-nicht-dran-rütteln-Mentalität sträuben sie sich gegen jegliche Reorganisation. Veränderungen sind für sie ein Hinweis, daß das Management von vorneherein nicht richtig gearbeitet hat. Mehrere Veränderungen hintereinander werden geradezu als Beweis dafür angesehen, daß das Management total unfähig ist und keine Ahnung davon hat, was überhaupt los ist. Aus Sicht der Übereinstimmungs-Mitarbeiter gibt es für alles eine beste Art und Weise der Erledigung, und es ist die Aufgabe des Managements, diese herauszufinden, das entsprechende System aufzubauen und für seine Aufrechterhaltung zu sorgen. Alles andere ist nicht akzeptabel und bedeutet nichts weiter, als daß die Angestellten von einem Management als Versuchskaninchen benutzt werden, das doch dafür bezahlt wird, daß es weiß, was es zu tun hat.

Bei Mitarbeitern mit dem Muster der eingeschränkten Übereinstimmung ist es wichtig, auf die Regelmäßigkeit der Arbeitszeiten zu achten – von 8.00 bis 17.00 Uhr oder innerhalb jeder anderen festen, regelmäßigen Zeiteinteilung. Überstunden werden akzeptiert, wenn sie nicht zu oft vorkommen. Derartige Mitarbeiter werden nur selten vom pünktlichen Beginn ihrer Mittagspause abweichen und auch beim Jahresurlaub die gleichen Zeiten bevorzugen. Die gewünschte Abwechslung erreichen sie dabei vielleicht durch jährlich wechselnde Urlaubsziele."

„Ich nehme an, daß die Bedeutung von Abwechslung bei jedem Mitarbeiter unterschiedlich ist und daß auch der Kontext eine Rolle spielt", bemerkte ich.

„So ist es. Im übrigen stellen Eingeschränkte-Übereinstimmungs-Menschen mit 55% und Übereinstimmungs-Menschen mit 5% bis 10% den weitaus größten Anteil der Arbeitnehmerschaft weltweit. Sie bilden das Rückgrat unserer Wirtschaftskraft und sollten als Wählerpotential von keiner Regierung übersehen werden – ganz zu schweigen von ihrer gewaltigen Kaufkraft. In Werbung und Marketing muß diese Gruppe unbedingt berücksichtigt werden, aber dazu werden Sie noch mehr von unserem Kollegen Richard aus der Marketingabteilung erfahren.

Kommen wir nun zum Verschiedenheits-Pattern. Wo Vorgesetzte mit Verschiedenheits-Muster und Mitarbeiter mit Übereinstimmungs-Muster zusammenarbeiten, kann sich entweder eine interessante Dynamik oder ein erhebliches Konfliktpotential bilden. Der Vorgesetzte handelt nach dem Motto: *Wenn etwas nicht schon kaputt ist, muß man es kaputtmachen und verbessern.* Und: *Gut ist nicht gut genug.* Er haßt eintönigen Trott und wird ständig frustriert sein über den Mangel an Initiative und Kreativität bei seinen Mitarbeitern. ‚Können Sie sich nicht mal was Kreatives einfallen lassen? Zwanzig Jahre lang machen Sie schon diesen gleichen eintönigen Job, ohne die geringsten Anstalten zu einer Veränderung oder Verbesserung zu machen!' Natürlich wird ein kreativer Mitarbeiter, der sich hin und wieder etwas Neues einfallen läßt, in gleicher Weise auf Schwierigkeiten stoßen, wenn sein Vorgesetzter als starker Verfechter des Übereinstimmungs-Musters agiert; er wird sich bald in einer Sackgasse fühlen und die Abteilung oder die Arbeitsstelle wechseln. „Jeden Tag das gleiche. Das hängt mir allmählich zum Hals raus' – ‚Diese Idioten!' – das sind dann alles noch relativ harmlose Kommentare."

„Ja, genau. Das kenne ich sehr gut von mir selber."

„Sie werden mit Sicherheit keine Probleme mit Verschiedenheits-Mitarbeitern haben. Wie sollte man, Ihrer Meinung nach, als Vorgesetzter mit ihnen umgehen?" fragte Marvin.

„Ich würde dafür sorgen, daß sie, soweit möglich, ständig neue Aufgaben bekämen."

„Exakt. Verschiedenheits-Mitarbeiter fühlen sich gelangweilt, wenn sie längere Zeit immer wieder die gleichen Aufgaben bearbeiten sollen, selbst wenn jemandem mit anderem Muster die Zeitspanne dafür eher kurz vorkommen würde.

Nun möchte ich noch kurz auf einen Typ Geschäftsleute zu sprechen kommen, der für wirtschaftliche Kreativität extrem wichtig ist. Es handelt sich um den Typus des Unternehmers; er ist stets auf der Suche nach neuen, aufregenden Möglichkeiten. Während die meisten Geschäftsleute zu den Kategorien Übereinstimmung und eingeschränkte Übereinstimmung gehören, sortiert der Unternehmer die Welt nach Unterschieden. So kann er Neues schaffen und neue Projekte initiieren, die mit der Tradition brechen. Es liegt in seiner Natur, beständig zu reorganisieren und zu restrukturieren, egal, ob es sich um Mitarbeiter, Ideen oder ganze Organisationen handelt. Darin liegt zugleich seine Stärke wie seine Schwäche. Stärke insofern, als er neue Produkte oder Verfahren entwickeln kann. Schwäche, wenn er eine Verbesserung erfindet, die er dann nicht vermarkten oder in ein gut gemanagtes Unternehmen umsetzen kann. Mein Kollege Richard in der Verkaufsabteilung wird Sie warnen, wie schwierig es ist, etwas zu verkaufen, das völlig neu ist. Es gibt viele große Ideen, echte Verbesserungen, die nie verwirklicht werden, weil die große Mehrheit mit dem Status quo völlig zufrieden ist. Im übrigen geben große Unternehmer oft schlechte Manager ab. Ständig verbessern sie an den Strukturen und Mitarbeitern herum, was aber für den Aufbau einer funktionierenden Organisation nicht hilfreich ist. Um erfolgreich zu sein, braucht der Unternehmer einen guten Vermarkter und Eingeschränkte-Übereinstimmungs-Manager für das Tagesgeschäft – die er dann im übrigen ihre Arbeit in Ruhe erledigen lassen soll. Leider ist das nicht immer die Regel, sondern der Grund, weshalb viele genial gegründete Unternehmen am Markt versagen."

Marvin erklärte weiter: „Wenn etwas funktioniert, möchte eine Übereinstimmungs-Person den Status quo beibehalten, während eine Verschiedenheits-Person nach Veränderungs- und Verbesserungsmöglichkeiten sucht. Hier liegt einer der Gründe für viele Spannungen innerhalb von Unternehmen, da beide Gruppen sich gegenseitig für unfähig halten."

„Ich denke, dies gilt auch für viele gesellschaftliche oder politische Veränderungen, deren Promotoren als ausgesprochene Verschiedenheits-Menschen anfänglich gegen das Beharrungsvermögen starker Übereinstimmungs-Strömungen anzukämpfen haben", gab ich zu bedenken.

„Die Geschichte zeigt, daß am Anfang echter und dauerhafter Veränderungen in Gesetzgebung, Gewohnheiten oder Ansichten normalerweise ein Ereignis steht, das zum Zeitpunkt seines Geschehens als radikal oder revolutionär aufgefaßt wird. Lesen Sie das Buch der beiden Gründer dieses Unternehmens über People Patterns in der Gesellschaft; dort finden Sie zahlreiche Belege für diese These in bezug auf viele Phänomene unserer heutigen Kultur. – Doch nun zurück zum Geschäftsleben.

Verschiedenheits-Menschen wollen Abwechslung. In einer Situation mit festen Arbeitszeiten werden sie z.B. versuchen, ihre Mittagspausen in unterschiedliche Zeiten zu legen oder bestimmte Aufgaben an wechselnden Wochentagen zu erledigen. So können sie es länger in ihrem Job aushalten als ohne diese Möglichkeiten. Hier bei Success Inc. werden wir dafür sorgen, daß auch bei Ihren Aufgaben und Interaktionen für möglichst viel Wechsel gesorgt wird. Als Manager liegt es in Ihrer Verantwortung, die Aufgaben Ihrer Eingeschränkte-Verschiedenheits- und Verschiedenheits-Mitarbeiter zu variieren. Verändern Sie, wenn möglich, die Anfangszeiten bestimmter Aufgaben oder auch die Art ihrer Ausführung. Und vor allem: Führen Sie Elemente von Abwechslung in die Jobs ein. Menschen der eingeschränkten Verschiedenheit sehnen sich nach Abwechslung und hassen statische Situationen. Wenn sich Wiederholungen bestimmter Aufgaben nicht vermeiden lassen, müssen Sie diesen Aspekt zurücktreten lassen und vor allem die möglichen Verbesserungen oder Veränderungen in der Ausführung betonen. Vergessen Sie nicht: Verschiedenheits-Menschen möchten etwas Neues anfangen, sobald sie eine Sache verstanden haben; Übereinstimmungs-Menschen verstehen eine Sache und bleiben dann dabei; Mitarbeiter mit den Mustern der eingeschränkten Übereinstimmung oder des eingeschränkten Unterschieds neigen zur Wiederholung gestellter Aufgaben, allerdings mit allmählichen Verbesserungsmaßnahmen im Laufe der Zeit.

Ein Wort zur Kleidung im Büro. Der jeweilige Stil ist ebenfalls ein Ausdruck des Change Patterns der betreffenden Person. Reine Verschiedenheits-Menschen kleiden sich oft in sehr auffallender Weise. Menschen der eingeschränkten

Verschiedenheit erkennt man an einem sehr persönlichen Kleidungsstil oder an den individuellen Accessoires zu einer ansonsten eher konservativen Kleidung."

„Als reiner Verschiedenheits-Mensch kleide ich mich oft jeden Tag in anderen Farben und in einem anderen Stil", kommentierte ich. „Auf jeden Fall trage ich jeden Tag eine andere Krawatte."

„An der Wahl der Krawatten kann man allerhand über jemanden erkennen. Jedenfalls werden Eingeschränkte-Verschiedenheits-Menschen, je nach Ausprägung, immer dafür sorgen, die Elemente des Wechsels in Stil, Farbe oder Auswahl der Kleidungsstücke auszubalancieren mit Elementen der Übereinstimmung: wechselnde Bekleidungsstile mit gleichem Grundton in Schwarz oder Grau oder Rot und Weiß. Obwohl die Kleidung dauernd wechselt, bleiben die Farben die gleichen. Oder die Accessoires bleiben die gleichen, und der Stil verändert sich. Die Ausprägung hängt ganz vom individuellen Geschmack und den jeweiligen Umständen ab. Übrigens spielt auch das Evaluation People Pattern oder Bewertungsfilter bei der Wahl des Kleidungsstils eine Rolle, doch davon später in dieser Woche mehr."

Ich dankte Marvin für seine unterhaltsame Lehrstunde und machte mich auf den Weg in die Verkaufsabteilung zu Richard, wo ich mehr über die praktische Anwendung der Change People Patterns erfahren sollte.

Die Verkaufsabteilung

Richard hatte mich schon erwartet. Er kam mir entgegen und begrüßte mich mit festem Handschlag.

„Willkommen in der Welt der Verkäufer", sagte er mit einem Lächeln. „Ich habe gehört, Sie haben schon Verkaufserfahrung. Hier werden Sie jedenfalls lernen, welche weitreichende Bedeutung das Change People Pattern für unser Fachgebiet hat."

„Bisher ist jeder Tag für mich ganz neu gewesen", sagte ich.

„Ganz neu?" grinste er wieder. „Das wundert mich nicht. Bevor ich auf die technischen Aspekte des Verkaufs unter Berücksichtigung des Change Patterns zu sprechen komme, möchte ich einige allgemeine Bemerkungen voranschicken. Jeder Verkäufer wird einen bestimmten Prozentsatz seiner Kontakte zu einem Geschäftsabschluß bringen. Das hängt mit den Inhalten seiner Präsentation und mit der Statistik der Marktforschung zusammen. Also gibt es nur zwei Wege, die Anzahl der Verkaufsabschlüsse zu erhöhen: Entweder besucht man mehr Interessenten, oder man verbessert seine Abschlußquote. Das erste nennt man *working hard* und das zweite *working smart*. Was würden Sie vorziehen?"

„Natürlich *working smart*."

„Dachte ich mir. Die Frage ist jetzt, wie man seine Abschlußquote erhöhen kann. Die meisten Verkäufer arbeiten mit einer festen Präsentationsform mit einer oder mehreren Abschlußmöglichkeiten. Bei einer guten Präsentation kann man diesen Übereinstimmungs-Ansatz als erfolgreich bezeichnen. Ist die Präsentation nicht gut, wird der Verkäufer leer ausgehen. Das Problem besteht darin, daß jeder bestimmte Ansatz nur bei einem gewissen Prozentsatz des Marktes Erfolg haben wird. Manche Ansätze sind besser als andere. Viele Unternehmen arbeiten mit sogenannten Scriptbooks, bei denen es sich um Abschriften erfolgreicher Verkaufsgespräche handelt. Gerade im Telemarketing gibt es eine festgelegte Präsentationsweise, an die sich die Mitarbeiter halten müssen. Ihre Arbeit wird überwacht, und sie haben keinen Spielraum für Abweichungen oder Improvisation. Das ist ein geradliniger Übereinstimmungs-Ansatz."

„Das ist einer der Gründe, weshalb ich Telemarketing nicht ausstehen kann", sagte ich.

„Da sind Sie nicht der einzige", antwortete Richard. „Ein Verkäufer mit Übereinstimmungs-Ansatz muß sehr hart arbeiten, um seine Ergebnisse zu verbessern. Der kluge Verkäufer hingegen verfügt über mehrere Präsentationsweisen. Er kann seine Gesprächspartner rasch einschätzen und den geeigneten Ansatz auswählen."

„Hört sich schwierig an", sagte ich.

Richard lächelte. „Ja, aber wenigstens müssen Sie dabei nur Ihren Kopf strapazieren und nicht Ihre Schuhsohlen. Es erfordert nichts weiter als die Fähigkeit, die Besonderheiten seiner jeweiligen Gesprächspartner zu erkennen und seine Gesprächsführung darauf abzustimmen. Es gibt zahllose Bücher und Kurse mit Hunderten von Techniken für den Verkaufsabschluß oder die Behandlung von Einwänden. Die sogenannten Scriptbooks habe ich schon erwähnt. Wenn sie gut sind, enthalten sie die besten Formulierungen für Präsentation, Abschluß und Einwandbehandlung der erfolgreichsten Verkäufer einer Organisation. Ein gutes Scriptbook ist eine wertvolle Informationsquelle und sollte entsprechend sorgfältig aufbereitet werden. Natürlich helfen auch wir unseren Kunden bei der Vorbereitung und Anwendung von Scriptbooks. Ein gutes Scriptbook ist wichtig, aber es garantiert noch keinen Verkaufserfolg. Man muß den Verkäufern beibringen, wie sie damit umzugehen haben. Das ist der entscheidende Punkt: Wie wende ich das Scriptbook beim jeweiligen Interessenten an? Dazu gehört mehr, als nur einen Haufen Formulierungen auswendig zu lernen. Natürlich muß man seine Formulierungen kennen, aber noch wichtiger ist es, die Patterns seines Gegenübers zu erkennen und sich darauf einzustellen. Dies ist die Essenz des Verkaufens: die Präsentation für den Interessenten maßzuschneidern. Wie das mit Hilfe der People Patterns machbar ist, werden Sie bei mir lernen."

Dann fuhr Richard fort: „Im Verkauf gibt es etwas, was wir den *itch cycle* nennen, die Zeitspanne, bis es den Kunden nach einem neuen Kauf *juckt*. Wiederholungskäufe sind ein wichtiger Beitrag zum Verkaufserfolg. Die meisten Autokäufe z.B. geschehen in zeitlicher Regelmäßigkeit. Und Immobilienmakler wissen, daß sich Familien im Standard nach oben orientieren, sobald sie größer werden und das Einkommen zunimmt. Dieses People Pattern gibt uns einen Schlüssel zum Erkennen der Zeitzyklen. Übereinstimmungs-Menschen haben meistens längere, Verschiedenheits-Menschen kürzere Zyklen. Übereinstimmungs-Kunden sind in der Überzahl und zeigen zudem eine höhere Markentreue als Verschiedenheits-Kunden. Bei allem, was Sie verkaufen, müssen Sie den *itch cycle* für das jeweilige Produkt, bezogen auf jeden der Change People Patterns, feststellen. Dann wissen Sie recht genau, wann es sich lohnt, einen früheren Kunden auf einen Wiederholungskauf hin anzusprechen."

Mir fiel auf, daß ja auch ich in den letzten Jahren mit meiner Familie immer dann in eine größere Wohnung gezogen war, wenn sich Nachwuchs eingestellt und unser Familieneinkommen sich verbessert hatte.

Richard nahm den Faden wieder auf: „Ich möchte nun direkt auf die Verkaufstaktiken in bezug auf die einzelnen Patterns zu sprechen kommen, beginnend mit der Verschiedenheits-Person. Für ihn oder sie ist es wichtig, daß man von der Einzigartigkeit des Produktes spricht. Betonen Sie die Punkte, in denen es sich von konkurrierenden Angeboten unterscheidet. Sprechen Sie nicht davon, inwiefern es mit anderen Produkten vergleichbar ist – das würde zur sofortigen Ablehnung durch den Verschiedenheitsfilterer führen." „So würde ich sicher auch reagieren", warf ich ein. „Wundert mich gar nicht", sagte Richard. „Statt dessen können Sie die Einzigartigkeit Ihres Produktes oder Ihrer Dienstleistung ruhig mit ihrer Neuartigkeit oder ihren aufregenden oder gar revolutionären Eigenschaften untermauern. Je ausgeprägter das Verschiedenheits-Pattern eines Menschen, desto attraktiver wirkt auf ihn das Ausgefallene, Untypische, vielleicht sogar Einzigartige eines Produktes oder einer Dienstleistung. Erwähnen Sie die Übereinstimmung mit dem neuesten Stand der Technik, den Bruch mit der Tradition. Denken Sie daran, daß die Kaufmotive des Verschiedenheits-Kunden nicht nur im reinen Nutzen des Produktes liegen. Vermeiden Sie hingegen das Gespräch über alle Aspekte des Produkts, die unverändert geblieben sind.

Der Verschiedenheits-Kunde will ein Produkt, weil es anders ist als das, was er oder seine Bekannten bereits haben. Er kauft sich beispielsweise ein neues Faxgerät, obwohl das alte noch völlig in Ordnung ist, nicht etwa weil es besser wäre, sondern einfach weil es anders ist als das alte. *Besonderheit* ist das Zauberwort für das Verschiedenheits-Muster. Ein Wort der Warnung jedoch vor Fehlersuchern und Polarity Respondern. Bereiten Sie sich rechtzeitig vor auf Einwände des Fehlersuchers, warum Ihr Produkt nicht funktionieren kann, und leiten Sie den Polarity Responder mit Argumenten der Psychologie des Gegensatzes."

„Nun wird mir klar, warum ein Übereinstimmungs-Verkäufer solche Schwierigkeiten mit Verschiedenheits-Kunden haben kann", erkannte ich.

„Kommen wir nun zur Verkaufstechnik bei Menschen mit Eingeschränkte-Verschiedenheits-Filter. Sprechen Sie auch hier davon, was Ihr Produkt oder Ihre Dienstleistung von anderen unterscheidet. Im Unterschied zur reinen Verschiedenheits-Person brauchen Sie hier nur die Verschiedenheit zu betonen, nicht so sehr den beispiellosen oder revolutionären Charakter. Heben Sie alle Aspekte Ihrer Ware hervor, die anders sind als bei den Produkten bzw. Diensten des Wettbewerbs. Und dann lassen Sie ganz nebenbei noch eine Bemerkung zu ein oder zwei Eigenschaften fallen, die Ihr Produkt mit bestehenden oder bekannten Produkten gemeinsam hat. Machen Sie ansonsten zu diesen Übereinstimmungen keine weiteren Ausführungen."

Ich faßte zusammen: „Der Schlüssel liegt hier also darin, zu zeigen, daß man zwei Fliegen mit einer Klappe schlägt: Mit unserem Produkt bekommt man das Beste aus der Vergangenheit, kombiniert mit modernster Technologie der Gegenwart."

„Genau. Und es gibt hierfür eine ganze Reihe von Sprachmustern und Techniken der Einflußnahme, die wir in unseren Verkaufs- und Marketingseminaren vermitteln."

„Wie sieht ein Verkaufsgespräch mit einem ganz normalen Interessenten aus?" wollte ich wissen.

„Hier haben wir es mit Menschen mit dem Filter der eingeschränkten Übereinstimmung zu tun, die ja auch im Geschäftsleben die Mehrheit der Bevölkerung stellen. Da möchte man sein Produkt als Verbesserung eines schon bekannten Produkts präsentieren. Sie erinnern sich, daß eine Verbesserung keineswegs das gleiche ist wie eine komplette Umgestaltung. Und dreht sich unser gesamtes Wirtschaften nicht um das Thema Verbesserung? Sprechen Sie also nicht über die Neuartigkeit oder Andersartigkeit Ihres Angebots. Das wird den potentiellen Käufer nur abschrecken. Er interessiert sich nicht für Dinge, die ihm nicht vertraut sind. Der Eingeschränkte Übereinstimmungs-Kunde wünscht etwas, das verwandt ist mit dem, was er schon besitzt oder verwendet, ohne daß es jedoch direkt damit identisch sein muß. Betonen Sie also die Übereinstimmungen zwischen Ihrem Produkt oder Ihrer Dienstleistung mit dem vorhandenen Angebot, und heben Sie dabei hervor, daß es sich beim aktuellen Angebot um eine verbesserte Version handelt. Erzählen Sie auch vom geschichtlichen oder technischen Hintergrund Ihres Produktes, wie es im Laufe der Jahre verbessert wurde, bis seine heutigen hervorragenden Eigenschaften erreicht wurden. Hilfreich ist auch die Erwähnung seiner Haltbarkeit sowie der Tatsache, daß der Benutzer es nicht oft austauschen oder reparieren lassen muß. Vergessen Sie nicht, welches Gewicht der Kontinuitätsfaktor für den Eingeschränkte-Übereinstimmung-Kunden hat."

„Das erinnert mich sehr an die Mentalität der Japaner", sagte ich.

„Ja, durchaus, und zwar in mehrfacher Hinsicht. Seit Jahrzehnten sind die Japaner Meister der Imitation. Oder um es anders auszudrücken: Sie haben die Kunst perfektioniert, bereits bestehende Produkte noch zu verbessern. Hier haben wir es mit einer echten Eingeschränkte-Übereinstimmungs-Mentalität zu tun."

„Und wie präsentiert man vor ausgeprägten Übereinstimmungs-Menschen?" erkundigte ich mich.

„In gewisser Weise ist dies der leichteste aller vier Fälle. Bekanntlich wollen Übereinstimmungsmenschen den ihnen bekannten Zustand erhalten, so daß der Kauf von etwas „Neuem" hier in gewisser Weise wie ein Widerspruch in sich wirkt. Das Neue hat für sie die Bedeutung des beim Kauf noch Reinen, Unbenutzten – mit Sicherheit jedoch nicht den des Innovativen oder vom Bekannten Abweichenden. Sollte ein ihnen vertrautes Produkt einmal auslaufen, so fühlen sie sich unwohl, denn sie möchten, daß ihre Produkte und Dienstleistungen im Prinzip die gleichen bleiben."

„Heißt das, daß Übereinstimmungs-Kunden gar nicht an Verbesserungen interessiert sind?" erkundigte ich mich.

„So seltsam es klingen mag: Das stimmt. Mit der Behauptung, bei Ihrem Angebot handele es sich um eine Verbesserung, werden Sie den Übereinstimmungs-Kunden sogar eher abschrecken als anziehen. Falls Ihr Produkt tatsächlich Verbesserungen aufweist, gehen Sie am besten gar nicht gesondert darauf ein."

„Das muß für einen Unterschieds-Menschen, wie ich einer bin, ja wirklich eine große Herausforderung sein, solch einem Übereinstimmungs-Kunden etwas zu verkaufen!"

Marketing und Werbung für die neue Coca Cola

„Die direktesten und wirksamsten Umsetzungsmöglichkeiten für das Change People Pattern liegen auf dem Gebiet von Marketing und Werbung. Jedes Unternehmen sollte sich der Wichtigkeit dieser Tatsache bewußt sein. Sie zu ignorieren kann eine Organisation oder ein Unternehmen buchstäblich um Kopf und Kragen bringen. Erinnern Sie sich noch, wie es Coca Cola vor einigen Jahren ergangen ist?"

Ich war nicht sicher, worauf er anspielte.

„Damals wurde dort die recht zweifelhafte Entscheidung getroffen, die Zusammensetzung von Coca Cola zu verändern, jenes Getränks, das zum Nationalheiligtum und zu einer weltberühmten Institution geworden war! Mit dem Wissen, daß 65% der Menschen in die Kategorien Übereinstimmung und eingeschränkte Übereinstimmung fallen – wie, glauben Sie, werden sie darauf reagiert haben, als ihr Lieblingsgetränk, ihr Lebenssaft, etwas, von dem man jahrzehntelang geglaubt hatte, daß es sich nie ändern würde, plötzlich seinen Geschmack ändern sollte? War das Publikum außer sich vor Freude, als Coca Cola einen anderen Geschmack bekam? Ganz im Gegenteil. Auch ein gewaltiges Werbebudget konnte nichts daran ändern, daß Millionen Konsumenten weltweit von dem neuen Rezept nichts wissen wollten. Sie wollten die gute alte Coke. Also blieb Coca Cola nichts anderes übrig, als zum Original zurückzukehren, das zudem den Ehrentitel »Classic« bekam.

Das Ganze war und ist eine strenge Lektion in Sachen Marketing. Wenn Ihre Zielgruppe überwiegend aus Übereinstimungs-Menschen besteht, müssen Sie berücksichtigen, daß man gewisse Dinge einfach nicht verändert. Wenn etwas gut läuft, sollten Sie es nicht ändern. Solche Kunden möchten, daß die gute alte Zeit nie endet."

Richard machte eine kurze Pause. „Die besagte Lektion gilt nicht nur für Produkte, sondern auch für Verpackungen. Was passiert, wenn ein Manager plötzlich beschließt, die seit Jahren bekannte und erfolgreiche Verpackung eines Produktes neu zu gestalten? Möglicherweise operiert er aus der Weltsicht des Verschiedenheits- oder Eingeschränkte-Verschiedenheits-Musters heraus. Jedenfalls werden seine Übereinstimmungs-Kunden negativ reagieren. Nun könnte man fragen, warum man sich nicht gleich den Verschiedenheits-Kunden zuwendet. Aus zwei Gründen. Erstens ist der Übereinstimmungs-Markt doppelt so groß wie der Verschiedenheits-Markt. Und zweitens mangelt es den Verschiedenheits-Kunden an Markentreue, weil ihnen Abwechslung wichtiger ist. Man verliert also an zwei Enden, wenn man die Mehrheit der Konsumenten vernachlässigt."

Mit Kenntnis des Change People Patterns waren mir die Zusammenhänge plötzlich ganz klar.

„Es geht also darum, den Charakter des Marktes, den man anpeilt, zu erkennen und die Werbung sowie die Produktverpackung entsprechend zu gestalten. Viele große Markenartikler haben das natürlich begriffen. In den letzten Jahren können wir beobachten, wie sie erneut mit Figuren und Slogans aus den 60er Jahren werben. Offenbar erinnern sich die heute erwachsen und kaufkräftig gewordenen Babyboomer gern an ihre Jugendzeit. Procter & Gamble, Amerikas größter Hersteller von Haushaltswaren und Körperpflegeprodukten, hat vor einiger Zeit beschlossen, das bekannte Prell-Shampoo im original grünen Farbton, das 1991 durch eine blaue Version ersetzt worden war, die ein Flop wurde, wieder auf den Markt zu bringen. „Grün ist wieder da! Die Originalformel, die Sie immer haben wollten!" Nach dem Vorbild von Coca Cola, die neben der klassischen auch ihre neue Cola vermarkten, verkaufen P&G neben dem blauen Prell nun auch das klassische grüne. So trifft man beide Zielgruppen, die Übereinstimmungs- und die Eingeschränkte-Übereinstimmungs-Kunden."

„Ich nehme an, daß Verschiedenheits-Kunden aber von Veränderungen des Produktnamens geradezu angezogen werden ", erkundigte ich mich.

„Richtig. Allerdings muß man berücksichtigen, daß sich Innovationen für dieses Marktsegment eben in deutlich geringeren Stückzahlen verkaufen. Viele Neuheiten werden vom Markt insgesamt einfach nicht angenommen. Werbeagenturen und Marketingberater haben dafür die verschiedensten Erklärungen bereit, vom Verrat an der Loyalität der Kunden bis zum Zerreißen eines emotionalen Bandes zwischen Kunden und Produkt durch Veränderung akzeptierter Produkte oder Markennamen. Derartige Erklärungen zielen jedoch am Kern der Sache vorbei..."

„...der eben mit dem Change People Pattern zu tun hat", warf ich ein.

„Menschen reagieren auf Veränderungen in vier grundsätzlichen Formen, und für ein effektives Marketing kommt es darauf an, zu verstehen, warum manche Leute Innovationen hassen, während andere ganz wild darauf sind. Auf der ganzen Welt gibt es zahllose Marketingmanager, die gerne dadurch berühmt werden wollen, daß sie etwas ganz Neues und Ausgefallenes herausbringen. Sie besitzen einen Verschiedenheits-Filter, sollten aber lernen, wie man den durchschnittlichen Kunden mit Übereinstimmungs- oder Eingeschränkte-Übereinstimmungs-Filter anspricht. Fast jedesmal, wenn ich in Zeitschriften blättere oder Fernsehen gucke, wundere ich mich, wie die Werbeleute einen Ansatz präsentieren, der weit neben dem liegt, was ihre eigene Zielgruppe möchte. Wie oft ist da doch die Rede von *völlig neu* oder *ganz anders*. Bei Verschiedenheits- und Eingeschränkte-Verschiedenheits-Kunden kann man damit Eindruck machen, nicht aber bei den beiden Über-einstimmungs-Gruppen. Allerdings gibt es einen Wirtschaftsbereich, der geradezu auf dem Verschiedenheits-Muster aufbaut."

„Welcher ist das?"

„Der Bereich der Haute Couture. Worum geht es bei der Mode? Doch darum, auf neue Weise anders zu sein als andere. Also ändert man z.B. an einem Hemd alles, was sich ändern läßt: den Kragen, die Taschen oder die Knöpfe. Bei einer Krawatte kann man Breite, Farbe und Muster verändern. Die meisten Menschen haben mit ausgefallener Mode nichts im Sinn. Im Geschäftsleben tragen Männer weiterhin die gleichen blauen oder grauen Anzüge. Selbst die Krawatten sehen oft gleich aus. Aber es gibt die Haute Couture immer noch, weil es offenbar einen genügend großen Markt für teure Verschiedenheit gibt."

Richard dachte kurz nach und sprach dann weiter: „In der Welt der Waren geht es hauptsächlich um kleine Veränderungen. Jedes Produkt hat bestimmte Eigenschaften oder Features. Bei jedem neuen Modell sind einige neue Features dabei, die das Leben leichter machen sollen. Wenn diese Features so hilfreich sind – warum werden sie nicht gleich zu Beginn eingebaut? Wie wäre ein Produkt, das schon in der ersten Version über alle erforderlichen Features verfügen würde?"

„Oder hat das etwas mit geplanter Produktalterung zu tun?" mutmaßte ich.

Richard lachte und wechselte das Thema: „Auch bei der Gestaltung von Kaufhäusern oder Ladenketten spielt das Change People Pattern eine wichtige Rolle. Man betritt ein bestimmtes Kettenrestaurant oder Warenhaus und weiß sofort, wo man ist. Das liegt an den gleichbleibenden Farben, Dekorationen, ja sogar Raumaufteilungen. Übereinstimmungs-Menschen fühlen sich auf unbewußter Ebene dadurch beruhigt und angezogen, weil ihnen alles vertraut vorkommt."

Unsere Unterrichtsstunde war beendet. Ich dankte Richard für sein bereitwillig mitgeteiltes Wissen und machte mich auf den Weg zu den Verhandlungsspezialisten, wo ich mein Training fortsetzen sollte.

Verhandeln

„Sind Sie bereit für eine ziemlich einzigartige Vehandlungstechnik?" fragte mich Beverly und lachte. Offenbar war die Kunde von meinem speziellen Change Pattern auch bis zu ihr gedrungen. Es fiel mir immer mehr auf, in welcher Weise meine Ausbilder mit mir anders kommunizierten als mit meinen Kollegen.

„Vieles, was Sie über den Zusammenhang von Change People Patterns und Verkaufstechniken gehört haben, gilt auch für Verhandlungen aller Art. Und es vergeht ja kaum ein Tag, an dem wir nicht in irgendeiner Form etwas zu verhandeln haben, sei es mit dem Ehepartner, dem Autohändler oder einem wichtigen Kunden."

Es freute mich, zu hören, daß sich mein neues Berufswissen vielleicht auch im Umgang mit meinen Kindern fruchtbar anwenden ließ.

„Auch hier gilt wieder, daß in Verhandlungen jedes Change Pattern nach einer ganz speziellen Herangehensweise verlangt. Beginnen wir mit Übereinstimmung. Jemand mit diesem Filter nimmt ja vor allem diejenigen Aspekte der Welt auf, die mit seinen vergangenen Erfahrungen übereinstimmen. Bei Verhandlungen sollte man daher die Aspekte der gegenwärtigen Situation hervorheben, die in der Vergangenheit genauso oder vergleichbar waren. Betonen Sie die KONTINUITÄT mit der Vergangenheit. Betonen Sie alle Punkte, in denen wechselseitige Übereinstimmung besteht, und beschreiben Sie die Übereinstimmungen. Machen Sie Ihrem Gegenüber klar, daß beide Seiten diese Verhandlung im Prinzip um der gleichen Endergebnisse willen führen – daß es um *Win-Win* geht. Größere Unterschiede in Ansichten und Positionen, selbst wenn Sie klar erkennbar sind, sollten nach Möglichkeit nicht besonders diskutiert werden."

„Ich nehme an, das hat wieder damit zu tun, daß Übereinstimmungs-Menschen etwas gegen Nicht-Übereinstimmung haben", warf ich ein.

„Genau. Bei diesen Menschen müssen Sie sich auf Widerstand gegen Veränderungen gefaßt machen – insbesondere gegen solche Veränderungen, bei denen sie etwas Angenehmes aufgeben sollen, an das sie sich gewöhnt haben. Ich kann mir vorstellen, daß Sie persönlich gerade mit dieser Gruppe Ihre besonderen Schwierigkeiten haben könnten. Geben Sie sich also bei Verhandlungen mit Übereinstimmungs-Menschen besondere Mühe, sich deren Verhalten in Körpersprache, Gestik, Lautstärke, Stimmhöhe und Sprechtempo anzugleichen oder es zu spiegeln. Betonen Sie Gemeinsamkeiten und vermeiden Sie Überraschungen. Terminieren Sie Verhandlungssitzungen für gleichbleibende Tageszeiten und Verhandlungsorte."

Beverly sah, daß ich ihren Ausführung genau folgen konnte, und fuhr fort: „Eingeschränkte-Übereinstimmungs-Menschen sind für Vorschläge zur Änderung ihrer Position etwas aufgeschlossener, vorausgesetzt, sie sehen sie als eine Verbesserung ihrer gegenwärtigen Situation. BESSER ist hier das Zauberwort. Man legt es darauf an, zu zeigen, inwiefern das Verhandlungsergebnis eine Verbesserung der Gegenwart darstellt und somit für beide Seiten sinnvoll ist. Natürlich betont man zuerst, inwieweit die neue Situation mit der alten übereinstimmt. Selbst wenn die

Bedingungen offensichtlich scheinen und Ihnen das Ganze wie eine Zeitvergeudung vorkommt, sollten Sie sorgfältig alle Übereinstimmungen zwischen früherer und angestrebter Situation ansprechen. Erst wenn Ihr Eingeschränkte-Übereinstimmungs-Partner die Übereinstimmungen anerkannt und die Verhandlungen akzeptiert hat, beginnen Sie mit Hinweisen auf diejenigen Aspekte, die zu verändern sind."

Das leuchtete mir ein.

„Bei Verschiedenheits-Personen wählt man einen völlig anderen Ansatz. Hier muß man sein Gegenüber davon überzeugen, daß das angestrebte Verhandlungsergebnis zu einer völlig anderen Lage, verglichen mit der Ausgangssituation, führen wird. Vergessen Sie nicht, daß der Veränderer schon aus Prinzip an der bestehenden Übereinkunft etwas ändern möchte. Rechnen Sie also auch mit größeren Forderungen, und bereiten Sie sich insoweit vor, daß Sie einige für Sie selbst unwichtige Vertragsbestandteile identifizieren, die Sie als Verhandlungsmasse zu verändern bereit sind. Seien Sie darauf gefaßt, daß Sie es mit jemandem zu tun haben werden, der mit vielem, was Sie vorbringen, nicht einverstanden sein wird."

„Verrückt. Das kann doch wohl nicht funktionieren", sagte ich halb zweifelnd, halb scherzhaft.

„In der Tat. Und am besten sind Sie mit Ihrem eigenen Verhandlungsziel vertraut genug, um bei Leuten, die derartige Kommentare von sich geben, gegenhalten zu können. Vorsicht auch vor dem Polarity Responder, der prinzipiell das Gegenteil von dem will, was Sie vorschlagen. Reagieren Sie hierauf, indem Sie selbst das Gegenteil Ihres eigenen Ziels vorschlagen. Als Grundregel sollten Sie dem Verschiedenheits-Menschen jedenfalls klarmachen, daß das angestrebte Ergebnis NEU und etwas ganz Besonderes ist gegenüber der bestehenden Vereinbarung."

Der letzte Punkt betraf Menschen mit Eingeschränkte-Verschiedenheits-Filter. „Auch sie interessieren sich dafür, inwieweit das Endergebnis von der Ausgangssituation abweicht. Diese Elemente müssen Sie als erstes herausstellen. Sobald sie genügend anerkannt sind, können Sie kurz auch die Übereinstimmungen zwischen beiden Situationen erwähnen. Auch hier liegt insgesamt der Akzent auf der Neuerung. Je deutlicher Sie dies machen, desto schneller werden Sie zu Verhandlungsergebnissen kommen. Seien Sie übrigens bei diesen Gesprächspartnern darauf vorbereitet, für Sie selbst unwichtige Vertragsbestandteile als Gegenstand von Veränderungen anzubieten. Und heben Sie hervor, daß Sie schließlich an einer kreativen und innovativen Vertragslösung interessiert sind."

„Ich nehme an, daß Ihre Erklärungen nur als Grundlage für das Thema Verhandlungen anzusehen sind", sagte ich.

„Es sind die Grundlagen für jede Art von Verhandlungssituation", bestätigte Beverly. „In künftigen Workshops werden Sie noch viel mehr über die Feinheiten und möglichen Szenarios von Verhandlungen lernen. In der Zwischenzeit können Sie jederzeit mit Fragen zu mir kommen."

Ich danke Beverly und wanderte zufrieden zurück in Shanas Büro.

Zusammenfassung

Shana grüßte fröhlich: „Haben Sie noch Fragen?"

„Durchaus. Ich frage mich, wann sich die People Patterns beim Menschen entwickeln" sagte ich. „Ich kann sie schon bei meinen Kindern erkennen. Sind sie angeboren, oder entwickeln sie sich? Und wenn sie sich entwickeln, in welchem Alter geschieht das?"

„Ausgezeichnete Frage", bestätigte Shana. „Sie sprechen damit ein altes Diskussionsthema zwischen Biologie und Soziologie an. Manche glauben, daß Persönlichkeitsmuster angeboren sind, andere halten sie für während der Kindheit erworben. Übereinstimmungs-Menschen neigen eher dazu, sie für angeboren und nicht veränderbar zu halten. Verschiedenheits-Menschen halten sich für ein Produkt der Umwelt und glauben, daß sich der Mensch in dem Maße ändert, wie sich seine Umgebung verändert. Sie glauben, People Patterns entwickelten sich während der Kindheit als nicht zwingend vorgegebene Anpassungsmechanismen, die sich schnell zu Wahrnehmungsgewohnheiten verfestigen. Manche dieser Gewohnheiten mögen sich im Prozeß des Älterwerdens ändern, andere mögen mehr oder weniger fixiert bleiben. Auch traumatische Erlebnisse im Kindes- oder Erwachsenenalter können nach dieser Ansicht eine Veränderung der Anpassungsmechanismen bewirken. – Ich überlasse es Ihnen, zu entscheiden, welche Erklärung Sie für plausibler halten, obwohl ich mir denken kann, wofür Sie sich entscheiden."

Wir mußten beide lachen.

„Noch eine letzte Frage. Es kommt mir so vor, als ob nur Verschiedenheits-Menschen die People Patterns sinnvoll verstehen und einsetzen können."

„Ein ausgezeichner Hinweis, zu dem ich jedoch noch einige Bemerkungen machen möchte", sagte Shana. „Verschiedenheits-Menschen treffen gerne Unterscheidungen, und die People Patterns sind eine besondere Art von Unterscheidung. Sie beschreiben verschiedene Muster, nach denen die Menschen regelmäßig ihr Denken und Handeln organisieren. Übereinstimmungs-Menschen glauben, daß alle Menschen gleich sind und genau wie sie selbst. Sie suchen also nach Übereinstimmungen, nicht nach Unterscheidungsmerkmalen. Vielleicht akzeptieren sie ein bestimmtes Unterscheidungskriterium; doch sobald sie mit einer ganzen Anzahl von People Patterns konfrontiert werden, werden sie über kurz oder lang versuchen, diese sämtlich wieder auf ein Kriterium zu reduzieren. Das geht natürlich an der Sache vorbei. Um mit den People Patterns sinnvoll arbeiten zu können, muß man 1) die Unterschiede zwischen ihnen verstehen, 2) die Patterns bei sich und anderen erkennen können, 3) wissen, wie man mit Hilfe der Patterns auf andere Menschen einwirken kann, und 4) genügend flexibel im eigenen Verhalten sein, um sich auf das jeweilige Gegenüber einzustellen. Menschen mit den Mustern *Verschiedenheit* und *eingeschränkte Verschiedenheit* werden dabei naturgemäß weniger Probleme haben als Menschen mit den Mustern *eingeschränkte Übereinstimmung* oder gar reine *Übereinstimmung*.

Schlüssel 2: Das Primär-
interessen-People-Pattern

Einführung

Ich war also dabei, eine People-Pattern-Person zu werden, und die morgendlichen Unterhaltungen mit meinen Mitfahrern bekamen einen ganz neuen Reiz. Früher hatten sie mich meistens gelangweilt. Jetzt versuchte ich die Muster in den Gesprächen meiner verschiedenen Mitfahrer zu entdecken. Mir fiel auf, daß ich mit den meisten nicht viel gemeinsam hatte. Tom zum Beispiel sprach ständig nur von seiner Familie: Man war hierhin gefahren und hatte dies gemacht, man war dorthin gefahren und hatte jenes gemacht... Die ewigen Ausflüge seiner Familie waren für mich weitaus weniger interessant als für ihn selbst. Bill war nicht viel besser. Er redete ständig von irgendwelchen Leuten, die ich nicht kannte und die mich nicht interessierten. Heute war die Schwester vom Cousin seines besten Freundes dran, die die Großmutter seiner Nachbarfamilie zufällig in einem Berliner Einkaufszentrum getroffen hatte. Sue und ihr Mann reisten gern; ihr Gesprächsthema waren immer irgendwelche exotischen Orte, an denen sie gewesen waren oder wo sie demnächst hinreisen wollten. Einige der Gegenden schienen ja interessant zu sein, aber ich hielt es für leichter und preiswerter, mir einfach ein Reisevideo anzusehen, als tatsächlich dorthin zu reisen. Wenigstens Dave war einigermaßen amüsant. Sein großes Thema: Zubehör aller Art für Computer (von denen er viel verstand), Video und Autos. Man konnte sicher sein, daß er stets die neuesten Features kannte und wußte, welche Produkte man am besten kaufte. Das Problem bei ihm war nur, daß er sich zu sehr in den allerkleinsten Details verlor. Heute erzählte Tom mal wieder vom neuesten Familienausflug. Sue unterbrach ihn mit der Frage, wohin genau sie gefahren waren. Bill verstand nicht genau, welche von Toms Kindern mitgefahren seien, und ich dachte darüber nach, wie es wohl für Toms Kinder sein müßte, in diesem Haushalt groß zu werden. Die Kinder waren beim Ausflug in irgendein Problem geraten, und jeder schien wild darauf zu sein, zu erfahren, wie das passieren konnte. Für mich war eigentlich klar, wie es dazu kommen konnte, und ich verstand nicht, wieso Tom und seine Frau es nicht verstehen konnten. Als ich ausstieg, war ich fix und fertig. Ich setzte mich in Shanas Büro. Während ich auf sie wartete, betrachtete ich den P^3-Würfel und fragte mich, ob mein Leben als People-Pattern-Person mit People-Pattern-Power interessanter werden würde.

Information

Als Shana kam, bemerkte sie meine nachdenkliche Miene. Ich fragte sie, ob sie nicht wüßte, wie man die faden Gespräche bei der Fahrt zur Arbeit etwas würzen könnte. Sie lachte und meinte, sie wüßte nicht, ob das möglich sei. Wenn aber überhaupt etwas helfen könnte, dann das Thema unseres heutigen Tages.

„Heute sprechen wir über Information. Mit Informationen umzugehen ist eine der wichtigsten Aufgaben eines Managers. Er sammelt Informationen darüber, was gerade passiert, und vergleicht sie mit dem, was eigentlich passieren sollte. Falls dabei eine Abweichung erkennbar wird, muß er überlegen, welche korrigierenden Aktionen er einleitet. Dann muß er diese Information an die entsprechenden Mitarbeiter weitergeben, damit die Korrektur wie geplant stattfindet. Sodann muß er den weiteren Verlauf kontrollieren. Alles klar soweit?"

Ich nickte, und Shana fuhr fort:

„Der Erfolg eines Managers hängt stark von seiner Fähigkeit ab, mit Informationen umzugehen. Kein Manager kann alles wissen. Es kommt für ihn darauf an, nur das zu wissen, was er wissen muß, und nicht mehr. Daher muß er jeweils schnell herausfinden können, welches Wissen er braucht, um gut managen zu können. Außerdem muß er vermeiden, Zeit und Energie in Informationen zu stecken, die zwar interessant, aber für seine Managementaufgaben nicht erforderlich sind. Wir sprechen hier vom Unterschied zwischen dem Bedürfnis nach Wissen und dem Bedürfnis nach Nicht-Wissen. Zu viele Informationen sind genauso schlecht wie zu wenige. Auf die richtige Dosierung kommt es an."

„Interessant", unterbrach ich. „Mir war nicht klar, daß man auch zu viele Informationen haben kann."

„Das kann ich mir bei Ihnen gut vorstellen", lächelte Shana und fuhr fort.

„Es gibt mehrere People Patterns, die das Thema Information betreffen. Heute beschäftigen wir uns zunächst mit dem Primary Interest People Pattern, also dem Primärinteressen-Filter, der mit den Inhalten der Informationen zu tun hat."

Gemeinsamkeit der Interessen

„Bei diesem People Pattern geht es darum, was Menschen miteinander gemeinsam haben oder nicht. Es geht um den Klebstoff, der sie miteinander verbindet und ohne den sie sich fremd bleiben würden. Es geht um die Gründe, weshalb wir manche Menschen interessant finden und die Gegenwart anderer kaum ertragen können. Ich denke, wir alle kennen derartige Situationen."

„Erinnert mich an meine Fahrten zur Arbeit", sagte ich.

„Beim Primärinteressen-Pattern geht es genau um das, was sein Name schon besagt: um die Dinge im Leben, die uns am meisten interessieren, um den Fokus unseres Interesses und unserer Aufmerksamkeit. Wir richten unsere Aufmerksamkeit auf das, was uns interessiert; was uns nicht interessiert, wird nicht weiter beachtet. Wir sind gerne mit Menschen zusammen, die unsere Interessen teilen, und finden die Gegenwart von Menschen mit gänzlich verschiedenen Interessen wenig anregend. Von unseren Interessen hängt ab, wie unser Leben verläuft – wo wir leben, was wir tun und mit wem wir es tun. Von unseren Interessen hängt ab, wofür wir unser Geld ausgeben und worauf wir unsere Zeit verwenden."

„Ich schätze mal, daß dieses Pattern in unserer Kultur von großer Bedeutung ist", sagte ich.

„In der Tat. Die Kombination unserer Interessen-Muster bestimmt darüber, was gesellschaftlich angesagt ist und was nicht: welche Kinofilme oder Fernsehshows erfolgreich sind und welche ihr Geld nicht einspielen und abgesetzt werden; welche Zeitschriften und Zeitungen wir lesen; welche Bücher zu Bestsellern werden und welche durchfallen. Insgesamt bestimmen unsere gemeinsamen Interessen-Muster also über geschäftlichen Erfolg oder Mißerfolg und somit auch darüber, welche Läden und Restaurants am Markt bleiben und welche verschwinden."

Beziehungen

„Natürlich hat dieses Muster auch große Auswirkung auf unsere zwischenmenschlichen Beziehungen", erklärte Shana. „Wenn man jemandem zum ersten Mal begegnet, erkennt man meist schon nach kurzem Gespräch, ob man gemeinsame Interessen hat oder nicht. Diese Verbindung, das gemeinsame Interesse, das Gefühl der Sympathie zum anderen, all das verstehen wir unter dem Primary Interest Pattern. Seine besondere Bedeutung liegt darin, daß sich mit seiner Hilfe schnell und wirkungsvoll das Eis zwischen zwei Menschen brechen und ein Kontakt aufbauen läßt. Am Muster des primären Interesses kann eine Beziehung gedeihen oder zerbrechen."

„Jedenfalls wird mir jetzt klar, daß die Kommunikation mit anderen deutlich leichter fällt, wenn man ihre Hauptinteressen teilt", stellte ich fest.

„Ja. Doch selbst wenn man von verschiedenen Voraussetzungen ausgeht, kann man etwas über die Interessen des anderen lernen und so einen Kommunikationskanal öffnen. Dies ist eine der überaus wirkungsvollen Strategien aus Dale Carnegies inzwischen zum Klassiker gewordenen Buch *How To Win Friends And Influence People*."

Shana fuhr mit ihrem Vortrag fort: „Wenn man mit einer bestimmten Person nicht warm wird, kann es sehr gut daran liegen, daß man keine gemeinsamen Interessen hat. Mit Hilfe dieses so überaus wichtigen Patterns können wir jetzt erkennen, wieso wir uns in der Gegenwart mancher Bekannter, Kollegen oder sogar Verwandten so furchtbar langweilen."

„Umgekehrt gilt das dann ja wohl auch für die Menschen, die wir mögen", bemerkte ich.

„Natürlich. Wenn man jemanden neu kennenlernt und feststellt, daß man sofort gut miteinander zurechtkommt, dann liegt das meist an einer gewissen Übereinstimmung der Interessen. Oft wundert man sich doch, wenn man jemanden trifft und sofort das Gefühl hat, sich schon jahrelang zu kennen. Jetzt sehen Sie, daß hier ein gemeinsames Primary Interest Pattern am Werk ist. Dabei spielen Geschlecht, Religion oder Hautfarbe gar nicht die ausschlaggebende Rolle. Jeder Mensch besitzt einen Vorrat an persönlichen Themen, über die sich entweder ein Kommunikationskanal öffnen läßt oder nicht."

„Liegt hier der Grund, weshalb so viele Beziehungen nicht funktionieren oder auseinandergehen?" wollte ich wissen.

„Genau. Nachdem die anfängliche Neugier und Attraktion vorbei ist, sollten zwei Menschen schon eine Gemeinsamkeit auf der Ebene primärer oder sekundärer Interessen entwickelt haben. Sonst kann es sein, daß ihre Beziehung schnell wieder vorbei ist. Sowohl bei zufriedenen Paaren wie bei solchen, die auseinandergehen, spielt das Primary Interest Pattern eine entscheidende Rolle."

Das Primary Interest Pattern

„Jeder von uns hat verschiedene Interessen. Wir kennen andere Leute, die ihrerseits wieder viele Interessen haben. Müßte es daher nicht mindestens so viele verschiedene Interessen geben, wie es Menschen gibt? – In Wirklichkeit lassen sich jedoch sämtliche Interessen in fünf Kategorien einordnen, denen jeweils fünf verschiedene Primary Interest Patterns entsprechen. Im einzelnen sind dies die Filter: 1) Menschen, 2) Dinge, 3) Aktivitäten, 4) Orte und 5) Informationen. Wer hauptsächlich mit dem Filter Menschen operiert, fragt immer *Wer*. Wer nach Dingen filtert, interessiert sich für *Was*. Menschen mit dem Filter Aktivität und Ort fragen *Wie* und *Wo*. Und diejenigen, die nach dem Gesichtspunkt der Informationen filtern, stellen all diese Fragen sowie zusätzlich noch die Frage *Warum*. Der große Autor Rudyard Kipling, der viele Jahre als Journalist und Schriftsteller in Indien lebte, hat in dem Buch *Just So Stories* ein kleines Gedicht veröffentlich."

Und mit feierlicher Stimme zitierte Shana:

I keep six honest serving-men
(They taught me all I knew);
Their names are What and Why and When
And How and Where and Who.

Vielleicht fragen Sie sich, wieso es gerade fünf Primärinteressen-Patterns gibt und nicht etwa zehn oder zwanzig. Der Grund liegt in ihrer tiefen Verankerung in unserer Sprache. In jedem normalen Grammatikbuch wird man die Erklärung finden, daß ein Substantiv eine Bezeichnung liefert für eine Person, einen Ort, eine Sache, eine Handlung, eine Qualität, ein Konzept oder eine Bedingung. Person gleich Mensch; Ort gleich Ort; Sache gleich Ding; Handlung gleich Aktivität; Qualität, Konzept und Bedingung gleich Informationen. Kurz, die Primary Interest Patterns entsprechen unseren Klassen von Bezeichnungen für das, was auf der Welt existiert. Und zugleich beziehen sie sich auf die verschiedenen Möglichkeiten der Informationsaufnahme durch unsere Sinne. Unsere Interaktion mit anderen Menschen geschieht primär auditiv und in zweiter Linie visuell und kinästhetisch. Unsere Interaktion mit Orten hingegen geschieht primär visuell und sekundär über Gefühle. Aktivitäten sind primär kinästhetisch und sekundär visuell. Unser Umgang mit Dingen ist primär visuell oder auch kinästhetisch geprägt. Und Informationen werden digital über Symbole verarbeitet.

Wenn wir feststellen, daß jeder ein Muster des Primären Interesses besitzt, heißt das nicht, daß er oder sie im Leben keine weiteren Interessen hätte. Das Pattern bezieht sich nur auf das, woran wir ganz besonders interessiert sind. Jeder hat ein Primärinteressen-Pattern und oft auch noch ein Sekundär- oder sogar Tertiärinteressen-Pattern. Dazu kommen dann noch eine oder zwei Kategorien, in bezug auf die wir wenig oder überhaupt kein Interesse haben."

Ich bat Shana, mir ein Beispiel zu geben.

„Es kann zum Beispiel sein, daß jemand seine Umwelt primär unter dem Gesichtspunkt der Menschen und sekundär unter dem des Ortes filtert. Das bedeutet dann, daß er sich vor allem für Menschen interessiert und speziell dafür, wo sie sich befinden. Wir werden uns damit später noch genauer befassen. Die Feststellung des Primary Interest Patterns ist nur der erste Schritt. Genauso wichtig ist auch das Erkennen der sekundären und tertiären Muster sowie der Kategorien, für die sich jemand kaum oder gar nicht interessiert."

„Ich nehme an, daß man bei einer Begegnung so bald wie möglich das Primary Interest Pattern seines Gegenübers feststellen sollte", vermutete ich.

„Genau. Und dann kann man noch darauf achten, wie sekundäre und tertiäre Muster in dieses Primärinteressen-Muster hineinspielen. Die Primärinteressen spielen jedoch die dominierende Rolle in unserem persönlichen Interessenmix. Wir erkennen sie bei anderen oft an der Art von Fragen, die sie stellen. Manche Menschen müssen unsere Mitteilungen sogar in den Kontext ihrer eigenen Filter übersetzen, um sie verstehen zu können.

Ich werde nun der Reihe nach jedes der Primary Interest Patterns und seine Bedeutung in unserm Leben vorstellen. Dabei werde ich auch darauf eingehen, wie sekundäre und tertiäre Muster das primäre Pattern überlagern können."

„Und ich werde bei der Gelegenheit mein eigenes Primärinteressen-Muster herausfinden, das Sie ja mit Sicherheit schon längst herausgefunden haben", meinte ich. „Sind diese Patterns übrigens bei allen Menschen gleichmäßig verteilt?"

„Nein", stellte Shana fest. „Menschen, Aktivitäten und Dinge sind für die meisten viel wichtiger als Ort und Information. Die Verteilung der Primary Interest Patterns sieht etwa so aus: Menschen 30%, Aktivitäten 30%, Dinge 30%, Ort 5% und Information 5%."

Menschen

„Das wichtigste im Leben von Menschen mit dem Primärfilter Menschen sind – andere Menschen. Sie genießen den Umgang mit und die Beziehungen zu anderen, seien es Familienmitglieder, entfernte Verwandte, Bekannte, Kollegen oder völlig Fremde. Das mag seinen Ausdruck darin finden, daß jemand ständig über andere spricht oder mit anderen zusammensein will. Bei der Unterhaltung mit derartigen Menschen-Fans können Sie feststellen, daß sie häufig die Namen anderer Personen erwähnen, auch wenn diese für das jeweilige Thema ohne Bedeutung sind. In der Berufswahl neigen sie zu Tätigkeiten, bei denen es einen ständigen Austausch mit anderen Menschen gibt. Und wenn dann noch als sekundäres Muster das der Information dazukommt, haben wir die perfekte Klatschtante. Solche Menschen lassen keine Gelegenheit aus, mit anderen über andere zu plaudern.

Die Unterhaltung mit solchen Leuten kann sehr langweilig sein, wenn unser eigenes primäres Interesse nicht auf andere Menschen gerichtet ist. Wer interessiert sich schließlich dafür, ob der Schwager des Cousins beim Spanienurlaub den Zahnarzt der Nachbarn getroffen hat? Niemand außer solchen Zeitgenossen, für die Neuigkeiten über andere das Lebenselixier sind."

„Mir gehen solche Leute jedenfalls ziemlich auf die Nerven", erklärte ich.

„Kein Wunder, denn das entspricht nicht Ihrem Primärinteressen-Muster", bestätigte Shana. „Wenn Sie das nächste Mal mit einem Menschen mit diesem Primärfilter zusammen sind, sollten Sie folgendes kleine Experiment anstellen: Fragen Sie ihn oder sie nach einer bestimmten Aktivität, wie z.B. einem Urlaub. Es würde mich nicht wundern, wenn Sie vor allem die Namen und Beschreibungen der Leute bekommen würden, denen man dort begegnet ist. Zum Erstaunen und zur Verzweiflung von Leuten, die nicht nach Personen filtern, kann das entsetzlich langweilig sein."

„Ja, allerdings", sagte ich.

„Übrigens haben wir hier auch die Hauptleserschaft des Typs von Zeitschriften, wie sie in Friseursalons gern gelesen werden. Und natürlich wird dieses Interesse an anderen in Form von Stars und Klatsch und Tratsch ja auch von etlichen Fernsehmagazinen entsprechend bedient."

„Tja, wenn ich mich für diese Dinge schon nicht interessiere, dann verstehe ich doch jetzt wenigstens den Grund für dieses seltsame Interesse", murmelte ich.

„Ihre Reaktion ist normal für jemand, dessen primärer Filter eben nicht auf Menschen gerichtet ist. Für Sie ist so etwas eine Zeitverschwendung, für andere aber nicht. Unangemessen wird dieses Interesse für andere Menschen dann, wenn es zum Eindringen in die Privatsphäre oder zur öffentlichen Zurschaustellung anderer herunterkommt. Doch mehr dazu, wenn wir uns später im Training über das Thema Wertekultur unterhalten."

Sekundär-Filter

„Ich habe schon darauf hingewiesen, daß unser Primärinteressen-Filter von sekundären und tertiären Mustern überlagert wird. Bleiben wir beim Beispiel der Personen, die primär nach dem Gesichtspunkt Menschen wahrnehmen. Oft sind sie ja nicht an denselben Aspekten der anderen interessiert. Es gibt also verschiedene Ausprägungen des Filters Menschen, und das hat etwas mit den verschiedenen Kombinationsmöglichkeiten der einzelnen Filter zu tun.

Jemand mit dem Primär-Filter *Menschen* und dem Sekundär-Filter *Dinge* interssiert sich stark für die materiellen Aspekte desjenigen, über den gesprochen wird. In was für einem Haus wohnt er, wie kleidet er sich, was verdient er? Besitzt er eine moderne Videoausrüstung? Was für ein Auto fährt er? Und so weiter...

Wenn Sie irgendwo in Gesellschaft mit ausgeprägt statusorientierten Personen zusammenkommen, die sich lebhaft über alle möglichen anderen Personen und deren Besitz unterhalten und dabei ihre eigenen aktuellen Statussymbole präsentieren, so haben Sie es mit Zeitgenossen zu tun, die die Welt nach den Kriterien *Menschen* und *Dinge* sortieren."

„Klingt nicht so, als würde mich das sehr interessieren", unterbrach ich.

„Eben. Falls nun jemand mit dem Primärinteressen-Filter Menschen sich vor allem dafür interessiert, wo man andere treffen kann oder wo sie sich aufhalten, so zeigt sich hier das Sekundär-Muster des Ortes. Für ihn kommt es nicht nur darauf an, mit wem er zusammen ist, sondern auch wo. Jeder kennt derartige „in"-Restaurants oder Clubs; hier als Stammgast erkannt zu werden zählt für manche zu den höchsten Errungenschaften. Darüber hinaus spielt es dann oft auch noch eine Rolle, welchen Tisch oder Sitzplatz man in derartigen Lokalen für sich reservieren kann. Die Beschreibung eines Urlaubs wird sich als Aufzählung von Personen und gemeinsam besuchten Lokalen darstellen."

„Hört sich auch nicht nach meinem Primär-Muster an", bemerkte ich.

„Personen mit dem Sekundärinteressen-Filter Aktivitäten interessieren sich bei gegebenem Primärfilter vor allem dafür, was andere Leute machen. Hier genügt es nicht, sich über andere zu unterhalten, sondern man bespricht auch deren jeweilige Aktivitäten. Urlaubsschilderungen werden sich ebenso mit Personen wie mit deren Tätigkeiten befassen, also mit ihren Sonnenbädern, Schwimmausflügen, Lektüren und Museumsbesuchen. Eine Beschreibung der eigenen Arbeitssituation kann hier sowohl die Kollegen wie deren Aufgabenbereiche und Tätigkeiten umfassen."

„Mit welchem Grad an Detailliertheit werden solche Beschreibungen normalerweise vorgetragen?" wollte ich wissen.

„Das hängt ganz von der betreffenden Person ab", antwortete Shana, „und hat etwas mit dem Chunk-Größen-People-Pattern zu tun, über den wir morgen sprechen werden. Dort werden wir sehen, weshalb manche Menschen ihre Informationen mit einem Wust von Details abliefern, während andere vor allem am großen Überblick interessiert sind."

„Wenn ich beim Friseur bin, höre ich ja eine Menge um das Thema Menschen kreisende Gespräche", stellte ich fest.

„Ein hervorragendes Beispiel. Friseure, Kosmetikerinnen, Visagisten, sie alle verbringen ihre gesamte Arbeitszeit im intensiven Umgang mit anderen Menschen und können daher auch viel über sie erzählen. So werden Friseursalons zum idealen Schauplatz des Gesprächs und Austauschs über dieses Thema. Achten Sie hier auch einmal auf die möglichen Kombinationen von primärem und sekundärem Muster. *Ich habe den Sowieso beim Skifahren getroffen.* (Menschen + Aktivität). Oder: *Hast du schon gehört, daß der A jetzt mit der B ausgeht?* Oder: *Hast du X in letzter Zeit gesehen?* Wie oft kreisen die Gespräche um Fragen wie: *Wer ist mit wem zusammen, Wer macht was, Wer hat was gekauft* oder *Wer ist jetzt wo.*"

„Da gibt es jede Menge von Kombinationsmöglichkeiten", rief ich aus.

„Das macht die Sache ja so interessant", erwiderte Shana. „Aber Sie werden feststellen, daß sich alle, ob Kunde oder Haarkünstler, vor allem mit solchen Menschen gut verstehen, die den gleichen Primärinteressen-Filter haben wie sie selbst, und wenn möglich auch noch den gleichen sekundären."

Dinge

„Den zweiten Typ der Primary Interest Patterns bildet der Filter *Dinge*. Das Leben dieser Menschen dreht sich vor allem um die materiellen Aspekte der Welt. Ihre Schlüsselfrage lautet *Was*, und die Dinge, um die es dabei geht, können nützlich, sinnvoll, gesund und persönlich wertvoll sein oder das genaue Gegenteil von all dem. Sämtliche Arten von Sammlern sind typische Verkörperungen dieses People Patterns. Ihr Credo lautet: *Wer zum Schluß die größte Sammlung von Spielsachen hat, gewinnt.* Wenn etwas gut ist, dann ist mehr davon besser, und zuviel ist gerade genug. Je nach Geschmack kann die Präferenz auf Dinge fallen, die besonders neu, groß oder zahlreich oder aber, ganz im Gegenteil, möglichst alt, benutzt und selten sind. Wieder andere Sammler bevorzugen Dinge, die möglichst nützlich und funktional sind."

„Kann man sagen, daß über den Dinge-Filter die Beliebtheit bestimmter Objekte ebenso zu beeinflussen ist wie die Popularität bestimmter Personen über den Menschen-Filter?" fragte ich.

„Natürlich. Kollektiv gesehen hängt von der Gruppe der Dinge-Filterer ab, was sich verkauft und was nicht. Sie bestimmen auch den Preis, zu dem sie bereit sind, etwas zu erwerben oder zu verkaufen. Sie kaufen Dinge nicht, weil sie sie brauchen, sondern weil sie sie haben wollen. Ihnen macht es Freude, Dinge zu kaufen, zu besitzen, zu sammeln und zu tauschen. Läden mit entsprechendem Sortiment sind ihr Mekka. Finden Dinge-Sammler keine geeigneten Geschäfte in der Nähe, dann freuen sie sich zumindest über geeignete Kataloge, Listen und Angebote in Spezialzeitschriften, oder sie besuchen Museen und Ausstellungen. Gibt es nicht in beinahe jeder größeren Stadt ein Museum, in dem irgend etwas gesammelt wird?"

„Ich habe das Gefühl, als ob dieses Muster etwas mit mir zu tun hat, aber vielleicht eher auf sekundärer Ebene", sagte ich.

„Wir werden sehen. Jedenfalls haben all diese Sammler von Briefmarken, Muscheln, Münzen oder alten Autos eins gemeinsam: den Primärinteressen-Filter *Dinge*. Menschen mit anderem Primär-Filter finden derartige Leidenschaften oft ausgesprochen langweilig. Relativ typische Vertreter der Dinge-Filterer sind Frauen mit starkem Interesse an Kleidern, Schmuck und Mode, sowie Männer mit einem Tick in Richtung Stereo, Video, Computerausrüstungen, Autos oder Sport. Allerdings haben die Veränderungen des Lebensstils dazu geführt, daß diese früher relativ geschlechtsspezifisch zuzuordnenden Interessengebiete heute nicht mehr so eindeutig zugeordnet werden können. Es gibt Frauen, die sich für Computer und Sport interessieren, und Männer, für die Kleidung, Mode und Hautpflege sehr wichtig sind.

Man braucht hier gar nicht einmal an extreme Übertreibungen zu denken, sondern es soll der Hinweis auf all die Männer genügen, die zu Hause ihre hübsche Sammlung von Krawatten, Krawattennadeln, Manschettenknöpfen, Socken oder Hüten pflegen. Oder T-Shirts. Kennen Sie irgendeinen Ort dieser Welt oder irgendein Thema, das nicht auf einem T-Shirt verewigt wäre? Und falls es genau das T-Shirt, das man sich vorstellt, nicht gibt, kann man es sich in bestimmten Shops passend bedrucken lassen."

Die Welt der Dinge

„Wer sind die typischen Dinge-Filterer?" fragte ich.

„Das läßt sich nicht allgemein beantworten, weil der Primärinteressen-Filter *Dinge* nicht von Geschlecht, Nationalität oder Religion abhängig ist. Manche machen ein Hobby aus ihrer Leidenschaft, andere einen Beruf. Vom Sammler ist es nur ein kleiner Schritt zum Experten, und der Wahl der Themen sind keine Grenzen gesetzt: Singleschallplatten, Basketball, alter Schmuck, Taschenuhren, Elvis-Andenken, italienische Renaissancekunst, Lalique-Gläser, Autogramme berühmter Persönlichkeiten, Briefmarken, Oldtimer, Erstauflagen von Büchern oder englische Teetassen.

Schon als Kind kann man ein Interesse an bestimmten Gegenständen oder Themen entwickeln; man übernimmt es von den Eltern und pflegt es sein ganzes Erwachsenenleben lang. Die Stärke des Primärinteresses Dinge kann von leichter Neugier bis zur hysterischen Abhängigkeit reichen. Ein extremes Beispiel hierfür war vielleicht die Frau des philippinischen Diktators Marcos, die eine Sammlung von mehreren Tausend Paar Schuhen besaß."

Dann kam sie auf einige typische Denkprozesse zu sprechen, wie sie für Menschen mit dem Primärfilter Dinge kennzeichnend sind.

„Ihre Gespräche mit Bekannten drehen sich häufig darum, etwas über die Gegenstände zu erfahren, mit denen ihre Gesprächspartner zu tun haben. Sie erkundigen sich nach dem Auto, der Stereoanlage oder der Inneneinrichtung ihrer Bekannten oder dem Parfum ihrer Freundinnen. Zusammenfassend kann man sagen, daß es für den Primärfilter Dinge keine grundsätzlichen sozio-ökonomischen Voraussetzungen gibt, daß aber das kulturelle und wirtschaftliche Niveau einer Person Einfluß darauf hat, auf welche Art von Dingen der Filter besonders reagiert."

Die Frage der Identifizierung

„Wie kann ich nun erkennen, ob jemand mit dem Primärfilter Dinge operiert?" wollte ich wissen.

„Das ist nicht schwer. In der Regel wird sich der Betreffende einige Mühe geben, andere darüber zu informieren, daß er bestimmte Objekte besitzt – entweder indem er oft und gern über sie spricht oder indem er sie sehr offensichtlich in seiner Umgebung zur Schau stellt. Nicht ganz so einfach ist die Frage zu beantworten, weshalb sich jemand für genau die Art von Dingen interessiert, die er da sammelt. Das berührt das bereits erwähnte Thema Wertekultur, mit dem wir uns demnächst beschäftigen werden.

Auch jemandes Büro oder Schreibtisch kann sehr zuverlässige Hinweise auf den Filter *Dinge* liefern. Man braucht nur auf die Objekte zu achten, die dort mehr oder weniger offensichtlich zur Schau gestellt werden. Um welche Art von Dingen es sich hier wie insgesamt bei diesem Pattern handelt, wird stark durch den Einfluß sekundärer Interesse-Patterns mitbestimmt."

Sekundärfilter

„Der Primärfilter *Dinge* kann also durch das sekundäre Interesse an einer der anderen Kategorien modifiziert werden", fuhr Shana fort. „Jemand, der primär nach Dingen und z.B. sekundär nach Menschen filtert, interessiert sich beispielsweise dafür, wer mit den Objekten seines Primärinteresses Umgang hat. Er wird also die Gesellschaft solcher Menschen suchen, die sein Interesse teilen, um sie besser kennenzulernen. Nehmen Sie etwa die Fans der Serie Star Trek. Sie sammeln unglaubliche Mengen von Dingen (Dinge-Filter), die mit dieser Serie in Verbindung stehen, und freuen sich, wenn sie sich hierüber auf großen Kongressen mit Tausenden anderer Trekies austauschen können (Menschen-Filter). Auch wer Biedermeiermöbel oder Stühle aus der Zarenzeit sammelt, möchte wissen, wer dasselbe Hobby hat und welche Objekte er besitzt. Der Besuch von Auktionen oder das Gespräch mit Gleichgesinnten ist für so jemanden wichtiger als die Frage, wo die Veranstaltung stattfindet."

„Ich sammle schon das eine oder andere, aber irgendwie paßt auch diese Beschreibung noch nicht ganz auf mich", erklärte ich.

„Wir werden den Grund dafür gegen Ende unserer heutigen Unterrichtsstunde erfahren. Zurück zum Dinge-Filterer. Falls hier der Sekundärfilter *Orte* wirksam ist, haben Ort und Umgebung der Ausstellung Vorrang vor der Frage, wer daran teilnimmt. Auch die Präsentation der Sammelstücke spielt eine große Rolle. Stellt man sie ins Büro oder ins Wohnzimmer?

Der Sekundärfilter *Aktivität* kann sich im Interesse dafür zeigen, wie bestimmte Gegenstände verwendet werden. Sollen sie vor allem für Besucher und Gäste da sein, und wenn ja, in welchem Kontext? Bei geschäftlichen Treffen, Sportereignissen oder privaten Dinnerparties? Oder sollen sie eher bei Familienaktivitäten benutzt werden? Beim Fernsehen, Zeitunglesen oder gemütlichen Beisammensein? Handelt es sich um Ergänzungen für Sport und Hobby oder für Arbeit und Geschäft?

Ein Dinge-Filterer mit dem Sekundärmuster *Information* möchte soviel wie möglich über die fraglichen Gegenstände in Erfahrung bringen. Er liebt Details und ausführliche Beschreibungen."

„Das klingt doch eher nach mir", stellte ich fest.

„Fast, aber nicht ganz. Nehmen wir an, so jemand möchte einen neuen Stuhl kaufen. Er wird sich so viele Hintergrundinformationen beschaffen wie möglich: Wo wurde er produziert und von wem? Was kosten vergleichbare Stühle anderswo? Wie sind die Materialeigenschaften? Falls es sich um ein antikes Stück handelt:

Wie alt ist es, und wo kommt es her? Die Liste ließe sich beliebig fortsetzen. Der Interessent wälzt Kataloge und Handbücher und besucht Museen und Verkaufsausstellungen, um mehr zu erfahren. Vielleicht verwirklicht er seine Berufung sogar in seinem idealen Berufsfeld – dem eines Museumskurators oder Galeristen."

Orte

„Das dritte Primary Interest Pattern betrifft den *Ort*. Man interessiert sich vor allem dafür, wo und in welcher Umgebung Arbeit, Einkaufen, Verabredungen und Privatleben stattfinden. Die Kategorien *Menschen*, *Dinge*, *Aktivitäten* und *Information* treten dagegen etwas in den Hintergrund."

„Wie erkennt man derartige Personen?" fragte ich.

„Das ist nicht schwer. Bei ihren Gesprächen werden sie vermutlich viel häufiger auf die Schauplätze bestimmter Ereignisse eingehen als darauf, was eigentlich geschah und wer daran teilgenommen hat. Diese Fragen können allerdings auf der sekundären Ebene wieder bedeutsam werden. Ein Büro, das mit Postern von fernen Ländern und Städten geschmückt ist, kann zum Beispiel ein Hinweis auf einen Orte-Filterer sein. Dabei kann es sich um bereits bekannte und bereiste Urlaubsgegenden handeln, die eigene Heimat oder ein erträumtes Reiseziel. Außerdem liebt der Orte-Filterer alle Gespräche über dieses Thema. Sehr beliebt ist auch das Thema des eigenen Heims."

„Wie sieht es mit sekundären Filtern aus?" fragte ich.

„Der Sekundärfilter *Menschen* führt zum Interesse an den Bewohnern, den Personen, die man an den fraglichen Orten antrifft. Über den Sekundärfilter *Aktivität* erhält man Informationen darüber, was an den besagten Orten vorgeht. Mit den Sekundärfiltern *Dinge* und *Informationen* ist es ähnlich. Im letzteren Fall erfährt man alles über die genaue Lage, Geschichte, Geologie oder Wirtschaftssituation einer bestimmten Gegend.

Reiseposter und Reiseliteratur liefern gute Beispiele für die sekundäre Überlagerung des Ortsinteresses. Nach welchen Gesichtspunkten wählen die Menschen ihr Urlaubsziel? Nehmen Sie zum Beispiel die Bayrischen Alpen. Man mag dorthin fahren wegen der schönen Berge oder wegen der Aktivitäten, die dort möglich sind, wie etwa Skifahren und Bergsteigen. Oder vielleicht wegen bestimmter Sehenswürdigkeiten wie Schloß Neuschwanstein. An die Loire fährt man statt dessen zum Radfahren, Wandern und Picknicken oder um Schlösser und Landschaften zu besichtigen. Vom jeweiligen Sekundärfilter hängt es also ab, welche Beziehung man zu einem bestimmten Ort entwickelt."

Aktivität

Beim vierten Primärinteressen-Filter geht es um Aktivitäten und Ereignisse. Hier kommt es darauf an, was stattfindet, und nicht so sehr, wo etwas stattfindet. Die Schlüsselfragen lauten *Wie* und *Wann*. In zweiter Linie kann sich der Aktivitäten-Filterer dann z.B. auch für Menschen interessieren. Wer nimmt an den Aktivitäten teil? Die Ortsfrage würde lauten: Wo findet die Aktivität statt? Der Sekundärfilter *Dinge* interessiert sich dafür, welche Ausrüstung man dazu braucht. Und der Sekundärfilter *Information* zielt auf ein möglichst detailreiches Wissen über die jeweilige Aktivität."

„Ich nehme an, daß sich Aktivitätsmenschen gerne bewegen", mutmaßte ich.

„In der Tat. Aktivitätsmenschen sind geradezu verliebt in Bewegungen, seien es ihre eigenen oder die von anderen, denen man zuschauen kann. Sie brauchen das Gefühl ihres eigenen Körpers in Bewegung, die Wahrnehmung des eigenen Herzschlags und Blutdrucks, bis hin zur suchthaften Abhängigkeit. Bewegung ist die Ausdrucksform ihres hohen Energielevels, und Stillsitzen fällt ihnen außerordentlich schwer. Bei Kindern spricht man oft von Hyperaktivität, wenn man es eigentlich nur mit dem natürlichen Bewegungsdrang eines Kindes mit primärem Aktivitäts-Pattern zu tun hat. Der Aufruf zu Disziplin oder Manieren ist hier völlig fehl am Platz und wird als Qual empfunden. Als Erwachsene, ohne die Einschränkungen durch Eltern und Lehrer, finden solche Menschen dann in Arbeit und Freizeit die Entfaltungsmöglichkeiten für ihren Bewegungsdrang.

Auf jeden Fall hat Leben mit Bewegung zu tun. Manche genießen die Reise, andere wollen so schnell wie möglich ans Ziel kommen. Jeder von uns muß sich bewegen, um seinen Lebensunterhalt zu verdienen und weiterzukommen. Während manche die notwendigen Bewegungen möglichst reduziert halten und vorzugsweise sitzen oder liegen (oft werden sie als faul bezeichnet), sind andere auf Bewegung, am besten an der frischen Luft, geradezu angewiesen. Zum Glück gibt es Karrieren für jeden Typus. Am einen Ende der Skala stehen grobmotorische Tätigkeiten, wie wir sie z.B. in der industriellen Produktion finden. Andere Berufe im Handwerk, in der Kunst oder der Neurochirurgie verlangen nach wesentlich feinerer Körperbeherrschung. Am wenigsten Bewegung erfordern alle Schreibtischtätigkeiten mit ihren mehr verbalen oder intellektuellen Anforderungen."

„Jedwede Tätigkeit kann man also als Aktivität bezeichnen", faßte ich zusammen.

„Genau", antwortete Shana. „Zu jeder Tätigkeit gehört ein mehr oder weniger ausgeprägtes Bewegungsprofil. Und Aktivitätsmenschen müssen ihre Energie über primäre oder Ersatzbewegungen entladen. Entweder sie finden einen Beruf, der ihnen Gelegenheit zu Bewegung und Aktion bietet. Oder sie reagieren, falls sie doch am Schreibtisch enden, mit körperlicher Unruhe und gelegentlichem Umhergehen. Am besten kanalisiert man seine Energien dann mit sportlichen Übungen in der Mittagspause oder mit einem Fitness- oder Tanzprogramm am Abend.

Alle Aktivitäten geschehen zu einer bestimmten Zeit und über eine gewisse Zeitspanne hinweg. Die Frage *Wann* spielt hier also eine wichtige Rolle. Egal, ob wir essen, die Zeitung lesen, einen normalen Arbeitstag hinter uns bringen, am Kopierer stehen, einen Brief diktieren oder schlafen – alles wird gemessen in Stunden, Minuten und Sekunden. Aktivitäts-Filterer betrachten das Leben als ein großes Makromuster von Tätigkeiten innerhalb der eigenen Lebensspanne, das sich wiederum aus ungezählten Mikroaktivitäten mit ihren Tagen und Jahren zusammensetzt. Sehen Sie einen Kollegen, der ohne Pause permanent beschäftigt ist, dann haben Sie wohl einen Aktivitäts-Filterer vor sich."

Shana überlegte kurz und ergänzte dann: „Manche Aktivitäts-Filterer leben völlig nach der Uhr. Für sie scheint Zeit der wichtigste Filter zu sein. Ihnen geht es nicht so sehr darum, was sie tun, sondern wann sie etwas tun. Dies sind die Fans ausgeklügelter Zeitplansysteme. Für sie sind nicht die Aktivitäten selbst das wichtige, sondern wie sie in ihren Zeitplan passen. Das ganze Leben ein riesiger Zeitplan."

Sport

„Bestimmt sind die meisten Sportler Aktivitäts-Filterer", vermutete ich.

„So ist es. Die meisten Menschen denken zuerst an Sport, wenn sie von Aktivität hören. Schließlich hat Sport ja in jeder Form, ob wir uns direkt beteiligen oder nur zuschauen, mit Aktivität zu tun. Damit kommen wir bezüglich des Primärfilters *Aktivität* zur wichtigen Unterscheidung von 1) teilnehmender oder dynamischer und 2) nicht-teilnehmender oder statischer Aktivität. Ein Primärfilter *Aktivität* bedeutet nicht notwendigerweise die aktive Beteiligung an einem bestimmten Ereignis. Er kann sich auch als Beobachtung des Vorgangs äußern, direkt oder per

Fernsehen. Doch auch Sportfans müssen brüllen und gestikulieren und sich somit körperlich und emotional einbringen."

„Das heißt also, daß viele Menschen mit dem Primärfilter *Aktivität* sich, sei es als Teilnehmer oder als Zuschauer, an sportlichen Aktivitäten beteiligen."

„Ja. Die meisten Profi- und Amateursportler operieren mit dem Muster der Aktivität, der teilnehmenden Aktivität, um genau zu sein. Als Profis haben sie an einer bestimmten Art von Aktivität so viel Freude, daß sie sie zu ihrem Lebensunterhalt machen. Da kann es dann beim Abschied schon mal zu Problemen kommen. Daher versuchen ja auch so viele ehemalige Profis, als Trainer, Manager oder Kommentator weiterhin in ihrem Fachgebiet tätig zu bleiben. So können sie weiterhin in ihrem Sport mitwirken, ohne sich direkt zu beteiligen."

Bevor ich unterbrechen konnte, fuhr Shana fort:

„Aktivitätsmenschen, die sich nicht für Sport interessieren, finden andere Wege, ihre Energie loszuwerden. Vielleicht gehen sie gerne tanzen. Vielleicht gehen sie auch gerne einkaufen oder außer Haus essen, um sich zu beschäftigen. Als Zuschauer besuchen sie Konzerte, Theater- und Kinovorführungen. Oder sie bleiben zu Hause und sehen sich im Fernsehen Actionfilme an. Vielleicht begeistern sie sich auch für Outdoor-Aktivitäten wie Wandern, Camping, Segeln, Rollschuhlaufen, Jogging, Höhlenforschung oder Vogelbeobachtung. Vielleicht macht es ihnen sogar Spaß, den Rasen zu mähen und den Garten zu pflegen. Und wenn sie ihre überschüssige Energie losgeworden sind, können sie zu Bett gehen und problemlos einschlafen."

Identifikation des Patterns

„Auch den Aktivitäts-Filterer kann man relativ leicht erkennen, denn er ist meistens damit beschäftigt, irgend etwas zu *tun*. Falls Sie ihn während einer kleinen Unterbrechung seiner Aktivitäten in ein Gespräch verwickeln können, wird er oft wieder von seinen Vorhaben erzählen oder von den Vorhaben anderer. Nebenbei mag auch das Timing des Ereignisses Erwähnung finden. Fragen Sie einen Aktivitäts-Filterer nach seinem Urlaub, dann sollten Sie nicht überrascht sein, vor allem von seinen Aktivitäten zu erfahren. Dinge, begleitende Menschen oder gesehene Orte werden kaum eine Rolle spielen. *Wir sind zum Buckingham Palast gefahren und haben den Wachwechsel gesehen. Dann sind wir mit dem Taxi zum Carlton Tower gefahren zum Tee. Kurzer Abstecher nach Pimlico, wo wir einige Geschenke gekauft haben, und dann, Krönung des Tages, im Theater eine tolle Vor-*

stellung von Cats besucht. Die Darsteller waren wirklich hervorragend. Danach ha-
ben wir noch eine Kleinigkeit gegessen und einen netten Abendbummel gemacht. Bei
dieser Art von Schilderung kann man sich fragen, ob der Urlaub wirklich eine Zeit
der Entspannung war oder eher eine Kette geplanter und spontaner Maßnahmen
zur Ausfüllung des Tages.

Zu Aktivitäts-Filterern findet man über eine Nachfrage zu ihren Aktivitäten viel
leichter Zugang, als wenn man sich nach Personen, Orten oder Dingen erkundigt –
es sei denn, diese spielten im Geschehen eine bestimmte Rolle."

„An was für äußeren Anzeichen kann man Aktivitäts-Filterer erkennen?" erkundigte ich mich.

Shana lächelte. „Sie reden gerne davon, was sie gerade tun. In ihrem Büro, an
den Wänden oder auf dem Schreibtisch, findet man oft Fotos, die sie bei ihren Hobbys zeigen. Achten Sie auch auf herumstehende Sportgeräte wie Tennis- oder Golf-
schläger, Trophäen oder Bürogegenstände wie Stifte, Briefbeschwerer oder Telefone im Sportdesign."

Information

„Das fünfte Primary Interest Pattern ist das Informations-Pattern. Derart ausgestat-
teten Menschen geht es um das Sammeln und die Weitergabe von Informationen.
Sie möchten alles wissen – und tun es oft auch: was, wann, wo, wie, wer und warum."

„Schätze, da habe ich meine Ecke gefunden", entfuhr es mir.

„Informations-Filterer möchten all diese Fragen beantwortet haben, ein-
schließlich sämtlicher damit zusammenhängender Umstände und Randbedingen.
Hinzu kommt das Bedürfnis, dieses Wissen anderen mitzuteilen, ob es sie nun
interessiert oder nicht. Deshalb werden Informations-Filterer oft von anderen
entweder als wandelndes Lexikon oder als Besserwisser betrachtet. Sie sind ausgesprochene Leseratten, stets auf der Suche nach Daten und Fakten, je mehr, desto
besser. Allerdings können sie bei der Weitergabe ihres Wissens durchaus subtil
vorgehen."

„Sind das die Leute, in deren Büros man vor lauter Papieren den Schreibtisch
nicht sieht?" fragte ich.

„Papiere, Akten, Bücher – zu Hause und im Büro. Dazu umfangreiche Sammlungen von Zeitungen und Zeitschriften. Buchhandlungen und Büchereien sind für
sie das reinste Paradies. Sinnlosen Klatsch über andere Leute empfinden sie als

glatte Zeitverschwendung, nicht aber aber das stundenlange Blättern in Büchern aller Art. Von allen Primary Interest Patterns stellt das Informations-Pattern mit 5% Anteil die kleinste Gruppe dar.

Lassen Sie mich noch einige Anmerkungen machen, bevor Sie Ihre Fragen stellen. Personen mit den Primärfiltern *Menschen* oder *Aktivität* sind gerne mit anderen Leuten zusammen; Informations-Filterer hingegen haben etwas gegen Menschenmengen und neigen zum Einzelgängertum. Manche Informations-Filterer sind sogar wählerisch darin, an wen sie ihre Informationen weitergeben. Selbst der Lehrerberuf – mit Ausnahme spezieller Seminare – kommt für sie nicht in Frage, wenn sie keine Kontrolle darüber haben, wer zu ihren Informationsempfängern gehört."

„Der klassische Informationsfilterer ist also der Wissenschaftler?", fragte ich.

„Ja. Klischeetypen dieses Musters sind der Gelehrte in seinem Elfenbeinturm und der Computerfreak. Gerade letzterem muß das Computerzeitalter wie ein wahrgewordener Traum vorkommen, in dem einem Millionen von Informationen auf Knopfdruck zur Verfügung stehen. Die große Herausforderung unserer Zeit liegt darin, mit diesem gewaltigen Ansturm von Informationen fertig zu werden und ihn in echtes Wissen zu verwandeln. Informations-Filterer dürften sich jedenfalls auf diese Herausforderung freuen.

Ein weiterer Informationstyp ist, im Unterschied zum hektischen Sammler, der besessene Wissenschaftler und akribische Analytiker. Es macht ihm Freude, in aller Einsamkeit an der Lösung von Problemen zu arbeiten. Wie bei allen People Patterns kommt es aber insgesamt auf die Ausgewogenheit des Verhaltens an."

„Informationen sind phantastisch, wenn sie brauchbar sind", bemerkte ich.

„Ja, Theorien und Modelle sind ein wichtiger Teil unseres Wissen, doch es kommt auch darauf an, wie man sie anwendet. Jenseits aller Datensammelei stellt sich immer noch die entscheidende Frage: *Na und?* Konzepte können nützlich sein oder nicht. Theorien müssen anwendbar sein. Es kommt darauf an zu verstehen, wie Informationen zu nutzen sind. Informationen ohne Nutzen landen auf dem Müllhaufen der Geschichte oder verstauben in muffigenRegalen. Ein echter Informations-Junkie ist da weniger wählerisch; für ihn zählt allein, ob er eine bestimmte Information interessant findet oder nicht.

Wie die übrigen Primary Interest Patterns, so erhält auch das Information Pattern seine spezifische Ausprägung durch die Kombination mit bestimmten sekundären Mustern. Ein Informations-Filterer, der sich sekundär für Menschen interessiert, kann z.B. die Angewohnheit haben, andere zu beobachten, um etwas über sie herauszufinden. Er findet leichter Zugang zu seinen Mitmenschen als ein Informations-Filterer, dessen Sekundärfilter nach Dingen oder Orten sortiert. Informations-Filterer mit dem Sekundärfilter *Menschen* sind nicht per se an Tratsch interessiert und unterscheiden sich insofern von Personen mit dem Primärfilter *Menschen* und dem Sekundärfilter *Information*. Unter dem Strich interessieren sich Informations-Filterer eben weniger für sinnlosen Klatsch aus dem Privatleben als vielmehr dafür, wirklich Neues über andere zu erfahren. Aus ihren Reihen gehen eher Biographen als Klatschkolumnisten hervor."

„Was ist mit dem Sekundärfilter *Dinge*?" fragte ich und konnte mein persönliches Interesse an diesem Aspekt kaum verbergen.

Shana lachte: „Dann sammelt man Informationen über Objekte und Dinge, was wiederum zu einem gesteigerten Bedürfnis nach noch mehr Daten führt. Für andere mögen sie uninteressant sein, für einen selbst nicht. Dieser Typus hortet Kataloge und Fachzeitschriften aus seinem Spezialgebiet. Außerdem nutzt er intensiv Telefon und Internet für seine Recherchen. Die Kombination Information – Dinge ist die ideale Voraussetzung für Fachautoren und Experten."

„Da wüßte ich doch zu gern, auf wen diese Beschreibung passen könnte", murmelte ich.

„Tja, wenn man das wüßte", lachte Shana und ging dann zur Betrachtung des Sekundärfilters *Ort* über. „Der Informationstyp mit diesem Sekundärfilter besitzt eine große Sammlung von Reiseführern, Landkarten und geographischem Bildmaterial. Vielleicht verfaßt er selbst Artikel oder schreibt Reiseführer. Seine ideale Beschäftigung findet er im Reisebüro oder als Reiseleiter. Außerdem kann er ein interessanter Reisebegleiter sein.

Ganz anders wiederum beim Informationstyp, der sich sekundär vor allem für Aktivitäten interessiert. Seine Regale sind voll mit Handbüchern und How-to-Anleitungen zu allen möglichen Betätigungen. Er sammelt sie, er kennt sie, und er betätigt sich sogar selbst als Autor. Meist hat er einen Lieblingsraum in seinem Haus oder seiner Wohnung, wo er seine Informationen stapeln kann, sei es eine Bibliothek oder einen Büroraum. Das ist dann sein Reich, wo er als König regiert. Idealerweise arbeitet er als Lehrer oder Trainer für sein bevorzugtes Betätigungsfeld.

Ganz extrem wird es bei Menschen, bei denen sowohl primärer wie sekundärer Interessenfilter nach dem Prinzip *Information* funktionieren. Sie wissen so gut wie alles über ihr Spezialgebiet – und darüber hinaus fast nichts. Oft unterhalten sie überaus umfangreiche Sammlungen von Büchern, Zeitschriften, Katalogen, Broschüren und Videokassetten zu ihrem Thema. So jemand hat oft mehr Schwierigkeiten im Umgang mit anderen Menschen als jeder andere Interessen-Typ, und er wird von anderen oft für langweilig, verknöchert oder merkwürdig gehalten. Es scheint, als lebe er in seiner eigenen Welt von Daten, Theorien, Computerprogrammen und Statistiken und nähme wenig Anteil an den Plänen und Sorgen seiner Mitmenschen. Es muß kaum erwähnt werden, daß es nicht allzuviele Vertreter dieser Spezies gibt."

„Woran erkennt man Informations-Filterer?"

„Falls Sie die Gelegenheit haben, so jemanden bei sich zu Hause zu besuchen, wird Ihnen bestimmt seine gewaltige Sammlung von Informationsmaterial in Form von Büchern, Katalogen, Videos, Kassetten usw. auffallen. Achten Sie auf die Themen, und Sie erhalten Aufschluß über seinen Sekundärinteressen-Filter.

Ein Beispiel: Jemand hat eine Büchersammlung mit Titeln über Kunstgeschichte, Kampfsport, Yoga, Linguistik, Philosophie, Management, Meditation sowie englische, italienische, französische und amerikanische Literatur. Sie dürfen ziemlich sicher sein, es mit einem Vertreter von primärem und sekundärem Informationsfilter zu tun zu haben.

Doch man erkennt Informations-Filterer auch an ihrem direkten Kommunikationsverhalten. Schließlich sind sie in erster Linie am Sammeln und Weitergeben von Informationen interessiert. Achten Sie darauf, ob jemand zahlreiche Fragen zu anscheinend sinnlosen Nebensächlichkeiten stellt oder Sie ungefragt mit allen möglichen Details oder Büchertips versorgt, die mit dem jeweiligen Gesprächsthema nicht das geringste zu tun haben.

Das Szenario könnte sein, daß Sie sich mit jemand geschäftlich verabreden wollen und bei dieser Gelegenheit außerdem erfahren, daß der Betreffende eine Geschäftsreise antreten wird, mit welcher Gesellschaft er fliegt und von welchem Flughafen. All das hat mit Ihrem Anliegen nichts zu tun, doch nimmt der Informations-Filterer einfach an, daß Derartiges nicht nur ihn selbst, sonder auch andere interessieren müßte. Wie frustriert können solche Menschen reagieren, wenn man ihnen freundlich mitteilt, daß man an diesen Mitteilungen kein besonderes Interesse hat. Es ist so traurig, alles zu wissen und niemanden zu haben, der sich dafür interessiert! Natürlich kann eine starke Nichtübereinstimmung der Primärinteressen-Filter auch in einer Partnerschaft zu ernsthaften Problemen führen; beide Seiten fühlen sich irgendwann gelangweilt oder überfordert."

Shana überlegte kurz und ergänzte dann: „Einen guten Indikator liefert auch das Konsumverhalten der Menschen. Man kann darauf achten, ob jemand sein verfügbares Einkommen eher für Menschen, Aktivitäten oder Reisen oder für den Kauf von Sachen oder Büchern ausgibt."

Kontextabhängigkeit

„Ich betone immer, daß die Bedeutung sämtlicher Primary Interest Patterns vom jeweiligen Kontext abhängt, und für das Informations-Muster gilt dies in besonderem Maße. Die Bedeutung jeder Information ist kontextabhängig, das heißt, die Bedeutung einer Information ändert sich mit dem Kontext. Um die Bedeutung einer Aussage richtig verstehen zu können, muß man also den spezifischen Kontext berücksichtigen, in dem sie gemacht wurde.

Allerdings unterscheiden wir tendenziell zwei verschieden Formen des Umgangs mit der Kontextfrage. Es gibt Menschen, die in der Kommunikation einen hohen Grad an Kontextbezug wünschen, und es gibt andere, für die der Kontext deutlich weniger wichtig ist. Wir sprechen hier von *High Context People* und *Low Context People*. High Context People brauchen gewisse Informationen, was wo wann und mit wem vor sich gegangen ist. Man erzählt ihnen von einer Auseinandersetzung, und sie unterbrechen mit der Frage, ob es an dem Tag geregnet hat. Sie brauchen die Information, wann etwas passiert ist, wo es passiert ist und wer daran beteiligt war, um eine Mitteilung überhaupt verstehen zu können.

Für den Informationsbedarf von Low Context People spielt dergleichen keine Rolle. Sie interessiert nicht der Kontext, sondern was bei einer Sache unterm Strich herauskommt. Unterbricht man sie mit einer Frage, dann können sie auf dieses ihrer Meinung nach irrelevante Interesse an unwichtigen Nebensächlichkeiten sehr irritiert reagieren.

High Context People werden von Low Context People oft für langatmig, langweilig, umständlich oder unsachlich gehalten, während im umgekehrten Verhältnis Low Contexter als grob, unhöflich und unsensibel gelten, weil sie nur am strikten Ergebnis interessiert sind.“

Management

Marvin begrüßte mich ebenso freundlich wie am Vortag und erklärte, es gebe viel zu besprechen. Wir stiegen also gleich ins Thema ein.

„Sie haben sich bei Shana recht ausführlich mit den Primärinteressen-Filtern beschäftigt. Wir wollen uns hier um einige Anwendungssituationen kümmern. Bei jeder Interaktion kommt es darauf an, zunächst für einen Kontakt zwischen den beiden Personen zu sorgen. Dieser *Rapport*, wie wir es nennen, stiftet ein verbindendes Gefühl von Gemeinsamkeit und erleichtert die Kommunikation. Der

Schlüssel zum Rapport mit jemand liegt in den Gemeinsamkeiten mit ihm. Am wohlsten fühlen wir uns mit Menschen, von denen wir glauben, daß sie so ähnlich sind wie wir selbst. Sie kommen uns vertraut vor, wenn sie ähnliche Interessen haben wie wir und ähnliche Dinge tun. Am wenigsten wohl fühlen wir uns bei den Menschen, die uns am unähnlichsten sind. Wo es keine gemeinsamen Interessen gibt, gibt es wenig, worüber man sich unterhalten kann."

„Das ist leicht einzusehen", sagte ich. Marvin lächelte und fuhr fort:

„Im Beruf kann es gelegentlich erforderlich sein, zu jemandem Rapport herzustellen, mit dem wir wenig gemeinsam haben oder den wir nicht besonders mögen. Hier ist es ratsam, sich bei Leuten, die diesen Menschen besser kennen, nach dessen Interessen zu erkundigen. Ist der Kontakt sehr wichtig, dann sollten wir uns gegebenenfalls so gut vorinformieren, daß wir uns mit unserem Gesprächspartner einigermaßen vernünftig über dessen Interessengebiet unterhalten können. Dies wird dazu beitragen, daß er das Gefühl haben wird, gut mit uns zurechtzukommen. Bei einem Aktivitäten-Menschen empfiehlt es sich, seine Lieblingstätigkeiten herauszufinden, und was er in seiner Freizeit unternimmt. So können wir uns möglicherweise mit ihm in einem Kontext verabreden, wo wir uns an seinen Aktivitäten beteiligen können. Mit jemandem, für den Orte sehr wichtig sind, kann man sich an einem seiner Lieblingsorte treffen. Interessiert sich unser Gegenüber vor allem für Menschen, dann lohnt es sich, nach gemeinsamen Bekannten zu forschen, über die man sich unterhalten kann. Geht es dem anderen mehr um Dinge, dann informieren wir uns über sein Interessengebiet, damit wir mit ihm ein Gespräch darüber führen können. Und zuletzt: Einen Gesprächspartner mit dem Primärinteresse *Information* gewinnt man, indem man ihm einige Neuigkeiten mitbringt, die er noch nicht kennt. All diese genannten Vorarbeiten werden sich bezahlt machen durch den guten Rapport, der sich so mit dem Gegenüber herstellen läßt."

„Das hört sich aber nach viel Arbeit an", bemerkte ich. „Ob sich das immer lohnt?"

Marvin sah mich ernst an. „Das kommt darauf an, wie wichtig für Sie der Rapport zu demjenigen ist, mit dem Sie gerade verhandeln. In wichtigen geschäftlichen Situationen muß man eben seine Hausaufgaben machen. Das Glück lacht dem, der vorbereitet ist. Hier, wie meistens im Leben, gilt das Motto der Pfadfinder: *Allzeit bereit*. Geschäft ist Arbeit. Die Frage ist, ob man will, daß die eigene Arbeit zu Ergebnissen führt, oder nicht. Ergebnisse können ebenso aus harter Arbeit wie aus kluger Vorbereitung entstehen. Hier bei Success Inc. machen wir beides. Wir möchten Erfolg haben und Beziehungen aufbauen, die halten. Darum lohnt sich jede Anstrengung, guten Rapport herzustellen."

Marvin erklärte einen weiteren Aspekt: „Die Primary Interest Patterns spielen aber auch noch in einer andern Form in unsere Arbeit hinein. Als Manager haben wir andauernd mit Informationen zu tun. Man selbst hat primäre Interessen, und die Mitarbeiter, die man koordiniert, haben ebenfalls primäre Interessen. Die Informationen, die man von ihnen bekommt, sind durch ihre primären Interessen gefiltert, und das hat man als Manager zu berücksichtigen. Es kann also erforderlich sein, die Meinung mehrerer Beteiligter anzuhören oder eigene Recherchen anzustellen, um an die gewünschten Informationen zu gelangen.

Wie andere Menschen auch, haben Manager einen Primärinteressen-Filter, der das eigene Urteilsvermögen beeinträchtigen kann, wenn er sich zu stark durchsetzt. Deshalb ist es ja so wichtig, seine eigenen People Patterns zu kennen. So vermeidet man, sie auf andere zu projizieren, und man erkennt seine eigenen blinden Flecken. Ein Manager mit ausgesprochen starkem Menschen-Filter mag sich z.B. so stark mit dem Privatleben seiner Mitarbeiter beschäftigen, daß er die richtige Perspektive verliert. Andrerseit kann ein Manager mit besonders schwach ausgeprägtem Interesse an Menschen den Kontakt zu seinen Mitarbeitern verlieren, zu ihrer Motivation und ihren legitimen Bedürfnissen. Wie immer kommt es auf die Ausgewogenheit an. Dasselbe gilt für die übrigen People Patterns. Ein Manager mit zu starkem Aktivitäts-Filter läuft vielleicht zuviel herum und kommt daher mit seiner eigentlichen Arbeit nicht voran. Es ist wirklich wichtig, Aktivität von Produktivität zu unterscheiden. Man kann sich zu Tode schuften und nichts dabei erreichen. Nur produktive Aktivität zählt. Im umgekehrten Fall kann ein zu geringes Primärinteresse an Aktivität dazu führen, daß der Manager sich nur unzureichend an den betrieblichen Vorgängen beteiligt und nicht weiß, was eigentlich abläuft.“

Marvin sah mich an. „Ich weiß“, sagte ich, „es kommt auf die richtige Ausgewogenheit an.“ Marvin lächelte und fuhr fort:

„Ein Manager mit überstarkem Dinge-Filter läuft Gefahr, sich so sehr mit Dingen zu beschäftigen, daß er vergißt, wofür sie eigentlich da sind. Jedes Büro braucht Gerätschaften, aber diese sind kein Selbstzweck. Andererseits kann ein zu schwaches Interesse an Dingen dazu führen, daß ein Manager sich zuwenig um Wartung und Qualitätskontrolle kümmert. Ähnlich mit Räumen und Orten. Man darf sich nicht so sehr mit Raumfragen beschäftigen, daß man übersieht, was dort vorgeht. Man darf sich auch nicht durch eine Vorliebe für bestimmte Orte oder Räume davon abhalten lassen, anderen Schauplätzen die nötige Aufmerksamkeit zukommen zu lassen. Andrerseits kann eine Vernachlässigung des Kriteriums *Ort* dazu führen, daß man die kritische Verbindung von Umgebung und Produktivität ignoriert. In verkommenen Büros findet eben meistens keine besonders produktive Arbeit statt. Außerdem bekommt angesichts der heutigen hohen Krankheitskosten die Frage gesunder Arbeitsumgebungen ein immer größeres Gewicht. – Haben wir eine Kategorie vergessen?" Marvin grinste.

„Was ist mit dem Informations-Filter?" wollte ich wissen.

„Ein Manager, der alles nur unter dem Gesichtspunkt der Information filtert, kann sich so in seinen Daten und Zahlen verheddern, daß er den Bezug zur Wirklichkeit verliert. Eine Organisation produziert eben mehr als bloße Zahlen auf Papier. Zahlen sind wichtig, aber sie müssen den richtigen Stellenwert behalten. Demgegenüber kann ein Manager, der sich zuwenig für Informationen interessiert, leicht die warnenden Hinweise auf kommende Probleme übersehen. Auch die Qualität seiner Entscheidungen wird unter seiner Unfähigkeit leiden, die erforderlichen Informationen zusammenzutragen.

Zusammenfassend kann man also feststellen: Alle genannten Faktoren sind wichtig. Einen davon zu ignorieren heißt, eine kritische Größe auszublenden. Derartige Blindheiten können die Folge des eigenen Desinteresses oder einer unbewußten Filterung durch die Mitarbeiter sein. Ein People-Pattern-Manager berücksichtigt all das. Er kennt seine eigenen Interessen und Grenzen und versucht, sie zu überwinden. Er ist sich auch der Interessen und Grenzen seiner Mitarbeiter bewußt und berücksichtigt sie bei der Einschätzung von Qualität und Vollständigkeit ihrer Vorlagen und Berichte. Können Sie mir soweit folgen?" fragte Marvin. Ich nickte.

„Eine letzte Anmerkung. Es ist ganz klar, daß die Primärinteressen-Muster Einfluß haben, worauf jemand bei seiner Arbeit besonderen Wert legt. Nicht befriedigte Bedürfnisse in diesem Bereich führen zur Unzufriedenheit mit der Arbeit. Mit etwas kluger Sorgfalt kann man hingegen bewirken, daß sich hier eine Quelle der Arbeitszufriedenheit auftut. Dazu gehören auf seiten des Managers nicht viel mehr als gesunder Menschenverstand und Aufmerksamkeit. Bei Mitarbeitern mit dem Filter *Menschen* nimmt er sich Zeit für den Aufbau einer persönlichen Beziehung. Solche Mitarbeiter sind gern mit anderen zusammen, unterhalten sich gern und arbeiten gern für einen, wenn sie einen mögen. Mitarbeiter mit dem Filter *Ort* finden es wichtig, wo sie arbeiten. Sie gestalten gern ihre Arbeitsumgebung. Sie möchten nur zu bestimmten Zielen reisen. Darauf muß man achten. Auf *Dinge* orientierte Mitarbeiter brauchen Geld, um sich Dinge zu kaufen. Schließlich gewinnt der, der zum Schluß die meisten Spielsachen hat. Sie verlangen stets nach modernster Einrichtung und Ausstattung.

Für *Aktivitäts*-Mitarbeiter ist es besonders wichtig, was sie tun. Sie hassen Untätigkeit. Sie möchten lieber etwas tun, anstatt stillzusitzen und nachzudenken. Geben Sie ihnen einen Job mit genügend Action. Und zuletzt die *Informations*-Mitarbeiter: Geben Sie ihnen, was sie brauchen. Erzählen Sie ihnen alles. Sie denken gerne nach und bevorzugen daher vermutlich eine ruhigen, abgeschiedenen Arbeitsplatz. Geben Sie ihnen ein Problem zu lösen, und lassen Sie sie dann in Ruhe."

„Hört sich nach einem tollen Plan an", sagte ich begeistert. Dann sah ich auf die Uhr und merkte, daß es Zeit war, mich in die Verkaufsabteilung zu begeben.

Die Verkaufsabteilung

Richard war gerade von einem Verkaufsmeeting zurückgekommen und sprühte vor Begeisterung.

„Wenn ein Verkäufer nur das macht, was er schon immer gemacht hat, dann erzielt er auch nur die gleichen Ergebnisse, die er schon immer gehabt hat. Wenn man daran etwas ändern will, muß man aufhören mit dem, was man immer gemacht hat, und etwas Neues versuchen, das besser funktioniert. Die Dinge verändern sich nicht per Zufall, sondern durch Veränderung. Und damit sich die Dinge ändern, muß sich der Verkäufer ändern. Die Kenntnis der People Patterns hilft dem Verkäufer bei der Beinarbeit und bei der Kopfarbeit. Sie hilft ihm, bei jedem Interessenten einen anderen Ansatz zu bringen. Damit erhöht er seine Zahl von Abschlüssen, und das ist doch genau das, was er möchte." Richard war in seinem Element, und ich wollte ihn nicht unterbrechen.

„Der Primärinteressen-Filter des Gegenübers ist wichtig für die Herstellung von Rapport, über dessen Bedeutung Marvin sicher schon gesprochen hat. Außerdem hilft er dem Verkäufer bei der Frage, worauf er in seiner Präsentation besonderen Wert legen soll. Oft kommt es nicht zum Abschluß, weil der Verkäufer von den falschen Dingen spricht oder weil er entweder zu viele oder zu wenige Informationen liefert. Dergleichen passiert leicht, wenn die Primärinteressen von Kunde und Verkäufer weit auseinanderliegen. Kunden mit Informations-Filter erwarten vom Verkäufer zum Beispiel große Sachkenntnis. Sie beschweren sich ständig über die angebliche Ignoranz des Außendienstes. Noch häufiger trifft man allerdings auf das Problem des Verkäufers mit Informations-Filter. Er ist Experte, was seine Produkte betrifft, und findet nichts befriedigender, als dem Kunden alles darüber zu erzählen. Unglücklicherweise teilt der Kunde diese Freude oft nicht. Die meisten Kunden haben gegenüber Informationen eine niedrige Toleranzschwelle, und viele

Verkaufsgespräche scheitern am zwanghaften Bedürfnis des Verkäufers, mit seinem Produktwissen zu glänzen.

Sie wissen ja, die Menschen interessieren sich für verschiedene Themen. Nehmen wir das Beispiel eines Immobilienmaklers. Filtert der Interessent nach Personen, dann sollte er nach Möglichkeit von anderen Kunden erzählen, die auch an diesem Haus interessiert sind, von der Familie, die es bewohnt hat, und von anderen interessanten Menschen, die er kennt. Auf diese Art von Kunden wirkt das beruhigend. Bei einem Aktivitäts-Filterer sieht die Sache anders aus. Hier sollte sich der Makler nach den Hobbys des Interessenten erkundigen und herausstellen, wie gut man ihnen in dieser Gegend nachgehen kann. Er sollte den ganzen Hauskauf in eine Aktivität verwandeln und damit der Mentalität des Käufers entgegenkommen. Bei einem Dinge-Filterer muß der Makler die Eigenschaften des Hauses ausgiebig würdigen bis hin zu den Markennamen der Badezimmerarmaturen. Jedes Gespräch über Porzellan, Glaswaren, Tafelsilber, Schmuck oder andere Interessengebiete des Käufers ist geeignet. Gut geeignet sind auch Unterhaltungen über die Art von Mobiliar, die sich im Haus gut machen würde.

Ist der Interessent ein Mensch mit Orts-Filter, dann sollte der Makler herauszufinden versuchen, in welcher Art von Umgebung er sich besonders wohl fühlt. Es hilft auch, wenn man weiß, welche Art von Umgebung er gar nicht mag. Der Makler sollte dem Interessenten Häuser zeigen, die dem entsprechen, was er bevorzugt, und solche Objekte meiden, die nicht den Ortsvorstellungen des Kunden entsprechen. Wenn sich der Interessent an einem bestimmten Ort besonders wohl fühlt, sollte der Makler mit ihm nach Möglichkeit dorthin fahren, um den Handel dort abzuschließen. Der Verkäufer kann sich auch nach der Art von Restaurants erkundigen, die der Interessent besonders mag, und ihn auf deren Vorhandensein in der Umgebung hinweisen. Ferner unterhält man sich mit ihm über seine bevorzugten Reiseziele oder Urlaubsorte. Das alles wird auf den Interessenten eine wohltuende Wirkung haben.

Ein Informations-Filterer als Interessent wird dem Verkäufer eine Menge Fragen stellen. Kann der Verkäufer etwas nicht sofort beantworten, sollte er sich die gewünschte Information tunlichst beschaffen und dem Kunden zukommen lassen. Der Kunde wird dies zu schätzen wissen; andernfalls geht er nämlich zu einem anderen Makler, der seine Fragen beantworten kann. Unter keinen Umständen sollte man die Fragen eines Informations-Filterers herunterspielen oder sich über sie hinwegsetzen."

„Es lohnt sich also für einen Verkäufer, zu Beginn der Verhandlungen den Interessenfilter seines Kunden zu bestimmen", faßte ich zusammen.

„Das kann man wohl sagen", bestätigte Richard. „Professionelle Verkäufer entwickeln oft mehrere Hobbys, so daß sie mit beinahe jedem Kunden ein gemeinsames Gesprächsthema finden. Wenn ein Verkäufer innerhalb seines eigenen
Filters gefangen bleibt, wird er große Schwierigkeiten bei Kunden haben, die
seinen Filter nicht teilen.

Hier noch einige letzte Tips über den Umgang mit den Primary Interest Patterns
von Kunden. Handelt es sich bei dem Interessenten um einen an Personen orientierten Menschen, dann ist die Beziehung zwischen ihm und dem Verkäufer besonders wichtig. Er kauft, wenn er jemand mag. Er kauft nicht, wenn ihm der Verkäufer
nicht paßt. Er erwartet, daß sich der Verkäufer genügend Zeit nimmt, um eine
Beziehung herzustellen. Rapport ist hier noch viel wichtiger als bei den übrigen
Gruppen.

Wenn der Kunde ein Orte-Mensch ist, wird er großen Wert auf die Umgebung
des Verkaufsgesprächs legen. Er bevorzugt Geschäfte aufgrund ihrer Lage und
meidet Läden, die in einer ihm unsympathischen Gegend liegen. Für Dinge-Menschen ist sehr wichtig, was sie kaufen. Sie interessieren sich für Dinge und sammeln gern. Respektieren Sie das, und zeigen Sie Begeisterung für das, was Sie verkaufen möchten. Aktivitäts-Menschen kaufen alles, was sie bei ihren Betätigungen
unterstützt. Ihnen kommt es auf Funktionalität an. Der Kaufakt selbst ist für sie entweder selbst eine unterhaltsame Aktivität, oder er hält sie von anderen Betätigungen ab, die eigentlich geplant waren. Der Einkauf muß in den Zeitplan passen. Respektieren Sie das, und gestalten Sie den Kaufvorgang möglichst anregend. Bei Informations-Menschen schließlich können Sie darauf wetten, daß sie jede Menge
Informationen haben wollen. Vom Verkäufer erwarten sie Produktkenntnis. Häufig
wissen sie sogar mehr als der Verkäufer selbst. Seien Sie informiert, doch täuschen
Sie kein Wissen vor, das Sie nicht haben. Informieren Sie sich, und lassen Sie die
fehlende Information dem Kunden zukommen. Ich könnte Ihnen noch mehr sagen,
aber ich denke, Sie haben das Prinzip verstanden." Richard lächelte, und ich
machte mich auf den Weg zur Verhandlungsexpertin Beverly.

Verhandlungen

Beverly bereitete gerade eine neue Verhandlung vor. Sie zeigte mir die Vorberei-
tungsunterlagen. Sie enthielten Informationen über die Interessen der Gegenseite
und die Vorschläge, die wahrscheinlich von ihr zu erwarten waren. Über die Ver-
handlungsführer der anderen Seite waren eine Menge Details zusammengetragen:

Namen und Alter von Ehepartnern und Kindern, Adressen, Hobbys und Aktivitäten, Urlaubsziele sowie ihre People Patterns. Beeindruckt erkundigte ich mich, woher diese Informationen stammten. Aus sorgfältiger Recherche und Gesprächen
mit Leuten, die die Verhandlungspartner gut kannten, war die Antwort.

„Vieles von dem, was ich über den Zusammenhang von Primary Interest People
Patterns und Verhandlungsführung zu sagen hätte, ist bereits von Marvin und Rich-
ard genannt worden. Vieles leuchtet ja auch sofort ein, wenn man ein wenig über die
Patterns nachdenkt. Ich werde mich also auf einige Highlights beschränken."

„Einverstanden", sagte ich, und Beverly fuhr fort.

„Für People-Menschen ist auch in Verhandlungen die persönliche Beziehung
besonders wichtig. Seien Sie nett zu ihnen, und geben Sie sich alle Mühe, einen
guten Rapport herzustellen. Erkundigen Sie sich nach Familienangehörigen,
Freunden und Kollegen. In der Verhandlung selbst betonen Sie die Konsequenzen
für die beteiligten Personen. Sprechen Sie von der Auswirkung einer Einigung auf
alle Beteiligten. Erzählen Sie von anderen Menschen. Verwenden Sie Formulierungen wie: *Als jemand, der Verantwortung für andere trägt ...*, oder: *Jeder, der sich um
andere kümmert, muß doch ...*

Ich mußte lachen, doch Beverly sah mich an und meinte: „Es funktioniert.
Lachen Sie nicht, bevor Sie es nicht ausprobiert haben."

„Bei Orte-Menschen ist die Umgebung der Verhandlungen besonders wichtig.
In manchen Settings fühlen sie sich wohl, in anderen nicht. Treffen Sie sich da, wo
es den anderen gefällt. Achten Sie auf die Atmosphäre. Beleuchtung, Farben,
Geräusche, Geruch und Temperatur können alle eine Rolle spielen. Unterhalten
Sie sich mit Ihren Gesprächspartnern über deren Lieblingsorte.

Dinge-Menschen machen sich Gedanken über die angemessene Kleidung oder
darüber, ob sie die richtige Aktentasche oder den richtigen Stift haben. Bei ihnen
geht es um greifbare Dinge. Umgegeben Sie sie mit angenehmen Dingen. Unterhalten Sie sich über ihre Lieblingsobjekte. Überreichen Sie ein Geschenk, sofern das
angemessen ist. Sprechen Sie davon, was man sich mit Geld alles leisten kann. Verwenden Sie Analogien und Beispiele, in denen Dinge eine Rolle spielen.

Aktivitäts-Menschen betrachten Verhandlungen als Aktivität. Hier kommt es
auf den Zeitplan an. Vielleicht betrachten sie die Verhandlung als Herausforderung. Halten Sie sie beschäftigt, am besten sogar körperlich. Stehen Sie selbst gelegentlich auf, um etwas zu holen oder zu übergeben. Machen Sie, sofern möglich,
einen gemeinsamen Spaziergang, oder unternehmen Sie etwas anderes zusammen.
Erstaunlich viele Abschlüsse werden auf dem Golfplatz getätigt, vor allem dann,
wenn der Kunde gerade gewinnt.

Zum Schluß die Informations-Menschen. Sie sind gut vorbereitet und stellen viele Fragen. Bereiten auch Sie sich vor, und überschütten Sie sie mit Fakten. Fragen Sie nach Fakten. Beziehen Sie sich auf Fakten. Betonen Sie, daß ein Abkommen alle verfügbaren Informationen berücksichtigen muß. Und betonen Sie auch die Aspekte Vernunft und Fairness.

„Ich könnte noch mehr dazu sagen“, schloß Beverly, „doch ich glaube, daß Sie mit, dem, was Sie heute gelernt haben, schon ganz gut arbeiten können. Außerdem glaube ich, daß Shana Ihnen noch einiges mitteilen möchte.“

Zusammenfassung

Der Tag war lang und inhaltsreich gewesen. Shana erkundigte sich, ob ich noch Fragen oder Anmerkungen hätte. Ich überlegte kurz. „People Patterns sind ja sehr interessant. Aber kann man Menschen wirklich so klar in Kategorien einordnen?“

„Ich freue mich, daß Sie danach fragen“, antwortete Shana. „Ich möchte nochmals betonen, was ich am ersten Tag gesagt habe. Die People Patterns bilden immer ein Kontinuum. Menschen sind nie entweder so oder so, sondern stellen immer eine Mischung der beiden Extreme dar. Im Training stellen wir sehr stark die Extrempositionen heraus, damit die Eigenarten jedes Musters und die Unterschiede zwischen ihnen deutlich werden. In Wirklichkeit bewegen sich alle Menschen auf einem Kontinuum zwischen den Extremen. Manche Menschen besitzen eine ausgeprägte Neigung zu bestimmten Patterns, andere befinden sich in einer ausgeglichenen Mittelstellung. Sie können, je nach Situation, in verschiedene Richtungen tendieren. Sie besitzen eine Flexibilität, die den Vertretern extremer Positionen fehlt. Ich habe mehrfach darauf hingewiesen, wie wichtig Ausgewogenheit ist. Ideal ist es, wenn man seine People Patterns so variieren kann, daß sie zu den gegebenen Umständen passen. Es gibt keine guten oder schlechten People Patterns, sondern nur solche, die in einer gegebenen Situation effektiver sind als andere. Jedes Pattern hat seine Stärken und Schwächen. Wir sollten daran arbeiten, die Stärken zu fördern und die Schwächen zu vermeiden. Das geht leichter, wenn wir unser Verhalten auf den jeweiligen Kontext einstellen. Hier sind Balance und Ausgewogenheit gefragt, die Voraussetzungen für jeden Erfolg im Leben.“

Schlüssel 3: Das Informations-People-Pattern

Einführung

Ich saß wieder einmal mit meinen Kindern am Frühstückstisch und erkundigte mich bei meiner Tochter, wie das Fußballturnier verlaufen sei, an dem sie teilgenommen hatte. Es sei in Ordnung gewesen, war die Antwort, und sie hätten gut gespielt. Das war doch frustrierend wenig an Information. Also fragte ich weiter nach: Wer hat gewonnen? Was war das Ergebnis? Wie lange hatte sie mitgespielt? Wie viele Tore hatte sie geschossen? Ob sie irgendwelche Probleme gehabt hatte? Wie sie sich fühlte? Jedesmal bekam ich nur eine recht allgemeine Antwort, so daß ich allmählich verzweifelte, weil ich ihr alles so aus der Nase ziehen mußte, während sie sauer wurde, weil ich ihr so viele Fragen stellte.

Dann fingen auch noch die beiden Jungs an, sich über etwas zu streiten, was einer von ihnen getan hatte. Weshalb er das gemacht hätte, fragte der eine. Weil es doch klar war, das es so richtig war, antwortete der andere. Dem anderen war das aber überhaupt nicht klar. Also bohrte er weiter: Ob er das denn schon mal vorher so gemacht hätte? Oder ob er jemand anderes kennen würde, der es so versucht hätte? Oder ob er davon gelesen hätte? Kurzum, er verlangte von seinem Bruder praktisch einen Beweis dafür, daß das, was er gemacht hatte, unter den gegebenen Umständen das richtige gewesen war. Der ärgerte sich natürlich über diese Art von Verhör und verstand die ganze Fragerei überhaupt nicht.

Als meine Mitfahrer an der Tür klingelten, war ich froh, diesen Auseinandersetzungen zu entkommen. Zum Glück waren meine Mitfahrer an diesem Tag ziemlich schweigsam, und ich kam pünktlich ins Büro.

Das Informations-People-Pattern

Shana erwartete mich schon und bat mich, Platz zu nehmen.

„Sie können sich freuen, denn heute sprechen wir wieder über ein Thema, das Ihnen sehr am Herzen liegt."

„Worum geht es?" fragte ich.

„Um Information", erklärte sie. „Gestern haben Sie erfahren, daß Information einen der fünf Primärinteressen-Filter darstellt. Dabei ging es um die Inhalte jeglicher Kommunikation. Heute geht es um deren Form oder Struktur. Sie wird von zwei Versionen des Information People Pattern erfaßt.

Die erste liefert das Perceptual Source People Pattern, das damit zu tun hat, woher man die Information bezieht. Das zweite Informationsmuster – es wird Chunk Size People Pattern oder Chunkgrößen-Filter genannt – betrifft die Struktur der Informationen und die Form ihrer Darstellung. Dabei geht es um Informationsmengen und den Grad ihrer Spezifiziertheit."

Perceptual Source

„Wir haben uns bis jetzt vor allem über die Inhalte jedes Informationsaustauschs unterhalten", fuhr Shana fort. „Doch es gibt auch noch andere Patterns, die hierbei eine Rolle spielen. Das erste hat damit zu tun, durch welchen Kanal man seine Informationen bezieht. Wir nennen es Wahrnehmungs-Herkunfts-Muster oder Perceptual Source People Pattern. Dabei geht es nicht darum, aus welchen Quellen unserer Umwelt wir Informationen bekommen, sondern um die Art und Weise, wie wir sie aufnehmen. Das Haus des Lebens hat viele Räume, doch verlassen oder betreten kann man es nur durch die Außeneingänge. Die Hauptunterscheidung geht dahin, ob Informationen durch die fünf Sinne zu Ihnen gelangen oder auf anderem Wege. Informationen, die uns über Auge, Ohr, Berührung, Geschmack oder Geruch erreichen, nennen wir *faßbare* oder *tangible* Informationen. Faßbar deshalb, weil man den Zugangsweg praktisch mit den Händen berühren kann. Alle übrigen Informationen, die uns auf anderem Wege erreichen, nennen wir *nicht-tangibel*, weil sie sich nicht direkt mit einem Sinneseindruck verbinden lassen. Wir sprechen dann auch vom „sechsten Sinn" oder einer Intuition.

Menschen vom tangiblen Typ nehmen die Welt über ihre Sinne wahr. Sie mögen es handfest. Sie konzentrieren sich auf das, was sie sehen, hören, spüren, schmecken und riechen können. Sie halten sich an konkrete Fakten, die unmittelbar zur Verfügung stehen, also an das Hier und Jetzt. Sie legen Wert auf Beweise, die sich aus Sinnesdaten ableiten lassen und die jeder nachvollziehen kann. Intuitive Einsichten sind ihnen unbekannt. Statt dessen halten sie sich an Empirie und

Pragmatik, an alles Reale, Unmittelbare und an die praktischen Erfahrungen des Lebens. Sie glauben nur das, was sich auf der Basis sinnlicher Eindrücke beweisen läßt." Shana sah, daß ich keine Fragen hatte, und fuhr fort:

„Menschen vom nicht-tangiblen Typ hingegen sammeln ihre Informationen auf nicht-sinnesorientiertem Weg. Sie besitzen einen sechsten Sinn, eine Intuition, und konzentrieren sich mehr auf die Möglichkeiten und Bedeutungen einer bestimmten Situation. Menschen vom nicht-tangiblen Typ suchen nach den Beziehungen, Bedeutungen und Möglichkeiten, die sich zwischen den verschiedenen Elementen einer gewissen Situation ergeben. Sie betrachten den übergeordneten Rahmen und nähern sich einer Situation auf abstrakte und ganzheitliche Weise. Der Fokus dieser Menschen liegt auf der Zukunft. Bei ihnen finden wir die Rationalisten und Visionäre. Die Welt der Sinneseindrücke kommt ihnen trivial und diesseitig vor. Ihre wichtigsten Einsichten erhalten sie nicht über die Sinne, sondern aus direkter Einsicht und Intuition. Natürlich bestreiten nicht-tangible Menschen nicht die Tatsachen der Sinneswahrnehmung, doch fühlen sie sich nicht daran gebunden, denn sie glauben, daß man die Realität eben auch auf anderem Wege erfahren kann. Oft sind sie davon enttäuscht, wie sehr die anderen in der Diesseitigkeit der Welt gefangen sind und wie langsam ihre Einsichten vorankommen." Shana machte eine Pause.

„Woran kann man die beiden Typen erkennen?" fragte ich.

„Ganz einfach", sagte sie. „Achten Sie auf die Gesprächsthemen, und fragen Sie Ihren Gesprächspartner, woher er seine Informationen hat. Handelt es sich um direkt aus der Sinneswelt stammende Erfahrungen oder um Einsichten und Intuitionen, die sich nicht auf eine Kombination sinnlicher Erfahrungen zurückführen lassen? Fragen Sie sich, welche Fakten oder Beweise Ihr Gesprächspartner für seine Behauptungen anführt. Kommt er mit Daten und Beweisen, dann ist er ein tangibler Typ. Macht er statt dessen wenig Anstrengung, Ihnen Fakten oder Beweise zu liefern, dann haben Sie es mit einem nicht-tangiblen Typus zu tun. Achten Sie auch darauf, was der andere von Ihnen verlangt. Der Wunsch nach Indizien und Beweisen deutet auf einen Menschen vom tangiblen Typ. Den nicht-tangiblen erkennen Sie daran, daß er von Ihnen keinerlei Beweise verlangt und sogar gelangweilt wirkt, wenn Sie versuchen, Derartiges zu liefern."

„Gibt es spezielle Zielfragen?" erkundigte ich mich.

„Ja", sagte Shana. „Zum Beispiel können Sie fragen: *Brauchen Sie weitere Beweise, oder ist Ihnen die Sache klar? – Treffen Sie Entscheidungen auf der Basis konkreter Fakten oder abstrakter Möglichkeiten? – Was ist Ihnen wichtiger: Tatsachen oder Möglichkeiten? – Wie war Ihr Tag?* Menschen vom tangiblen Typus möchten konkrete Beweise. Sie orientieren sich am Hier und Jetzt. Darüber hinaus gibt es nichts Offensichtliches. Sie berichten von Sinneseindrücken und liefern sehr präzise Beschreibungen ihres Tagesablaufs.

Menschen vom nicht-tangiblen Typus finden vieles ganz offensichtlich und brauchen keine weiteren Beweise. Sie achten stark auf die Möglichkeiten der Zukunft und langweilen sich bei konkreten Details. Ihren Tagesablauf beschreiben sie mit allgemeinen Begriffen oder einer Betrachtung über den Sinn des Lebens."

Ich überlegte kurz und äußerte die Vermutung, daß es wohl mehr Menschen vom tangiblen als vom nicht-tangiblen Typus geben würde.

Shana lächelt. „Ich sehe, Ihre Intuition funktioniert. In der Tat liegt das Verhältnis der beiden Gruppen bei etwa Drei zu Eins. Geschäftsleute gehören typischerweise zur Gruppe der Tangiblen."

„Wie sehen sich die beiden Gruppen gegenseitig?" fragte ich.

Shanas Antwort überraschte mich nicht. „Tangible Charaktere werden von den nicht-tangiblen für langsam, stur und detailversessen gehalten, ohne tiefere Einsicht und unfähig, die Logik auch einmal zugunsten des Offensichtlichen zurücktreten zu lassen. Umgekehrt halten die Tangiblen ihre Konterparts für abgehoben, konfus und spinnert, unfähig, sich den harten Tatsachen des Lebens zu stellen."

„Hört sich ja herrlich an", kicherte ich. „Ist es auch", sagte Shana und fuhr fort:

„Wir haben uns jetzt also über die möglichen Inhalte von Kommunikation unterhalten sowie darüber, wie wir unsere Informationen aufnehmen. Lassen Sie uns jetzt auf die Form oder Struktur der Inhalte zu sprechen kommen, über die wir kommunizieren."

Chunking

„Dazu muß ich Ihnen zunächst ein neues Konzept vorstellen: das *Chunking* (engl. chunk = Stück; ein Fachausdruck, der im deutschen NLP-Sprachgebrauch oft in der englischen Form verwendet wird). Es bezieht sich sowohl auf die Menge als auch auf die Spezifiziertheit der Informationen, die in der Kommunikation transportiert werden. Darüber hinaus hat Chunking auch mit der Stellung einer Information in unserer Hierarchie des Wissens zu tun. Das Konzept ist extrem hilfreich. Wir können damit beschreiben, wie wir Informationen in kommunizierbare Einheiten zerlegen. In der Regel können wir zu jedem Zeitpunkt nur sieben plus oder minus zwei Informations-Chunks aufnehmen. Wir reagieren mit Verwirrung oder Abwehr, wenn uns mehr Informationen oder eine größere Detailmenge präsentiert werden, als wir verarbeiten können. Andererseits bleibt unsere Entscheidungs-grundlage zu schmal, wenn wir zu wenige Informationen oder einen zu geringen De-tailliertheitsgrad bekommen. In dem Fall reagieren wir oft mit Langeweile oder Ab-gelenktsein. Informationsmenge und -gehalt sind entscheidend für das Gelingen jeder Kommunikation. Und einer der wichtigsten Faktoren für erfolgreiche Kom-munikation besteht darin, dem anderen genau die Menge und Tiefe an Informatio-nen zu geben, die er braucht."

„Hört sich faszinierend an", sagte ich. „Da bin ich auf die Einzelheiten ge-spannt."

Shana lachte und schien diese Bemerkung nicht überraschend zu finden.

„Einen Informationsfluß kann man nach seiner Quantität und seiner Qualität bewerten. Informationsquantität beschreibt die Menge an Informationen in einer gegebenen Situation. Achten Sie darauf, ob Sie von jemand mit vielen oder wenigen Informationen versorgt werden. Manche Menschen können ihren Mitteilungsdrang kaum bremsen, und anderen muß man jedes Detail förmlich entreißen. Sie glauben wohl, daß man Informationen hüten und, wenn überhaupt, nur in kleinen Dosen weiterreichen sollte. Es ist klar, daß Menschen mit dem Primärinteresse an Infor-mationen verzweifeln, wenn sie es mit jemand zu tun haben, der ihnen seine Infor-mationen bewußt vorenthält. Natürlich muß man manche Informationen hüten, weil ihre Verbreitung zu persönlichem oder finanziellem Schaden führen würde. Ich meine hier aber die Fälle, in denen ganz normale Alltagsinformationen zurück-gehalten werden. Manche Menschen glauben eben, daß Wissen Macht bedeutet und daß man es benutzen kann, um andere zu kontrollieren. Sie geben ihr Wissen nur preis im Tausch für etwas anderes. Es ist klar, daß ein spärlicher Informations-fluß in Organisationen zu falschen Entscheidungen führen kann. Sie kennen viel-leicht das bittere Eingeständnis mancher Kollegen, sich wie Champignons zu fühlen, die man im Dunkeln läßt und gelegentlich mit Mist bestreut. Der Erfolg je-der Organisation hängt davon ab, daß die bestmöglichen Informationen ungehin-dert zu den Entscheidungsträgern fließen, die sie benötigen.

Bei allen Informationen ist allerdings das Kriterium der Qualität entscheidend. Dazu gehören u.a. Verläßlichkeit und rechtzeitige Verfügbarkeit. Mit diesen beiden Faktoren werden wir uns hier jedoch nicht beschäftigen, sondern uns einem dritten Faktor der Informationsqualität zuwenden: dem Umfang bzw. der Tiefe der Infor-mation. Der Umfang beschreibt die Anzahl der mitgeteilten Fakten; die Tiefe mißt sich nach ihrem Detailreichtum. Bei konstanter Informationsmenge verhalten sich Umfang und Tiefe umgekehrt proportional zueinander. Mit anderen Worten: Man kann entweder viel über Weniges oder wenig über Vieles aussagen. In ihrem Kommunikationsverhalten zeigen die Menschen eine Präferenz für entweder Umfang oder Tiefe. Die Präferenz für Umfang nennen wir *global*. Solche Leute teilen einem das gesamte Bild einer Situation mit. Die Präferenz für Tiefe nennen wir *spezifisch*. Hier erfährt man Details und besondere Eigenschaften.

Menschen mit einem Specific People Pattern haben eine Vorliebe für genaue Details. Wir sprechen hier vom *chunking down*. Detailtiefe erhält Vorrang vor Informationsumfang. Spezifische Menschen denken in Details und kommunizieren auch so. Sie geben gerne Einzelheiten weiter und verstehen sie auch gut. Sie mögen es, wenn man mit ihnen auf dem gleichen detaillierten Chunk-Level kommuniziert. Außerdem mögen sie die Präsentation der Fakten in hierarchischer Ordnung. Präsentiert man ihnen einen groben Überblick, dann stellen sie sofort Fragen nach den Einzelheiten, um die Lücken aufzufüllen." Shana überlegte kurz.

„Allerdings verlieren sich spezifische Menschen auch oft so in den Details, daß sie den Überblick verlieren. Sie sehen den Wald vor lauter Bäumen nicht. Außerdem haben sie oft Schwierigkeiten mit dem Setzen von Prioritäten, weil sie die verschiedenen Optionen nicht gegeneinander abwägen und zum größeren Überblick hinaufchunken können.

Menschen mit einem Global People Pattern setzen Umfang über Tiefe", erklärte Shana weiter. „Sie bevorzugen den großen Überblick. Sie sind mit großen Informations-Chunks zufrieden und beurteilen jede Situation aus einer Gesamtbetrachtung heraus. Ein Projekt können sie mit einem Blick erfassen. Sie kommunizieren global, weil sie auch so denken. Wir sprechen hier vom *chunking up* oder *heraufchunken*. Dabei läßt man mehr und mehr Details weg bzw. verschiebt das Gewicht von der Tiefe zum Umfang. Global-Menschen wissen sehr wohl, daß es Details gibt, doch halten sie sie für trivial und unwichtig. Sie erfreuen sich am großen Überblick und erwarten, daß auch andere auf diesem Level mit ihnen kommunizieren. Mit einem Wust von Details konfrontiert, versuchen sie, das darin Wesentliche herauszufiltern. Vielleicht reden sie manchmal auf einem so globalen Niveau, daß spezifische Menschen sie oft nur mit Mühe verstehen oder sogar den Eindruck gewinnen, sie würden überhaupt nichts aussagen. Ihr Problem ist es, nicht nur den Wald, sondern auch die Bäume zu sehen."

„Wie erkenne ich, wer wer ist? Gibt es spezielle Zielfragen?" wollte ich wissen.

Shana nickte. „Folgende Fragen können Ihnen helfen: *Was wünschen Sie sich? – Möchten Sie bei einer Projektbeschreibung zuerst einen Überblick oder zuerst die Details? – Brauchen Sie dann das andere überhaupt? – Was müssen Sie über ein Projekt wissen?* – Sie können in einem Gespräch natürlich auch einfach darauf achten, wie viele Details Ihnen der andere mitteilt, beziehungsweise ob er von den Einzelheiten, die Sie ihm mitteilen, eher gelangweilt wird oder ob er noch mehr davon möchte.

Spezifik-Menschen beantworten Fragen mit allen möglichen Einzelheiten und können dabei über mehrere Ebenen herunterchunken. Sie präsentieren ihre Antworten in hierarchisch geordneten Schichten unterschiedlicher Detailliertheit. Wünsche äußern sie sehr genau. In ihrer Sprache verwenden sie viele Eigennamen und Einschränkungen. Sie interessieren sich bei einem Projekt für die Details und weniger für den Überblick.

Globale Menschen andererseits liefern Ihnen einen Überblick ohne Einzelheiten. Wünsche formulieren sie in sehr allgemeiner, auf das Wesentliche konzentrierter Form. Sie interessiert zuerst der Überblick und erst viel später die Einzelheiten. Ein Projekt beschreiben sie entlang großer Linien, ohne viele Eigennamen und Einschränkungen. Ihr Satzbau ist einfach und enthält wenige Nebensätze. Mit Details konfrontiert, bitten sie einen um einen höheren Chunk-Level. Bleibt man bei den Details, läßt ihr Interesse rasch nach."

„Gibt es zwischen diesen extremen Positionen einen Mittelweg?" wollte ich wissen.

„Auf jeden Fall", antwortete Shana. „Viele Menschen nehmen eine sehr ausgeglichene Haltung ein. Sie möchten den Überblick und die Einzelheiten. Meistens zeigen sie jedoch eine Präferenz, mit dem einen oder dem anderen zu beginnen. Spezifik-Menschen wollen nur die Details und interessieren sich nicht für das Gesamtbild; Global-Menschen brauchen oft nur den Überblick und kümmern sich nicht um die Feinheiten. Mit einer ausgewogenen Einstellung möchte man beides und hat die Fähigkeit, je nach Situation herauf- oder herunterzuchunken.

Die beiden Extremformen finden sich nicht in gleichmäßiger Verteilung. Spezifik-Menschen mit ihrer Vorliebe für Informationstiefe stellen etwa 15% der Bevölkerung, Global-Menschen mit Präferenz für Informationsumfang etwa 60%. Etwa 25% der Bevölkerung interessieren sich sowohl für Einzelheiten wie für den Überblick."

Dann machte Shana auf einen weiteren Aspekt aufmerksam. „Jegliche Bedeutung einer Aussage kann nur im Kontext verstanden werden. Verändert sich der Kontext, ändert sich auch die Bedeutung der Mitteilung. Jeden Kontext kann man in mehrere Richtungen untersuchen. Zum einen kann man herunterchunken und größere Informationstiefe suchen. Zweitens kann man den Horizont erweitern und umgebende Kontexte einschließen. Wir sprechen hier von lateralem Chunken. Und drittens kann man einen umfassenderen Kontext bilden, der sowohl unseren eigenen wie parallele Kontexte einschließt. Diesen Prozeß nennen wir heraufchunken. In jeder Situation können wir uns also abwärts, seitwärts oder aufwärts bewegen. Die Natur derartiger Relationen wird in der allgemeinen Systemtheorie untersucht." Shana war nun richtig in Fahrt und ließ sich nicht unterbrechen.

„Man kann auf verschiedene Arten herunterchunken. Einmal kann man eine Situation mit mehr Informationstiefe und Details beschreiben. Man kann aber auch die Bestandteile berücksichtigen, aus denen der Untersuchungsgegenstand besteht. Die Realität besteht aus einer hierarchischen Gliederung von Ganzheiten und Teilen. Was auf einem Level als Teil gilt, kann auf tieferem Level als Ganzheit gesehen werden, die auf noch tieferem Level wiederum aus Teilen zusammengesetzt ist. Auch das Heraufchunken kann auf mehrere Weisen geschehen. Man kann eine weniger detaillierte Beschreibung einer Situation geben. Man kann auch berücksichtigen, daß der Untersuchungsgegenstand selbst Teil eines größeren Ganzen ist. Sodann kann man die umfassendere Ganzheit in den Blick nehmen, von der unser Untersuchungsgegenstand einen kleineren Teil bildet. Ebenso gibt es für das laterale Chunken verschiedene Möglichkeiten. Erstens kann man all das untersuchen, was zur Umgebung unseres Untersuchungsgegenstandes gehört. Zweitens könnte man auch andere Elemente untersuchen, die eine parallele Funktion zu dem von uns untersuchten ausüben. Dazu chunkt man zuerst auf eine umfassendere Ebene herauf und danach wieder herunter zu einem anderen Element als demjenigen, mit dem wir ursprünglich begonnen hatten."

„Kann man auf einfache Weise erkennen, in welche Richtung gerade gechunkt wird?" fragte ich.

„Ja, sofern wir das Chunken auf Ganzheiten und Teile oder Klassen und ihre Elemente beschränken. Dies ist das Gebiet der Systemtheorie. Sie untersucht die Beziehungen zwischen ganzen Systemen und ihren Bestandteilen. Mit der genannten Einschränkung geht man also folgendermaßen vor: Zwei Objekte können erstens zueinander in der Beziehung von Ganzem und Teil stehen. Bewegt man sich vom Teil zum Ganzen, wird heraufgechunkt; beim Herunterchunken bewegt man sich vom Ganzen zum Teil. Zweitens kann es aber auch sein, daß beide Objekte Teile eines größeren Ganzen sind. Liegen beide im Bezug auf die übergeordnete Einheit auf gleicher Ebene, dann chunkt man lateral. Eine dritte Situation liegt vor, wenn die beiden Untersuchungsgegenstände zu verschiedenen Ganzheiten gehören. Hier liegt ebenfalls keine Teile-Ganzheit-Beziehung vor. Geht man hier von einem Objekt zum anderen über, hat man es, statt einer aufwärts, abwärts oder seitwärts gerichteten Chunk-Bewegung, mit einem einfachen Chunk-Wechsel zu tun. Alles klar?"

92

Ich nickte, und Shana fuhr fort: „Präzises Chunken wird schwieriger, wenn wir es mit der Beschreibung von Situationen zu tun haben. Auch hier kann man, wie schon gesagt, zwischen globalen und spezifischen Chunks unterscheiden. Diese Charakterisierungen sind nicht absolut, sondern relativ aufeinander bezogen zu verstehen.

Ferner können auch beim Chunken selbst Probleme auftreten. Manche Menschen schießen beim Herunterchunken über das Ziel hinaus. Sie werden Fliegenbeinzähler genannt und sind nicht sehr beliebt. Andere chunken auf, dann seitwärts und schließlich wieder ab – aber in ein völlig anderes Universum. Das ist die Struktur der Konfusion. Taucht dieses Muster häufiger bei jemand auf, kann an seiner geistigen Gesundheit gezweifelt werden."

Beziehung zwischen Chunk-Größe und Perzeptionsquelle

„Welche Beziehung besteht zwischen Chunk-Größe und Perzeptionsquelle?" fragte ich.

„Eine ausgezeichnete Frage", sagte Shana. „Das Verhältnis ist für Kommunikationsfragen wirklich wichtig. Bei der Perceptual Source oder Perzeptionsquelle geht es um den Übertragungsweg der Information, während der Begriff Chunk-Größe mit der Informationsqualität zu tun hat. Zum Konzept der Perzeptionsquelle gehört die Frage, ob Information konkret und tangibel oder abstrakt und nicht-tangibel ist. Zum Konzept der Chunk-Größe gehört die Frage, ob die Information spezifisch detailliert oder global ist. Man hat vier Kombinationsmöglichkeiten. Es gibt Menschen, die spezifisch und tangibel, und andere, die spezifisch und nicht-tangibel sind. Erstere liefern sehr detailreiche Beschreibungen konkreter Dinge, letztere sehr detailreiche Beschreibungen abstrakter Ideen. Entsprechend gibt es die Kombinationen global-tangibel und global-nicht-tangibel. Im ersten Fall erhält man allgemeine Beschreibungen konkreter Dinge, im zweiten Fall allgemeine Beschreibungen abstrakter Ideen."

Management

Ich saß wieder einmal in Marvins Büro. „Beide Typen, die tangiblen wie die nicht-tangiblen, spielen bei der Arbeit eine wichtige Rolle", erklärte er. „Die Herausforderung liegt darin, daß sie nicht leicht miteinander kommunizieren können und ihre Stärken bei unterschiedlichen Aufgaben entfalten.

Der wichtigste Unterschied zwischen ihnen besteht in der Antwort auf die Frage, was man jeweils für offensichtlich hält. Für tangible Mitarbeiter ist nichts einfach offensichtlich. Sie machen keine intuitiven Sprünge. Demgegenüber finden die Nicht-Tangiblen vieles ganz offensichtlich, weil sie nicht an das Gegebene gebunden sind. Sie finden vieles ganz selbstverständlich, was der tangible Typ ganz und gar nicht so sehen würde. Ihm muß man alles sehr genau erklären, die eigenen Wünsche ganz klar aussprechen, ein System von zu befolgenden Regeln geben sowie Erfolgskriterien, die man sehen, hören, schmecken, riechen und berühren kann."

„Das kommt mir sehr bekannt vor", kommentierte ich.

„Typischerweise sind Geschäftsleute tangible Menschen", fuhr Marvin fort. „Ihr Reich ist die Empirie. Sie verlangen Beweise, Evidenzen, Fakten. Sie möchten alles beweisen. Wenn man denen, die in der Geschäftswelt die Mehrheit stellen, etwas verkaufen möchte, werden sie Beweise und Referenzen für unsere Behauptungen haben wollen. Anekdotische Belege finden sie interessant, doch keineswegs beweiskräftig. Sie wollen nach strengen wissenschaftlichen Methoden durchgeführte Tests mit Kontrollgruppen. Möchte man ihnen etwas verkaufen, das auf intuitiven Einsichten beruht, sollte man davon ausgehen, daß sie diese nicht von vornherein einleuchtend finden. Es interessiert nicht, wenn Sie hingehen und sagen, Sie wüßten, daß etwas funktioniert. Die Vermarktung vieler großer Ideen im Businessbereich ist hieran gescheitert. Man muß lernen, in die Welt der tangiblen Manager einzutauchen und in ihren Begriffen zu denken."

Ich hörte gespannt zu.

„Tangible Mitarbeiter sind die Verwalter, die das Tagesgeschäft am Laufen halten. Die Stärke der Nicht-Tangiblen liegt bei der Ideenfindung und strategischen Planung. Es muß also ein System geben, mit dem man die Ideen der Nicht-Tangiblen den Tangiblen vermitteln kann, deren Aufgabe dann die Bodenarbeit der Konstruktion, Herstellung und Verwaltung ist.

Natürlich kommt es auch hier wieder auf die Ausgewogenheit an. Eine Organisation aus lauter Nicht-Tangiblen entwickelt sich zum Irrenhaus. Viele hervorragende Ideen, von denen keine realisiert wird. Stellen sie sich auf der anderen Seite ein Unternehmen aus lauter tangiblen Typen vor. Sie schaffen fleißig und kriegen viel getan. Doch es fehlt an kreativen Ideen und notwendigen Produktveränderungen."

„Wie geht man im Management also mit tangiblen Mitarbeitern um?" fragte ich.

„Man sagt ihnen genau, was sie tun sollen und warum. Versichern Sie ihnen, daß das, was man vorschlägt, nachweislich funktioniert. Bleiben Sie konkret.

Erwarten Sie keine weit vorausschauende Planung, keine abstrakten Denkvorgänge. Tangible sind gute Administratoren und Sachbearbeiter.

Nicht-tangiblen Mitarbeitern erklärt man den Gesamtzusammenhang und wie das, was man von ihnen erwartet, sich hierin einfügt. Ihre Stärke liegt in der langfristigen Planung und im abstrakten Denken, doch höchstwahrscheinlich nicht im Management täglicher Routineabläufe. Nicht-Tangible langweilen sich bei konkreten Daten und Einzelheiten."

Das Chunk Size People Pattern im Management

Marvin unterbrach kurz, um zu sehen, ob ich ihm folgen konnte. Dann erklärte er weiter:

„Eines der größeren Probleme in der Kommunikation besteht darin, zu erkennen, wann genug einfach genug ist. Dazu muß man unter anderem wissen, auf welchem Level von Detailliertheit man eine Kommunikation anzufangen und zu beenden hat. Es kommt stets ein Punkt, an dem beide Beteiligten zufrieden sind, weil sie verstehen, was der andere einem mitteilen will. Führt man das Gespräch über diesen Punkt hinweg fort, läßt das Interesse nach. Man weiß nun Bescheid und möchte weiterkommen.

Das Informationsbedürfnis des Gesprächspartners kann mit irgendeiner Informationsmenge zwischen allgemeinstem Überblick und detailliertem Bericht zu befriedigen sein. Daher kann es zu zwei Formen des Unbefriedigtseins kommen. Entweder: Man weiß zuwenig. Man möchte weitere Einzelheiten. Man möchte herunterchunken. Oder: Man weiß zuviel. Man hat genügend Informationen und braucht keine weiteren. Man hat den Überblick bzw. möchte heraufchunken. Der Trick bei jeder Kommunikation besteht darin, zu erkennen, auf welchem Level der andere zufrieden ist bzw. auf welchen Chunk-Level die Kommunikation gebracht werden muß."

„Mehr, mehr", rief ich, und wir mußten beide lachen.

„Jeder zieht eine bestimmte Chunk-Größe vor. Manche sind mit einem groben Überblick zufrieden, wir nennen sie *Global-Menschen*. Andere wollen alle Einzelheiten wissen und werden *spezifisch* genannt. Ganz klar, daß diese beiden Typen in ihrer Extremform Schwierigkeiten haben, miteinander zu kommunizieren. Als Manager haben Sie es mit Information zu tun. Sie bekommen Informationen und geben sie weiter. Dabei müssen Sie ständig auf die Chunk-Größe Ihrer eigenen Botschaften achten. Je höher Sie in einer Organisation aufsteigen, desto mehr beschäftigen Sie sich mit Gesamteindrücken. Je weiter unten, desto mehr Einzelheiten gehören zu Ihren Aufgaben. Leider kümmern sich manche Leute auch dann noch um die Einzelheiten, wenn es gar nicht mehr zu ihren Aufgaben gehört. Man spricht dann scherzhaft von Mikromanagern."

„Wirklich interessant", sagte ich.

„Stellen wir uns eine typische Beziehung zwischen einem Manager und seinen Mitarbeitern vor. Ihre Kommunikation kann auf zwei Weisen schieflaufen. Handelt es sich beim Manager um einen *specific chunker* und beim Angestellten um einen *global chunker*, dann verteilt der Vorgesetzte peinlich genaue Anweisungen, was er vom anderen erwartet. Sein Mitarbeiter chunkt diese Informationen herauf und bildet einen Gesamteindruck, aus dem heraus er die Aufgabe umsetzt. Es bleibt nicht aus, daß er sein Ziel nicht so erreicht, wie vom Manager vorgeschrieben. Dieser wird frustriert sein, weil sein Mitarbeiter niemals macht, was man ihm sagt, während der Mitarbeiter glaubt, der Vorgesetzte sei ungerecht, weil er doch alles genau ausgeführt habe. Beide sind unzufrieden. Der Manager muß verstehen, daß sein Mitarbeiter alle Einzelheiten zu einem globalen Eindruck heraufchunkt, und von sich aus mit einer globalen Übersicht über das Vorhaben beginnen, bevor er dann einige unverzichtbare Details nennt. Er muß verstehen, daß sein Mitarbeiter einfach nicht mit den gleichen Einzelheiten umgehen kann wie er selbst."

„Wie sieht es umgekehrt aus?" fragte ich.

„Da geht es um einen globalen Manager mit spezifischen Mitarbeitern. Der Manager liefert einen globalen Überblick. Der Mitarbeiter wartet auf Einzelheiten und beschwert sich, daß sein Vorgesetzter ihm nie sagt, was er von ihm will. Der Manager ist frustriert über die Fragerei seines Mitarbeiters und hält ihn für beschränkt oder böswillig. Hier muß der Manager lernen, seine Informationen entsprechend herunterzuchunken.

Zusammengefaßt: Ein Manager muß mit Chunk-Größen umgehen können. Er muß, je nach den Bedürfnissen seines Mitarbeiters, herauf- oder herunterchunken können. In der Kommunikation mit einem Spezifik-Menschen muß er die Einzelheiten der Aufgabe in logischer Reihenfolge aufzählen. Er muß seine Sprache mit Eigenschaftswörtern und modalen Bestimmungen anreichern. Außerdem sollte er vom anderen nicht die Fähigkeit erwarten, zwischen den Zeilen zu lesen oder den großen Zusammenhang zu verstehen. Bei der Kommunikation mit einem Global-Menschen hingegen sollte der Manager sich auf den Überblick beschränken und Einzelheiten weglassen. Zu viele Details oder modale Bestimmungen langweilen den anderen nur. Der Manager darf erwarten, daß sein Mitarbeiter die Details in anderer Weise ergänzen wird, als er selbst es getan hätte. Ein Spezifik-Manager muß sich davor hüten, globale Mitarbeiter zu mikro-managen."

Ich gab meine Zustimmung zu erkennen, und Marvin fuhr fort:

„Es gibt ein typisches Beispiel, das in seiner frustrierenden Art sicherlich jeder von uns schon einmal erlebt hat. Ein Seniormanager gibt einem Juniormanager den Auftrag, eine bestimmte Situation zu untersuchen und einen Bericht anzufertigen. Der Juniormanager stürzt sich in die Arbeit und liefert einen ausgesprochen detailreichen Report ab, beinahe ein Kunstwerk. Der Juniormanager erwartet, daß sein Auftraggeber den Bericht genau liest und die Einzelheiten würdigt. Doch das Gegenteil geschieht. Der Senior hört so lange zu, bis er sicher ist, daß der Junior seine Hausaufgaben gemacht hat. Und dann möchte er nichts mehr weiter wissen als die letztendlichen Schlußfolgerungen, die der Mitarbeiter aus seinen Untersuchungen gezogen hat. Der Juniormanager ist perplex. Ob sich sein Chef denn nicht dafür interessiere, wie er zu seinen Schlußfolgerungen gekommen sei, fragt er zurück. Die Antwort ist Nein. Alles, was den Seniormanager interessiert, ist das Endergebnis, basierend auf der Gewißheit, daß es auf sorgfältiger Analyse beruht. Er möchte sich nicht mit der gesamten Analyse selbst beschäftigen. Das gehöre zur Aufgabe des Juniors. – Kommt Ihnen das bekannt vor?"

„Nur zu gut", antwortete ich.

„Man begegnet bei der Arbeit oft einem weiteren Problem, das mit der Frage der Chunk-Größen zu tun hat. Mitarbeiter mit der Präferenz für große Chunks neigen häufiger dazu, etwas zu über- oder zu unterschätzen. Dadurch, daß sie größere Chunks bilden, ergeben sich im Fall eines Irrtums auch größere Abweichungen vom realen Wert einer Sache, und zwar in beide Richtungen. Mitarbeiter mit Präferenz für kleine Chunks sind wesentlich genauer und können Größen besser abschätzen.

Grob-Chunker können oft den Zeitaufwand für eine Sache schlecht einschätzen, weil sie keine Ahnung haben, wie lange etwas dauert, und weil sie glauben, viel mehr in einer bestimmten Zeitspanne erledigen zu können, als tatsächlich möglich ist. Fein-Chunker sind das Gegenteil: Sie sehen, was alles getan werden muß, und verzweifeln, weil sie glauben, daß die Zeit dafür niemals ausreichen wird."

„Auch das kommt mir bekannt vor", sagte ich.

Analyse und Synthese im Management

„Kommen wir nun zu zwei weiteren wichtigen Managementtechniken: Analyse und Synthese. Die meisten Manager sind gute Analytiker, aber leider nicht so gut in der

Synthese. Doch es ist die Synthese, die eine Organisation über das Gegebene hinaus zu neuen und kreativen Lösungen führt.

Die wohl größten Fortschritte in der Managementtheorie dieses Jahrhunderts stammen aus der Kybernetik, dem Operations Research und der Systemtheorie. Unglücklicherweise verstehen die meisten Manager, die in einer analytischen Geisteshaltung steckengeblieben sind, nicht, welche wichtigen Konsequenzen für ihre Tätigkeit man aus der Systemtheorie ziehen muß. Analytiker nehmen Dinge gern auseinander. Sie glauben, daß man ein besseres Produkt bekommt, wenn man seine Teile verbessert. Und das beste Produkt ist das, das aus den besten Einzelteilen besteht. Ich möchte Ihnen ein Beispiel geben, das von Russell Ackoff stammt, einem der zur Zeit vielleicht besten wirtschaftlichen Systemdenker. Ackoff stellt die Frage: *Wie können wir ein besseres Auto bauen?* Vergessen Sie nicht, ein Analytiker würde darauf antworten, daß es aus den besten verfügbaren Teilen bestehen müßte. Also nähme man den besten Motor von Auto eins, die besten Bremsen von Auto zwei, den besten Vergaser fänden wir wieder in einem anderen Wagen und das beste linke Rücklicht ganz woanders. Wir breiten diese weltbesten Automobilkomponenten vor uns aus. Haben wir jetzt das beste Auto der Welt? Nein! Alles, was wir haben, ist ein Haufen Schrott, denn kein Teil paßt zum anderen.

Die Systemtheorie stellt heraus, daß die Leistung eines Systems nicht in der Summe der Einzelleistungen der verschiedenen Komponenten besteht, sondern im Produkt ihres Zusammenspiels. Das bessere Auto konstruiert man, indem man ein besseres Zusammenspiel der Komponenten bewirkt. Genau das gilt auch fürs Management. Aber Manager glauben oft, daß sie die Performance einer Organisation dadurch erhöhen, daß sie sich um die Leistungssteigerung einzelner Einheiten bemühen. Doch dieser Ansatz führt nicht weit. Natürlich ist es wichtig, sich um die Leistung der einzelnen Einheiten zu kümmern. Doch noch viel wichtiger ist es, die Einheiten zu koordinieren und ihr Zusammenspiel zu integrieren. Die Aufgabe des Managers besteht darin, das Zusammenspiel von Einheiten zu managen und zu optimieren. Das ist der Weg zu einer High-Performance-Organisation.“

„In letzter Zeit wird viel vom Benchmarking gesprochen. Können Sie hierzu etwas sagen?“ unterbrach ich.

Marvin nickt. „Ausgezeichnete Frage. In der Tat führt Benchmarking oft ins Desaster. Die Idee des Benchmarkings besteht ja darin, die Leistung der eigenen Organisation dadurch zu verbessern, daß man seine erfolgreichen Konkurrenten studiert und ihre besten Methoden in den eigenen Arbeitsprozeß einbezieht. Allerdings: Was bei anderen funktioniert, braucht bei einem selbst noch lange nicht zu funktionieren. Man kann nicht die besten Methoden des gesamten Wettbewerbs nehmen und zusammenbauen. Das wäre wie in unserem Autobeispiel. Es funktioniert einfach nicht. Erst die Koordination der Interaktionen ermöglicht Leistung. Nur wenn das Benchmarking hier ansetzt – was selten vorkommt –, kann man den Fehler vermeiden, anzunehmen, Produktivität bestehe in der Optimierung der Teile. Nochmals, entscheidend ist die Integration der Teile. In jedem System gibt es Wechselbeziehungen der Art: Optimiert man ein Element, hat das negative Folgen für ein anderes Element. Die Gestaltung der Integration der Teile ist das entscheidende. Der Schlüssel liegt in der Optimierung der Leistung des Ganzen und nicht der Teile. Sie können Ihren Rasenmäher mit einem Hubschraubermotor ausrüsten, aber das heißt nicht, daß sich Ihr Rasen jetzt besser mähen läßt. Verstehen Sie, was ich meine?"

„Laut und deutlich", antwortete ich.

Marvin sah auf die Uhr und empfahl mir, zu Richard in die Verkaufsabteilung zu gehen. Ich bedankte mich und zog los.

Die Verkaufsabteilung

„Beim Einkaufen achten tangibel und nicht-tangibel orientierte Menschen auf verschiedene Arten von Informationen", begann Richard. „Tangible möchten Produkte zum Sehen und Anfassen. Man sollte Muster oder Proben dabeihaben. Man läßt den Kunden das Produkt in die Hand nehmen und, wenn möglich, auch ausprobieren. Oft ist es eine gute Strategie, ihm das Produkt für eine Probezeit zu überlassen. Verkaufsgespräche muß man hier mit konkreten Fakten untermauern. Wichtig ist der Bezug auf sinnlich Faßbares. Wichtig ist auch, keine Behauptungen aufzustellen, die man nicht beweisen kann. Liefern Sie Belege und Beweise für den Wert des Produkts. Erklären Sie den Kunden vom tangiblen Typus, was das Produkt jetzt und in der Zukunft für sie tun kann. Betonen sie die praktischen Konsequenzen. Konzentrieren Sie sich auf den unmittelbaren Nutzen – und verkaufen Sie!"

Ich nickte, und Richard erklärte weiter:

„Bei nicht-tangibel orientierten Kunden sieht die Sache anders aus. Sie kaufen Produkte eher aus abstrakten Gründen, die ihnen intuitiv einleuchten. Hier kann der Verkäufer ruhig abstrakt werden und Möglichkeiten entwerfen. Man sollte sogar vermeiden, das Produkt als zu gewöhnlich oder normal erscheinen zu lassen. Seien Sie originell! Wagen Sie logische Sprünge. Halten Sie sich nicht mit Offensichtlichkeiten auf. Auch hier erklärt man, was das Produkt jetzt und in Zukunft für den Kunden leisten kann. Betonen Sie die durch das Produkt gegebenen Möglichkeiten. Und langweilen Sie den Kunden vor allem nicht mit konkreten Details. Konzentrieren Sie sich darauf, wie das Produkt in das allgemeine Lebenskonzept Ihres Kunden paßt."

Richard faßte zusammen: „Es macht einen großen Unterschied, ob man es mit tangibel oder nicht-tangibel orientierten Kunden zu tun hat. Manche Verkäufer kommen gut mit dem einen Typ zurecht, manche eher mit dem anderen. Die beiden Ansätze sind verschieden. Im allgemeinen ist der Umgang mit nicht-tangiblen Kunden schwieriger als der mit tangiblen."

Das Chunk Size People Pattern im Verkauf

„Die Frage der Chunkgröße ist im Verkauf sehr wichtig. Verkäufer neigen oft dazu, entweder zu viele oder zu wenige Einzelheiten vorzutragen. Manche Verkäufer kennen ihr Produkt so gut, daß sie es kaum erwarten können, dem Interessenten alles davon zu erzählen. Spezifik-Menschen sind darüber vielleicht glücklich, nicht aber Global-Menschen. Andrerseits wirkt ein Verkäufer mit zu geringer Produktkenntnis abschreckend auf Interessenten mit spezifischer Orientierung. Sie halten globale Präsentationen für heiße Luft und werden annehmen, daß der Verkäufer nicht weiß, wovon er spricht. Spezifisches Produktwissen ist für den Verkauf wichtig, doch muß der Verkäufer wissen, wem er wieviel davon mitteilt und wann er den Mund halten sollte. Es kommt entscheidend darauf an, daß der Verkäufer oder die Verkäuferin erkennen, mit welchem Typ von Interessenten sie es zu tun haben, um ihm genau die Einzelheiten zu bieten, die er braucht, und nicht mehr.

Im Verkaufsgespräch mit spezifisch orientierten Kunden muß man die Produktinformationen in geordneter Reihenfolge anbieten. Liefern Sie dem Interessenten viele Einzelheiten und verwenden Sie den Markennamen des Produkts. Die Präsentation muß in logischer Reihenfolge stattfinden. Vermeiden Sie zu simple Sätze, aber auch jede Art von Füllwörtern oder Verallgemeinerungen. Spezifisch orientierte Menschen wollen genaue Angaben über Farbe, Größe und andere Qualitäten. Machen Sie sich auf sehr spezielle Einwände gefaßt. Stellen Sie sicher, daß der Geschäftsabschluß explizit ausgesprochen wird und daß Ihr Kunde weiß, daß er jetzt eine Bestellung erteilen muß."

Da ich keine Fragen hatte, fuhr Richard in seinem Vortrag fort.

„Bei einem global orientierten Interessenten vermittelt man einen Gesamteindruck des Produkts und läßt Einzelheiten weg. Man zieht Verallgemeinerungen

100

und vermeidet Aufzählungen. Seien Sie auf globale Gegeneinwände vorbereitet. Halten Sie den Geschäftsabschluß recht allgemein.

Wir befinden uns im Zeitalter des beratenden Verkaufens. Jeder Verkäufer muß den Kunden befragen, um herauszufinden, was dieser wünscht und braucht. Spezifisch orientierte Personen haben spezifische Bedürfnisse und erwarten hierzu maßgeschneiderte Produkte. Global orientierte Personen haben globale Bedürfnisse und erwarten ein Optimum an Befriedigung aus einer Kombination von Produkten. Sie wollen globale Lösungen, die grundsätzlich funktionieren und nicht nur in besonderen Fällen. Diese beiden extremen Möglichkeiten im Kundenverhalten stellen jeden Anbieter vor eine besondere Aufgabe. Er muß eine Palette von Produkten anbieten, die einerseits auf sehr spezielle Bedürfnisse antworten und andererseits so vielseitig sind, daß sie auch einem eher diffusen Bedürfnisbündel entsprechen. Normalerweise werden Produkte auf eine dieser beiden Richtungen hin optimiert. Manche Anbieter wählen die Spezialisierung und bedienen einen kleinen Nischenmarkt mit einem überlegenen Produkt. Andere Anbieter entwickeln eine Generalisierungsstrategie für Kunden, die Multifunktionalität wollen. Beim beratenden Verkaufen kommt es essentiell darauf an, zu wissen, welchen Charakter das eigene Produkt hat und wo sein Markt liegt. Falls man das eine im Angebot hat, doch der Kunde sucht das andere, dann wird ein Berater mit ethischem Standard den Kunden eben an eine andere Bezugsquelle verweisen." Richard war so gut in Fahrt, daß ich ihn weiterhin nicht unterbrechen wollte.

„Jeder Verkäufer möchte sich gern einen Stamm von Referenzen aufbauen. Spezifisch orientierte Kunden mögen spezifische Eigenschaften Ihres Produktes, die ihren speziellen Bedürfnissen entsprechen. Global orientierte Kunden sind vielleicht eher mit dem Produkt insgesamt zufrieden. Wenn man Referenzen angibt, sollte man unbedingt spezifisch orientierte Interessenten auf spezifische Kunden und global orientierte Interessenten auf globale Referenzen verweisen. Es ist wichtig, daß ein spezifisch orientierter Interessent an den gleichen Details interessiert ist wie der spezifische Referenzkunde. Andrerseits haben spezifisch orientierte Kunden oft sehr spezielle Beschwerden, was ganz bestimmte Merkmale des Produkts angeht, während Global-Kunden sich eher über ein Produkt im allgemeinen beschweren. Achten sie darauf, mit beiden Arten von Beschwerden in je geeigneter Weise umzugehen, bevor sie Wellen schlagen."

Richard erkundigte sich, ob ich noch Fragen hatte. Als ich verneinte, schickte er mich zu Beverly.

Verhandlungen

Beverly war gut gelaunt wie immer und stürzte sich gleich mitten ins Thema.

„Die Informations-People-Patterns spielen bei Verhandlungen eine große Rolle. Man muß also auch in dieser Hinsicht einen Verhandlungsansatz wählen, der zum Verhandlungspartner paßt. Tangibel und nicht-tangibel orientierte Verhandlungspartner bilden extreme Gegensätze. Mit Vertretern der ersten Gruppe spricht man über konkrete, praktisch bedeutsame Fakten. Man liefert Beweise. Man verwendet visuelle Hilfsmittel. Man zitiert Untersuchungen und Statistiken. Tangible Gesprächspartner wollen einen immer festnageln. Seien Sie darauf vorbereitet, Ihre Position zu verteidigen. Vermeiden Sie Spekulationen oder Behauptungen, die sich nicht untermauern lassen. Wählen Sie eine geradlinige Ausdrucksweise ohne Abstraktheiten. Erwarten Sie von Ihrem Gegenüber auch nicht, daß er zwischen den Zeilen liest oder weitergehende Schlüsse zieht. Wo die Gegenseite taktische Manöver versucht, sind sie meistens recht offensichtlich. Das Problem ist, sie können dermaßen offensichtlich sein, daß ein Nicht-Tangibler sie völlig übersieht. Demgegenüber ist es bei Verhandlungen mit nicht-tangibel orientierten Partnern völlig in Ordnung, mit abstrakten Begriffen und Möglichkeiten zu argumentieren. Verschwenden Sie die Zeit Ihrer Gesprächspartner nicht mit Fakten, Statistiken oder Beweisen. Sprechen Sie davon, wie sich das zu verhandelnde Thema in die allgemeine Lage einfügt. Nicht-tangibel orientierte Menschen können recht gut zwischen den Zeilen lesen und verstehen intuitiv, in welche Richtung eine Verhandlung geht. Sie springen öfters von einem Thema zum anderen. Vielleicht verfolgen sie sogar mehrere Ziele gleichzeitig. Bei dieser Art von Verhandlungspartnern müssen sie stärker auf der Hut sein. Machen Sie sich auf Überraschungen und taktische Winkelzüge gefaßt, die wesentlich subtiler sind als die ihrer tangiblen Kollegen.

Wenn ein tangibler auf einen nicht-tangiblen Verhandlungspartner stößt, hat der tangibel orientierte oft Schwierigkeiten, herauszufinden, was dieser andere will, weil der es selten explizit formuliert. Die nicht-tangible Seite wiederum mißtraut den expliziten Vorschlägen des anderen. Die Gefahr von Mißverständnissen und Kommunikationsstörungen ist hier sehr hoch."

Der Chunkgrößen-Filter in Verhandlungen

„Die Chunkgröße spielt bei Verhandlungen eine ebenso wichtige Rolle wie bei jeder anderen Kommunikationsform. Hier liegt eine der häufigsten Ursachen für das

Scheitern von Verhandlungen. Die erste Herausforderung besteht darin, zu erkennen, wie die andere Seite chunkt. Möchte das Gegenüber ein Gesamtbild oder Einzelheiten? Bevorzugt jemand die großen Zusammenhänge und Sie versorgen ihn mit lauter Details, dann haben Sie Ihren Gesprächspartner schnell frustriert oder gelangweilt. Vielleicht bekommt er den Eindruck, zwar im Großen und Ganzen mit Ihnen übereinzustimmen, doch wird er nicht verstehen, weshalb Sie so ein Fliegenbeinzähler sind. Hüten Sie sich: Langeweile kann schnell in Feindseligkeit umschlagen.

Andererseits können Sie jemand, der an genauen Fakten interessiert ist, nicht mit allgemeinen Eindrücken abspeisen, wenn Sie nicht für einen Schwätzer gehalten werden wollen. Auch hier gilt: Bekommt der andere nicht, was er braucht, kann er zum Gegner werden." Beverly kam gleich zum nächsten Punkt, da die Zeit knapp wurde.

„Bei jeder Verhandlung ist es also sehr entscheidend, die Chunkgröße des Gegenübers zu kennen. Ein global orientierter Verhandler begnügt sich mit einem *general agreement*; die Einzelheiten interessieren ihn nicht. Für den spezifisch Orientierten gilt das Gegenteil: Bei ihm gibt es keine Einigung, bevor nicht alle Einzelheiten geklärt sind. Sein globaler Verhandlungspartner mag das wiederum für ausgesprochen böswillig halten. Viele Verhandlungen scheitern daran, daß niemand die Frage der Chunk Size People Patterns berücksichtigt.

Man muß also herausfinden, ob der Gesprächspartner eher für den Überblick oder die Details ist. Womit soll man anfangen? Und wünscht er danach eine Ergänzung durch den anderen Aspekt oder nicht? Achten Sie auf die Art von Fragen, die man Ihnen stellt. Werden mehr oder weniger Informationen gewünscht? Und wie steht es mit Ihrem eigenen Frustrationsgefühl? Auch daran können Sie erkennen, ob Sie in einer Verhandlung auf dem richtigen Weg sind.

Bei Verhandlungen mit Spezifik-Menschen muß man alles in seine Einzelheiten auflösen. Man verwendet Adjektive und Eigennamen. Man präsentiert seine Argumente in logischer Reihenfolge und vermeidet Verallgemeinerungen und Vagheiten. Hier sind die Bäume wichtiger. Bei Global-Menschen präsentiert man hingegen den großen Zusammenhang. Man vermeidet Einzelheiten und logische Sequenzen ebenso wie zu viele Adjektive und Eigennamen. Hier steht der Wald im Vordergrund.

Ein sehr bekanntes Beispiel für an extrem unterschiedlichen Chunkgrößen gescheiterte Verhandlungen waren die Gespräche zwischen dem amerikanischen Präsidenten Ronald Reagan und dem israelischen Premierminister Menachem Begin. Reagan war ein Mega-Global-Chunker. Er war einzig daran interessiert, daß

die Araber und die Israelis Frieden schließen wollten. Aus seiner Perspektive mußten jetzt nur noch die nebensächlichen Details festgelegt werden. Für Begin gab es
demgegenüber keine unwichtigen Details. Für ihn konnte es keinen dauerhaften
Frieden geben, solange nicht alle Einzelheiten festgelegt waren. Das trieb wiederum Präsident Reagan zur Verzweiflung. Er sah nur, daß Begin versuchte, den Frie-
densprozeß mit Nebensächlichkeiten aus der Bahn zu werfen. Dieser aber hielt
Reagans Standpunkt für naiv und widersetzte sich allen Pressionen von seiten der
Vereinigten Staaten.“

Beverly lächelte und erklärte ihren Vortrag für beendet. Ich bedankte mich und
kehrte zu Shana zurück.

Zusammenfassung

Shana blickte von dem Bericht auf, den sie gerade studierte, und fragte, ob ich nach
dem heutigen Tag noch Fragen hätte. Ich hatte.

„Wie kann man bei diesem oder überhaupt einem der übrigen People Patterns
eine ausgeglichene Haltung entwickeln?“

Wie üblich überlegte Shana einige Augenblicke, bevor sie antwortete.

„Ein schwierige Frage. Als erstes muß man seine eigenen People Patterns kennenlernen. Man muß verstehen, wie sie sich sowohl in Form von Stärken wie von
Schwächen auswirken. Die meisten Leute möchten sich nur um die Förderung ihrer Stärken kümmern. Doch man muß auch seine eigenen Schwächen und blinden
Flecke verstehen. Erst dann kann man etwas dagegen tun. Die People Patterns sind
erlernte Verhaltensweisen. Nun braucht man nicht das zu verlernen, was man
schon kann, sondern man lernt etwas Neues hinzu. Das ist der Schlüssel zu Flexibilität und Balance. Beim Erwerb neuer People Patterns muß man lernen, seine Aufmerksamkeit auf Dinge zu richten, die einen normalerweise nicht interessieren
und auf die man sonst nicht achtgibt. Dabei kann es sehr hilfreich sein, andere
Menschen, die das betreffende People Pattern besitzen, zu studieren und zu modellieren. Versetzen Sie sich in ihre Lage, und stellen Sie sich vor, wie es ist, die Welt
durch ihre Filter zu betrachten. Üben Sie so lange, der andere zu sein, bis Sie beides beherrschen: sein Pattern und ihr eigenes. So entwickelt man Balance.“

Schlüssel 4: Das Bezugs-rahmen-People-Pattern

Einführung

Shana leitete gerade eine Projektsitzung, und ich saß dabei und schaute zu. Mir fiel auf, wieviel Wert manche Mitarbeiter auf Feedback bezüglich des von ihnen geleisteten Projektbeitrags legten. Einige schienen sich diese Anmerkungen zu notieren. Jemand unterbrach die Sitzung sogar mit dem Wunsch, Feedback zu einem seiner Beiträge zu bekommen, der bisher nicht zur Sprache gekommen war. Zuerst glaubte ich, die betreffenden Mitarbeiter wollten nur gelobt werden. Doch weil die Rückmeldungen durchaus nicht immer positiv waren, stellte ich diese Hypothese zurück. Doch ihr Bedürfnis nach viel Feedback versetzte mich in Erstaunen. Andere Mitarbeiter hingegen strahlten eine Haltung aus, als ob sie – egal, was andere sagten – genau wüßten, daß das Projekt gut lief. Gelegentlicher Kritik begegneten Sie mit Gegenargumenten und schienen sie sich nicht sonderlich zu Herzen zu nehmen. Ich hatte den Eindruck, diese Kollegen machten, was sie für richtig hielten, und kümmerten sich nicht darum, was die anderen meinten. Auch diese Haltung irritierte mich, und ich konnte es kaum erwarten, mich nach der Sitzung mit Shana darüber zu unterhalten.

Shana begrüßte mich zu meinem vierten Trainingstag und kam sofort auf die Projektsitzung zu sprechen.

„Ist Ihnen schon mal aufgefallen, wie sehr manche Menschen sich bei allem, was sie tun oder denken, von anderen abhängig machen, während andere auf das Urteil ihrer Umwelt anscheinend überhaupt keinen Wert legen oder sich sogar darüber hinwegsetzen? Ist Ihnen aufgefallen, daß manche Menschen ständig um Rat fragen und sich auch daran halten, während andere nie danach fragen und sich über gegebene Ratschläge sogar hinwegsetzen?"

„Seltsam, daß Sie danach fragen", antwortete ich, „denn genau das ist mir gerade im Meeting aufgefallen."

„Sicher kennen Sie Werbespots, in denen ein prominenter Zeitgenosse ein bestimmtes Produkt anpreist. Kommt Ihnen dabei der Gedanke, das Produkt selber einmal auszuprobieren, oder fragen Sie sich eher, wer so dumm sein kann, ein Produkt nur deshalb zu kaufen, weil es ein bestimmter Fernsehstar in die Kamera hält?"

„Ja, genau das letztere habe ich mir schon öfters gedacht", erwiderte ich.

„Sie fragen verschiedene Personen, weshalb sie etwas Bestimmtes getan haben. Der eine antwortet: Die anderen tun es ja auch, also ist es in Ordnung. Ein anderer sagt: Weil ich weiß, daß es richtig war. Oder Sie versuchen vergeblich, den einen Menschen von etwas zu überzeugen, während sich jemand anderes ganz leicht überreden läßt. Möchten Sie, daß Ihre Kinder lernen, etwas selbständiger zu sein, oder sollten sie statt dessen öfters auch einmal einen Rat von Ihnen annehmen? – Die Gründe für all diese Verhaltensweisen liegen im Evaluation People Pattern oder Bezugsrahmen-Filter, mit dem wir uns heute beschäftigen werden."

Innerer und äußerer Bezugsrahmen

„Eine der elementarsten menschlichen Tätigkeiten ist das Beurteilen. Tag für Tag bilden wir Hunderte von Urteilen, die sich in unseren Denk- und Verhaltensweisen widerspiegeln. Fragen wir jemand, warum er sich auf eine bestimmte Weise verhält, bekommen wir Erklärungen, Rechtfertigungen, Ausreden oder Geschichten zu hören. Zu diesem Komplex kommen wir am Ende der nächten Woche. Wir können nun die Frage stellen, woher jemand weiß, daß das, was er denkt oder sagt, richtig ist. Hier gibt es zwei Arten von Antworten. Die einen werden sagen, daß sie eben wissen, daß sie recht haben, während die anderen zur Begründung auf Vorbilder verweisen, die es genauso machen.

Dahinter steckt mehr, als man auf den ersten Blick meint", fuhr Shana fort. „Die Frage, wie jemand sein Verhalten rechtfertigt, ist fundamental. Hier sind die Grundlagen von Moral und Ethik berührt. In der Moral geht es doch um die fundamentale Frage: Was soll ich tun? Und unsere Antwort darauf stützt sich entweder auf ein inneres Wissen oder auf die Meinung anderer. Die anderen können verkörpert sein in einem intellektuellen System wie z.B. einer Philosophie, einer organisierten Gruppe wie z.B. einer Religionsgemeinschaft oder politischen Partei oder einfach in unserem sozialen Umfeld. Wer bestimmt, was richtig ist? Diese Frage beschäftigt die Menschheit ja schon seit Jahrtausenden."

Ich unterbrach sie mit einer Frage: „Wo liegt die ausgewogene Mitte zwischen der persönlichen Freiheit des einzelnen und dem Anspruch der Gruppe auf konformes Verhalten?"

„In anderen Worten: Wie finden wir das Gleichgewicht zwischen dem Bedürfnis des einzelnen nach Unabhängigkeit und dem Bedürfnis der Gruppe nach Konformität?" wiederholte Shana meine Frage. „Die historische Entwicklung wird von einer dynamischen Spannung zwischen diesen beiden Polen angetrieben. Ein geeignetes Beispiel hierfür mag die gegenwärtige Debatte um die Frage der Abtreibung sein. Auf der einen Seite finden wir liberale Bürger und Politiker, die für die Positionen stehen, von denen sie innerlich überzeugt sind. Auf der anderen Seite stehen konservative Politiker und Religionsführer, die darauf insistieren, daß man sich nach externen Maßstäben in Form religiöser oder sozialer Doktrinen zu richten habe.

Die einen gründen ihre Entscheidungen auf innere Kriterien, die andern auf äußere. Derartige Kriterien bezeichnen wir als Bezugsrahmen-Filter. Bei Personen mit internen Entscheidungskriterien sprechen wir von einem *Internal Evaluation People Pattern* oder *Inneren Bezugsrahmen*. Demgegenüber sprechen wir bei Personen mit äußeren Entscheidungskriterien von einem *External Evaluation People Pattern* oder *Äußeren Bezugsrahmen*. Richtet sich jemand nach seinen inneren Werturteilen und prüft anschließend die Auswirkung seiner Entscheidung oder Handlung auf andere, sprechen wir von einem *Inneren Bezugsrahmen mit Außenüberprüfung*. Entsprechend erkennen wir einen *Äußeren Bezugsrahmen mit innerer Überprüfung*, wenn jemand seine Entscheidungen und Handlungen primär danach ausrichtet, was andere denken, und diese dann mit einer inneren Verifikation kombiniert."

„Kann man auch beides sein?" wollte ich wissen.

„Aber natürlich. Es gibt Menschen, wenn auch nicht viele, die eine Balance von äußerem und innerem Bezugsrahmen halten können. Auch hier ist die Balance ideal, weil es Situationen gibt, in denen mal der eine und mal der andere Bezugsrahmen vorzuziehen ist.

Jemand mit innerem Bezugsrahmen stützt seine Entscheidungen und Handlungen auf seine inneren Überzeugungen. Wird in einer bestimmten Situation eine Entscheidung oder Handlung von ihm verlangt, so durchsucht er den Schatz seiner inneren Erfahrungen nach geeigneten Optionen. Dabei können die Erfahrungen in Form von Bildern, Gefühlen, innerem Dialog oder logischen Gedanken abgespeichert sein. Ich werde darauf morgen bei der Besprechung des Sense People Pattern näher eingehen. Manchmal bezeichnen wir dieses innere Wissen als Intuition oder

Gewissen, und es kann in Form eines Gefühls, einer Vision oder einer inneren Stimme zu uns sprechen."

„Ich glaube, daß es bei mir so funktioniert", sagte ich leise.

„Ich freue mich, daß Sie die Verbindungen zu Ihrem eigenen Verhalten herstellen können", antwortete Shana. „Ein Mensch mit äußerem Bezugsrahmen richtet sich bei seinen Entscheidungen und seinem Verhalten nach Menschen, Vorgängen, Ansichten und Ideen, die er außerhalb seiner selbst in der Welt vorfindet. Sein Selbstwertgefühl hängt sehr stark davon ab, was andere über ihn sagen und denken. F. Scott Fitzgerald sagte einmal, die große Krankheit der Amerikaner bestehe darin, gemocht werden zu wollen. Ohne es zu wissen, charakterisierte er damit alle Menschen mit einem External Evaluation People Pattern. Vor jeder Entscheidung suchen sie ihre Optionen bei anderen Menschen oder äußeren Ereignissen in der Außenwelt. Die jeweilige äußere Bezugsquelle derartiger Entscheidungen bezeichnen wie als *externe Referenz*. Es gibt verschiedene Formen externer Referenzen. Die wichtigsten sind Menschen, Systeme und Informationen. Wer sich auf andere Menschen als externe Referenz verläßt, wählt Handlungsweisen, die andere ihm als richtig nahelegen. Dabei kann es sich um Eltern, Ehepartner, Freunde, Lehrer, Vorgesetzte, Geschäftspartner oder Mitglieder der Peergroup handeln."

„Kann die Entscheidungsbildung auch davon beeinflußt werden, was ein bestimmtes System als richtig oder falsch bezeichnet?" erkundigte ich mich.

„Auf jeden Fall. Es gibt auch Menschen, die sich bei ihren Urteilen auf bestimmte Systeme verlassen. Dabei kann es sich um eine Religion, eine bestimmte Bewegung, eine politische Partei oder ein philosophisches System handeln. Das System gibt vor, was richtig und was falsch ist. Wieder andere Menschen mit äußerem Bezugsrahmen verlassen sich auf Daten, Informationen oder Zahlen. Sie wissen, daß sie auf dem richtigen Weg sind, wenn bestimmte Statistiken (wie monatliche Verkaufszahlen) bestätigen, daß das, was sie tun, funktioniert."

Indikatoren

Als nächstes ging es darum, wie man die beiden Arten von Bezugsrahmen unterscheiden kann. Ich erkundigte mich, ob es dafür bestimmte Zielfragen gebe.

„Zum Glück ist die Unterscheidung sehr einfach", erklärte Shana. „Man fragt den anderen nur: *Woher wissen Sie, daß Ihr Vorschlag oder Ihre Verhaltensweise richtig ist?* Eine andere Fragestellung wäre: *Woran erkennen Sie, ob Sie etwas gut gemacht haben?* Achten Sie genau auf die jeweilige Reaktionsweise.

108

Entscheidet jemand nach eigenen Maßstäben, oder verläßt er sich auf andere? Beurteilt er sich selbst, oder macht er andere zum Richter? Menschen mit innerem Bezugsrahmen geben Antworten wie: *Ich weiß es eben.* Oder: *Es fühlt sich richtig an.* Die Antworten von Menschen mit externem Bezugsrahmen lauten: *Mein Chef hat es gesagt.* Oder: *Es ist der Wille der Kirche.* Oder: *Meine Freunde machen es auch so.* Oder: *Die monatlichen Verkaufszahlen waren über dem Soll.* Mit einem Wort, die Antworten werden sich darauf beziehen, was andere denken und glauben, oder auf externe Fakten."

Nach kurzem Nachdenken fuhr Shana mit der Erklärung fort: „Achten Sie jedoch nicht nur auf die Antworten, sondern auch auf das jeweilige Verhalten. Für einen externen Bezugsrahmen sprechen auch Hinweise wie die, daß jemand oft die Ansichten anderer zitiert oder ständig Bestätigung braucht. Menschen mit innerem Bezugsrahmen erkennt man daran, daß sie sich anscheinend um die Meinung anderer wenig kümmern und auch sonst einen selbstsicheren Eindruck machen."

„Offenbar habe ich also einen Internal Evaluation People Pattern, weil ich selber weiß, ob ich eine Sache gut gemacht habe", warf ich ein.

„In der Tat ist das einer der Gründe, weshalb wir Sie eingestellt haben", bestätigte Shana. „Wie andere Menschen Ihrer Art besitzen Sie einen inneren Maßstab, der ebenso Ihr Verhalten betrifft wie Ihre gesamte Persönlichkeit. Dieser Maßstab kann sich in Form eines Gefühls der Richtigkeit, einer inneren Stimme oder einer persönlichen Vision äußern."

„Mir ist aufgefallen, daß mehrere Kollegen im Meeting heute morgen sehr auf das Feedback ihrer Vorgesetzten angewiesen schienen", sagte ich.

„Da haben Sie das External Evaluation People Pattern in Aktion gesehen. Um beurteilen zu können, ob man etwas gut gemacht hat, muß man unbedingt erfahren, was andere Leute dazu sagen. Das können der Vorgesetzte, Freunde, Ehepartner, Eltern oder sogar Fremde sein. Oder man braucht die Bestätigung der eigenen Leistung über objektive Daten und Zahlen, wie z.B. die monatlichen Verkaufszahlen. Ohne ein Feedback durch Personen oder Daten hat man keine Möglichkeit, die eigene Leistung einzuschätzen. Das kann zu allerhand unnötigem Streß und Unbehagen führen."

„Mit der Frage: *Woher wissen Sie, ob Sie etwas gut gemacht haben?* kann ich also erkennen, welchen Bezugsrahmen-People-Pattern jemand hat?"

„Ja", bestätigte Shana. „Denn wie lautet die Antwort? Der oder die Betreffende bewertet seine Leistung entweder mit Hilfe einer inneren Wahrnehmung (beispielsweise eines Gefühls) oder über externe Informationen, die er von anderen Menschen oder aus bestimmten Fakten bezieht."

„Was ist, wenn alle anderen eine andere Meinung haben als man selbst?"
wollte ich wissen.

„Einem Menschen mit Innerem-Bezugsrahmen-Filter macht das nichts aus.
Seine Überzeugungen oder Entscheidungen werden davon nicht berührt."

„Dann muß mein Internal Evaluation People Pattern wohl sehr stark ausgeprägt
sein", bemerkte ich, „denn ich weiß immer von selbst, ob ich etwas gut gemacht
habe. Ich brauche kein Feedback von anderen und setze mich sogar oft darüber hinweg. Allerdings liegt mir etwas an den Anmerkungen von Menschen, die ich
respektiere. Deren Anregungen sind mir nicht gleichgültig."

„Dann scheinen Sie in der glücklichen Lage zu sein, ein Internal Evaluation
People Pattern mit Außenüberprüfung zu haben, die Sie je nach Kontext aktivieren
können. Eine derartige Ausgewogenheit gibt es auch andersherum, nämlich bei
Menschen mit externem Bezugsrahmen plus innerer Überprüfung", erklärte Shana.

„Der Bezugsrahmen-Filter ist mit einer interessanten Dynamik versehen, auf
die Sie achten müssen. Wer einen inneren Bezugsrahmen besitzt, neigt zur proji-
zierenden Annahme, daß auch die anderen einen inneren Bezugsrahmen hätten.
Also gibt man den anderen kein Feedback, oder wenn doch, dann nur negatives.
Schließlich weiß man ja, wenn man sich richtig verhält, und nimmt an, daß die anderen es ebenso wissen und es daher nicht gesagt bekommen müssen. Demgegenüber ist man bei eigenem äußeren Bezugsrahmen auf das Feedback der anderen
angewiesen. Man macht sich Sorgen, wenn man es nicht bekommt, und fühlt sich
bei der Beurteilung der eigenen Leistung allein gelassen."

Ich hatte keine weiteren Fragen mehr und machte mich auf den Weg, um mehr
über das Verhältnis von Management und Bezugsrahmen-Filter zu erfahren.

Management

Ich kam einige Minuten zu spät, und Marvin hatte es eilig, sofort anzufangen. Erst
einige Tage später, nachdem ich das Organisations-People-Pattern kennengelernt
hatte, verstand ich, weshalb er Verspätungen nicht schätzte.

„Fangen wir sofort an. Shana hat Ihnen bereits die Grundlagen des Bezugsrah-
men-Filters vermittelt. Ich werde seine Bedeutung für das Management erklären.
Die Dynamik der Polarität intern/extern hat sehr starke Auswirkungen im Berufsleben. Denken Sie nur an die Beziehung von Vorgesetzten und Mitarbeitern. Wie oft
treten hier Kommunikationsstörungen auf, weil die eine Seite mit dem einen
Muster arbeitet und die andere Seite mit dem anderen."

„Bei meinen vorigen Tätigkeiten bin ich damit öfters konfrontiert worden, als mir lieb war", kommentierte ich.

„Betrachten wir den Fall eines Managers mit innerem Bezugsrahmen und seines Mitarbeiters mit äußerem Bezugsrahmen. Der Mitarbeiter will andauernd ein Feedback, ob er seine Arbeit korrekt verrichtet. Je nach Situation braucht er Lob oder Tadel. Ein Vorgesetzter mit starkem inneren Bezugsrahmen wird dieses Bedürfnis seines Mitarbeiters nur schwer nachvollziehen können und das permanente Schulterklopfen oder Tadeln für reine Verschwendung seiner kostbaren Zeit halten. Aus seiner Sicht sollten die Mitarbeiter selbst wissen, ob sie ihre Sache richtig machen. Er geht davon aus, daß seine Mitarbeiter das gleiche Weltmodell besitzen wie er selbst und kein Feedback brauchen. Bei den Mitarbeitern mit innerem Bezugsrahmen mag das zutreffen. Die anderen werden frustriert sein, weil sie keinen Kommentar zu ihrer Leistung bekommen. Möglicherweise werden sie von ihrem Vorgesetzten gelegentlich zusammengestaucht, aber positives Feedback gibt es praktisch nie."

„Ich kenne Kollegen, die wirklich darunter leiden", bemerkte ich.

„Ja. Und die Konsequenzen für die Motivation dieser Mitarbeiter sind verheerend und führen zu einem Nachlassen ihrer Produktivität. Ganz anders liegt die Sache bei einem Manager mit äußerem und Mitarbeitern mit innerem Bezugsrahmen. Der Vorgesetzte geht davon aus, daß seine Mitarbeiter wir er selbst sind, und verteilt freizügig seine positiven wie negativen Rückmeldungen. Der Haken ist nur, daß seine Mitarbeiter diese Kommentare weder brauchen noch schätzen. Oft werden sie sogar als Einmischung oder Belästigung empfunden. Für die Kommentare ihres Chefs interessieren sie sich eigentlich nur, wenn als unmittelbare Konsequenz daraus mit einer Belohnung oder Strafe zu rechnen ist. Ansonsten wissen sie selbst, wie es um ihre Leistungen steht."

„Ich habe selber oft ablehnend reagiert", fiel mir ein, „vor allem dann, wenn mein Vorgesetzter in einer Sache weniger Bescheid wußte als ich."

„Jemand mit innerem Bezugsrahmen hält die Beurteilung seiner Leistung durch den Vorgesetzten eher für einen Test der Urteilsfähigkeit des Managers als für eine tatsächliche Bewertung seiner, d.h. des Mitarbeiters, Leistung. Stimmt die Beurteilung des Managers mit seiner eigenen überein, dann gewinnt er die Überzeugung, daß der Manager fähig ist, seine Leistung korrekt einzuschätzen – obwohl er sich dennoch wundert, weshalb dieser sich so umständlich aufführt. Weicht aber das Urteil des Vorgesetzten von seiner Selbsteinschätzung ab, dann hält sich der Beurteilte eher an seine eigene Bewertung und geht davon aus, der Vorgesetzte müsse schlecht informiert sein oder sich irren. Er kann sogar soweit gehen, den

Vorgesetzten für gänzlich inkompetent zu halten, was ja schließlich an dessen mangelhafter Leistungsbewertung abzulesen sei."

„Und der Vorgesetzte wird sauer sein über die Weigerung seines Mitarbeiters, seine Leistungsbeurteilung zu akzeptieren", mutmaßte ich.

„Sie sehen also, wie wichtig das Verständnis der Wirkungsweise dieses People Patterns in der Praxis ist. Stellen Sie sich nur vor, für eine Gruppe von Mitarbeitern mit ausgeprägtem inneren Bezugsrahmen verantwortlich zu sein. Aus der Sicht der Mitarbeiter sind Leistungsbeurteilungen von Ihrer Seite überflüssig, da sie ja selbst ihre Leistungen am besten einschätzen können. Am besten geht man hier so vor, daß man versucht herauszufinden, ob die Mitarbeiter eher durch Drohungen oder durch Anreize zu motivieren sind, und stellt dann den geeigneten Motivator bereit. Wir werden uns damit ausführlicher in der nächsten Woche beim Thema *Motivation* beschäftigen."

Soweit hatte ich keine Fragen, und Marvin setzte seine Erklärung fort.

„Die Konsequenzen dieser Unterscheidung für das Management sind nicht zu unterschätzen. Eins der bestverkauften Bücher über Management ist Blanchard und Johnsons *The One Minute Manager* (deutsch: *Der 1-Minuten-Manager*, Reinbek 1993). Es handelt von drei Prinzipien, von denen zwei hier relevant sind. Der „1-Minuten-Manager" erledigt alles in gebotener Kürze: eine Minute für die Zielvorgabe, eine Minute für Anerkennung und eine Minute für Kritik. Hält er das Vorgehen eines Mitarbeiters für falsch, nimmt er sich eine Minute Zeit, um ihn darauf hinzuweisen. Findet er, daß der Mitarbeiter seine Sache gut macht, teil er ihm auch das innerhalb von einer Minute mit. Dieser Ansatz funktioniert hervorragend bei Mitarbeitern mit äußerem Bezugsrahmen. Sie schätzen Feedback, vor allem positives. Wir hören heute so oft, wenn wir etwas falsch gemacht haben; viel seltener sagt uns mal jemand, wenn wir etwas gut gemacht haben. Das Einminuten-Lob des One Minute Managers wird zu oft vergessen und kann doch eine wichtige Rolle in einem produktiveren Management spielen.

Während der One Minute Manager also bei Mitarbeitern mit äußerem Bezugsrahmen mit seiner Methode sehr erfolgreich ist, hat er deutlich weniger Erfolg bei Personen mit innerem Bezugsrahmen. Günstig ist, daß er immerhin sowohl positives wie negatives Feedback verteilt und seine Bewertungen kurz faßt. Anerkennung und Kritik in Minutenform können Mitarbeitern mit innerem Bezugsrahmen ein wichtiges Feedback vermitteln – und zwar in einer Form, die sie vergleichsweise erträglich finden. Insofern zeugt das Rezept des One Minute Managers von einiger Menschenkenntnis, was wohl den Grund für seinen Erfolg darstellt.

Ich denke, das wäre für heute alles zum Thema *Management und Bezugsrah-men-Filter*. Zeit für die Verkaufsabteilung."

Verkauf

„Heute wollen wir das Thema *Verkauf* einmal aus einer ganz anderen Perspektive betrachten. Gerade hier spielt die Unterscheidung von innerem und äußerem Bezugsrahmen eine wichtige Rolle. Es macht einen großen Unterschied, ob Sie in einer Verkaufsverhandlung stehen mit einem Interessenten mit innerem oder mit äußerem Bezugsrahmen. Jemandem mit innerem Bezugsrahmen ist es völlig egal, was Sie oder andere Kunden von einem Produkt halten. Aus seiner Perspektive zeigen die meisten seiner Mitmenschen ohnehin ein recht unterentwickeltes Urteils-vermögen. Bei Kunden mit äußerem Bezugsrahmen liegt die Sache genau umge-kehrt. Hier ist die Meinung anderer ganz entscheidend. – Soweit irgendwelche Fragen oder Kommentare?" erkundigte sich Richard.

Ich war gespannt zu erfahren, wie die Sache weiterging.

„Die Unterscheidung von innerem und äußerem Bezugsrahmen ist entschei-dend für Erfolg oder Mißerfolg eines Verkäufers. Ein Interessent mit starkem inne-rem Bezugsrahmen ist selbst derjenige, der entscheiden muß, ob unser Produkt es wert ist, gekauft zu werden oder nicht. Belästigen Sie ihn nicht damit, was Sie oder andere glauben. Finden Sie lieber heraus, wonach er sich bei seinen Bewertungen richtet. Gründet er Entscheidungen auf Gefühle, Bilder oder innere Stimmen? Bemühen Sie sich, das Produkt so darzustellen, daß es in sein inneres Repräsenta-tionssystem paßt."

„Mit anderen Worten, es ist Teil der Verkaufsverhandlung, herauszufinden, wie der innere Bezugsrahmen des Kunden aufgebaut ist", formulierte ich.

„Richtig. Äußert er sich als Gefühl, müssen Sie beim Kunden Gefühle erzeu-gen. Äußert er sich als Bild, müssen Sie ihm das richtige Bild liefern. Sprechen Sie nicht davon, was andere denken, sondern was Ihr Kunde denkt. Äußern Sie sich etwa in folgender Weise: *Wenn Sie alles genau überlegen und über die Alternativen nachdenken, werden Sie zweifellos zu folgendem Entschluß (Gefühl, Einsicht etc.) kommen* ... Man wird sich bemühen, den Fokus des Kunden nach innen zu wenden, um die vom Verkäufer gewünschten Gefühle, Bilder oder inneren Gespräche zu aktivieren. Zu den Einzelheiten kommen wir morgen bei der Besprechung des Sinnes-Filters."

Richard führte weiter aus: „Auf jeden Fall muß man sich in einer Weise ausdrücken, daß klar wird, daß der Kunde derjenige ist, der letztendlich entscheidet, ob er das Produkt kauft oder nicht. Man kann ruhig zugeben, daß man weiß, daß man ihm nichts gegen seinen Willen aufschwatzen kann und daß er die letzte Entscheidung trifft. Das entspricht seinem Weltmodell. Sagen Sie dem Kunden ruhig, daß Ihnen klar ist, daß er selbst derjenige ist, der die Vorteile des Produkts zu beurteilen und die Entscheidung zu treffen hat. Beispiele von anderen Kunden, die das Produkt gekauft haben und zufrieden waren, sind nutzlos. Nicht nur, daß dies einem Interessenten mit innerem Bezugsrahmen völlig gleichgültig ist – es wird auch seine Meinung über Sie als Verkäufer nicht gerade heben. Falls andere ein Produkt kaufen, das er selbst nicht mag, spricht das aus seiner Sicht nicht für das Produkt, sondern eher gegen den Geschmack der Betreffenden.

Demgegenüber gibt es bei Kunden mit externem Bezugsrahmen grundsätzlich zwei mögliche Strategien. Die erste: Man versucht nach Möglichkeit, sich selbst als ihre externe Referenz zu positionieren. Dazu muß man sich in glaubwürdiger Weise als jemand präsentieren, dem man vertrauen kann, der Ahnung von der Sache hat und dem etwas am Wohl des Kunden liegt. Gelingt Ihnen das, werden Sie bei Kunden mit äußerem Bezugsrahmen große Erfolge haben. Nochmals: Die Schlüsselbegriffe lauten Kompetenz, Glaubwürdigkeit und Aufrichtigkeit. Oder mit den scherzhaften Worten eines bekannten Verkaufstrainers: *Wenn Sie das vortäuschen können, haben Sie gewonnen.*

Strategie Zwei verweist auf externe Referenzen Dritter. Erwähnen Sie bekannte und beliebte Persönlichkeiten, die das Produkt nutzen (wie es zum Beispiel in der Produktwerbung mit Prominenten geschieht). Finden Sie im Gespräch heraus, welche Prominenten der Kunde mag, und bringen Sie diese, wenn möglich, mit Ihrem Produkt in Verbindung. Nennen Sie hier die falschen Namen, Leute, die Ihr Kunde nicht ausstehen kann, können Sie das Geschäft gleich vergessen. Machen Sie also Ihre Hausaufgaben.“

„Richard, während Ihres Vortrags sind mir die Shoppingsender im Fernsehen eingefallen. Ich kann einfach nicht glauben, daß so viele Leute irgendwelche Produkte kaufen, nur weil während der Sendung angebliche Kunden anrufen und bestätigen, wie zufrieden sie mit den Sachen sind. Offenbar haben wir es hier doch mit Menschen mit stark ausgeprägtem externem Bezugsrahmen zu tun.“

„Sie werden überrascht sein, wie leichtgläubig Personen mit starkem äußerem Bezugsrahmen sein können!“ bestätigte Richard. „Und einige der Fernsehverkäufer verstehen ihr Geschäft wirklich hervorragend. Sie zeigen während der Sendung ein Zählwerk, das angibt, wie viele Produkte bereits verkauft wurden, und daneben

114

ein großes Schild *Solange Vorrat reicht!* Das weckt bei etlichen Interessenten die Angst, nicht mehr zum Zuge zu kommen, wenn sie nicht schnell genug anrufen. Wenn man sein Produkt nicht durch besonders prominente Zeugen aufwerten kann, dann zeigt man eben Statistiken, wie hervorragend es sich anderswo verkauft hat. Und wenn man am Gesamtmarkt nicht die Nummer eins ist, dann sucht man sich eben ein besonderes Marktsegment, in dem man besonders gut abschneidet. Dabei ist es wieder einmal unerläßlich, daß die Argumentation wahrheitsgemäß bleibt."

„Was macht man bei einem Kunden, dessen Filter auf externe Informationen eingestellt ist?" fragte ich.

„Man versorgt ihn mit so vielen Informationen und Daten wie möglich. Je mehr, desto besser. Da Personen mit äußerem Bezugsrahmen so leicht von anderen zu beeinflussen sind, kann auch eine Gruppenpräsentation nützlich sein. Die Kunden hören die (hoffentlich) positiven Reaktionen der anderen Teilnehmer und verhalten sich entsprechend, um sich anzupassen. TV-Verkäufer und Auktionatoren wenden diese Taktik sehr erfolgreich an. Bei Auktionen muß man stets mit Scheingeboten aus dem Publikum rechnen, die im Auftrag des Auktionators erfolgen.

Noch etwas extremer, aber auf der gleichen Linie, liegt die Arbeit bestimmter Trickbetrüger. Jeder Erwachsene mit gesundem innerem Bezugsrahmen würde solche Leute sofort für das halten, was sie sind. Doch es gibt immer wieder Dumme, die auf ihre Tricks hereinfallen."

Richard wandte sich wieder dem Hauptargument zu. „Ein Problem bei Verkäufen an Menschen mit externem Bezugsrahmen ist, daß sie so leicht von anderen umzustimmen sind. Das geschieht oft bei Haustürgeschäften. Eine Hausfrau oder ein Hausmann lassen sich von einem Verkäufer überreden – und widerrufen ihre Bestellung kurze Zeit später unter dem Einfluß ihrer heimgekehrten Ehepartner."

„Ich bin froh, daß meine Frau und ich beide über einen ausgeprägten inneren Bezugsrahmen verfügen", gab ich zu bedenken. „Allerdings kann das manchmal zu ganz eigenen Problemen führen."

„Ich möchte mich nicht mit den Konsequenzen dieses People Patterns auf Paarbeziehungen beschäftigen. Bei größeren Verkäufen achten erfahrene Verkäufer jedenfalls darauf, daß beide Ehepartner anwesend sind, wenn sich abzeichnet, daß beide die Entscheidung mittragen müssen. – Ein weiteres Problem bei Personen mit starkem externen Filter besteht zudem darin, daß sie sich häufig nach dem Eindruck richten, den ihr jeweils letzter Gesprächspartner bei ihnen hervorgerufen hat. Ein Verkäufer schließt ohne große Mühe ein bestimmtes Geschäft ab – und findet, daß sein Abschluß kurze Zeit später widerrufen wird unter dem Einfluß des nächsten Verkäufers, der gleich anschließend mit seinem Kunden gesprochen hat."

Ich fand, daß ich nun einiges von dem, was mir in früheren Arbeitsverhältnissen passiert war besser verstand. „Jeder Verkäufer ist also gut beraten, die People Patterns seiner Kunden herauszufinden", faßte ich zusammen.

„Jeder Verkäufer schließt einen bestimmten Prozentsatz seiner Kontakte mit einem Erfolg ab. Und jeder Verkäufer weiß, daß es eigentlich nur zwei Wege gibt, um zu höheren Verkaufszahlen zu kommen. Entweder man führt mehr Gespräche, oder man erhöht seine Erfolgsquote. Das erste nennt man *härter arbeiten*, das zweite *smarter arbeiten*. Was wäre Ihnen lieber? Der kluge Verkäufer kann seine Präsentation flexibel auf die Bedürfnisse seiner Kunden einstellen. Er entwickelt ein tiefes Verständnis für People Patterns, um seine Präsentationen den Filtern seiner Gesprächspartner anzugleichen. Wo es gelingt, ist der Erfolg nicht weit. Vielleicht verstehen Sie jetzt auch besser, weshalb unser Unternehmen seinen besonderen Namen hat. Wie Sie wissen, bieten wir ja eine Reihe von People Pattern Workshops für Unternehmen aller Art an."

„Was macht man, wenn man ein allgemeines Angebot veröffentlicht, ohne seine Zielgruppe genau zu kennen?" fragte ich.

„In dem Fall sollte man auf Sicherheit spielen und beide Möglichkeiten abdecken. Das ist immer noch besser, als nur auf eine Variante zu setzen, die dann die falsche ist. Im Laufe der Zeit werden Sie jedoch bei Ihren Gesprächspartnern die relevanten Muster immer schneller erkennen und sich darauf einstellen können. Passen Sie allerdings auf, daß Sie nicht Ihre eigenen Muster auf andere projizieren."

Vor allem für diese letzte Warnung war ich Richard dankbar, denn im Verlauf der wenigen Tage bei Success Inc. hatte ich eine Tendenz in dieser Richtung bei mir durchaus feststellen können.

Prominente Zeugen

„Ich möchte noch etwas über die Werbung mit Prominenten sagen, die, nebenbei gesagt, einen schlagenden Beleg für die starke Außenorientierung liefert, die für unsere Gegenwartskultur kennzeichnend ist. Wenn Liz Taylor, die als weltweite Institution gilt, oder Michael Jordan, der als weltbester Sportler eingestuft wurde, ein neues Parfum vermarkten, sind Menschen mit äußerem Bezugsrahmen die ersten, die danach Schlange stehen. Ob es gut riecht oder nicht, spielt nur eine Nebenrolle. Es zählt nur, daß man den Duft eines berühmten Stars aus Hollywood oder aus dem Sportleben trägt. Marketing und Werbung sollten diesen Punkt genau verstehen."

„Ich bin froh, daß meine Frau und ich einen inneren Bezugsrahmen haben", kicherte ich.

„Allerdings orientieren sich Extern-Filterer vor allem an Persönlichkeiten und Gesichtern, die einen bleibenden Wert versprechen. Zweitklassige Schauspieler und stammelnde Balltreter eignen sich weniger als Vorbild fürs Leben.

Wenn unser Star sein Parfum präsentiert und auf der ganzen Welt die Leute nur so in die Geschäfte strömen, verstärkt sich der Produkterfolg ganz von selbst, denn die Extern-Filterer werden jetzt um so dringender dabei sein wollen. Wenn viele Menschen das gleiche Parfum tragen wie sie selbst, fühlt sich die Person mit externem Bezugsrahmen von diesen vielen akzeptiert. Der Duft eines Stars auf der eigenen Haut läßt sie ein wenig an der Star-Power teilhaben – ein Weg, um von anderen akzeptiert zu werden. Dieses Prinzip gilt für alle Arten von Produkten, die von Medienprominenten angepriesen werden. Wobei Marketingexperten gut daran tun, auf dauerhafte Berühmtheit zu setzen, statt sich auf kurzlebige Trendgesichter zu verlassen."

„Jetzt, wo ich einiges über den Bezugsrahmen-Filter gelernt habe, verstehe ich erst, wie hervorragend die Marketingstrategien vieler Unternehmen sind. Kaum zu glauben, daß viele Firmen dabei nicht einmal genau wissen, weshalb ihre Strategien so gut funktionieren."

„Jedenfalls wissen die entscheidenden Leute genau, daß ihre Turnschuhe bei allen extern orientierten Menschen weltweit zu einem riesigen Erfolg werden, wenn sie von einem Superstar wie Michael Jordan angepriesen werden. Übrigens funktioniert dieser Transfer nicht nur mit den Gesichtern Prominenter. In letzter Zeit werden gelegentlich einfach nur die Stimmen bekannter Schauspieler in Werbespots eingesetzt."

„Ganz schön hinterlistig", kommentierte ich.

„Mag sein, aber sehr wirksam", erwiderte Richard. „Bei Menschen mit starkem inneren Bezugsrahmen hinterläßt Prominentenwerbung übrigens fast keine Wirkung. Sie halten derartige Reklame eher für komisch oder einen weiteren Beweis dafür, wie leicht andere zu beeinflussen sind. Und weil sie von Werbung fast nicht zu erreichen sind, sollten sich die Werbeleute von vornherein gar nicht mehr um diese Gruppe kümmern, sondern sich gleich auf die Extern-Filterer konzentrieren, die allein sie wirkungsvoll beeindrucken können."

„Jedenfalls werde ich die Fernsehwerbung heute abend mit ganz anderen Augen betrachten", faßte ich zusammen.

„Viel Spaß dabei", antwortete Richard. „Das ist ein Teil des Lernprozesses."

Verhandlungen

Beverly begrüßte mich herzlich wie immer. Mir wurde nun klar, daß sie bei unserer ersten Begegnung das Internal Evaluation People Pattern angewandt hatte.

Unser Thema sollte die Verbindung von Verhandlungen und internem/externem Bezugsrahmen sein. „Mit wem hätten Sie es bei einer Verhandlung lieber zu tun: mit einem Partner mit internem oder mit externem Bezugsrahmen?"

Und sie gab die Antwort gleich selbst: „Im allgemeinen ist es zu Ihrem Vorteil, wenn Sie jemandem mit externem Bezugsrahmen gegenübersitzen, denn er wird sich Gedanken darüber machen, was Sie und andere von ihm selbst und von seinen Vorschlägen halten. Sobald Sie seinen Respekt gewonnen haben, wird er sich viel Mühe geben, Ihnen zu gefallen. Mit Sicherheit möchte er Sie nicht verärgern oder die guten Beziehungen zu Ihnen aufs Spiel setzen."

„Wie kann ich also Einfluß nehmen auf jemand mit externem Bezugsrahmen-Filter?" erkundigte ich mich.

„Die größte Wirkung können Sie erzielen, wenn Sie andere Menschen finden, die der Betreffende respektiert oder bewundert, die mit Ihrer eigenen Position übereinstimmen. Führen Sie Statistiken an, die Ihre Position stützen. Extern orientierte Personen orientieren sich mit Vorliebe an Präzedenzfällen, Traditionen und Gepflogenheiten."

Sie fuhr fort: „Natürlich sind Verhandlungen mit extern orientierten Menschen kein Kinderspiel, aber sie sind normalerweise sehr viel einfacher als Verhandlungen mit Intern-Filterern. Der Fokus des Externen liegt bei der Außenwelt. So seltsam es klingen mag: Manchmal trifft man einen Verhandlungspartner, der einen noch während der Unterredungen fragt, was man von seinem Verhandlungsstil hält. Geben Sie ihm jede Menge Feedback, positives wie negatives."

„Ähnliches habe ich auch schon erlebt. Es hat mich sehr erstaunt, und ich mußte mich in meinen Reaktionen sehr zurückhalten", kommentierte ich.

„Bei einem Verhandlungspartner mit äußerem Bezugsrahmen sollte man also Fakten und Statistiken bereithalten, die die Ansichten relevanter Bezugsgruppen widerspiegeln. Es hilft auch, wenn man ihm gelegentlich ein Kompliment macht oder ihm versichert, daß er auf dem richtigen Weg ist. Sagen Sie ihm, was Sie gerade denken. Geben sie dem anderen alle Informationen, die er braucht, um seine

Entscheidung treffen zu können. Je mehr externe Referenzen Sie haben, desto besser."

„Ich habe Schwierigkeiten, wenn mitten in einer Verhandlung andere Leute auftauchen", gab ich zu bedenken.

„Ein wichtiger Punkt", stimmte Beverly zu. „Verhandlungen mit extern orientierten Partnern sind sehr schwierig, wenn sie während des Gesprächs Kontakt mit anderen Personen haben oder wenn diese Personen sogar mit am Tisch sitzen. Der extern orientierte Verhandlungspartner wird sich wahrscheinlich von ihnen beeinflussen lassen und seine Haltung verfestigen. Möglicherweise fühlt er sich den anderen verpflichtet oder möchte ihre Interessen wahren. In diesem Fall nimmt man im Sinne herkömmlicher Verhandlungstechnik am besten eine Position ein, die auch der anderen Seite vorteilhaft erscheinen muß."

„Noch schwieriger wird es wohl bei Verhandlungspartnern mit innerem Bezugsrahmen. Habe ich recht?" mutmaßte ich.

„Sie meinen, bei Leuten wie Ihnen", kicherte Beverly. „Ein intern orientierter Verhandlungspartner kümmert sich überhaupt nicht darum, was Sie denken. Ihm geht es einzig darum, seine Punkte zu machen und am Ende zu siegen. Sicher wird er sich Ihre Ansichten anhören, doch letztendlich zählen für ihn nur seine eigenen Ideen. Daher sollten Sie sich immer dahingehend ausdrücken, daß Sie sein Wissen anerkennen, daß Sie erkennen, daß er von anderen nicht beeinflußt werden kann und daß die Entscheidung in jedem Fall von ihm getroffen werden wird. Indem man dem intern Orientierten diese Anerkennung vermittelt, hat man gute Chancen, seinen Respekt und – hoffentlich – auch seine Kooperationsbereitschaft zu gewinnen. Verweise auf die Ansichten anderer Beteiligter helfen hier überhaupt nicht weiter und können sogar das Gegenteil bewirken. Statt dessen bezieht man sich auf die Ansichten des Verhandlungspartners und präsentiert den eigenen Standpunkt im Rahmen seines Weltmodells."

Ich hatte soweit keine Fragen, so daß Beverly in ihrem Vortrag fortfuhr.

„Es gibt drei grundsätzlich verschiedene Verhandlungsverläufe: den harten, den weichen und den prinzipiengesteuerten. Bei Partnern mit starkem innerem Bezugsrahmen gibt´s die harte Variante. Bei Personen mit starkem äußerem Bezugsrahmen gibt es einen weichen Verlauf, wenn man sich zum Fokus ihres externen Filters machen kann. Falls dieser Fokus von jemand anderem eingenommen wird, dessen Interessen mit Ihren in Konflikt stehen, gibt es wieder einen harten Verlauf.

Der prinzipiengesteuerte Verhandlungsverlauf ist besonders interessant. Hier arbeiten beide Seiten mit einem äußerem Bezugsrahmen, der sich auf faire, objektiv nachprüfbare Kriterien stützt. Besonders einfach haben es hier Verhandler, die sich beide auf externe Fakten beziehen. Beim Bezug auf externe Personen hängt der harte oder weiche Verhandlungsverlauf sehr von deren Positionen ab. Jemand mit innerem Bezugsrahmen läßt sich erst gar nicht auf prinzipiengesteuerte Verhandlungen ein, wenn er glaubt, auf die harte Tour ein besseres Ergebnis erreichen zu können. Prinzipiengesteuerte Verhandlungen haben mit Fairness und Gleichwertigkeit zu tun. Diese Begriffe spielen bei Menschen mit äußerem Bezugsrahmen eine größere Rolle als bei Menschen mit innerem Bezugsrahmen."

„Ich nehme an, daß Personen mit innerem Bezugsrahmen für Kategorien wie Fairness und Objektivität nicht besonders viel übrig haben", unterbrach ich Beverly.

„Genauso ist es. Jedoch sind sich prinzipiengesteuerte Verhandlungsführer dieser Tatsache bewußt und kennen Taktiken, die es ihnen ermöglichen, selbst dann bei ihren Prinzipien zu bleiben, wenn die andere Seite eine harte Gangart versucht."

Ich bedankte mich bei Beverly für diese sehr komprimierten Informationen und ging zurück zu Shanas Büro.

Zusammenfassung

Shana blickte von ihrem Schreibtisch auf und fragte mich, wie mein Tag gewesen sei. „Keine Ahnung", sagte ich, „ich dachte, Sie könnten es mir sagen." Wir mußten beide lachen. Dann wurde Shana philosophisch.

„Wir leben in einer schwierigen Zeit, in der immer mehr Leute Zugang zu effektiven Massenvernichtungsmitteln haben – seien es Bomben oder Worte. Und ich weiß nicht, wen man mehr fürchten muß: den Demagogen, der bereit ist, andere zu opfern für das, was er selbst für richtig hält – oder die Massen ohne Verstand, die nur zu gern jedem folgen, der behauptet, die Mehrheit zu vertreten."

Schlüssel 5: Das Entscheidungs-People-Pattern

Einführung

Im Wagen auf dem Weg zur Arbeit war eine lebhafte Diskussion im Gange. Es ging um den Plan der Stadtverwaltung, auf einem Gelände, das für einen Park vorgesehen war, ein Einkaufszentrum zu bauen. Jeder schien dazu eine Meinung zu haben. Dave war für das Einkaufszentrum und präsentierte alle möglichen logischen Argumente, die mit Gewerbesteueraufkommen und geplantem Wirtschaftswachstum zu tun hatten. Tom war gegen die Mall und wollte den Park. Er hatte das Gefühl, daß es einfach nicht richtig war, ein Einkaufszentrum zu bauen, wo eigentlich ein Park hin sollte. Sue machte sich vor allem darüber Gedanken, wie das Zentrum aussehen würde. Sie erklärte, sie könnte sich wohl einen Park vorstellen, aber kein Einkaufszentrum. Bill stellte fest, daß ihn keine der beiden Positionen zufriedenstellen konnte. Er machte sich Sorgen, daß in jedem Fall eine Beeinträchtigung des friedlichen nachbarlichen Miteinanders eintreten könnte. Keiner schien die anderen von seiner Meinung überzeugen zu können, und die Stimmen wurden lauter. Glücklicherweise waren wir bald an dem Punkt angelangt, wo ich aussteigen mußte.

Schwierige Fragen

Shana eröffnete den Vortrag mit einigen Zielfragen, die uns sofort in das Thema des heutigen People Patterns einführten.

„Bitte achten Sie auf die folgenden Fragen. Wann haben Sie zuletzt ein neues oder gebrauchtes Auto gekauft? Wie haben Sie beschlossen, welches Modell das richtige für Sie war? Erinnern Sie sich noch an Ihren Entschluß zu heiraten? Nach welchen Gesichtspunkten haben Sie Ihren Partner gewählt? Woher wußten Sie, daß dieser Mensch der richtige Ehepartner für Sie war? Oder vielleicht wissen Sie noch, weshalb Sie aus einer Auswahl verschiedener Computer ein bestimmtes Modell gekauft haben. Was waren die Gründe dafür? Warum sehen Sie im Fernsehen eine bestimmte Nachrichtensendung und nicht eine der vielen anderen? – Ist Ihnen klar, auf welcher Grundlage Sie all diese Entscheidungen treffen? Jeder von uns muß Tag für Tag Hunderte von Entscheidungen treffen. Einige erfordern ein Wahl zwischen verschiedenen Möglichkeiten, andere verlangen ein einfaches Ja oder Nein. Die Basis aller Entscheidungsstrategien liefert ein Filter namens Decision People Pattern oder Entscheidungs-People-Pattern.“

Ich hätte Shanas Fragen beantworten können, doch interessierte mich mehr, was es mit diesem Filter auf sich hatte.

„Haben Sie schon mal jemand nach dem Grund für sein Tun gefragt und eine für Sie sinnlose Antwort bekommen? Halten wir nicht manchmal die andern für komplette Idioten, wenn sie uns erklären, weshalb sie etwas Bestimmtes tun oder denken? Oder haben Sie schon mal jemandem mit guten Gründen zu erklären versucht, weshalb er etwas falsch macht, und ihn nicht überzeugen können? Was kann man aus all dem schließen? Jemand ist im Unrecht, Sie weisen ihn darauf hin, und er kümmert sich nicht darum. Was ist das Problem? Hat der andere einen Hörfehler, oder ist er einfach ignorant?“

„Das kommt mir manchmal wirklich so vor“, mußte ich zugeben.

„Finden Sie in Ordnung, was in der Welt so passiert? Wenn Sie die Zeitung lesen oder die Fernsehnachrichten sehen – wundern Sie sich nicht manchmal, was in der Welt so los ist? Fragen Sie sich nicht auch, wie die Politiker, die diesen Laden organisieren sollten, so blöd sein können? Wenn es nach Ihnen selbst ginge, könnte man das ganze Durcheinander sehr schnell lösen – aber es hört ja niemand auf Sie.“

„Manchmal fühle ich mich angesichts all dieser Probleme wirklich ziemlich niedergeschlagen und komme mir mit meinen vernünftigen Überlegungen ziemlich allein gelassen vor“, bestätigte ich.

„Sie verstehen also, wenn man sagt, der Prophet gilt nichts im eigenen Lande. Oder im eigenen Büro oder in der eigenen Familie. Was kann man da machen? Ich habe neulich ein Theaterstück gesehen, in dem ein Priester in einem New Yorker Ghetto erklärte, es gäbe eigentlich nur drei grundlegende Fragen: *Wer hat die Welt geschaffen? Wie ist sie in diesen üblen Zustand geraten? Was können wir dagegen tun?* Wir alle wissen doch zu gut, in welchem Zustand sich unsere Welt befindet, und fragen uns ständig, was wir dagegen unternehmen können. Wenn wir doch nur auf die Stimme des gesunden Menschenverstands hören würden! Warum ist alles so verrückt, und warum ist die Kommunikation darüber so schwierig? Um dieses Warum zu verstehen, muß man das Entscheidungs-People-Pattern verstehen.“

Die Dynamik des Entscheidungsprozesses

Shana sah, daß ich gespannt wartete, wie es weiterging.

„Die meisten Menschen halten ihre eigenen Entscheidungen für logisch begründet. Sie finden ihr eigenes Tun sinnvoll. Das gilt auch für einen selbst. Das Problem ist nur: Was einem selbst sinnvoll vorkommt, muß anderen noch lange nicht sinnvoll erscheinen – erst recht nicht, wenn der andere Philosoph oder Logiker ist."

„Wie treffen wir denn nun jeden Tag unsere Hunderte von Entscheidungen?" wollte ich endlich wissen.

„Wieso glauben wir, daß das, was wir tun, sinnvoll ist? Unsere eigenen Entscheidungsprozesse sind uns kaum bekannt. Im Alltag stützen wir uns in der Regel nur auf einen der folgenden vier Gründe: Entweder 1) etwas sieht richtig aus, oder 2) es hört sich richtig an, oder 3) es fühlt sich richtig an, oder 4) es erscheint von der Logik her sinnvoll. Wenn etwas richtig aussieht, sich richtig anhört oder sich richtig anfühlt, ist es für uns plausibel. Was einem selbst einleuchtend erscheint, muß einem anderen jedoch noch lange nicht vernünftig vorkommen. Im strengen Sinne ist etwas von der Logik her sinnvoll, wenn es durch deduktive Argumente von gültigen Prämissen zwingend abgeleitet wird. In der Tat gibt es Menschen, die bei Entscheidungen so vorgehen. Sie machen weniger als 5% der Bevölkerung aus und treffen oft die dümmsten Entscheidungen, die man sich vorstellen kann. Im Namen der Vernunft tun sie Dinge, die etwas weniger vernünftige Leute mit ihrem gesunden Menschenverstand ablehnen würden."

„Sie meinen, die meisten Menschen tun etwas nur deshalb, weil es richtig aussieht, sich richtig anhört oder sich richtig anfühlt?" vergewisserte ich mich.

„Genau. Und es kommt ihnen vernünftig vor. Weshalb? Weil etwas, das richtig aussieht, sich richtig anhört oder sich richtig anfühlt, auch richtig zu sein scheint. Und das mag es auch sein, aber nicht unbedingt im Sinne der logischen Vernunft. Lassen Sie mich die Sache also zunächst einmal von der Logik her erklären."

„Darauf habe ich schon gewartet", sagte ich.

„In der Logik geht es bekanntlich um die formale Struktur von Argumenten und nicht um die wirkliche Welt. Die Logik stellt fest: Wenn zwei Prämissen A und B wahr sind, dann ist auch der daraus notwendig folgende Schluß C wahr. Es läßt sich mit logischen Mitteln allerdings nicht feststellen, ob die Voraussetzungen A und B überhaupt wahr sind. Die Wahrheit von A und B hat nichts mit Logik zu tun, sondern damit, wie die Welt ist. Darum kann eine Aussage zwar logisch wahr, doch inhaltlich falsch sein, weil sie auf unrichtigen Annahmen beruht. Logik beschränkt sich also auf die formale Struktur von Argumenten, und man muß prüfen, ob die jeweiligen Prämissen überhaupt wahr sind. Im allgemeinen wendet man hier eine Methode der Korrespondenz oder Entsprechung an. Können Sie mir folgen?"

„Ich denke schon. Bitte fahren Sie fort."

„Wir sagen, eine Aussage sei wahr, wenn sie damit übereinstimmt, wie die Welt wirklich ist. Und woher wissen wir das? Weil die Aussage richtig aussieht, sich richtig anhört, sich richtig anfühlt oder Sinn macht. Zum Schluß läuft es meistens darauf hinaus, daß wir diese sinnlichen Repräsentationen übersetzen in den Eindruck, daß etwas Sinn macht. Und was ist Sinn in diesem Sinne? Nichts weiter als ein erinnertes Gefühl."

„Was ist denn nun damit gemeint, wenn man sagt, jemand entscheide sich für etwas, weil es richtig aussieht, sich richtig anhört bzw. anfühlt oder Sinn macht?" wollte ich wissen.

„Wir nennen den Prozeß, durch den jemand zu einer Entscheidung kommt, eine *Strategie*. Entscheidungsfindungen sind Prozesse, in deren Verlauf verschiedene Alternativen generiert, weitere Daten zu diesen Alternativen zusammengetragen und schließlich daraufhin bewertet werden, welche Alternative die beste ist. Zum Glück vollziehen sich diese Prozesse außerhalb unserer bewußten Wahrnehmung, so daß wir nicht darüber nachzudenken brauchen. Eine Entscheidungsstrategie besteht aus fünf Elementen. Das erste ist der Auslöser, ein inneres oder äußeres Ereignis, das uns mitteilt, daß wir eine Entscheidung treffen müssen. Das zweite ist die Operation, vermittels derer wir verschiedene mögliche Lösungen generieren und Informationen darüber zusammentragen. Die verschiedenen Möglichkeiten stellen wir uns innerlich in Form von Bildern, Tönen, Gefühlen oder einer Kriterienliste vor.

Der dritte und kritischste Teil jeder Entscheidungsstrategie ist der Test. Der Test ist immer ein Vergleichen. Wir vergleichen die Bilder, Töne, Gefühle oder Listen, als die wir die Alternativen darstellen, mit bereits bestehenden inneren Bildern, Tönen, Gefühlen oder Listen. Diese inneren Bilder, Töne, Gefühle und Listen sind unsere eigenen Konstruktionen und repräsentieren das, was unsere persönliche Unverwechselbarkeit ausmacht. Jeder Mensch hat seine eigenen derartigen Repräsentationen, die sich im Verlauf der wachsenden Erfahrungen des Lebens zudem noch verändern. Diese idealen Bilder, Töne, Gefühle und Listen nennen wir **Werte**. Können sie mir soweit folgen?" erkundigte sich Shana.

„Das alles finde ich hochinteressant", sagte ich begeistert.

„Wenn man also sagt, etwas sehe richtig aus, höre bzw. fühle sich richtig an oder mache Sinn, dann gibt man damit zu erkennen, daß dessen Repräsentationsweise übereinstimmt mit den idealen Bildern, Tönen, Gefühlen oder Listen, die man bereits im Kopf hatte. Im vierten Teil der Entscheidungsstrategie kommt dann der Punkt, wo man feststellt, ob es eine Übereinstimmung gibt oder nicht. Haben wir ein Match gefunden, treffen wir unsere Entscheidung; haben wir keine Übereinstimmung, dann generieren wir weitere Alternativen oder sammeln weitere Informationen zur der Alternative, die uns am nächsten kommt, oder senken unseren Maßstab und geben uns mit weniger zufrieden. Das fünfte und letzte Stadium der Strategie ist das Resultat, d.h. die soeben getroffene Entscheidung."

„Welche Rolle spielen unsere Sinne bei alledem?" fragte ich.

„Alle Informationen über die Welt sammeln wir mit unseren Sinnen. Die primären Sinne sind der visuelle, der auditive, der kinästhetische, der olfaktorische und der gustatorische. Die gesammelten Daten werden in Form von Bildern, Tönen, Gefühlen, Gerüchen und Geschmackserlebnissen gespeichert. Außerdem haben wir (zumindest in der westlichen Kultur) die Fähigkeit, Bilder und Töne und in geringerem Maße auch Gefühle, Gerüche und Geschmackserlebnisse selbst zu konstruieren. Derartige Konstruktionen können aus Kombinationen von erinnerten Elementen bestehen oder etwas völlig Neues darstellen. Hier liegt der Ursprung jeglicher Kreativität. Besonders wichtig sind hier die Konstruktionen, mit deren Hilfe wir Möglichkeiten abschätzen."

„Mit anderen Worten: Eine Entscheidung, die richtig aussieht, korrespondiert mit einem inneren visuellen Eindruck", faßte ich das Gehörte nochmals zusammen.

„Ja. Eine Entscheidungsstrategie, die darauf beruht, was richtig aussieht, erzeugt innere visuelle Repräsentationen der Alternativen und vergleicht diese Bilder mit den inneren idealen Bildern bezüglich des zu entscheidenden Themas. Bei Übereinstimmung erleben wir einen inneren Vorgang, den wir übersetzen als *Die Sache macht Sinn, sie kommt uns vernünftig und plausibel vor*, obwohl es sich in Wirklichkeit um ein Gefühl handelt. In Wirklichkeit ist die Angelegenheit noch ein bißchen komplizierter, weil wir eigentlich nur bestimmte Merkmale der Bilder miteinander vergleichen. Doch dazu kommen wir noch in einer anderen Trainingssitzung."

„Was ist mit Menschen, die Entscheidungen treffen, weil sie sich richtig anhören?" fragte ich.

„Das Prinzip ist dasselbe, nur daß sie zunächst interne oder externe akustische Repräsentationen der Alternativen erstellen und diese dann mit der idealen inneren Geräuschkulisse vergleichen. Bei Übereinstimmung erleben auch diese Menschen ein inneres Gefühl der Richtigkeit.

Man muß berücksichtigen, daß jeder Mensch das spezielle innere Erlebnis, das das Identifizieren der als sinnvoll empfundenen Übereinstimmung begleitet, auf seine ganz persönliche Weise erfährt. Das Resultat ist aber immer das gleiche: Man übersetzt die Entscheidung in die Überzeugung, richtig zu handeln. Entsprechendes gilt für die Personen, deren Entscheidungen sich richtig und vernünftig anfühlen müssen. Sie vergleichen die innere ideale Repräsentation dessen, was sich richtig anfühlt, mit den mit jeder Alternative verbundenen Gefühlen. Dieser Prozeß kann recht lange dauern, wenn verschiedene Alternativen bewertet werden müssen. Auch hier steht am Schluß wieder ein Gefühl der Richtigkeit, wenn sich eine Übereinstimmung ergeben hat."

„Bleiben also noch die Personen, die nun wirklich Entscheidungen auf der Basis des logisch Vernünftigen treffen", meinte ich. „Sie scheinen mir eher die Ausnahme als die Regel zu sein."

„Ja. Diejenigen von uns, die Entscheidungen auf der Basis der logischen Vernunft treffen, umgehen alle inneren Gefühle, Bilder und Töne. Sie kontaktieren ihre Erfahrungen nicht auf direktem Wege, sondern indirekt über Worte und Symbole. Zuerst geschieht ein äußeres Ereignis. Dann folgt die Wirkung dieses Ereignisses auf unser Nervensystem vermittels der Sinne. Die Wirkung hat visuelle, auditive, kinästhetische, olfaktorische und gustatorische Elemente. Die dritte Stufe ist die linguistische Reaktion, unsere Übersetzung dieser Erfahrung in Worte. Die Entscheidungsstrategie auf Basis von Vernunftkriterien stützt sich nicht auf die direkte Erfahrung, sondern auf die linguistische Reaktion darauf. Eine Entscheidung wird mit Hilfe einer konstruierten Liste idealer linguistischer Kriterien getroffen, mit der die zur Verfügung stehenden Alternativen verglichen werden. Diejenige Alternative, die der Idealliste am besten entspricht, wird dann als sinnvoll, richtig und vernünftig bezeichnet."

„Aha, jetzt macht die Sache für mich Sinn", entfuhr es mir unabsichtlich.

„Alle vier Strategien enden mit einer Übereinstimmung (*match*) von Repräsentation und Ideal. Wenn sich eine Übereinstimmung ergibt, halten wir die Entscheidung für sinnvoll. Das Gefühl beim Finden einer Übereinstimmung ist ein inneres Erleben, das sich bei jedem Menschen anders vollzieht. Im Endergebnis hat aber jeder das erlebte Gefühl, daß etwas richtig ist.

Unsere verschiedenen sinnlichen Erfahrungen sind innerlich so kodiert, daß wir leicht direkten Zugang zu ihnen haben könnten. Seltsamerweise umgehen wir aber irgendwo im Entscheidungsprozeß diesen direkten Zugang und schalten einen Dekoder dazwischen. Der übersetzt die direkte Botschaft in Aussagen, die damit zu tun haben, daß etwas richtig oder falsch ist."

Die Bedeutung des Entscheidungs-Patterns für den Einfluß auf andere

„Jetzt verstehe ich die Bedeutung des Begriffs *Entscheidungs-People-Pattern*", erklärte ich.

„Es ist sehr hilfreich, diesen Filter genau zu verstehen. Bei all unseren zahllosen Interaktionen mit andern Menschen ist es ganz entscheidend, zu wissen, ob der andere etwas tut, weil es richtig aussieht, sich richtig anhört, sich richtig anfühlt oder sinnvoll erscheint. Denn das liefert uns den Schlüssel dazu, ihn beeinflussen zu können. Mit Hilfe dieses Patterns können wir andere besser verstehen und unsere Kommunikation wirkungsvoller werden lassen. Wenn man weiß, wie jemand seine Entscheidungen trifft, kann man in seine Realität eintreten und ihm die erforderlichen Sinnesreize bieten, die er braucht, um seine Weltsicht zu verändern. Durch Beherrschung dieses People Patterns können Sie auf die Entscheidungen anderer in den unterschiedlichsten Kontexten Einfluß nehmen."

Allgemeine Mißverständnisse über Entscheidungsprozesse

„Ich möchte nochmals betonen: Im allgemeinen verhalten sich Menschen nicht vernünftig – sie glauben es nur. Wir haben uns einfach gesellschaftlich programmiert, zu glauben, was wir täten, sei vernünftig. Etwas ist entweder richtig oder nicht. Wie oft haben Sie schon die pauschale Antwort gehört *Das macht doch keinen Sinn*, wenn Sie versucht haben, jemandem etwas zu vermitteln. Diese Aussage hat eigentlich gar nichts damit zu tun, ob etwas vernünftig ist oder nicht, sondern beruht in der Regel darauf, ob etwas richtig aussieht oder sich richtig anhört bzw. anfühlt. Die meisten von uns merken gar nicht, welche Restriktionen wir uns mit den Begriffen *richtig* oder *sinnvoll* auferlegen."

„Dabei werden diese Begriffe im alltäglichen Sprachgebrauch so oft verwendet", sagte ich.

„Ja, und deshalb glauben wir auch, die meisten Entscheidungen würden auf der Basis sinnvoller Kriterien getroffen. In Wirklichkeit entscheiden wir aber danach, was richtig aussieht oder sich richtig anhört bzw. anfühlt. Und in unserem Drang, diese Entscheidungen vor anderen, ob Ehepartnern, Vorgesetzten oder Freunden, zu rechtfertigen, versuchen wir, die von uns selbst erzeugten sinnlichen Repräsentationen als sinnvoll darzustellen. Stellen Sie sich vor, Sie würden jemandem erzählen, Sie hätten gerade ein Haus gekauft, weil es richtig aussah oder sich richtig anhörte. Man würde Sie für verrückt erklären.

Eine Entscheidung, die nicht den allgemein akzeptierten Kriterien von Vernünftigkeit entspricht, wird einfach nicht als gültig anerkannt. Was wäre, wenn ein Politiker eine wichtige Entscheidung treffen oder Truppen in ein Krisengebiet entsenden würde mit der ausdrücklichen Begründung, das sähe richtig aus oder höre bzw. fühle sich richtig an. Man würde ihn ins Irrenhaus stecken. Die Entscheidung selbst mag brillant und absolut richtig sein, doch der Entscheidungsträger würde wegen seiner Begründung angegriffen werden. Dabei wäre es viel besser, man würde die Entscheidung selbst prüfen und nicht ihre Begründung."

„Ich glaube, eine Entscheidung, die nicht logisch begründet werden kann, wird von anderen einfach nicht als vernünftig akzeptiert", sagte ich.

„Genau. Sie macht keinen Sinn und kann deshalb nicht gültig oder vernünftig sein. Trotzdem entscheiden wir uns auf der Basis dessen, was richtig aussieht oder sich richtig anhört bzw. anfühlt. Und weil wir unsere Entscheidungen anderen gegenüber rechtfertigen wollen, stellen wir sie als sinnvoll dar. Wir haben bereits gesehen, wohin das führt.

Wir müssen die Dynamik von Entscheidungsprozessen verstehen. Bei jeder Entscheidung eines anderen müssen wir zuerst verstehen, ob sie für den anderen richtig aussieht, sich richtig anhört oder anfühlt oder aufgrund vernunftgemäßer Kriterien getroffen wurde. Und dann müssen wir herausfinden, welche Bilder, Töne oder Gefühle der andere als Entscheidungsgrundlage verwendet. Bedeutende Führungspersönlichkeiten treffen hervorragende Entscheidungen und ordnen ihre Ausführung an. Die Probleme fangen an, wenn man sie nach ihren Gründen fragt. Da hätte man mehr von einer Aufzeichnung des tatsächlichen Entscheidungsverlaufs als von ihren nachträglichen Rationalisierungen. Entscheidungsfähigkeit erkennt man eher am Entscheidungsverlauf als durch die Analyse der Begründungen. Es ist besser, man tut das Richtige aus falschen Gründen als das Falsche aus richtigen Gründen."

Die vier Entscheidungsfilter

Ich hatte eine Frage. „Wie können Menschen, die ihre Entscheidungen auf der Basis dessen treffen, was richtig aussieht, sich richtig anhört oder anfühlt oder vernünftig zu sein scheint, erkennen, daß sie sich so verhalten?"

„Zunächst einmal erzeugen sie ja, je nach persönlichem Entscheidungs-People-Pattern, eine interne sinnliche Repräsentation, die entsprechend verkodet wird. Sie liegt normalerweise außerhalb der bewußten Wahrnehmung, und zwar sowohl was die Ver- wie auch Entschlüsselung der endgültigen Botschaft betrifft. Hier bei Success Inc. haben wir spezielle Verhaltensmodellierer, die sich schwerpunktmäßig mit dem Ver- und Entschlüsseln dieser internen Messages beschäftigen. Woraus bestehen nun die sinnlichen Repräsentationen, die all unseren Entscheidungen in Form von Entscheidungs-People-Patterns zugrunde liegen? Es handelt sich um Bilder, Töne und Gefühle. Sie bilden unseren persönlichen Maßstab bei all unseren Entscheidungen. Dieser persönliche Maßstab fungiert als vorprogrammierter Dekoder sämtlicher auf uns eindringenden Reize.

Visuell orientierte Menschen erzeugen innere BILDER dessen, was sie für richtig halten. Sie sind vor allem an den visuellen Aspekten einer Situation interessiert. Sie wollen wissen, wie etwas aussieht, und schätzen bildliche Darstellungen. Bei ihren Entscheidungen versuchen sie, ein äußeres Bild soweit wie möglich mit ihrem inneren Idealbild in Übereinstimmung zu bringen. Passen beide zusammen, fällt eine positive Entscheidung. Ergibt sich keine Übereinstimmung, geht die rote Lampe an.“

An dieser Stelle mußte ich einfach unterbrechen. „Das scheint mein eigenes Muster zu sein, nicht wahr?“

„In der Tat. Das haben Sie schnell erkannt.“

„Bei akustischen Menschen hat die innere Repräsentation die Form von TÖNEN. Was sie für richtig halten, wird in Fom von richtig klingenden Tönen und Wörtern repräsentiert. Sie konzentrieren sich vor allem auf die hörbaren Aspekte einer Situation, auf akustische Mitteilungen und darauf, wie sich etwas anhört. Höhe, Lautstärke, Tonfall, Schwingung und Tempo einer Stimme sind die Elemente, mit denen der akustisch orientierte Entscheider umgehen kann. Je nach Situation kann die eigene Stimme oder die Stimme eines anderen, eine Melodie oder ein bestimmtes Geräusch die Entscheidung beeinflussen.“

„Klingt ja echt toll.“ Mein Bemühen um Komik war leider nicht von Erfolg gekrönt.

„Bei Gefühlsmenschen nimmt die interne Sinnesrepräsentation die Form eines GEFÜHLs an. Irgendwo in ihrem Körper erleben sie etwas, das sich richtig anfühlt. Sie bewegen sich gern, sind aktiv, genießen ihren Körper und müssen sich bei ihren Entscheidungen buchstäblich wohl fühlen. Sie finden es wichtig, durch Händeschütteln oder Schulterklopfen mit anderen in Körperkontakt zu kommen.“

„Ausgesprochen vernünftig.“

„Zu guter Letzt die vernunftorientierten Menschen. Ihre innere Sinnesrepräsentation hat die Form eines erinnerten Gefühls, das als Stimmigkeit interpretiert wird. Sie treffen ihre Entscheidungen in einer Welt von Gründen und Fakten. Normalerweise haben sie eine ganze Checkliste von Kriterien, die erfüllt sein müssen, bevor eine Entscheidung getroffen werden kann. Die Entscheidung fällt negativ aus, wenn die Standards nicht erfüllt werden. Wie etwas aussieht, sich anhört oder anfühlt, ist für diesen Entscheidungstyp völlig unerheblich. Er stützt sich allein auf sein erinnertes Gefühl von Richtigkeit, das alle anderen internen Sinnesschaltkreise kurzschließt (sofern sie überhaupt jemals etabliert wurden)."

Implikationen

Die Wirkungen des Entscheidungs-People-Patterns sind sehr weitreichend. Denken Sie nur an die riesige Zahl von bewußten und unbewußten, trivialen und bedeutenden Entscheidungen, die wir Tag für Tag zu treffen haben. Es beginnt damit, wann wir morgens aufstehen, welche Kaffeetasse wir benutzen, was wir anziehen, und geht weiter damit, welche Zeitung wir kaufen, welche Verabredungen wir treffen, was wir abends essen wollen, was wir in unserer Freizeit unternehmen, was wir im Fernsehen sehen möchten, ob wir dazu Erdnüsse knabbern und so weiter und so weiter ...

Unsere Entscheidungs-People-Patterns beeinflussen uns in jedem privaten und beruflichen Aspekt, von der Wahl unseres Ehepartners über Verkauf, Marketing und Verhandlungen, Hygiene und Gesundheit bis hin zu Religion, Politik, Erziehung sowie häuslichen und gesellschaftlichen Angelegenheiten."

Verhalten Sie sich vernünftig?

„Heutzutage werden wir permanent von einer unglaublichen Menge schriftlicher Informationen bombardiert: Zeitungen, Zeitschriften, Presseerklärungen, Faxe und vieles mehr. Sie alle beanspruchen, vernunftorientierte Inhalte zu vermitteln. Aber tun sie es wirklich? Ich glaube nicht. Hauptsächlich erzeugen sie in uns weitere Mengen innerer Sinnesrepräsentationen in Form von Bildern, Tönen und Gefühlen."

Dann stellte Shana mir einige Fragen, um mir zu helfen, meine eigenen Strategien herauszufinden.

„Versetzen Sie sich in die Situation, wie Sie beim Frühstück oder im Zug Ihre Morgenzeitung lesen. – Haben Sie bei dieser Aufforderung im Geiste ein inneres Bild erzeugt oder sich eher ein Geräusch oder eine mit der Zeitungslektüre verbundene Körpererfahrung vorgestellt? Das kann durchaus außerhalb Ihrer bewußten Wahrnehmung geschehen sein. Die meisten Menschen sind es nämlich nicht gewohnt, auf so etwas zu achten."

Die nächste Frage: „Können Sie sich an einen bestimmten Artikel von heute morgen erinnern? Fanden Sie das Gelesene – im Rahmen Ihres üblichen Bezugssystems – richtig? Woher wissen Sie, daß es richtig war? Beobachten Sie, wie eine innere visuelle, akustische oder kinästhetische Repräsentation zu einem erinnerten Gefühl von Richtigkeit führte. Oder hat Ihnen eine Liste logischer Gründe und Kriterien dabei geholfen, zu diesem erinnerten Gefühl von Richtigkeit zu kommen? Ihre Antwort hierauf wird das Verständnis Ihres eigenen Entscheidungsprozesses auf eine völlig neue Ebene heben."

„Ich habe mir ein inneres Bild vorgestellt", antwortete ich.

„Gut. Lassen Sie uns nun untersuchen, wie man das Entscheidungs-People-Pattern eines Menschen identifizieren kann."

Indikatoren

Shana fuhr mit ihrer Erklärung fort. „Für die Patterns eines anderen gibt es verschiedenen Indikatoren. Einer der wichtigsten ist seine Sprache. Auf sie muß man achten."

„Auf welche Aspekte der Sprache kommt es an?" fragte ich.

„Man achtet vor allem darauf, mit welchen Worten jemand seine Erfahrungen beschreibt, auf die verwendeten Verben, Adjektive und Adverbien. Menschen, die nach optischen Eindrücken entscheiden, verwenden visuell geprägte Worte wie *sehen, aussehen, erscheinen, Sichtweise, beobachten, hell, klar* oder *fokussiert*. Bei akustischen Entscheidungstypen finden wir Begriffe wie *hören, sagen, erzählen, sprechen, diskutieren, singen, Ton* oder *Klang*. Gefühlsmenschen benutzen kinästhetisch geprägte Ausdrücke: *fühlen, begreifen, Balance, Widerstand, warm, glatt, weich, hart* oder *fest*. Menschen mir rationalen Entscheidungskriterien schließlich verwenden gerne unspezifische Verben wie *denken, verstehen, erfahren, lernen, Prozeß, entscheiden, motivieren, konzipieren* oder *beweisen*. Wenn man sorgfältig registriert, mit welchen Begriffen jemand seine Erfahrungen beschreibt, erkennt man schnell, wie er diese Erfahrungen innerlich darstellt. Achten Sie auch auf Tonfall und Sprechgeschwindigkeit. Visuelle Menschen sprechen gerne schnell und mit relativ hoher Stimme. Ganz das Gegenteil bei kinästhetisch Orientierten: Sie sprechen eher langsam und mit tiefer Stimme. Auditive Menschen sprechen rhythmisch und variieren ihren Tonfall. Rationale Entscheidungstypen sprechen eher gleichmäßig und monoton. Es gibt noch weitere Indikatoren, doch sollten Sie diese zuerst beherrschen."

Management: Weshalb jeder seinen Chef für einen Idioten hält

Marvin war groß in Form und begann gleich mit einer verblüffenden Frage: „Mal ehrlich: Haben Sie schon mal gedacht (ob jetzt oder in der Vergangenheit): Ihr Chef ist ein Idiot?"

„Bei all dem, was ich hier lerne, könnte ich das nun wirklich nicht sagen."

„Wie steht es mit Ihrer Frau oder Ihren Kindern oder Ihren Eltern? Haben Sie die schon mal für Idioten gehalten? Ich wette, ja. Aber wie ist es möglich, daß Sie Idioten zu Freunden haben, Ihre Kinder zu Idioten erzogen haben und für jemand arbeiten, der ein Idiot ist? Eigentlich ganz einfach. Sie stehen davor, die absolut wichtigste Lektion Ihres Lebens über das Thema Kommunikation zu lernen. Sie werden einsehen, wieso 99% aller Versuche, jemanden von etwas zu überzeugen, nichts weiter als reine Zeitverschwendung sind."

„Da bin ich aber gespannt", sagte ich.

„Jeder Mensch auf diesem Planeten macht das, was er tut, aus einem und nur einem der folgender vier Gründe: 1) weil es richtig aussieht, 2) weil es sich richtig anhört, 3) weil es sich richtig anfühlt oder 4) weil es Sinn macht. Beinahe alle handeln aus den ersten drei Gründen und praktisch niemand aufgrund von Nummer vier! Und trotzdem ist etwas Erstaunliches passiert. Die Richtigkeits-Leute haben es geschafft, die Kontrolle über die gesamte Kommunikation der Welt zu übernehmen. Sie haben es geschafft mit Hilfe des kleinen, simplen Wortes *Warum*.

Wie konnte das passieren? Angenommen, Ihr Chef oder Ihre Frau haben etwas vor. Als gewissenhafter und hingebungsvoller Angestellter oder Ehemann widerstrebt es Ihnen, etwas zu nur deshalb zu tun, weil es Ihnen jemand sagt. Also greifen Sie zu dem Zauberwort *Warum*? Jetzt geht der Spaß los. *Warum* verlangt nach *Was*. Nach Begründung und Logik. Aber leider handeln die Menschen normalerweise nicht aus logischen Gründen. Wir sind meistens weder logisch noch vernünftig. Die meisten von uns tun, was sie tun, weil es richtig aussieht oder sich richtig anhört bzw. anfühlt. Aber das kann man natürlich niemandem so sagen. Dann würden die anderen ja denken, wir wären Idioten. Was machen wir also? Wir erfinden die Gründe! Diese Begründungen haben nichts mit den wirklichen Motiven zu tun. Es handelt sich um nachträgliche Rationalisierungen. Sie stellen den Versuch dar, etwas als vernünftig darzustellen, was von Anfang an nicht vernünftig war, damit die anderen endlich aufhören, einen weiter mit dieser (wie wir sehen werden: dummen) Frage *Warum* zu belästigen."

„Was soll man denn tun, wenn man derartige Begründungen zur Antwort bekommt?" wollte ich wissen.

„Jemand wie Sie sagt jedenfall nicht einfach *Wunderbar!* und läßt es dabei bewenden. Auf keinen Fall. Die angegebenen Gründe sind unvernünftig und machen für Sie keinen Sinn. Was tun Sie also als gewissenhafter und hingebungsvoller Angestellter und Ehemann, der Sie sind? Natürlich weisen Sie den anderen auf die Fehler in seiner Begründung hin. Geduldig erklären Sie, was daran nicht stimmen kann. Schließlich geht es Ihnen ja nur um das Wohl des anderen. Sie möchten helfen, weil Sie den anderen mögen und verhindern wollen, daß er einen dummen Fehler macht, der ihm später leid tut."

Ich wußte Marvins Humor in seinen Darlegungen sehr zu schätzen.

„Daran ist eigentlich nichts Schlimmes. Hören Sie genau zu. Dies ist die zweitwichtigste Lektion über Kommunikation in Ihrem Leben, und sie mag sich seltsam anhören: Wenn Sie wirklich möchten, daß jemand seine Meinung ändert, müssen Sie ihn dazu bringen, die Bilder in seinem Kopf zu verändern oder die Art, wie er mit sich selber spricht, oder sich körperlich anders zu fühlen! Und das erreicht man nicht mit Logik und Vernunft. Die meisten Leute machen etwas, weil es richtig aussieht oder sich richtig anhört bzw. anfühlt. Eine Veränderung erreicht man nur über die Veränderung ihrer Bilder, Töne und Gefühle."

„Und wie macht man das?" fragte ich.

„Den visuellen Entscheidungstyp spricht man an, indem man mit Worten ein Bild malt. Man erzählt eine visuelle Geschichte mit visuellen Metaphern. Man drückt sich bildlich aus und spricht schnell. Man beschreibt, wie man glaubt, daß etwas aussehen sollte, und achtet dabei auf die Reaktion des anderen. Visuelle Entscheider stellen sich etwas vor, indem sie nach oben blicken oder ihren Blickfokus entspannen. Man lädt den anderen ein, sich bildlich vorzustellen, was man gerade beschreibt, und justiert sein Bild so lange, bis man die gewünschte Reaktion erhält. Lassen Sie den anderen ruhig Form und Inhalt seines Bildes verändern. Den Inhalt kann man durch ein anderes Bild mit einem anderen Inhalt ersetzen. Man kann auch den Inhalt oder Kontext beibehalten, aber die Form verändern, indem man bestimmte Parameter wie Größe, Abstand, Fokus oder Helligkeit variiert.

Bei jemandem, für den sich alles richtig anhören muß, spricht man mit angenehmem Tonfall, mit einer Stimme wie Musik. Man beschreibt ein Vorhaben danach, wie es sich anhören sollte. Werden Sie ruhig poetisch. Man erkennt, daß der Partner nach innen horcht, wenn seine Augen horizontal nach recht oder links gehen. Man variiert Stimme und Beschreibung, bis die gewünschte Reaktion eintritt.

Wenn man einen Gefühlsmenschen richtig ansprechen will, muß man seine Emotionen beteiligen. Man spricht langsam und verwendet Metaphern, die Gefühlsreaktionen hervorrufen. Die Kontaktaufnahme zu den eigenen Gefühlen wird hier oft von einem seitwärts nach unten gerichteten Blick begleitet. Teilen Sie dem anderen mit, daß Sie möchten, daß er sich in bestimmter Weise fühlt. Gefühlsmenschen treffen Entscheidungen nur langsam, denn ihre Gefühle brauchen Zeit, um sich zu entfalten. Lassen Sie dem anderen ruhig die Zeit, die er braucht, und lenken Sie ihn allmählich in Richtung der gewünschten Reaktion."

„Klingt einleuchtend", kommentierte ich.

„Die großen Meister der Kommunikation haben das schon immer gewußt. Schon früh gab es einen Konflikt zwischen Rhetorik und Logik. Plato kritisierte die Sophisten, die das Interesse des Volkes auf ihrer Seite hatten. Verteidiger der Vernunft haben sich immer über die Beeinflußbarkeit der Menschen beklagt. Ihnen war bewußt, daß die meisten Menschen – gemessen am Maßstab der Vernünftigen – unvernünftig sind, daß sie sich mehr von Gefühlen als von Vernunftgründen beeindrucken lassen. Sie hielten und halten dies für eine große Schwäche."

„Das ist der Lauf der Dinge", warf ich ein.

„Die Philosophen haben es oft vorgezogen, lieber recht zu haben (gemäß den eigenen Maßstäben), als Wirkung zu erzielen. Darin zeigt sich ein gewisses Mißverstehen der wahren Wunder des menschlichen Intellekts. Indem sie sich auf einen begrenzten Bereich der menschlichen Fähigkeiten konzentrieren, übersehen sie die unglaubliche Weite dessen, wozu der menschliche Geist fähig ist. Aus intellektueller Arroganz und Rechthaberei übersehen sie, daß es viele Wege zur Wahrheit gibt und daß die Vernunft nur einer davon ist. Natürlich geben sie zu, daß es etwas gibt, das größer ist als die Vernunft, und nennen es Weisheit. Vor lauter Begeisterung für die Möglichkeiten der Sprache übersehen sie dabei, daß wahre Weisheit häufiger in Form einer Vision oder inneren Stimme oder eines Gefühls erscheint als in einer langwierigen und hitzigen Debatte."

„Trotzdem halte ich Vernunft für wichtig", äußerte ich mit Nachdruck.

„Auf jeden Fall. Verstehen sie mich nicht falsch: Vernunft ist sehr wichtig. Aber sie ist nicht das einzige. Es gibt auch andere Wege zur Weisheit, und ein wirklich effektiver Kommunikator kennt all diese Wege. Wenn wir uns jetzt der Erkundung dieser anderen Wege zuwenden, werden wir feststellen, daß die wirklichen Trottel diejenigen sind, die ihre Kommunikation nicht so flexibel handhaben können, daß sie die gewünschte Reaktion bekommen. Wirklich unvernünftig ist nur, wer glaubt, Vernunft sei der einzige Weg zur Wahrheit. Ignoranz zeigt sich im Fehlen der Weisheit, die das Herz der Menschen für sich einnimmt und auch die Wahrheit von Visionen, inneren Stimmen und körperlichen Gefühlen der Gewißheit anerkennt."

Damit beendete Marvin seinen Vortrag und schickte mich in die Verkaufsabteilung.

Kaufstrategien

Richard begrüßte mich fröhlich.

„Bekanntlich leben wir in einer konsumorientierten Gesellschaft, selbst wenn Rezessionsjahre unserer Spendierlaune gelegentlich einen Dämpfer verpassen. Aber wer sich nichts Großes leisten kann, kauft sich eben etwas Kleineres. Außerdem brauchen wir ohnehin regelmäßig eine ganze Palette von Dingen des Grundbedarfs, wie Lebensmittel und Hygieneartikel. Mit einem Wort: Irgendwann kauft jeder etwas. Aber wie entscheiden wir, was wir kaufen? Warum ziehen wir eine bestimmte Marke einer anderen vor?" Noch bevor ich eine Antwort geben konnte, setzte Richard seine Erklärung fort.

„Betrachten wir unsere Kaufstrategien im Licht der Entscheidungs-People-Patterns. Wie gesagt, Konsum spielt eine wichtige Rolle in unserem Leben. Wonach entscheiden wir, was wir kaufen? Manche Dinge, wie Brot oder Milch, kaufen wir regelmäßig; große Ausgaben, etwa für ein Auto oder Haus, fallen seltener an. Doch egal, was wir kaufen: Jeder hat seine persönliche Entscheidungsstrategie.

Oft kann man hören, früher sei alles einfacher und weniger komplex gewesen. Heute kann selbst ein Besuch im Supermarkt für einige Verwirrung sorgen. Früher kaufte man einen Liter Milch oder eine Flasche Orangensaft. Heute gibt es zahlreiche Marken und die verschiedensten Sorten von Milch und Saft, die sich an all die verschiedenen Ernährungsgewohnheiten und Vorlieben der Konsumenten richten. Das Spiel um die endgültige Kaufentscheidung ist also sehr kompliziert geworden." Ich hatte das Gefühl, das Richard genau das aussprach, was ich dachte, so als hätte er direkten Einblick in meine Gedankenwelt. Mehr denn je hatte ich den Wunsch, meine Kenntnis der People Patterns zu vertiefen.

„Wie alle anderen Entscheidungen treffen wir auch unsere Kaufentscheidungen mit Hilfe unserer speziellen Entscheidungs-People-Patterns. Selbst die banalste Sache kaufen wir aus einem und nur einem der folgenden vier Gründe: Sie sieht richtig aus, sie hört sich richtig an, sie fühlt sich richtig an, oder sie scheint vernünftig zu sein. Das gilt für alle Produkte, ob teuer und extravagant oder preiswert und alltäglich."

„Was ist mit wirklich wichtigen Anschaffungen?" fragte ich.

„Gut, lassen Sie uns den Erwerb einer sehr bedeutsamen Anschaffung untersuchen", antwortete Richard. „Viele von uns stehen eines Tages vor der Entscheidung, ein Eigenheim zu kaufen. Man schaut sich zahlreiche Häuser an und unterschreibt zum Schluß den Vertrag für eines. Wie kommt es dazu? Ohne sich darüber im klaren zu sein, fällen die Menschen die Entscheidung darüber, wo sie von jetzt ab wohnen, auf der Grundlage einer einzigen Sache — des Entscheidungs-Patterns." Ich wollte Richard nicht unterbrechen, denn ich war gespannt, wie es weiterging.

„Visuell orientierte Entscheidungsmacher ziehen ein bestimmtes Haus nur deshalb allen anderen Häusern vor, weil es ihrer geistigen Bildvorstellung davon entspricht, wie das ideale Heim auszusehen hat. Sieht es richtig aus? Entspricht es dem persönlichen Ideal, wie ein Haus aussehen sollte? Dann wird es gekauft. Das mentale Bild löst die Kaufentscheidung aus. Klaffen Bild und Wirklichkeit zu weit auseinander, fällt der Kauf ins Wasser."

„Darin kann ich mich wiederfinden", kommentierte ich.

„Dachte ich mir. Beim visuellen Käufer haben die ästhetischen, d.h. die visuellen Aspekte Vorrang vor anderen Faktoren. Vermutlich hat er schon von Anfang an ein ziemlich klares Bild von seinem idealen Haus im Kopf. Vielleicht stellt er sich ein rotes Ziegelsteinhaus vor mit vier Schlafzimmern, einer Doppelgarage und einem großen Wohnzimmer mit Eßecke. Wo diese Elemente nicht gegeben sind, hat auch der beste Makler kaum Chancen."

„Wenn ich darüber nachdenke, sehe ich, wie wichtig auch bei unserem ersten Hauskauf der erste Eindruck gewesen ist", fiel mir ein. Ich war fasziniert davon, all das im Lichte meiner eigenen Kaufstrategie in dieser Weise zu betrachten zu können.

„Der erste Eindruck ist der stärkste – ganz besonders beim visuell bestimmten Entscheidungstyp. Er wünscht sich ein rotes Ziegelsteinhaus und trifft auf eine weiße Villa mit Säulen neben dem Eingang – und die Sache ist so gut wie gelaufen. Was er sieht, stimmt nicht mit seinem inneren Bild eines idealen Hauses überein. Dieses Haus da draußen sieht einfach nicht richtig aus. Entspricht dann die Inneneinrichtung doch seinen Vorstellungen, gibt es vielleicht noch eine kleine Chance. Die anderen drei Entscheidungstypen, der auditive, der kinästhetische und der vernunftorientierte, sind durchaus bereit, neben dem ersten Eindruck auch andere Faktoren zu berücksichtigen."

„Das Aussehen ist für mich ganz wichtig", erklärte ich.

„Das wundert mich nicht", erwiderte Richard. „Der (innere und äußere) Gesamteindruck eines Hauses ist für jemand, für den etwas richtig aussehen muß, von besonderer Bedeutung. Das Haus muß gepflegt wirken. Er möchte, daß sein Haus gut aussieht, ordentlich und sauber. Aussehen und Erscheinung sind sehr wichtig. Es hebt nicht gerade seine Meinung von einem Haus oder seinem Verkäufer, wenn er das Objekt bei der Besichtigung schmutzig oder in Unordnung findet. Vielleicht macht er sogar den Fingertest. Jedenfalls richtet er mehr Aufmerksamkeit auf den Zuschnitt der Räume und die Ausstattung als Käufer mit anderen Entscheidungs-Filtern. Wie sieht die Küche aus? Was ist mit dem Garten?

Bitte erinnern Sie sich an das Primary Interest Pattern, von dem abhängt, wofür sich jemand im Leben besonders interessiert. Er bestimmt auch, welche Elemente im Rahmen unseres Entscheidungs-Patterns vor allen anderen richtig aussehen, sich richtig anhören oder sich richtig anfühlen müssen."

Dann ergänzte er: „Auch der Makler oder der Besitzer des Hauses sollten auf ihre Erscheinung achten. Sie sollten in den Augen des visuell geprägten Interessenten ebenfalls richtig aussehen. Eine ungepflegte Erscheinung kann den Verkauf nur erschweren. Für jemand mit anderem Entscheidungs-Muster mögen diese Kriterien völlig nebensächlich sein. Da jedoch 40% aller Menschen ihre Entscheidungen auf der Grundlage von richtigem Aussehen treffen, sollten sich Makler und Verkäufer über diesen Aspekt mehr Gedanken machen. Sie könnten sicherlich ihre Abschlußquote deutlich verbessern."

„Eigentlich dachte ich bisher immer, ich würde meine Entscheidungen aufgrund vernünftiger Kriterien fällen. Allmählich erkenne ich, was wirklich bei mir abläuft", sagte ich.

„Beschäftigen wir uns nun mit dem auditiven Entscheidungstyp, dem etwa 5% bis 10% der Bevölkerung angehören. Er achtet beim Hauskauf in erster Linie auf die dabei auftretenden Geräusche, den Lärm und die Stimmen. Hört sich alles richtig an? Sound ist hier wichtiger als Aussehen. Der Tonfall des Maklers oder die Stimmen des Verkäufers und anderer Beteiligter spielen eine entscheidende Rolle. Wem es bei Entscheidungen egal ist, ob sich etwas richtig anhört, hat hierfür vermutlich kein Verständnis."

„Auf was also muß ein Verkäufer bei solchen Kunden achten?" wollte ich wissen.

„Sie sind also ein Makler oder Hausbesitzer, und für den Interessenten kommt es darauf an, daß sich alles richtig anhört. Zunächst müssen Sie darauf achten, mit angenehmer Stimme zu sprechen. Vermeiden Sie es, zu schreien oder zu flüstern, denn auditiv Entscheidende reagieren besonders sensibel auf alle extremen Geräusche. Außerdem scheinen sie eine unglaubliche Fähigkeit zu besitzen, Täuschungen oder Unkorrektheiten im Vortrag des Verkäufers zu entdecken."

Es wäre mir nicht eingefallen, in diesem Zusammenhang über Musik zu sprechen. „Angenehme Hintergrundmusik kann ebenfalls den Verkauf erleichtern", erklärte Richard. „Finden Sie heraus, was für Musik der Interessent besonders mag, und lassen Sie sie diskret im Hintergrund spielen. Vielleicht hören Ihre Kinder gerne laute Rockmusik oder haben ihren Fernseher besonders laut. Für die Dauer der Besichtigung sollten Sie Derartiges unterbinden. Beten Sie, daß laute Nachbarn während der Besichtigunstermine nicht zu Hause sind. Und seien Sie sich bewußt, daß auch alle anderen Geräusche, die wir normalerweise kaum wahrnehmen, Verkehrsgeräusche etwa oder eine summende Klimaanlage oder Vogelgezwitscher oder rauschende Bäume, auf auditive Entscheider einen enormen Einfluß haben können.

Genauso schädlich sind quietschende oder laut zufallende Türen oder plötzlich einsetzender Lärm. Derartiges zeichnet der Interessent in Stereoqualität in seinem Kopf auf und vergißt es nicht mehr! Stellen Sie sich nur vor, er dreht einen Thermostaten auf, und der Heizkörper fängt an, zu zischen und zu rumpeln. Selbst ein Haus, das ansonsten gute Chancen hätte, kann dadurch in Ungnade fallen. Verkehrslärm kann man mit etwas leichter Musik überlagern. Auf keinen Fall sollte der Fußboden quietschen, und wackelnde Regale sind verboten. Nochmals: Auditiv eingestellte Käufer können sich an Dingen stören, die anderen überhaupt nicht auffallen."

Richard ging zum nächsten Entscheidungs-People-Pattern über. „Jemand, für den sich alles richtig anfühlen muß, kümmert sich nicht um störende Geräusche oder äußere Erscheinung. Er möchte sich in seinem Haus im wahrsten Sinne des Wortes wohl fühlen. Wie geht er bei der Entscheidung vor? Er wird alles anfassen, Wasserhähne auf- und zudrehen, Fenster und Türen öffnen und schließen, Wände betasten, Heizkörper aufdrehen und Toilettenspülungen betätigen. Alles, was es ihm möglich macht, das Haus zu erfühlen."

Mir fiel auf, daß sich meine Frau bei unserem Hauskauf so verhalten hatte.

„Bei Gefühlskäufern kommt es auf eine angenehme Raumtemperatur während der Besichtigung an. Versuchen Sie schon im voraus herauszufinden, ob sie es lieber warm oder kalt haben, und stellen Sie im Winter die Heizung und im Sommer die Klimaanlage entsprechend ein."

„Ich erinnere mich, daß meine Frau bei den Hausbesichtigungen jedesmal einen Kommentar zur Temperatur abgegeben hat", berichtete ich.

„Ganz typisch für einen Menschen, der nach dem Gefühl vorgeht. Beziehen Sie ihn außerdem aktiv in die Besichtigung ein. Statt die Funktionsweise einer bestimmten Einrichtung vorzuführen (was bei einem visuellen Entscheider richtig wäre), läßt man den Interessenten alles selbst ausprobieren. Lassen Sie ihn Knöpfe drehen und Schalter betätigen und die verschiedenen Texturen von Holz, Marmor, Naturstein oder Teppichböden ausprobieren. Fühlmenschen sind außerdem recht empfindlich für Gerüche. Inzwischen weiß man, wie stark bestimmte Gerüche, z.B. Gerüche, die einen an die Kindheit erinnern, eine Kaufentscheidung beeinflussen. Man verkauft ein Haus wesentlich leichter, wenn es vom Duft frisch gebackenen Brotes durchzogen wird. Sorgen Sie also dafür, daß alles gut riecht. Umgarnen Sie den Gefühlsentscheider mit einem frisch gebackenen Brot und einer Tasse Tee und einem bequemen Sessel vor dem knisternden Kaminfeuer. Im übrigen entscheidet auch hier die Ausprägung des Primärinteressen-Filters, welche Aspekte im und um das Haus herum bei der potentiellen Kaufentscheidung mitspielen."

„Auf mich wirkt das alles etwas unsinnig und übertrieben", wandte ich ein. „Geht das anderen visuellen Entscheidungstypen genauso?"

„Nicht nur denen, sondern auch den auditiv orientierten. Und mit Sicherheit stört es alle, die Ihre Entscheidungen nach rationalen Kriterien fällen. Wenn man ein anderes Entscheidungs-Pattern hat, kann man sich kaum vorstellen, wie sich etwas richtig anfühlen kann. Für den Fühlmenschen wiederum sind die visuellen und akustischen Aspekte oder die Listen der Vernunftmenschen überhaupt nicht nachzuvollziehen."

„Ich kann mir vorstellen, daß das einen Makler mit anderem Entscheidungs-Pattern zur Verzweiflung treiben kann", warf ich ein.

„Er fragt einen Gefühlsentscheider, wie der sich sein künftiges Haus vorstellt, und erhält eine Beschreibung. Dann besichtigen beide ein Haus, das genau der äußeren Beschreibung entspricht, die der Makler verstanden hatte. Doch der Kunde lehnt ab mit der Begründung, es fühle sich nicht wie das richtige Haus an. Spätestens hier sollte ein erfahrener Makler von der optischen Schiene umschalten auf Gefühlsqualitäten und Komfort. Was einem visuellen Käufer unordentlich und nicht gerade stilvoll vorkommt, mag der Gefühlskäufer heimelig und gemütlich finden."

„Bleibt also noch jener seltsame Käufertyp, der sich nach Vernunftkriterien richtet", bemerkte ich.

„Ja. Er verfolgt eine ganz eigene Kaufstrategie, bei der weder das Aussehen noch die Geräuschkulisse, noch das Gefühl den Ausschlag geben. Vielmehr kommt er mit einer Liste von Merkmalen, die sein Haus haben soll, mit der er jedes Objekt vergleicht. Vor der Kaufentscheidung erkundigt er sich nach vielen Details."

„Es wird nicht einfach sein, mit diesem Käufertyp unzugehen", vermutete ich.

„Jedenfalls dann, wenn der Makler keine Ahnung hat, mit welchem Entscheidungs-Pattern er es hier zu tun hat. Er sollte sich jedenfalls auf eine Menge Fragen vorbereiten, auf die Leute mit anderem Entscheidungs-Pattern erst gar nicht kommen würden. Je besser vorbereitet er wirkt, desto mehr Pluspunkte kann er beim Interessenten sammeln. Vor allem sollte er keine Fragen in der Richtung stellen, wie das Haus für den Interessenten aussieht oder wie er sich darin fühlt. Vernunftentscheider finden solche Fragen sinnlos bis abstoßend. Statt dessen liefert man Fakten und Gründe, die für die tolle Qualität des Hauses sprechen – je mehr, desto besser.

Sicherlich hilft es, wenn man herausfinden kann, was dem Vernunftkäufer besonders wichtig ist. Wie sieht seine Kriterienliste aus? Vielleicht können Sie entsprechende Veränderungen vorschlagen, die das Haus seinen Vorstellungen näherbringen. Vernunftkäufer schätzen es, etwas über das Haus lesen zu können. Der Makler sollte also eine schöne Mappe vorbereiten. Und vergessen Sie nicht, daß sich der Vernunftkäufer zum Schluß aus Gründen für ein Haus entscheidet, die niemandem mit anderem Entscheidungs-Pattern irgend etwas bedeuten müssen."

Nach allem, was Richard mir erklärt hatte, kannte ich doch immer noch nicht seine eigene Kaufstrategie. Ich wartete also, ob er später dazu noch etwas sagen würde.

Unangemessene Kaufstrategien

Vorerst gab Richard eine kurze Zusammenfassung des bisher Gesagten. „Menschen kaufen also etwas aus einem von vier Gründen. Manche Kaufstrategien sind nun für bestimmte Produkte geeigneter als andere. Offensichtlich ist die Bewertung visueller, auditiver oder kinästhetischer Produkte mit Hilfe der entsprechenden Kriterien besonders sinnvoll. Allerdings gibt es immer wieder Kunden, die es anders machen. Das kann zu ausgesprochen komischen Ergebnissen führen."

„Ja", sagte ich. „Genauso wie bei meinen Bekannten, die nicht über eine visuelle Strategie verfügen."

„Nehmen wir z.B. den Kauf einer Stereoanlage. So seltsam es klingen mag: Die meisten Leute kaufen eine Stereoanlage, weil sie gut aussieht, und nicht aufgrund ihrer akustischen Qualitäten! Sie interessieren sich für ihre Farbe, das Design und ob sie zur Wohnungseinrichtung paßt." „Das wäre mir allerdings auch sehr wichtig", warf ich ein.

„Warum auch nicht? Schließlich können visuelle Menschen sowieso nicht zwischen High und Medium Fidelity unterscheiden. Wenn die Soundqualität also nicht so wichtig ist, kann man ruhig Wert darauf legen, daß die Anlage wenigstens prima aussieht." Nun war ich doch sicher, daß Richard das gleiche Entscheidungs-Pattern hatte wie ich.

„Es kommt häufig vor", fuhr er fort, „daß Menschen ihr Entscheidungs-Pattern auch in unangemessenen Zusammenhängen durchsetzen. Man weiß, daß Telefonverkäuferinnen oft aufgrund ihres Aussehens und nicht aufgrund ihrer Telefonstimme eingestellt werden. Andere kaufen Möbel oder Anzüge, die furchtbar unbequem sind, aber toll aussehen. Wieder andere kaufen Möbel und Anzüge, die furchtbar aussehen, aber bequem bzw. angenehm zu tragen sind. Man könnte viele Beispiele nennen."

Nach diesem Vortrag über Kaufstrategien wechselte Richard das Thema und kam auf die Konsequenzen für den Verkauf zu sprechen.

Verkauf

„Betrachten wir nun die Implikationen des Decision People Patterns für den Verkauf. Wie verhält man sich als Verkäufer bei jedem einzelnen der vier Patterns?

Beginnen wir mit der Verkaufspräsentation für Menschen, die nach dem richtigen Aussehen entscheiden. Zunächst sollten Sie als Verkäufer viel Wert darauf legen, selbst gut auszusehen. Haben Sie nicht selbst schon mal einen Kauf unterlassen, weil Ihnen das Aussehen des Verkäufers nicht gefiel? Allerdings legt jeder visuelle Käufer auf unterschiedliche Aspekte des Aussehens Wert.

Der Verkäufer muß sehr sorgfältig auf sein präsentables Äußeres achten. Damit meine ich nicht den stereotypen Autoverkäufer-Look. Tragen Sie saubere, gebügelte Anzüge mit blank geputzten Schuhen und ordentlicher Frisur. Sie müssen schon eine gute Figur machen, bevor das Verkaufsgespräch beginnt. Ihre Verkaufs-Chancen sehen viel besser aus, wenn der visuelle Käufer von Anfang an einen guten

Eindruck von Ihnen hat. Dabei kann selbst die geschmackvolle farbliche Abstimmung, so unwichtig sie anderen erscheinen mag, den Unterschied zwischen Verkauf und Nichtverkauf ausmachen."

Das leuchtete mir absolut ein.

„Im Modebereich beispielsweise bekommt dieser Faktor eine noch viel größere Bedeutung. Wer von den visuell orientierten Käufern und Käuferinnen läßt sich schon von einer Verkäuferin beraten, die selbst nicht besonders vorteilhaft gekleidet ist? Daneben spielt natürlich auch das gesamte Verkaufsambiente eine Rolle. In sauberer, heiterer und angenehmer Umgebung finden die besten Verkaufsgespräche statt."

Dem hatte ich nichts hinzuzufügen, so daß Richard fortfuhr: „Im Verkaufsgespräch selbst sollte man Fotos und grafische Darstellungen des Produkts oder der Dienstleistung präsentieren können. Bei visuellen Kunden sind Dias, Videos, Zeichnungen und bildliche Darstellungen jeder Art extrem wichtig. Ohne solche Unterstützung kommen Sie dem Käufer sozusagen nur halb entgegen. Farbfotos sind besser als Schwarzweiß-Bilder, großformatige Aufnahmen besser als kleine, unscharfe. Für visuelle Käufer sind Farben ausgesprochen wichtig. Die drei beliebtesten Farben bei Menschen mit einem Einkommen über 150.000 DM pro Jahr sind IBM-Blau, Jagdgrün (die Farbe des Geldes) und Taubengrau. Gold und Silber sind ebenfalls beliebt. Wir wollen uns hier nicht weiter mit der psychologischen Farbenlehre beschäftigen. Als Beispiel soll ein Hinweis auf die Fluggesellschaft United Airlines genügen. Sie hat ihre traditionellen Farben Orange-Rot, Weiß und Blau ersetzt durch Grau, Blau, Rot, Indigo und Amber. Man nannte dies *Die Farben der Welt* und starteten eine neue Kampagne mit dem Slogan *Bold New Colors of the Friendly Skies*. Die Farben sollen auf all die Orte rund um den Globus hinweisen, zu denen Flugverbindungen bestehen: *das grenzenlose Blau eines Morgens in Paris, das solide Grau der Wall Street, das leuchtende Rot eines australischen Sonnenuntergangs* usw. Diese Art des farbenfrohen Verkaufens ist ideal für visuell geprägte Kunden."

Wieder war ich in hohem Maße überrascht, wie diese Information bis ins Detail mit meinem eigenen Entscheidungs-Muster sowie dem vieler meiner Bekannten übereinstimmte.

„Visuelle Kunden wollen das Produkt oder das Ergebnis Ihrer Dienstleistung wirklich sehen. Speziell bei Dienstleistungen, sagen wir: der Holzveredelung, sollte man sich die Mühe machen, dem potentiellen Käufer tatsächliche Arbeitsproben zu zeigen. Verkauft man Bekleidung, läßt man sie den Kunden anprobieren. Einer unserer Bekannten ist ein außerordentlich erfolgreicher Bekleidungsverkäufer. Er läßt seine Kunden einen Anzug anprobieren und malt ihnen dann Situationen aus, in denen sie in diesem Anzug eine gute Figur machen. Er nennt das *sich in den Anzug verlieben*. Bei visuellen Käufern funktioniert das hervorragend."

„Dem würde ich bestimmt auch auf den Leim gehen", mußte ich zugeben.

„Wenn man sein Produkt in einer realen Verwendungssituation demonstrieren kann, sollte man es tun", erklärte Richard weiter. „Zeigen Sie dem Kunden, wie man damit umgeht. Beschreiben Sie das Produkt in visuellen Begriffen. Oder bringen Sie den Kunden dazu, sich selbst als Besitzer des Produkts zu sehen. Machen Sie den Film möglichst lebhaft und unterhaltsam. Wenn es geht, zeigt man Fotos, wie andere Leute das Produkt benutzen, oder man läßt den Interessenten mit früheren Kunden sprechen, die ihm zeigen, wie man das Produkt benutzt und wie zufrieden sie damit sind. Andere zu sehen macht vor allem auf visuelle Kunden mit äußerem Bezugsrahmen großen Eindruck. Kunden mit internem Bezugsrahmen hingegen leitet man dazu an, sich selbst mit dem Produkt vorzustellen. Je heller und größer das Bild, desto besser. Erzählen Sie Geschichten, bei denen ihnen die lebhaftesten Bilder einfallen. Halten Sie sich nicht mit unnützen Fakten auf. Und zu guter Letzt: Achten Sie auf häufigen Augenkontakt. Visuelle Menschen möchten sehen und gesehen werden."

„Eigentlich müßte das Verkaufen bei diesem Typ ganz leicht sein", sagte ich.

„Nur wenn der Verkäufer Ahnung von People Patterns hat. Bei auditiv geprägten Menschen muß man sein Verkaufsgespräch z.B. darauf abstimmen, was der Kunde hören möchte. Man verwendet angenehme Hintergrundmusik ohne markanten Rhythmus. Bringen Sie den Kunden dazu, innerlich mit sich selbst und in positiver Weise über das Produkt zu sprechen. Als Verkäufer ist hier Ihre Stimme wichtiger als Ihr Aussehen. Sprechen Sie mit optimistischem Ton und vermeiden Sie Geschwätz oder Zweifel an der Zuverlässigkeit des Produkts. Beschreiben Sie ruhig und überzeugend, wie leicht und wirkungsvoll es sich benutzen läßt und wieviel Freude man damit haben wird. Sagen Sie dem Kunden, daß er sich nach dem Kauf sicherlich zu seiner Entscheidung beglückwünschen wird. Bei Kunden mit externem Berzugsrahmen lohnt es sich, Aufzeichnungen anderer Kunden, die mit dem Produkt zufrieden sind, abzuspielen oder ein Telefonat mit einem Referenzkunden zu vermitteln."

„Ich kann mir vorstellen, daß auch die Umgebungsgeräusche eine Rolle spielen", warf ich ein.

„Allerdings. Das Verkaufsgespräch sollte ohne Geräuschbelästigung stattfinden. Sanfte Musik kann hilfreich sein. Orte, wo man von anderen gestört wird oder andere Gespräche mit anhören muß, sind ungeeignet. Bei auditiv gestimmten

Personen sind auch Follow-up-Telefonate mit angenehmer, ruhiger Stimmlage eine gute Idee. Besonders wichtig ist die Stimme bei Leuten, die im Telemarketing arbeiten."

Da ich keine Fragen hatte, kam Richard zur Gruppe der Das-muß-sich-richtig-anfühlen-Kunden. „Diese Kunden müssen sich wohl fühlen. Am besten ist ein Gesprächsort mit bequemen Sitzgelegenheiten. Die optische Ausgestaltung ist demgegenüber zweitrangig. Begegnen Sie dem Kunden zum ersten Mal allein, begrüßen Sie ihn mit deutlichem Handschlag. Der erste Körperkontakt mit jemandem hinterläßt bei Fühl-Menschen einen bleibenden Eindruck, und das Händeschütteln ist unsere sozial akzeptierte Form hierfür. Wichtig ist: Erwidern Sie seinen Händedruck so, wie er Ihre Hand schüttelt. Dies wird die unbewußte Verbindung zwischen Ihnen beiden vertiefen."

„Hier hat mich ja auch jeder per Handschlag begrüßt", erinnerte ich mich.

„Ja, und Sie haben sehr gut reagiert. – Für Fühl-Menschen können Gerüche und Geschmackseindrücke sehr wichtig sein. Bieten Sie eine Tasse Kaffee oder etwas zu knabbern an. Vorsicht vor Körpergeruch. Andererseits dürfen Sie den anderen auch nicht mit Parfum- oder Kosmetikdüften überwältigen. Starke Duftnoten werden heute immer mehr abgelehnt und gelten sogar zunehmend als gesundheitsschädlich. Und rauchen Sie auf keinen Fall, bevor nicht der andere damit beginnt."

„Und wie präsentiert man das Produkt?" wollte ich nun wissen.

„Beschreiben Sie es aus der Perspektive von jemandem, der es genießt und sich gut damit fühlt. Der Kunde soll es ruhig anfassen. Er soll Knöpfe drücken, es an- und ausschalten, drehen und wenden und die Materialien betasten. Verkaufen Sie eine Dienstleistung, die man nicht vorab demonstrieren kann, dann können Sie den Interessenten dahin mitnehmen, wo er umhergehen, die Wirkung der Dienstleistung besichtigen und entsprechende Gegenstände in die Hand nehmen kann. Er soll sich bewegen. Viele Geschäfte werden auf dem Golfplatz abgeschlossen. Geben Sie sich jede erdenkliche Mühe, zu erreichen, daß sich der Kunde beim Ausprobieren des Produkts wohl fühlt. In manchen Fällen kann man das Produkt sogar einige Tage oder Wochen zur Probe ausleihen. Hin und wieder hilft ein leichter Körperkontakt in Form einer Berührung des Arms oder der Hand, wenn ein wichtiger Punkt zur Sprache kommt."

„Alles in allem soll man also dafür sorgen, daß sich der Kunde wohl fühlt", faßte ich zusammen.

„Sich wohl fühlt mit Ihrem Produkt", bestätigte Richard. „Schließlich ist Verkaufen die Kunst, dem anderen ein gutes Gefühl zu vermitteln, wenn er Ihnen sein Geld gibt. Bei Fühl-Menschen mit externem Bezugsrahmen kann die Anwesenheit anderer, die gerade mit dem Produkt umgehen, hilfreich sein. Auch sie sollten dazu beitragen, daß sich Ihr Kunde mit dem Produkt oder der Dienstleistung wohl fühlt."

„Was ist, wenn er einen inneren Bezugsrahmen hat?"

„Dem Fühl-Entscheider bestätigt man, daß er sich innerlich sicher ist, daß er sich mit diesem Produkt gut fühlen wird. – Unabhängig vom Bezugsrahmen sollte man den Fühl-Entscheider jedenfalls nicht mit zu vielen Daten und Fakten behelligen. Das mag er gar nicht. Das wichtigste ist das tolle Gefühl, das er mit Ihnen und dem Produkt hat. Es kommt wirklich darauf an, ob Sie seine Sympathie gewinnen können. Und beenden Sie, je nach Vertrautheit mit dem Kunden, das Gespräch mit einem Händeschütteln, einem Schulterklopfen oder einer anderen geeigneten Geste."

Die letzte zu besprechende Gruppe waren die Vernunft-Entscheider.

„Hier sieht die Sache ganz anders aus. Körperkontakt in Form von Händeschütteln ist nicht verkehrt, aber auch nicht entscheidend. Viel wichtiger sind so viele gute Gründe wie möglich, die für das Produkt sprechen. Liefern Sie Fakten und Untersuchungsergebnisse. Fragen Sie auf keinen Fall, wie sich der andere fühlt. Das kann ihn völlig aus der Bahn werfen und den Verkaufserfolg gefährden.

Von allen Entscheidungs-Patterns hat der Vernunft-Typ am wenigsten mit Gefühlen zu tun. Da könnten Sie sich gleich mit der Wand unterhalten. Er interessiert sich für Fakten, nicht für Gefühlsunsinn. Ihm muß man gründlich und logisch darlegen, weshalb er das Produkt kaufen sollte. Liefern Sie sehr konkrete Gründe. Seien Sie optimistisch, gut informiert und auf alle Arten von Fragen vorbereitet. Falls Sie eine bestimmte Frage nicht beantworten können, sagen Sie einfach, daß Sie sich zuverlässig informieren und ihm die Antwort zukommen lassen wollen. Machen Sie keinen Narren aus sich, indem Sie versuchen, sich etwas zurechtzulegen. Geben Sie dem Interessenten sämtliche schriftlichen Informationen, die Sie haben – je mehr, desto besser. Wie das Produkt aussieht, sich anhört oder anfühlt, ist nicht so wichtig. Viel wichtiger ist die Liste persönlicher Anforderungen, die das Produkt erfüllen muß. Worte sind hier mehr gefragt als Bilder. Es kann sehr hilfreich sein, wenn man die Anforderungen schon vor dem Gespräch kennt und seine Präsentation darauf aufbauen kann."

„Alles klar", sagte ich, bedankte mich und machte mich auf den Weg zu Beverly.

Verhandlungen

Beverly hatte schon auf mich gewartet und fing sofort an.

„Vielleicht ist Ihnen schon aufgefallen, daß das, was Sie mit Richard zum Thema Verkauf besprochen haben, auch bei Verhandlungen angewandt werden kann. Ich bin überzeugt, daß ein Großteil unserer tagtäglichen Verhandlungsgespräche scheitert, weil wir unbewußt an das falschen Entscheidungs-Pattern appellieren. Wenn man jedoch versteht, wie jemand seine Entscheidungen trifft, kann man darauf so Einfluß nehmen, daß eine Win-win-Situation für alle Beteiligten entsteht. Viele Prinzipien, die beim Verkauf mitspielen, gelten auch hier. Vergessen Sie nie, daß sich die Menschen im allgemeinen nicht vernunftgemäß verhalten und daß nur sehr wenige Verhandlungen von Logik und Vernunft geleitet werden."

„Das war mir sicherlich eine Offenbarung!" bestätigte ich.

„Ob man es so nennt oder nicht: Jeder Tag steckt voller Verhandlungen. Wir verhandeln mit unseren Kindern, Ehepartnern, Freunden, Vorgesetzten und so weiter. Dabei verändern wir ständig – ob bewußt oder nicht – deren innere Bilder, Töne und Gefühle. Je besser und genauer wir diese Transformationen bewirken können, desto wahrscheinlicher werden wir Zustimmung zu unseren Vorschlägen finden. Wir müssen verstehen, daß das Entscheidungs-People-Pattern der Kern ist, um den sich die anderen People Patterns drehen."

Dann fuhr Beverly fort: „Vieles, was Sie über den Zusammenhang von Verkaufspräsentationen und Entscheidungs-People-Patterns gehört haben, gilt auch bei Verhandlungen. Auch hier muß man bei einem Das-muß-richtig-aussehen-Typ darauf achten, wie man selbst aussieht. Ein sauberes, ordentliches Auftreten macht großen Eindruck auf jemanden, der letzten Endes danach entscheidet, ob etwas richtig aussieht. Wenn möglich, sammelt man vorab Informationen über den Kleidungsstil des Verhandlungspartners. Ein kleines, aufrichtig gemeintes Kompliment hierzu kann Wunder wirken."

„Ich weiß inzwischen, daß bei visuell geprägten Menschen, wie ich es bin, die Umgebung sehr großen Einfluß hat", sagte ich.

„Ja. Ein visuell orientierter Verhandlungspartner achtet nicht nur auf Ihr Aussehen, sondern auch auf die Atmosphäre des Verhandlungsorts. Pflanzen und geschmackvolle Einrichtung können den Verhandlungserfolg begünstigen. Außerdem sollte man seine Argumentation mit möglichst umfangreichem Bildmaterial in Form von Grafiken, Videos und Folien unterstützen. Farbabbildungen sind besser als Schwarzweißbilder.

Verwenden Sie bildhafte Ausrücke in Ihrer sprachlichen Präsentation. Gestalten Sie Ihren Vortrag lebendig und abwechslungsreich. Ihr Ziel muß sein, daß der andere wirklich sehen kann, was Sie ihm vortragen. Am besten bringen Sie ihn dazu, sich einen inneren Film vorstellen, in dem er sich selbst in der Situation eines für Sie und ihn zufriedenstellenden Verhandlungsergebnisses sieht. Wenn er einen inneren Bezugsrahmen hat, betont man die Bedeutung seiner eigenen Entscheidung für das visualisierte Ergebnis. Hat er einen äußeren Bezugsrahmen, so regt man eine Visualisierung an, in der der Partner von anderen zu seiner Entscheidung beglückwünscht wird. Je plastischer diese Visualisierung, desto besser stehen die Chancen für ein Abkommen. Mit geeigneten visuellen Beispielen und Metaphern knüpft man an das persönliche Weltmodell des anderen an. Man entwirft ein zukünftiges Szenario, das die Verbesserung seiner Lebenssituation als Ergebnis des erzielten Kompromisses beschreibt. Nehmen Sie so oft wie möglich Blickkontakt auf. Bei fehlendem Blickkontakt fühlen sich an visuellen Eindrücken orientierte Menschen unwohl."

„Das weiß ich aus eigener Erfahrung", kommentierte ich, bevor Beverly fortfuhr:

„Auch bei Das-muß-sich-richtig-anhören-Menschen folgen Verhandlungen ähnlichen Regeln wie die Verkaufsgespräche. Leise, angenehme Hintergrundmusik ist hilfreich. Lärm und Unterbrechungen müssen vermieden werden. Man spricht mit angenehmer Stimme und verwendet Begriffe und Beispiele aus dem Bereich des Hörens. Man veranlaßt, daß der andere einen inneren Dialog führt, der sich positiv mit Ihrer gemeinsamen Verhandlung befaßt. In unaufgeregter Weise spricht man davon, welche Vorteile ein Abkommen beiden Seiten bringen wird. Vermeiden Sie lautes Sprechen und scharfe Kritik. Hat der andere ein externes Evaluation Pattern, so spricht man davon, was andere zum Verhandlungsgegenstand sagen. Hat er einen inneren Bezugsrahmen, so vermittelt man ihm die Überzeugung, daß er innerlich mit Sicherheit von den beiderseitigen Vorteilen einer Übereinkunft wisse."

Inzwischen hatte ich den Eindruck, einen wirklich guten Einblick in die Wirkungsweise der Entscheidungs-People-Patterns zu haben.

„Ein Verhandlungspartner, dem es auf das richtige Gefühl ankommt, muß sich in der Verhandlungssituation wohl fühlen. Der Raum muß bequem eingerichtet sein. Wichtig sind der Händedruck zu Anfang und am Ende und gelegentlicher Körperkontakt, wobei eine Berührung am Arm am wenigsten aufdringlich wirkt. Gelegentlich sollten beide Verhandlungspartner aufstehen und umhergehen. In manchen Fällen kann eine Verhandlung sogar im Rahmen anderer Aktivitäten wie

Golf oder Kartenspiel stattfinden. Überhaupt ist Golf heutzutage die ideale Umgebung für Gefühls-Verhandler. Auch sonst soll man den anderen dazu veranlassen, gelegentlich etwas zu tun. Bei Gefühls-Verhandlern ist das sehr wichtig. Sorgen Sie dafür, daß der Gesprächspartner den Raum mit einem ausgesprochen positiven Gefühl hinsichtlich Ihrer Person und des Verhandlungsgegenstands verläßt."

„Meine Frau geht stark nach dem Gefühl. Ich glaube, daß ich sie jetzt besser verstehe", sagte ich.

„Vermeiden Sie bei solchen Menschen auf jeden Fall den Versuch, sie mit langwierigen Erklärungen und Mengen von Fakten zu überwältigen. Fühl-Menschen haben ein schlechtes Verhältnis zu Statistiken. Sobald Sie ein Abkommen erreicht haben, untermauern Sie es mit einem Händeschütteln oder irgendeiner anderen Geste, die es im kinästhetischen Schaltkreis des anderen verankert.

Ganz anders wieder bei Vernunftentscheidern. Hier spricht man nicht von Gefühlen. Dafür sind Massen von Fakten um so wichtiger. Jeder Vorschlag sollte mit mehreren guten logischen Gründen untermauert werden. Sehen Sie zu, daß die ganze Sache vernünftig aussieht. Recherchieren Sie im Vorfeld, welche Ziele die andere Seite verfolgt und welche Kriterien ein Abkommen erfüllen muß, und stellen Sie Ihre Argumentation darauf ein."

„Den Umgang mit diesem Typus muß ich noch üben", bekannte ich. „Hier fehlt mir die Erfahrung."

„Das liegt daran, daß dieses Entscheidungs-Pattern nur sehr selten vorkommt. – Achten Sie auf die korrekte innere und äußere Distanz und vermeiden Sie unnötigen Körperkontakt. Bemerkungen über die eigenen Gefühle oder die des anderen sind überflüssig. Der Vernunftentscheider interessiert sich nicht dafür. Machen Sie einen optimistischen Eindruck und seien Sie in der Sache bestens vorbereitet. Beantworten Sie Fragen mit Intelligenz und Präzision. Sprache ist wichtiger als die damit assoziierten Bilder, Töne und Gefühle. Falls Sie Bilder verwenden, müssen sie dissoziiert sein, d.h., der andere muß sich in der Situation wie von außen sehen, statt die Erfahrung selbst zu durchleben. Erklären Sie klar und deutlich Punkt für Punkt."

Zusammenfassung

Auf dem Weg zu Shanas Büro kam es mir so vor, als wenn ich noch eine Menge zu lernen hätte.

„Wie war Ihr Tag?" fragte sie fröhlich. „Was ist das Wichtigste, das Sie heute gelernt haben?"

Ich überlegte kurz und sagte dann: „Zwei wichtige Dinge fallen mir ein. Erstens: Logik, Vernunft und Gründe sind nicht so wichtig, wie ich immer gedacht hatte. Zweitens, und dieser Punkt ist noch wichtiger: Die Mehrzahl meiner Versuche, andere von etwas zu überzeugen, ist bisher schiefgelaufen. Ich sehe jetzt, daß die Kunst des Überzeugens etwas damit zu tun hat, andere zu veranlasssen, ihre inneren Bilder, Töne und Gefühle zu verändern. Und ich sehe, daß ich darin wohl noch etwas Übung brauche."

„Könnte gut sein, daß Sie hier ausreichend Gelegenheit dafür bekommen", lächelte Shana.

Schlüssel 6: Das Motivations-People-Pattern

Einführung

Heute stand das Thema Motivation auf dem Programm. Unser Wagen steckte im Stau, und es schien, als ob wir nie zur Arbeit kommen würden. Zwei meiner Mitfahrer unterhielten sich über ihre Kinder. Es ging darum, wie man sie dazu bringen könne, ihre Schulaufgaben und häuslichen Pflichten zu erledigen. Außerdem sprach man darüber, wie man seinen Kindern beibringen könne, ihre Musik nicht ganz so laut zu hören. Dave vertrat die Ansicht, die beste Erziehungsmethode bestehe darin, seine Kinder für gutes Benehmen zu belohnen. Bei pünklicher Erledigung der Hausaufgaben durften sie abends eine halbe Stunde länger aufbleiben. Weitere Belohnungen bestanden im Besuch von Kino und Eisdiele am Wochenende.

Tom vertrat eine andere Meinung. Er hatte Daves Methode probiert und keinen Erfolg gehabt. Seiner Ansicht nach war es besser, auf schlechtes Benehmen der Kinder mit Strafe zu reagieren. Unvollständige Hausaufgaben wurden mit Fernsehverbot geahndet; bei wiederholtem Mißverhalten gab es Abzüge vom Taschengeld, in schweren Fällen sogar Ausgehverbot am Wochenende. Sue fragte die Runde, wer in diesem Fall denn wohl der Bestrafte sei. Sie argumentierte, daß es einen besseren Weg geben müßte, als die Kinder ein ganzes Wochenende lang zu Hause einzusperren und das Leben für alle Beteiligten unerträglich zu machen. Zwischen den Ansichten von Dave und Tom schienen Welten zu liegen. Die Diskussion ging weiter, und die Verkehrssituation verschlechterte sich.

Dann kam man auf das Thema Politik zu sprechen. Dave wollte einen bestimmten Kandidaten wählen, weil ihm vieles von dem gefiel, was dieser erreicht hatte. Tom hingegen wollte für den Gegenkandidaten stimmen, weil ihm einiges von dem, was Daves Kandidat in die Wege geleitet hatte, nicht paßte. Tom hatte keine besonders hohe Meinung von seinem eigenen Kandidaten, doch hielt er das Ganze für eine Frage der Wahl des kleineren von zwei Übeln. Während ich ihnen zuhörte, fragte ich mich im stillen, was meine eigenen Gründe für die Wahl eines bestimmten Politikers waren. Meistens wählte ich die Kandidaten, die mir gefielen. Doch manchmal gab es auch Kandidaten, die ich absolut nicht ausstehen konnte. In diesem Fall hätte ich vermutlich für jeden beliebigen Gegenkandidaten gestimmt.

Der Wagen hielt vor meiner Firma, und ich ging sofort hinauf in Shanas Büro. Ich erinnerte sie daran, daß sie heute die Geheimnisse erfolgreicher Motivation lüften wollte. Sie setzte sich in einen Sessel mir gegenüber.

Möhren und Stöcke

„Hier bei Success Inc. geht es um Ergebnisse", begann Shana. „Ergebnisse entstehen durch die Koordination der richtigen Aktionen zur richtigen Zeit. Es genügt nicht, zu wissen, was zu tun ist und wie es gemacht wird und daß man in der Lage ist, etwas zu tun. Man muß auch motiviert sein und die Erlaubnis haben, das Entsprechende zu tun."

„Woher weiß man, daß die richtigen Aktionen unternommen werden?" fragte ich.

„Dazu komme ich gleich", erwiderte Shana. „Hier bei Success Inc. wissen wir jedenfalls, woran es liegt, wenn die richtigen Aktionen nicht ergriffen werden. Es gibt fünf mögliche Gründe: 1) Die Mitarbeiter wissen nicht, was sie tun sollen. 2) Die Mitarbeiter wissen nicht, wie sie etwas tun sollen. 3) Die Mitarbeiter wollen es nicht tun. 4) Die Mitarbeiter können etwas Bestimmtes nicht tun. 5) Die Mitarbeiter haben nicht die Erlaubnis, etwas Bestimmtes zu tun. Nummer eins ist ein Managementproblem, Nummer zwei ist ein Ausbildungsproblem, Nummer drei ist ein Motivationsproblem, bei Nummer vier haben wir ein Problem mit der Auswahl der richtigen Mitarbeiter, und Nummer fünf ist ein Problem des gesamten Systems. Wenn hier bei uns nicht zur richtigen Zeit das Richtige getan wird, muß der verantwortliche Manager den entsprechenden Grund herausfinden und die geeigneten Korrekturen einleiten."

Da ich keine Fragen hatte, fuhr Shana mit ihrer Erklärung fort.

„Wenn Mitarbeiter bestimmte Aufgaben und Aktivitäten, die für eine Organisation unentbehrlich sind, nicht ausführen wollen, stehen wir vor einem Motivationsproblem, das schnell und wirkungsvoll gelöst werden muß. Jeder Mitarbeiter muß sich ständig für eine von vier Handlungsweisen entscheiden. Erstens, und dies ist der beste Fall, entscheidet er sich dafür, die Ziele der Organisation voll und ganz zu unterstützen und seine volle Leistung auf ihre Verwirklichung zu richten. Im zweiten Fall beschließt der Mitarbeiter, die Ziele der Organisation teilweise zu unterstützen und einen Teil seiner Leistung für ihre Verwirklichung einzusetzen. Der Anteil mag irgendwo zwischen einer hohen, aber nicht maximalen Anstrengung und dem absolute Minimum liegen, das gerade noch genügt, um nicht aufzufallen. Im dritten Fall entscheidet sich jemand, die Ziele der Organisation überhaupt nicht zu unterstützen und nichts zu ihrer Verwirklichung zu tun. Vielleicht richtet er gleichzeitig seine Anstrengungen auf die Erreichung anderer Ziele, die ihn mehr interessieren. Der vierte und schlimmste Fall ist dieser: Der Mitarbeiter setzt seine gesamte Energie ein, um die Ziele der Organisation zu vereiteln. In Unternehmen mit niedriger Arbeitsmoral, die schlecht gemanagt werden, geschieht das häufiger, als man glaubt. Es ist klar, daß Überleben und gutes Funktionieren einer Organisation direkt von der Qualität und Quantität der Anstrengungen abhängen, die die Mitarbeiter auf die Erfüllung der für die Mission notwendigen Aufgaben und Ziele richten." Als Shana sah, daß ich keine Fragen oder Kommentare hatte, fuhr sie mit dem Vortrag fort.

„Jeder Mitarbeiter muß sich ständig fragen, ob er das tut, wonach ihm selbst der Sinn steht, oder das, was die Organisation und seine Vorgesetzten von ihm verlangen. Die Situation ist ideal, wenn beides übereinstimmt. Dann entspricht das, was der Mitarbeiter möchte, demjenigen, was die Mission der Organisation erfüllt. Um diese Situation herzustellen, braucht ein Manager die richtigen Mitarbeiter, die richtige Unterstützung seitens seines Unternehmens, und er muß die wirklichen Geheimnisse der Motivation kennen. Die Auswahl der geeigneten Mitarbeiter ist Aufgabe der Personalabteilung; die Organisation selbst muß so strukturiert sein, daß sie die Motivation ihrer Mitarbeiter fördert; und schließlich ist es Aufgabe jedes einzelnen Managers zu wissen, wie man diese Elemente so miteinander kombiniert, daß die Mitarbeiter dauerhaft motiviert werden, die Ziele der Organisation zu unterstützen. Wie man das macht, werden Sie heute lernen."

„Ich glaube, daß viele Unternehmen überall auf der Welt von solchen Informationen profitieren könnten", sagte ich.

„Viele wissen noch nicht, daß die People Patterns für alle Menschen gelten, unabhängig von Rasse, Glauben oder Nationalität", erklärte Shana mit Nachdruck.

„Motivation ist ein entscheidender Erfolgsfaktor für jedes Unternehmen. Jemand ist motiviert, wenn er ein Motiv hat. Ein Motiv ist ein Drang, ein Verlangen oder ein Grund, der einen Menschen dazu veranlaßt, sich in einer bestimmten Weise zu verhalten. Motive treiben, dirigieren und selektieren unser Verhalten. Dabei unterscheidet man zwischen externen (extrinsischen) und internen (intrinsischen)

Motiven. Extrinsisch wird eine Motivation dann genannt, wenn sie auf positiven oder negativen Verstärkungen beruht, die eher außerhalb als innerhalb des Verhaltens liegen. Intrinsische Motivation hingegen entsteht aus dem Verhalten selbst. Viele unserer Verhaltensweisen sind sowohl aus extrinsischen wie intrinsischen Gründen motiviert. Normalerweise ist es kein Problem, jemanden dazu zu bewegen etwas zu tun, was er intrinsisch belohnend und lustvoll findet. Die Schwierigkeiten beginnen da, wo man Mitarbeiter dazu bewegen möchte, etwas zu tun, was keine intrinsische Belohnung in sich enthält. Hier kommen die extrinsischen Motive ins Spiel."

„Ich bin sicher, daß das für viele Unternehmen kein leichtes Unterfangen ist", warf ich ein.

„In der Tat. Motivation hat etwas mit Aktion zu tun. Ich habe bereits darauf hingewiesen, daß jedes Unternehmen die Energie seiner Mitarbeiter auf die Aktivitäten, Aufgaben und Ziele hinlenken muß, die die Mission des Unternehmens fördern: Alle Handlungen müssen zu einer Steigerung der drei P´s führen: Performance, Produktivität und Profitabilität. Die Motivation liefert den Treibstoff oder die Energie, die die Aktionen vorantreibt. Ohne Motivation passiert gar nichts. Wo keine Motivation vorhanden ist, wo es den Mitarbeitern egal ist, was passiert, herrscht Apathie. Und Apathie ist für jedes Unternehmen das Schlimmste."

„Hier bei Success Inc. habe ich von Apathie nichts bemerkt", stellte ich mit einem gewissen Erstaunen fest.

„Das liegt daran, daß das, was ich Ihnen hier erkläre, bei uns tagtäglich umgesetzt wird. Extrinsische Motivation ist kein Geheimnis. Jeder kennt sie, doch die wenigsten verstehen sie oder glauben an ihre Wirkung. Im Prinzip gibt es nur zwei fundamentale Gründe, weshalb überhaupt jemand irgend etwas tut: Die eine Art von Menschen wird dadurch motiviert, daß sie ein bestimmtes Ergebnis erreichen oder etwas Bestimmtes bekommen möchten. Wir nennen sie die Hin-zu-Menschen. Wie der aus dem Märchen bekannte Esel reagieren sie auf die Möhren, die vor ihrer Nase baumeln. Das Geheimnis besteht darin, die richtigen Möhren zu kennen. Wir werden darauf morgen zurückkommen."

„Ich kenne viele Kollegen, die diesem Bild nicht entsprechen", bemerkte ich.

„Weil sie zur anderen Kategorie gehören", antwortete Shana. „Die zweite Art von Menschen ist motiviert, weil sie etwas Bestimmtes vermeiden will. Wir sprechen hier von den Weg-von-Menschen. Um beim Beispiel des Esels zu bleiben: Ein Weg-von-Mensch wird eher durch den Stock als durch die Möhren motiviert. Ein Weg-von-Mensch reagiert erst, wenn man ihm mit dem Stock droht. Auch hier gilt wieder, daß man den richtigen Stock besitzen muß. Auch dazu morgen mehr."

154

„Heißt das, daß es bei der Frage der Motivation um nicht mehr geht als dies: die Möhren oder der Stock?" fragte ich ungläubig.

„Exakt", antwortete Shana. „Die Menschen bewegen sich entweder hin zu oder weg von speziellen Umständen, Situationen, Aufgaben, Dingen oder anderen Menschen. Sie bewegen sich auf das hin, was sie mögen, und weg von dem, was sie vermeiden wollen. Die sogenannten normalen Menschen bewegen sich hin auf alles, was mit Freude, Vergnügen und Glück assoziiert wird. Entsprechendend bewegt sich der Normalmensch weg von allem, was für ihn unangenehm, schmerzhaft oder abstoßend ist. Je stärker die Lust, desto stärker das Hin-zu-Verhalten. Entsprechend gilt: Je intensiver die Unlust oder Abneigung, desto stärker das entsprechende Weg-von-Verhalten."

Shana überlegte kurz. „Aufgrund bestimmter Ereignisse in ihrer Kindheit oder aus welchen Gründen auch immer gibt es einige Menschen, bei denen die Auslöser für hin-zu und weg-von in umgekehrter Weise zu funktionieren scheinen. Statt sich, wie „normale" Menschen, zur Lust hin zu bewegen, suchen sie den Schmerz, der in ihrem Gehirn wiederum als lustvoll übersetzt wird. Statt sich vom Schmerz wegzubewegen, suchen sie ihn und stürzen sich hinein. Für die meisten Menschen in unserer Gesellschaft gelten jedoch die normalen Muster von hin-zu und weg-von."

„Über Schmerz und Lust habe ich schon auf der Universität einiges gelernt", sagte ich.

„In der Tat ist die Dichotomie von Anziehung und Abstoßung nichts Neues", antwortete Shana, „und man hat sie schon vor mehreren Jahrhunderten als Grundkonstanten des menschlichen Verhaltens erkannt. Wenn man einem anderen einen falschen Motivationsanreiz gibt, bekommt man vermutlich eine negative Reaktion. Stellen Sie sich vor, Sie versuchen, einen Hin-zu-Menschen mit dem Stock zu motivieren. Es wird nichts weiter passieren, als daß er wütend wird und darauf sinnt, wie er es ihnen offen oder versteckt heimzahlen kann. Ein Hin-zu-Mensch kann sich einfach nicht vorstellen, daß es jemandem einfallen könnte, ihm zu drohen. Nehmen Sie einen ausgeprägte Hin-zu-Menschen mit starker Leistungsmotivation. Tatsächlich kann man ihn mit statusorientierten Belohnungen motivieren: einer eigenen Sekretärin, einem großen Büro mit schöner Aussicht oder einem reservierten Parkplatz auf dem Firmengelände. Drohen Sie ihm statt dessen mit Sanktionen, riskieren Sie, einen guten Mitarbeiter zu verlieren."

„Ich kann mich erinnern, daß das in meiner früheren Firma vorgekommen ist", sagte ich.

„Das gleiche gilt für die schönsten Möhren, mit denen sie einen Weg-von-Menschen locken wollen. Er wird darauf einfach nicht reagieren. Derartige Anreize lösen in seinem Gehirn einfach nichts aus. Auch verbale Belohnungen gehen bei ihm zum einen Ohr hinein und zum anderen wieder hinaus. Weg-von-Menschen können mit Belohnungen nichts anfangen. Sie brauchen den Stock. Wie bei den anderen People Patterns ist auch hier entscheidend, sich je nach Situation entweder als Hin-zu- oder als Weg-von-Mensch verhalten zu können."

„Ein Hin-zu-Mensch kann also auf keinen Fall durch die Drohung mit Sanktionen motiviert werden", faßte ich zusammen.

„Ganz genau", bestätigte Shana. „Das wird ihn nur verärgern, und er wird auf eine Gelegenheit warten, es Ihnen heimzuzahlen. Gleichermaßen entscheidend ist es aber, daß sich ein Weg-von-Mensch entsprechend nur dann bewegt, wenn man ihm droht. Auf Möhren reagiert er überhaupt nicht. Und jede der beiden Seiten hat es nicht leicht, die andere zu verstehen. Ebenso schwer fällt es jeder Seite, die andere zu motivieren. Weg-von-Menschen drohen Hin-zu-Menschen selbst dann mit Sanktionen, wenn sie sehen, daß die Drohungen wirkungslos bleiben. Und Hin-zu-Menschen bieten Weg-von-Menschen alle möglichen Arten von Belohnungen an und wundern sich, wieso sie keinen Erfolg haben. Natürlich, wenn das Feuer heiß genug ist, setzt sich jeder von uns in Bewegung; und wenn in der anderen Zimmerecke ein Topf voll Gold steht, wird wohl jeder von uns aufstehen, um ihn zu holen. Abgesehen von diesen Extremen neigt aber jeder von uns eher zum einen oder zum anderen Verhaltensmuster."

„Wie bei den anderen schon besprochenen People Patterns kommt es also hier wieder einmal auf Ausgewogenheit an", stellte ich fest.

Shana nickte und fuhr fort: „Nehmen Sie z.B. die Mafia. Sie versteht etwas von Motivation. Sie nennen es: ein Angebot machen, das man nicht zurückweisen kann. Während des Zweiten Weltkriegs begann die Mafia in Sizilien, öffentliche Bedienstete zu bestechen. Die Bestechung mußte so wirksam sein, daß sie nicht abgelehnt werden konnte. Die Mafia hat begriffen, daß jeder reagiert, wenn man ihm entweder eine genügend hohe Belohnung anbietet oder einen genügend großen Schmerz androht. Die Mafia setzt beide Mittel ein, bis eines davon greift."

„Tun Manager nicht das gleiche?" stöhnte ich gequält.

„Eigentlich ist es ein Mißverständnis zu glauben, daß die Mafia oder irgend jemand anders einen anderen motivieren kann", stellte Shana fest. "Motivation ist nichts, was man mit anderen Menschen machen könnte. Motive sind, wie gesagt, innere Zustände, die einen Menschen auf bestimmte Ziele und Ergebnisse hinlenken. Es ist schwierig bis unmöglich, diese inneren Zustände direkt zu erzeugen oder zu beeinflussen. Sie sind bei jedem bereits vorhanden. Wenn man jemanden also nicht direkt motivieren kann, was kann man dann tun, um sein Verhalten zu beeinflussen?"

„Genau das wollte ich gerade fragen!" rief ich.

„Die Antwort lautet: **Man kann die inneren Zustände eines Menschen nicht direkt beeinflussen, aber man kann bei ihm die Erwartung erzeugen, daß seine Motive befriedigt werden**, über die Sie die Kontrolle haben durch extrinsische Belohnungen und Sanktionen. Belohnungen und Sanktionen funktionieren nur, weil sie Motive ansprechen, die schon vorhanden sind. Derartige Belohnungen und Sanktionen müssen in Ihrer Verfügungsgewalt stehen, und der andere muß davon ausgehen, daß er sie im Austausch für das von Ihnen verlangte Verhalten erwarten kann. Kurz gesagt: **Jemanden zu motivieren heißt, die Motive zu befriedigen, die er bereits hat.** Der andere hat das Motiv, und Sie haben die Möglichkeit der Befriedigung. Extrinsische Motivation besteht also aus den drei Faktoren Motiv, Befriedigung und Erwartungshaltung. Mit diesen Faktoren muß ein Manager geschickt umgehen können. Sie öffnen die Tür zur Motivation der Mitarbeiter und zum Erfolg der Organisation."

„Faszinierend", sagte ich.

„Es gibt viele spezielle Möglichkeiten, jemanden zufriedenzustellen", fuhr Shana fort. „Morgen werden wir uns darüber im einzelnen unterhalten. Heute genügt es festzustellen, daß es zwei große Klassen gibt: die Klasse der Möhren oder Anreize und die Klasse der Stöcke oder Sanktionen. Man motiviert seine Mitarbeiter, indem man auf Motive zielt, die bereits bei ihnen vorhanden sind. Einen Hinzu-Menschen motiviert man mit extrinsischen Belohnungen, auf die er sich hinbewegen möchte. Einem Weg-von-Menschen muß man bei extrinsischer Motivation etwas anbieten, das er gerne vermeiden möchte. Hierbei handelt es sich normalerweise um Sanktionen oder Strafen. Der Mitarbeiter muß wissen, welches die unangenehmen Konsequenzen seiner Verweigerung sein werden. Und beide Gruppen müssen sich darauf verlassen können, daß Belohnungen oder Sanktionen durch ihre eigenen Aktionen bestimmt werden."

„Was Sie da sagen, gilt wohl für jede Art von Organisation weltweit", ergänzte ich.

„Durchaus. Drei Faktoren müssen berücksichtigt werden, wenn eine Organisation die Frage der Motivation erfolgreich lösen möchte. Erstens: Ein Unternehmen muß unbedingt solche Mitarbeiter einstellen, deren Motive dadurch befriedigt werden können, daß sie die Aufgaben des Unternehmens erfüllen. Bei jedem Mitarbeiter können dies ganz eigene Motive sein. Zweitens: Die Organisation muß eine Bandbreite von Belohnungen und Sanktionen zur Verfügung stellen, die für die Motive der einzelnen Mitarbeiter geeignet sind. Drittens: Jeder Manager muß mit seinen Mitarbeitern einen fairen „Vertrag" ausarbeiten, der die speziellen Bedürfnisse und Motive des Mitarbeiters berücksichtigt und Bedingungen festlegt, unter denen diese befriedigt werden können, indem er die Aufgaben und Ziele der Organisation erfüllt. Mit anderen Worten, das Unternehmen muß die geeignete Mischung von Belohnungen und Sanktionen zur Verfügung stellen, die zu den Motiven der Angestellten passen, damit diese in ihrem eigenen Interesse die Aufgaben der Organisation erfüllen. Zudem müssen die Mitarbeiter darauf vertrauen können, daß ihre Erwartungen von der Organisation erfüllt werden, und die Organisation muß darüber wachen, daß die Mitarbeiter ihre Aufgaben erfüllen."

Shana machte eine kleine Pause.

Die Identifizierung des Patterns

„Ich verstehe den Unterschied", sagte ich, „aber wie kann ich herausfinden, wer welches Pattern hat? Gibt es Zielfragen?"

Shana überlegte kurz und sagte: „Es gibt mehrere verläßliche Anzeichen dafür, ob sich jemand zu etwas hin oder von etwas weg bewegt. Beispielsweise kann man fragen: *Was wünschen Sie sich?* Angewendet auf ein Beispiel: *Was erwarten Sie von einem Auto, einem Job oder einer Beziehung?* Hier kann man einsetzen, was man möchte. Allgemein gilt: Ein Hin-zu-Mensch beantwortet die Frage mit dem, was er sich wünscht, und ein Weg-von-Mensch reagiert, indem er einem erklärt, was er nicht will.

Sie stellen zum Beispiel die Frage: *Was erwarten Sie von Ihrem neuen Wagen?* Ihr Gegenüber antwortet: *Ich möchte ein Auto, das gut auf der Straße liegt und ausgezeichnete Beschleunigungswerte hat.* Hier haben wir ein Hin-zu-People-Pattern. Die Antwort beschreibt das, was jemand sich wünscht. Denken Sie daran, daß es einem Hin-zu-Menschen darum geht, etwas zu bekommen oder ein bestimmtes Ziel zu erreichen. Daher verfügt er oft über eine ausgeprägte Fähigkeit, Prioritäten zu setzen und sich daran zu halten. Wenn ein Hin-zu-Mensch seine Prioritäten bestimmt hat, kann er sich leicht darauf konzentrieren und auf sie hinarbeiten. Hin-zu-Menschen sehen an den Dingen häufig die guten Seiten und vertrauen darauf, daß alles ein gutes Ende nimmt."

„Sie können doch nicht nur perfekt sein?" wunderte ich mich.

„Natürlich nicht. Die Schwäche der Hin-zu-Menschen besteht darin, daß sie oft für das blind sind, was schiefgeht. Häufig können sie einen Fehler nicht erkennen und übersehen, was beseitigt oder vermieden werden müßte. Weil sie auf Belohnungen und positive Dinge reagieren, haben sie Schwierigkeiten, Menschen mit dem anderen Filter zu verstehen. Sie können einfach nicht begreifen, daß irgend jemand durch etwas anderes als durch Möhren motiviert sein könnte.

Demgegenüber wird ein Weg-von-Mensch durch Drohungen und Sanktionen motiviert. Auf die Frage *Was erwarten Sie?* erklärt er, was er nicht möchte. Sie fragen: Was erwarten Sie von Ihrem neuen Auto?, und er antwortet: *Ich möchte jedenfalls kein Auto, das dauernd repariert werden muß und zuviel Benzin verbraucht.* Dies ist eine Weg-von-Antwort, die auf die negativen Aspekte reagiert, also darauf, was der andere vermeiden möchte oder wovon er abgestoßen wird. Er konzentriert sich auf die Elemente, die er aus seinem Leben verbannen möchte."

Shana machte keine Pause. „Ein Weg-von-Mensch weiß nicht, was er will, sondern nur, was er nicht will. Wenn man ihn fragt, was er sich wirklich wünscht, hat er oft keine Antwort. Ihm genügt es, wenn er den Dingen aus dem Weg gehen kann, die er vermeiden möchte. Er spürt keinen Drang, sich auf etwas hin zu bewegen. Das bringt Weg-von-Menschen oft in eine gewisse Klemme, denn um etwas Konkretes zu vermeiden, muß man häufig etwas anderes tun, was wiederum zu einem bestimmten Ergebnis führt. Weg-von-Menschen sind oft so mit ihren Vermeidungshandlungen beschäftigt, daß sie den positiven Sinn ihrer eigenen Aktionen übersehen. Im Unterschied zu Hin-zu-Menschen fällt es ihnen meistens schwer, ihre Prioritäten zu ordnen und sich auf bestimmte Ergebnisse zu konzentrieren. Stets fallen Ihnen zuerst die Nachteile und negativen Konsequenzen auf, so daß sie die positiven Aspekte einer Situation übersehen."

Ich wollte etwas einwenden, doch Shana fuhr mit energischer Stimme fort: „Bei der Untersuchung, ob jemand ein Weg-von- oder Hin-zu-Pattern hat, muß man eine gewisse Vorsicht walten lassen. Oft bekommt man auf die Frage *Was möchten Sie?* eine Antwort, die weniger deutlich ist, als es auf den ersten Blick den Anschein hat. Bei manchen Antworten, die oberflächlich wie Hin-zu-Reaktionen aussehen, handelt es sich in Wirklichkeit um versteckte Weg-von-Antworten. Beispielsweise reagierte jemand auf die Frage nach seinen Vorstellungen in bezug auf ein neues Auto mit der Feststellung *Ich möchte einen Wagen, auf den ich mich verlassen kann.* Man sollte nicht so voreilig sein und annehmen, hier eine klare Hin-zu-Antwort erhalten zu haben. Es könnte sich genauso um eine verkleidete Weg-von-Antwort handeln, wenn nämlich die wirklichen Motive des Befragten darin bestehen, die mit Pannen verbundenen Probleme zu vermeiden. Die Zuverlässigkeit des Wagens übersetzt sich also in das Verlangen, möglichen Problemen aus dem Weg zu gehen."

„Das Positive ist nur Schein, richtig?" fragte ich.

„Ja. Und um solche Täuschungsversuche zu entdecken, lohnt es sich immer, einige Folgefragen zu stellen. Nachdem jemand beantwortet hat, was er von einer bestimmten Sache erwartet, fragt man ihn: *Was hast du davon? Was bringt dir das?* Zum Beispiel: *Was hast du davon, wenn dein Auto zuverlässig ist?* Der Weg-von-Mensch wird einem erklären, daß ihm das Ärger und zusätzliche Kosten für Reparaturen erspart. Ein echter Hin-zu-Mensch hingegen wird bestätigen, daß ihm dies eine sichere, effiziente und bequeme Transportmöglichkeit gewährleistet. Selbst bei recht offensichtlichen Hin-zu-Antworten lohnt es sich, derartige Folgefragen zu stellen. Gelegentlich allerdings antwortet jemand mit einer Kombination von Hin-zu- und Weg-von-Elementen. Er sagt, was er will und was er nicht will. Hier haben wir es mit einem Menschen zu tun, der sich im vorliegenden Kontext ausgewogen verhält. Er wird auf eine Mischung von Anreizen und Sanktionen reagieren.

Und noch eine Warnung", fuhr Shana fort. „Den ultimativen Test für das People Pattern liefert das tatsächliche Verhalten des Gesprächspartners. Hören Sie ruhig zu, was man Ihnen sagt; doch geben Sie dem tatsächlichen Verhalten mindestens genausoviel Gewicht. Reagiert jemand auf die Möhren oder den Stock? Das ist der eigentliche Test. Beobachten Sie genau, wie jemand versucht, selbst auf andere einzuwirken. Macht er anderen Leuten positive Angebote, oder droht er mit negativen Konsequenzen? Die meisten Menschen projizieren ihre eigenen People Patterns auf andere und behandeln sie entsprechend. Aus der Beobachtung solcher Projektionen können Sie wertvolle Hinweise auf das entsprechende People Pattern erhalten."

„Welche Rolle spielt in diesem Zusammenhang der Kontext?" wollte ich wissen.

„Sie lernen schnell. Manche Menschen verhalten sich immer hin-zu und manche immer weg-von. Andere wechseln ihr Pattern je nach Situation und Kontext. Berücksichtigen Sie also auch den Kontext des jeweiligen Verhaltens. Wieder andere Menschen verhalten sich in manchen oder sogar allen Kontexten in ausgewogener Weise. Sie reagieren sowohl auf die Möhren als auf den Stock."

Shana nippte an ihrem Glas und schloß die Feststellung an: „Objektiv gesprochen gibt es natürlich Dinge, die sehr erstrebenswert sind, und anderes, was man tunlichst vermeiden sollte. Vielleicht besteht das ideale Verhalten darin, sich je nach Kontext auf das hinzubewegen, was einem gut tut, und das zu vermeiden, was einem schadet. Statistisch gesehen gehören etwa 40% der Bevölkerung zu den Hin-zu-Menschen, 40% zu den Weg-von-Menschen, und etwa 20% besitzen ein ausgewogenes Verhältnis der beiden Patterns.

Aus Erfahrung wissen wir, daß viele Menschen von sich selbst glauben, sie gehörten dem Hin-zu-Typ an, während sie in Wirklichkeit eine Weg-von-Orientierung haben. Seien Sie also auf der Hut, wenn Ihnen jemand versichert, er gehöre zum Hin-zu-Typ. Die elementare Frage lautet stets: Reagiert jemand auf die Möhren oder den Stock? Muß man jemanden bestechen, wenn man etwas von ihm will, oder muß man ihm mit etwas drohen? Die Antwort darauf zeigt, wie es wirklich um den Betreffenden steht."

Unwillkürlich mußte ich an die Gespräche heute morgen im Wagen denken.

„Nehmen wir zum Beispiel das Zähneputzen. Pflegen Sie Ihre Zähne, weil Sie es mögen, wenn sie weiß und sauber aussehen und weil Sie gerne einen frischen, sauberen Geschmack im Mund haben? Oder putzen Sie Ihre Zähne, weil Sie etwas gegen Karies und Zahnfleischbluten unternehmen wollen und nicht gerne zum Zahnarzt gehen? Viele Menschen gehören doch zur zweiten Kategorie. Es gibt eine weitere interessante Übung, um das Motivations-People-Pattern eines Menschen zu bestimmen. Man läßt den Betreffenden zwei Listen anfertigen. Die eine Liste enthält die Dinge, auf die er sich hinbewegt, die zweite die Dinge, von denen er sich wegbewegt. Man kann diese Übung dahingehend abändern, daß man auf der ersten Liste all das sammelt, was jemand am meisten anstrebt, während die zweite Liste all das umfaßt, wogegen er die stärkste Abneigung hegt. Danach bittet man die Testperson, aus jeder der beiden Listen die Positionen zu bestimmen, die die höchste Priorität besitzen, mit anderen Worten: die Elemente mit der höchsten Anziehungskraft oder Abstoßung. Nun stellt man die Frage: *Was wäre schlimmer für Sie – mit den Dingen oder Personen oder den Umständen zu leben, die Sie unbedingt vermeiden wollen, oder ohne das zu leben, was Sie sich so sehr wünschen?* Die Antwort darauf wird sehr erhellend sein. In unserer Gesellschaft sind wir darauf programmiert, ohne das leben zu können, was wir uns wünschen. Wir haben das schon als Kinder gelernt, als unsere Eltern uns nicht mit all dem versorgen konnten oder wollten, was wir uns wünschten. Die meisten Menschen finden es wesentlich schwieriger, gezwungen zu sein, mit dem zu leben, was sie wirklich ablehnen. Es scheint in der menschlichen Natur zu liegen, mehr Wert auf das Vermeiden als auf das Erlangen zu legen. Während die meisten Menschen sich recht stoisch all das versagen können, was sie sich eigentlich wünschen, reagieren sie mit Hoffnungslosigkeit und Verzweiflung, ja sogar Selbstmord, wenn man sie zwingt, mit Umständen zu leben, die sie intensiv ablehnen."

Warum wir morgens aufstehen

„Was glauben Sie, an welchem Pattern Sie sich meistens orientieren?" fragte Shana.

„Ich glaube, daß ich eher ein Hin-zu-Typ bin", antwortete ich. Mir war jetzt klar, daß einer meiner Söhne sich in bestimmten Kontexten ganz klar weg-von verhielt.

Shana setzte ihre Erklärung fort: „Einen sehr guten Aufschluß über das eigene Verhalten bekommt man durch die Beantwortung der folgenden Frage: Wie motiviere ich mich, morgens aufzustehen? Denken Sie bitte kurz darüber nach. Wie war das heute morgen, als der Wecker klingelte und Sie wach wurden? Freuten Sie sich darauf, aufzustehen, oder wollten Sie lieber im Bett bleiben? Falls Sie lieber im Bett geblieben wären, wie haben Sie es dennoch geschafft, aus dem Bett zu kommen? Die Antwort hierauf wird zeigen, wie Sie sich morgens motivieren." Ich mußte innerlich lächeln, und Shana fuhr fort:

„Im Prinzip gibt es nur zwei fundamentale Wege, sich zum Aufstehen zu motivieren (wovon jeder wieder verschiedene Versionen auf Vorrat hat). Sprechen wir zunächst von den Hin-zu-Menschen. Wenn sie aufwachen, passiert folgendes: Sie entwickeln innere Bilder von dem, was sie im Laufe des Tages tun wollen; oder sie beginnen ein Selbstgespräch darüber, was sie vorhaben. Vielleicht fühlen sie sich auch körperlich hellwach und voller Energie. Sie stehen also auf, um all das tun zu können, was sie vorhaben. So seltsam es scheint, manche Menschen explodieren in diesem Moment geradezu vor Energie. Manche singen und freuen sich auf den Tag, der vor ihnen liegt. Ja, ja, solche Menschen gibt es wirklich. Entspricht dies der Art und Weise, wie Sie morgens aufstehen? Wenn diese Beschreibung nicht paßt, versuchen wir eine andere."

„In gewisser Weise erkenne ich mich darin wieder", antwortete ich.

„Wie sieht es nun mit den Weg-von-Menschen aus? Wie kommen sie aus dem Bett? Der Wecker klingelt, und ihre erste Reaktion lautet *Mein Gott, ist es schon wieder Morgen?* Dann liegen sie da und fühlen, wie warm das Bett ist und wie müde sie noch sind. Als nächstes taucht die Frage auf *Muß ich wirklich aufstehen?* Das ist die entscheidende Frage. Denn jetzt fällt ihnen all das ein, was passieren wird, wenn sie nicht aus dem Bett kommen. Vielleicht entsteht in ihrem Innern ein Horrorfilm – wie man zu spät zur Arbeit kommt, wie der Chef einen anbrüllt, wie man entlassen wird, wie Frau und Kinder das Haus verlassen und wie man schließlich mittellos in der Gosse landet. Jeder hat hier seine eigenen privaten Alpträume. Sobald der Film erschreckend genug ist, findet man, daß es nun doch besser wäre aufzustehen – so schwer es auch fällt –, als diese gräßlichen Konsequenzen zu riskie-

162

ren. Andere Weg-von-Menschen sprechen innerlich mit sich selbst über all die schrecklichen Dinge, die passieren, wenn sie nicht aufstehen. Während des inneren Monologs wird der Tonfall immer drängender. Schließlich können sie es nicht länger ertragen, liegenzubleiben und sich selbst zuzuhören, und so stehen sie schließlich auf. Wieder andere stellen sich vor, wie schlecht sie sich fühlen werden, wenn sie nicht aufstehen. Die Gefühle werden immer unangenehmer, bis sie endlich unerträglich sind und der Betreffende aufsteht, um ihnen zu entfliehen. Kommt Ihnen eine dieser Szenen bekannt vor? Wenn Sie nicht sicher sind, womit Sie sich morgens zum Aufstehen motivieren, sollten Sie morgen früh sorgfältig darauf achten. Achten Sie insbesondere auf Ihre inneren Bilder und Monologe. Richten Sie Ihre Aufmerksamkeit auch auf den inneren Tonfall sowie auf Ihre körperlichen Empfindungen."

Shana schloß diese Erklärungen mit einer kleinen Anekdote ab. „Ich möchte nebenbei darauf hinweisen, daß es auch Strategien gibt, um morgens nicht aufstehen zu müssen. Eine meiner Töchter ist darin genial. Ich habe nachgeforscht, welches ihre wirksamsten Methoden sind, und möchte Sie Ihnen heute vermitteln, falls Sie morgens einmal lange ausschlafen möchten. Ihre beste Methode geht so: Erstens darf man abends nichts mehr trinken, damit man am Morgen nicht zur Toilette muß. Zweitens darf man den Wecker nicht stellen. Der kritische Augenblick kommt, wenn man von selbst wach wird. In diesem Moment kommt alles darauf an, daß man seinen Geist völlig leer macht. Sie dürfen sich keine Bilder vom Tagesablauf machen. Sie dürfen auch keinen inneren Monolog über Ihre Pläne führen. Fühlen Sie statt dessen, wie bequem das Bett ist und wie behaglich Sie darin liegen. Fühlen Sie, wie wohlige Wärme und völlige Entspannung Sie durchfluten. Lenken Sie Ihren Geist hin zu einem angenehmen Traum oder Traumbild, beispielsweise von einer schönen Landschaft. Mit etwas Training sind Sie in kürzester Zeit wieder eingeschlafen, und mit viel Training können Sie auf diese Weise den ganzen Tag im Bett verbringen. Wie gesagt, meine Tochter ist darin Expertin."

„Ich fürchte, meine Tochter wendet ähnliche Methoden an, wenn sie einmal nicht zur Schule will", ergänzte ich.

„Verstehen Sie nun die Grundlagen des Hin-zu- und des Weg-von-Patterns?" fragte Shana. „Wenn Sie nicht sicher sind, welchen Typ Sie vor sich haben, sollten Sie dem Betreffenden sowohl einige Möhren wie einen Stock anbieten und beobachten, wie er darauf reagiert. Haben Sie soweit Nachfragen?"

„Gibt es nicht für jedes Hin-zu ein entgegengesetztes Weg-von und umgekehrt?" wollte ich wissen. „Falls ja, wie soll man erkennen, was jemanden wirklich bewegt?"

„Eine ausgezeichnete Frage", antwortete Shana. „Ich bin froh, daß Sie sie gestellt haben, denn hier gibt es oft Verwirrung. Es stimmt: Wenn man sich auf etwas hinbewegt, entfernt man sich gleichzeitig von etwas anderem. Und umgekehrt, wenn man einer bestimmten Sache ausweicht, nähert man sich notwendigerweise etwas anderem an. Doch darf man die Richtung einer Reise nicht mit der Motivation für diese Reise verwechseln. Hin-zu und weg-von sind räumliche Metaphern. Mit dem Motivations-People-Pattern beziehen wir uns auf die Energiequelle hinter dem Motiv und nicht auf die Richtung der Bewegung. Die grundlegende Frage lautet also, ob man motiviert ist, weil man von etwas angezogen oder weil man von etwas abgestoßen wird. Handelt man aus einem Verlangen, etwas zu bekommen, oder aus dem Wunsch, etwas zu vermeiden bzw. loszuwerden? Richten Sie ihre Aufmerksamkeit also auf die Quelle von Anziehung oder Abstoßung und nicht auf die Folgen der Handlung. Haben Sie verstanden?"

„Ja, vielen Dank. Ich habe in dieser Lektion wirklich einiges erfahren, was mir die Augen geöffnet hat. Ich glaube, ich werde das Gelernte in vielen Situationen anwenden können", antwortete ich.

„Großartig", sagte Shana. „Beginnen Sie jetzt Ihre Runde durch unser Haus, und wir sehen uns zur üblichen Zeit."

Hin-zu und weg-von als Managementaufgaben

Marvin freute sich, mich zu sehen. Er begrüßte mich per Handschlag und begann mit seinem Vortrag.

„Heute und morgen beschäftigen wir uns damit, welche entscheidenden Beziehungen es zwischen Motivation und Managementaufgaben gibt. Es ist klar, welche Bedeutung diese Frage hat. Der Erfolg eines Vorgesetzten hängt stark davon ab, inwieweit er Bedingungen schaffen kann, die seine Mitarbeiter motivieren. Der Erfolg jeder Organisation wird davon bestimmt, wie motiviert die Mitarbeiter sind. In vielen Organisationen liegt das Motivationsniveau der Mitarbeiter leider bei null. Man leistet das Minimum, um gerade nicht aufzufallen. Man läßt sich treiben wie ein Stück Holz auf dem Wasser. In der Success Inc. geben wir sehr darauf acht, daß unsere Motivation stimmt. Möchten Sie wissen, wie wir das machen?" fragte Marvin

„Natürlich", reagierte ich spontan.

„Heutzutage wird in den Fachzeitschriften viel darüber diskutiert, wie sich die Rollen von Management und Führung verändern. Es ist eine der Aufgaben von Vorgesetzten, Bedingungen herzustellen, unter denen sie selbst und ihre Mitarbeiter inspiriert und motiviert sind. Voraussetzung dafür ist, daß sie Mitarbeiter haben, deren Motive dadurch zu befriedigen sind, daß sie die Aufgabe der Organisation erfüllen. Die Manager müssen mit den Erwartungen ihrer Mitarbeiter umgehen können und wissen, wie man sowohl mit den Möhren wie mit dem Stock verfährt. Es muß also ein funktionierendes System von Anreizen und Sanktionen geben. Die Kenntnis des Motivations-People-Patterns ist hierfür von entscheidender Bedeutung. Viele Manager verschwenden einen Großteil ihrer Energie mit fruchtlosen Versuchen, ihre Mitarbeiter unter Zuhilfenahme von Methoden zu motivieren, die nicht funktionieren. Unsere Unternehmen verschwenden Millionenbeträge für ineffektive Incentives und Vergünstigungen. Sie habe keine Ahnung, was unser Verhalten wirklich antreibt. Die Einsicht in die Wirkungsweise des Motivations-People-Patterns und seiner Anwendungsmöglichkeiten könnte vielen Unternehmen sehr viel Geld ersparen. Fehlendes Verständnis dieses Patterns kann andererseits dazu führen, daß Unternehmen weltweit in ernsthafte Schwierigkeiten kommen."

Da ich keine Fragen hatte, fuhr Marvin mit seinem Vortrag fort.

„Sie werden schon gelernt haben, daß erfolgreiches Motivieren gar nicht so einfach ist. Aus Sicht eines Vorgesetzten läuft alles auf drei Faktoren hinaus. Erstens: Der Manager muß die Motive jedes seiner Mitarbeiter kennen. Zweitens: Es muß eine Atmosphäre geschaffen werden, in der sich jeder darauf verlassen kann, daß seine Handlungen belohnt oder bestraft werden. Drittens: Der Manager muß kreativ genug sein, um mit jedem einzelnen Mitarbeiter Wege zu vereinbaren, auf denen dessen Motive im Rahmen der anstehenden Unternehmensaufgaben zu befriedigen sind. Dazu muß man die für jeden Mitarbeiter im einzelnen wirksamen Möhren und Stöcke zur Verfügung haben. Bei jedem Mitarbeiter muß der Manager wissen, welche Anreize bzw. Sanktionen er einsetzen muß und in welchem Ausmaß. Außerdem muß der Vorgesetzte die für jeden seiner Mitarbeiter besonders förderlichen Umgebungsbedingungen kennen. Es genügt nicht, zu wissen, ob ein Mitarbeiter auf Anreize oder Sanktionen reagiert oder welche Anreize bzw. Sanktionen im einzelnen wirksam sind. Er muß außerdem wissen, welche Möhren bzw. welcher Stock in welchem konkreten Kontext funktionieren. Leider gibt es hier so viele Kombinationsmöglichkeiten, wie es Menschen gibt. Jeder von uns besitzt ein persönliches Profil seines Motivations-People-Patterns, das außerdem von unseren anderen People Patterns überlagert wird."

„Wie sollte ein Manager also mit den verschiedenen Typen von Mitarbeitern umgehen?" erkundigte ich mich.

„Einem Hin-zu-Mitarbeiter muß ein Vorgesetzter die Gelegenheit geben, etwas zu bekommen oder zu werden, was er erstrebenswert findet. Bei einem Weg-von-Mitarbeiter muß der Manager über eine Reihe von abgestuften Sanktionen verfügen, die hinreichend unerwünscht sind, daß der Mitarbeiter sie gerne vermeidet. In beiden Fällen gehört außerdem der Wille des Manager dazu, seine Instrumente auch einzusetzen. Bluffen reicht nicht aus." In diesem Punkt verstand Marvin keinen Spaß.

Die Mythen vom motivierenden Manager und vom selbstmotivierten Angestellten

„Die meisten Unternehmen operieren mit der 80/20-Regel. Sie besagt, daß 80% der Unternehmensergebnisse von etwa 20% der Mitarbeiter erbracht werden. Sie besagen somit auch, daß 80% der Mitarbeiter nur 20% der Ergebnisse erbringen. Was wäre, wenn man diese 80% entlassen und durch Mitarbeitern von der Art der ersten 20% ersetzen könnte? Man müßte doch die Produktivität um 320 % steigern können. Die meisten Unternehmen wären schon glücklich über eine Produktivitätssteigerung im einstelligen Prozentbereich. Daran können Sie sehen, wie wichtig es ist, die richtigen Mitarbeiter einzustellen."

„Bei Success Inc. kann man das sehen", ergänzte ich.

„In der Tat. Die Moral der Geschichte ist, daß man mit der Auswahl der richtigen Mitarbeiter wesentlich mehr erreichen kann als mit dem besten Training. Viele Firmen gehen von der falschen Voraussetzung aus, daß man jeden Mitarbeiter für jede Aufgabe trainieren kann. Wenn wir mehrere Leben hintereinander hätten, würde es vielleicht gehen. In der realen Welt geht es jedenfalls nicht. Es kommt vielmehr darauf an, von vorneherein Mitarbeiter mit den erforderlichen Talenten und angeborenen Fähigkeiten einzustellen und richtig auszubilden. Dies ist übrigens eine der Stärken von Success Inc., und wir nennen den entsprechenden Vorgang Modeling. Viele Firmen rufen unsere Berater, um ihre Top-Performer modeln zu lassen und dadurch herauszufinden, welche Faktoren für ihre herausragenden Leistungen verantwortlich sind. Daraus entwickeln wir dann das ideale Anforderungsprofil für neue Mitarbeiter und gleichzeitig damit ein Trainingsprogramm, um die Produktivität der vorhandenen Mitarbeiter zu steigern und ihnen einige Fähigkeiten der Top-Performer beizubringen. Bei der Personalauswahl kommt es also zuerst auf die Einstellung und Lernfähigkeit der künftigen Mitarbeiter an, sodann auf ihre ordentliche Ausbildung und schließlich darauf, daß man ihnen Belohnungen und Sanktionen in Aussicht stellt, die sie motiviert halten. Dies ist für jede Art von Unternehmen der sichere Weg zum Erfolg."

„Sie haben etwas von Motivationsmythen gesagt", unterbrach ich.

Marvin nickte. „Der erste Mythos ist der, daß ein Manager seine Mitarbeiter motiviert. Ich denke, Shana hat mit Ihnen schon darüber gesprochen. Sie wissen, daß man einen anderen Menschen gar nicht motivieren kann. Motivation ist ein innerer Zustand, der einen auf die Erreichung bestimmter Ziele hinlenkt. Alles, was ein Manager tun kann, ist, den Motivationsprozeß zu steuern. Dafür gibt es eine simple Formel. Sie lautet: $A = M \times E \times B$. In dieser Formel steht A für die Menge und Qualität der Arbeit, die die Ziele der Organisation voranbringt, M für die Stärke der Motive der Mitarbeiter, E für deren Erwartung, daß ihre Leistungen belohnt oder bestraft werden, und B für den Wert der Belohnung oder der Sanktion, die in Aussicht steht. Wie gesagt, M ist ein innerer Zustand, während E und B für die Wahrnehmung der Arbeitsumgebung seitens der Mitarbeiter stehen. Ein geschickter Manager versucht erst gar nicht, seine Leute zu motivieren, sondern er gestaltet die E's und B's in der Weise, daß die M's der Mitarbeiter so zufriedengestellt werden, daß sie A für die Organisation leisten.

Der zweite Mythos handelt vom „selbstmotivierten" Angestellten. Jeder möchte natürlich Mitarbeiter haben, die sich selbst motivieren, sogenannte Selbststarter, Mitarbeiter, die vor Motivation beinahe platzen. Wenn die Produktivität abnimmt, beschweren sich die Manager gern über ihre angeblich so schwach motivierten Mitarbeiter. Das heißt aber doch, daß man entweder von vornherein die falschen Leute eingestellt, daß man sie nicht richtig ausgebildet, oder, was wahrscheinlicher ist, daß man für sie kein sinnvolles und ausgewogenes System praktikabler Belohnungen und Sanktionen bereitgestellt hat. Aber darum geht es doch bei der Kunst der Motivation. Die meisten Vorgesetzten in den höheren Rängen würden jedoch niemals zugeben, daß sie bei der Auswahl der Mitarbeiter versagt haben oder das Verhalten ihrer Mitarbeiter überhaupt nicht verstehen. Hier könnte schonungslose Ehrlichkeit sich selbst gegenüber den Unterschied zwischen Erfolg und Scheitern ausmachen. Wie schon Freud sagte: „Völlige Aufrichtigkeit sich selbst gegenüber ist eine gute Übung."

Doch zurück zum Mythos des selbstmotivierten Mitarbeiters. Ich möchte ein für allemal feststellen, daß es so etwas nicht gibt und nie gegeben hat. Natürlich hat jeder bestimmte Motive. Sie kommen ins Spiel, wenn der Betreffende erwartet, daß seine Motive durch bestimmte Anreize oder Sanktionen zufriedengestellt werden. Mit der Redeweise vom selbstmotivierten Mitarbeiter ist in Wirklichkeit also gemeint, daß die Anreize und Sanktionen, auf die ein bestimmter Mitarbeiter reagiert, in einer gegebenen Situation zufälligerweise schon vorhanden sind. Es ist nicht so, daß diese Mitarbeiter keine Motivation bräuchten. Es ist vielmehr so, daß diejenigen Elemente, die die Mitarbeiter zufriedenstellen (die Zufrieden-Macher), in der betreffenden Situation bereits gegeben sind. Der Schlüssel zum Ganzen liegt darin, Anreize und Sanktionen mit den Motiven der Mitarbeiter in Übereinstimmung zu bringen."

Motivationsschwellen

„Ich möchte noch einen entscheidenden Gedanken vortragen. Er lautet: **Ein befriedigtes Motiv löst kein weiteres Verhalten aus.** Jenseits eines gewissen Punktes, an dem Motive und die damit zusammenhängenden Bedürfnisse befriedigt sind, sind weitere Belohnungen bzw. Sanktionen nicht mehr sinnvoll. Diesen Sättigungspunkt bezeichnen wir als Motivationsschwelle. Je höher diese Schwelle, desto schwieriger ist das Motiv zu befriedigen. Und umgekehrt: Je niedriger die Schwelle, desto leichter die Befriedigung."

„Wie niedrig kann diese Schwelle sein?" wollte ich wissen.

„Sehr niedrig. Wir haben herausgefunden, daß die Motivationsschwelle mancher Menschen so niedrig liegt, daß sie praktisch nie zu etwas zu motivieren sind, weil ihre Bedürfnisse so leicht zufriedenzustellen sind. Am entgegengesetzten Ende des Spektrums finden wir Menschen mit einer so hohen Motivationsschwelle, daß sie beinahe nie zufrieden sind. Solche Menschen sind fortwährend motiviert, und es ist sehr wichtig, daß die entsprechenden Befriedigungen permanent gegenwärtig sind."

„Ich vermute, daß Unternehmen also am liebsten nur Mitarbeiter mit besonders hoher Motivationsschwelle einstellen würden", gab ich zu bedenken.

„Das wäre ideal", sagte Marvin. „Aber so viele gibt es nicht davon. Was soll ein Unternehmen also tun? Muß es sich mit dem Mittelmaß zufrieden geben? Traurigerweise tun das die meisten, und noch trauriger ist, daß das gar nicht nötig ist. Man müßte einfach nur die Wissenschaft von den Anreizen und Sanktionen vernünftig umsetzen. Die ersten beiden Lektion dieser Wissenschaft lauten 1) daß man nichts umsonst bekommt und 2) daß man beides anbieten muß, Belohnungen und Sanktionen. Die Wissenschaft von den Möhren und dem Stock, ich betone es immer wieder, reduziert sich auf drei Dinge. Erstens: Man muß wissen, ob ein bestimmter Mitarbeiter auf Anreize oder Sanktionen reagiert. Zweitens: Man muß die konkreten Anreize bzw. Sanktionen kennen, auf die er reagiert. Und drittens: Man muß

168

wissen, in welchen Kontexten welche speziellen Anreize bzw. Sanktionen wirksam sind. Möhren-Typen finden es oft unmenschlich, mit dem Stock zu drohen, und Stock-Typen halten es für unter ihrer Würde, jemanden mit Anreizen zu locken. Beides ist aber erforderlich." Das Telefon klingelte, Marvin gab einige kurze Anweisungen und nahm dann das Gespräch wieder auf.

„Erfolgreiche Unternehmen besitzen die richtige Mischung von Anreizen und Sanktionen und zudem Manager, die beides beherrschen und auch bereit sind einzusetzen. Wenn eine Firma nur mit Anreizen winkt, wird es ihr nicht gelingen, ihre Weg-von-Mitarbeiter zu motivieren. Dies ist häufig der Fall, wenn ein Hin-zu-Manager unterstellt, die Mitarbeiter funktionierten wie er selbst. Er entwickelt Programme, die Leute von seinem Schlag durchaus motivieren könnten, und wundert sich dann, daß sie bei Leuten, die anders gestrickt sind, nicht funktionieren. Und umgekehrt. Firmen, wo nur mit dem Stock gedroht wird, gleichen Galeeren, und die guten Hin-zu-Mitarbeiter machen sich auf den Weg hin-zu – nämlich hin zu einem anderen Arbeitgeber. In der Praxis braucht man also eine Balance von beidem."

„Das erinnert mich an die Diskussion um die sogenannten Theorien X und Y", wandte ich ein.

„In der Tat", bestätigte Marvin. „In der Managementtheorie wurde lange über die relativen Vorteile der Theorie X, die den Gebrauch von Sanktionen propagiert, und der Theorie Y, die mit Anreizen operiert, debattiert. Beide Ansätze sind teils richtig und teils falsch. Deshalb hat sich die Debatte so lange hingezogen. Die Wahrheit ist eben, daß manche Leute entsprechend der Theorie X und andere entsprechend der Theorie Y geführt werden müssen. Beide Ansätze werden gebraucht, weil es unterschiedliche Mitarbeiter gibt. Es geht also nicht um ein Entweder/Oder, sondern um ein Sowohl/Als auch. Einige wohlmeinende, aber naive Managementtheoretiker haben die Ansicht vertreten, man solle auf den Gebrauch von Sanktionen verzichten. Was sie nicht verstehen, ist, daß es Menschen gibt, die wirklich Drohungen und Sanktionen brauchen, um motiviert zu werden. Mit dieser Theorie bleibt am Ende ein großer Teil der Mitarbeiterschaft unmotiviert."

„Derartiges habe ich in anderen Unternehmen immer wieder beobachten können", sagte ich.

„Man kann Manager darin ausbilden, Anreize und Sanktionen richtig einzusetzen. Das viel größere Problem angesichts unserer heutigen Wirtschaftslage besteht im Mangel an geeigneten Anreizen und Sanktionen. Ich glaube, **daß es heute wirklich darum geht, wirksamere Systeme von „Zufrieden-Machern" zu entwerfen, die auf die Motive der Arbeitnehmerschaft abgestimmt sind**. Nur so lassen sich erhöhte Motivation und Produktivitätssteigerung erzielen. Das

Problem wird dadurch noch kompliziert, daß in der Vergangenheit die Regierung und die Gewerkschaften den Unternehmern eine Sanktionsmöglichkeit nach der anderen genommen haben. Aber es ist unmöglich, Weg-von-Menschen zu motivieren, ohne ihnen für den Fall mangelhafter Leistung eine Bestrafung in Aussicht zu stellen. Dabei geht es um ein Versprechen, nicht um eine Drohung. Der Unterschied besteht darin, daß Drohungen ein Bluff sein können, während Versprechen eingehalten werden. Wichtig ist, daß man ein abgestuftes System von Sanktionen zunehmender Härte zur Verfügung hat. Die Hierarchie der Sanktionen muß den verschieden hohen Motivationsschwellen der Mitarbeiter entsprechen. In vielen Unternehmen besteht die einzige ernstzunehmende Sanktion darin, gefeuert zu werden; doch so weit möchte man selten gehen, und so wird eben niemand entlassen. Doch das macht das Sanktionssystem wertlos. Selbst schwerste Inkompetenz wird häufig nicht als Entlassungsgrund betrachtet. Ich könnte Ihnen einige Unternehmen nennen. Am schlimmsten ist es in den Verwaltungen. Hier ist es praktisch unmöglich, jemanden zu entlassen, obwohl dort sehr viele Leute sitzen, die sehr wenig tun." Marvin sah bei diesem Thema einigermaßen frustriert aus. Ich konnte ihm nur zustimmen.

In der Vergangenheit war es richtig gewesen, daß Regierungen und Gewerkschaften sich darum gekümmert haben, den Machtmißbrauch seitens der Unternehmer einzuschränken. Leider ist man dabei zu weit gegangen. Heute verfügt ein Manager kaum noch über ernsthafte Sanktionsmöglichkeiten. Doch in modernen Hochleistungsorganisationen sollten weder das Management noch die Angestellten zur Tolerierung schwacher Performance bereit sein. Es wird Zeit, daß man den Managern einige ihrer Sanktionsmöglichkeiten zurückgibt. Sie müssen ihrerseits zeigen, daß sie mit dieser Macht auf verantwortungsvolle Weise umgehen können."

„Belohnungen sind aber auch erforderlich", wandte ich ein und gab damit einen Hinweis auf meine eigene Präferenz.

„Selbstverständlich", nickte Marvin. „Dies ist die andere Seite der Münze. Oft vertritt das Management die Einstellung, Höchstleistungen seien die Pflicht jedes Angestellten. Dafür würden sie ja schließlich bezahlt. Aus ihrer Sicht ist es in Ordnung, wenn man einem Mitarbeiter mehr Verantwortung überträgt, ohne eine entsprechenden Steigerung der Entlohnung vorzunehmen. Aus dieser Machtorientierung heraus ist das Problem mit den Gewerkschaften ja ursprünglich erst entstanden. Für Produktivität und Leistung muß ein fairer Ausgleich gefunden werden. Steigen Produktion und Performance, müssen auch die Belohnungen entsprechend steigen. Für viele Jobs kann man Leistung nur schlecht quantifizieren. Wir brauchen also auch effektivere Bewertungsmaßstäbe. Auf jeden Fall muß das Management aufhören zu glauben, man bekäme etwas ohne Gegenleistung. Die Unternehmensleitungen müssen den Mitarbeitern echte Anreize anbieten, die deren Bedürfnisse befriedigen. Vergessen Sie nicht, es geht nicht einfach um Möhren, sondern um die richtige Art davon. Also muß man Anreize finden, die wirken. Was das im einzelnen heißt, werden wir morgen sehen."

Lob und Kritik

„Eins der populärsten Managementbücher dieser Zeit ist *The One Minute Manager*. Es handelt von drei Managementaufgaben, die alle in jeweils einer Minute erledigt werden sollen: Zielvereinbarungen, Lob und Kritik. Lob entspricht der Möhre, Kritik dem Stock. Das Buch geht in brauchbarer Weise auf die drei entscheidenden Elemente der Führungskommunikation ein. Ein Manager muß seinem Mitarbeiter positives Feedback geben, wenn er gut arbeitet, und negatives Feedback, wenn der Mitarbeiter von der Bahn abkommt. Beide Arten von Feedback sind unentbehrlich."

Das Problem der Selbstzufriedenheit

„Ich möchte auf einen Umstand zu sprechen kommen, der die Motivation vieler Arbeitnehmer untergräbt", fuhr Marvin fort. „In jeder Belegschaft findet man vier Arten von Mitarbeitern. Diese sind 1) diejenigen, die sich auf etwas hinbewegen und noch nicht bekommen haben, was sie wünschen, 2) diejenigen, die sich auf etwas hinbewegen und ihr Ziel bereits erreicht haben, 3) diejenigen, die etwas vermeiden wollen und denen das noch nicht gelungen ist, sowie 4) diejenigen, die von etwas wegstreben und denen das bereits gelungen ist. Es liegt auf der Hand, daß sich die Typen eins und drei ganz anders verhalten werden als die Typen zwei und vier. Jede Organisation hat ein Problem, wenn ihre Leute nicht in Gang kommen. Aufgabe des Managements ist es, produktive Bewegung in Gang zu setzen, sie in Gang zu halten und in die richtige Richtung zu lenken. Die Typen zwei und vier stellen für jeden Manager eine besondere Herausforderung dar. Sie sind mit dem zufrieden, was sie bereits erreicht haben, und streben nach keiner weiteren Veränderung ihrer Lebenslage. Es läuft in beiden Fällen auf das gleiche hinaus: Derartige Mitarbeiter tun kein bißchen mehr, als sie müssen!"

„Ich kennen solche Leute", stellte ich fest.

„Da bin ich sicher", bestätigte Marvin. „Geht es nicht vielen Leuten ziemlich gut? Sie haben ein schönes Einkommen, eine nette Familie, hübsche Kinder und einen angenehmen Lebensstil. Wenn es sich bei ihnen um Hin-zu-Menschen handelt, die ihre Lebensziele erreicht haben, dann ist ihre Motivationsschwelle erreicht, und es gibt nichts mehr, wofür sie sich noch anstrengend müßten. Sie bleiben einfach dort, wo sie sind."

„Ich nehme an, dasselbe gilt auch für Weg-von-Menschen", sagte ich.

„Genau. Das gleiche gilt für Weg-von-Personen, die es geschafft haben, all das aus ihren Leben zu verbannen, was ihnen nicht gefällt. Das Endergebnis ist das gleiche. Auch sie besitzen keinen Grund, sich weiter anzustrengen. Warum leben Ihrer Meinung nach so viele Menschen ein so langweiliges Leben? Weil sie schon alle Möhren haben und allen Stöcken aus dem Weg gegangen sind. Sie haben, was sie brauchen, und wünschen sich nichts weiter."

„Wie kann man seine Mitarbeiter denn nun motivieren?" wollte ich wissen.

„Es gibt vier Konstellationen, die eine wirksame Motivation verhindern", antwortete Marvin. „Im ersten Fall haben wir Hin-zu-Menschen, denen nichts geboten wird, was anzustreben sich lohnen würde. Hier muß man die richtige Art von Möhren herausfinden und sie ihnen vor die Nase halten. Die zweite Gruppe stellen die Weg-von-Menschen, die nichts sehen, was sie zu vermeiden hätten. Sie motiviert man, indem man ihnen passende Sanktionen in Aussicht stellt. Bei den Typen drei und vier handelt es sich, wie schon gesagt, um Hin-zu- beziehungsweise Weg-von-Menschen, die ihre Ziele bereits erreicht haben. Sie sind der Schrecken jedes Vorgesetzten."

„Was macht man denn, um sie zu motivieren?" erkundigte ich mich.

„Die Antwort liegt auf der Hand, ist aber nicht sehr populär. Man muß ihre Umgebung nämlich so verändern, daß ihre Bedürfnisse nicht länger befriedigt bleiben. Ein Weg dazu ist, daß man ihnen wegnimmt, was sie haben! Entzieht man einem Hin-zu-Menschen, was er erreicht hat, dann sind seine Bedürfnisse nicht länger befriedigt, und er muß etwas unternehmen, um seine Schokolade zurückzubekommen. Wenn man entsprechend einem Weg-von-Menschen seine scheinbare Sicherheit nimmt, wenn sozusagen der Wolf vor der Türe heult, dann hat er wieder einen Grund, etwas zu vermeiden, und fühlt sich neu motiviert. Ich gebe zu, das ist starke Medizin, aber es ist das einzige, was bei solchen Leuten hilft. Wenn Unternehmen ihre Motivationsprobleme wirklich angehen wollen, sollten sie sich diese Empfehlungen genau ansehen. Am besten wäre es natürlich, solche Mitarbeiter von vorneherein nicht zu beschäftigen, doch die meisten Firmen haben diese

Leute bereits in ihrer Belegschaft und müssen jetzt mit den Umständen zurecht-kommen, wie sie sind."

Marvin überlegte kurz und fuhr fort: „In vielen Unternehmen hat sich eine re-gelrechte Anspruchskultur breitgemacht. Mitarbeiter und Manager gleichermaßen glauben, sie hätten ein Recht auf ihr Gehalt, ob sie es nun verdienen oder nicht. Diese Einstellung wird uns ruinieren. Die Anspruchskultur kann nur funktionie-ren, wenn überall die gleichen Ansprüche gestellt werden. Und dann wird Mittel-mäßigkeit das Ergebnis sein. Im Wirtschaftsbereich ist das Problem aber, daß nicht alles überall gleich ist. Wir leben in einer Zeit des weltweiten Wettbewerbs, wo nur die Produktivsten überleben werden. Organisationen mit einer Anspruchskultur werden im Wettbewerb mit Organisationen, die eine Leistungskultur pflegen, nicht bestehen können. Auf kurze Sicht haben es Anspruchskulturen leichter, doch das unsanfte Erwachen wird kommen. Es ist wie die alte Geschichte von der Grille und der Ameise.

Es läuft alles wieder auf die bekannte Wahrheit hinaus: Man bekommt nichts, ohne etwas zu geben, und wenn doch, dann wäre es nichts wert. In einem globali-sierten Markt sind motivierte und produktive Mitarbeiter eine Notwendigkeit und kein Luxus."

Die Verkaufsabteilung

Ich kam etwas zu früh in Richards Büro und hatte Zeit, mich umzusehen. An den Wänden hing eine Sammlung eingerahmter Werbeanzeigen. Heute bemerkte ich zum ersten Mal, daß viele von ihnen mit einer direkten Taktik der Drohung arbeite-ten. Im Prinzip sagten sie: Kaufe unser Produkt, oder es wird dir schlecht gehen. Viele betonten, wie wichtig Zuverlässigkeit ist und welche schrecklichen Folgen es haben kann, wenn etwas, auf das wir uns verlassen, plötzlich nicht mehr funktio-niert. Andere Anzeigen hingegen malten die positiven Eigenschaften des Produk-tes in den leuchtendsten Farben.

Richard betrat das Büro, zeigte auf eine Anzeige und sagte: „Das ist meine Lieblingsanzeige." Ich hatte gar nicht gehört, wie er hereingekommen war.

„Beim Verkauf ist Motivation der Schlüssel zu allem", begann Richard ohne Umschweife. „Es gibt nicht viele Gründe, weshalb jemand etwas nicht kauft. Dazu zählen fehlender Bedarf, fehlender Wunsch, fehlender Wert, fehlender Zeitdruck und fehlendes Vertrauen. Ein Top-Verkäufer muß sich zuerst selbst motivieren. Er muß den leidenschaftlichen Wunsch haben zu verkaufen. Zweitens muß ein Top-

Verkäufer seinem Kunden dabei helfen, die Motivation zum Kauf zu entwickeln. Beim beratenden Verkauf geht es darum, die Bedürfnisse des Kunden zu identifizieren und das dazu passende Produkt zu finden. Der Kunde kauft dann, wenn er genügend motiviert ist, das heißt, wenn er Ihr Produkt stark genug verlangt.

Jeder Verkauf, wie überhaupt jede Art von Überredung oder Einflußnahme, läßt sich auf eine einzige Frage reduzieren." Richard sah mich an und lächelte. Ich schluckte den Köder und fragte: „Welche?"

„Die Frage, um die sich die ganze Welt dreht, lautet: **Was habe ich davon?**" erklärte er. „Dies ist die elementarste und zugleich wichtigste Frage der Welt. Viele Menschen ignorieren sie, obwohl wir sie uns unbewußt permanent stellen. Wir müssen aber beginnen, uns diese Fragen ganz offen zu stellen, damit wir zu einem friedlicheren und harmonischeren Miteinander finden können. Erst wenn wir damit anfangen, uns diese Frage *aus der Perspektive unserer Mitmenschen* zu stellen, haben wir eine Chance, zu tragfähigen Abkommen mit ihnen zu gelangen."

Was habe ich davon?

„Lassen Sie uns einiges klarstellen", fuhr Richard fort. „Tun Sie etwas, wenn Sie nichts davon haben? Gelegentlich macht man etwas aus Nächstenliebe, weil man sich dann gut fühlt. In diesem Fall hat man davon ein gutes Gefühl. Im besten Fall orientieren wir uns an einer Philosophie des aufgeklärten Eigennutzes, und bei vielen könnte man hier das Wort *aufgeklärt* vermutlich noch streichen. Mit einem Wort, wir tun etwas nur dann, wenn wir etwas davon haben." Ich nickte.

„Seien Sie ehrlich", ermunterte mich Richard. „Tun Sie Dinge, die nicht in Ihrem eigenen Interesse liegen?"

„Normalerweise nicht", antwortete ich.

„Wie würden Sie jemanden nennen, der etwas tut, was nicht in seinem Interesse liegt? Würde man ihn nicht für einen Masochisten, einen Heiligen oder mindestens für einen naiven Dummkopf halten? Im allgemeinen machen wir also das, was in unserem eigenen Interesse liegt, und gehen davon aus, daß bei jemand, der sich nicht so verhält, etwas nicht in Ordnung ist. Das führt uns nun zu einer weiteren überaus wichtigen Frage, die wir uns persönlich oder auch als Nation stellen müssen. Sie lautet: **Wenn wir selbst nichts tun, was nicht in unserem Interesse liegt, weshalb sollten wir dann erwarten, daß andere etwas tun, was nicht in ihrem Interesse liegt?** Wieso sollten andere Leute so naiv oder dumm sein? Wenn wir etwas von jemand wollen, müssen wir ihm im Austausch etwas zurückgeben, worauf er Wert legt. Der andere muß etwas davon haben, sonst wird er einer Einigung nicht zustimmen. Es wäre dumm, etwas anderes zu erwarten. Zig Ziglar, einer der bekanntesten Verkaufs- und Motivationstrainer weltweit, formuliert es so: Du kannst alles im Leben bekommen, was du möchtest, wenn du genügend anderen Menschen hilfst, das zu bekommen, was sie möchten. Zig weiß, wovon er spricht. Wenn wir selbst nichts tun, was nicht in unserem Interesse liegt – weshalb um alles in der Welt sollte dann irgend jemand sonst etwas tun, was nicht in seinem Interesse liegt?"

„Das hört sich alles sehr einfach an, und ich glaube, daß es so ist", bestätigte ich.

„Bei jedem Verkauf, jeder Verhandlung und überhaupt jeder Art von Einfluß-nahme braucht man zwei und nur zwei Dinge zu tun: 1) Man versetzt sich in den anderen hinein und findet heraus, was er will. Es ist wichtig, dies aus der Perspektive des anderen und nicht der eigenen zu tun. 2) Man muß herausfinden, ob man selbst etwas hat, was der andere will und was man bereit ist, ihm zu geben. Man bekommt nichts, ohne etwas zu geben. Geben und Nehmen – das ist die goldene Regel des Austauschs zwischen den Menschen. Es ist erstaunlich, wie oft Leute glauben, sie könnten etwas umsonst bekommen. Da wird gedroht, gelockt und gefeilscht, um etwas zu bekommen, ohne dem anderen selbst dafür etwas zu geben. Sicherlich kann man manchmal jemanden zu einem unvorteilhaften Geschäft zwingen, doch wird man nicht vermeiden können, daß sich der andere betrogen fühlt und nach der erstbesten Gelegenheit sucht, sich zu rächen.

„Wenn ich Sie richtig verstehe, Richard, besteht das Wesen des Verkaufs darin, dem Kunden etwas zu bieten, was er sich wünscht", faßte ich zusammen.

„Genau. Man bietet ihm etwas, was ihm gefällt oder was ihm dabei hilft, etwas zu vermeiden, was er nicht mag. Beides spielt beim Verkaufen eine wichtige Rolle. Viele Verkäufer glauben, sie müßten nur die Merkmale ihres Produktes genügend herausstellen. Doch die Kunden kaufen keine Merkmale. Sie wollen wissen, was sie vom Produkt haben. Welches ihrer Ziele können sie damit erreichen, oder welche negativen Konsequenzen können sie mit seiner Hilfe vermeiden? Als Verkäu-fer muß man also herausfinden, ob der Kunde ein Hin-zu- oder ein Weg-von-Typ ist oder beides."

Da ich nichts sagte, fuhr Richard fort: „Ein Verkäufer, der sich mit dem Motiva-tions-People-Pattern auskennt, kann seine Präsentation genau auf den Kunden zu-schneiden. Das gilt sowohl für Produkte wie für Dienstleistungen. Bei einem Kun-den mit Hin-zu-Orientierung präsentiert man sein Produkt in der Weise, daß man all das hervorhebt, was dem Kunden dabei hilft, die von ihm angestrebten Ziele zu erreichen. Vergessen Sie nie, daß ein Hin-zu-Typ immer daran interessiert ist, etwas zu bekommen oder zu erreichen. Als Verkäufer haben Sie die Aufgabe, ihm zu zeigen, in welcher Weise Ihr Produkt oder Ihre Dienstleistung ihm dabei hilft. Wenn Sie ihm das glaubhaft machen können, wird er genügend motiviert sein, Ihr Produkt zu kaufen.

Erzählen sie einem Hin-zu-Kunden nichts Negatives, auch nicht über Ihre Konkurrenz. Dieses Verbot gilt nicht nur für das Verkaufsgespräch im engeren Sinne, sondern auch für den Small Talk nebenbei, denn auf unbewußter Ebene wird solche Negativität Ihren künftigen Kunden beeinflussen und ihn möglicherweise sogar vom Kauf abhalten. Hin-zu-Menschen mögen generell keine Negativität. Falls Sie solide negative Informationen über ein Konkurrenzprodukt besitzen, sollten Sie sie nicht zu forsch vortragen und im Vergleich dazu vor allem die hervorragenden Eigenschaften Ihres eigenen Produktes betonen. Bleiben Sie ehrlich. Loben Sie die Vorzüge Ihrer Dienstleistung oder Ihres Produktes, und beschreiben Sie sehr konkret, inwiefern es dem Kunden dabei hilft, das zu erreichen, was er sich vorstellt oder was sein Leben verbessert."

Richard kam auf die zweite Gruppe von Kunden zu sprechen: „Bei einem Kunden mit Weg-von-Orientierung muß der Verkaufsansatz ein ganz anderer sein. In erster Linie müssen Sie ihm zeigen, wie Ihr Produkt ihm dabei hilft, Probleme und Schwierigkeiten zu vermeiden. Es ist nicht unklug, wenn man mit ausführlichen Informationen belegen kann, inwiefern es mit den Produkten der Konkurrenz zu Schwierigkeiten kommt. Weg-von-Menschen werden einen immer mit der Frage konfrontieren, was genau an einem Produkt kaputtgehen oder nicht funktionieren könnte. Zeigen Sie sich gut informiert über alle möglicherweise auftretenden Probleme und beweisen Sie, daß Ihr Unternehmen weiß, wie darauf zu reagieren ist." Richard trank einen Schluck Wasser und erklärte weiter:

„Bei dieser Art von Kunden ist es reine Zeitverschwendung, sich zu lange mit den positiven Eigenschaften Ihres Produkts aufzuhalten. Die gleichen Features, die einen Hin-zu-Kunden entzücken, werden ihn nur langweilen. Der Weg-von-Käufer möchte nichts weiter als die Vermeidung potentieller Probleme. Sobald er sich hierüber Klarheit verschafft hat, ist er bereit für den Kaufabschluß. An diesem Punkt sollte der Verkäufer zugreifen. Viele Abschlüsse kommen nicht zustande, weil der Verkäufer nicht weiß, wann er mit seinem Vortrag aufhören und den Verkauf abschließen muß."

„Das war mir so nicht bewußt", mußte ich zugeben.

„Und doch geschieht es öfter, als man glaubt. Eigentlich ist es ganz einfach herauszufinden, was ein Käufer von unserem Produkt erwartet. Man braucht nur danach zu fragen, etwa mit der Formulierung *Was erwarten Sie von Ihrem zukünftigen Auto?* Mal sehen, ob er Ihnen sagt, was er will oder was er nicht will. Weitere Informationen erhalten Sie mit der Folgefrage *Was haben Sie davon?*, die Sie auf jede der zuvor gegebenen Antworten anwenden. Gut ist auch, wenn man sich danach erkundigt, ob der Kunde das gleiche oder ein ähnliches Produkt schon einmal besessen hat. Stellen Sie fest, ob es ihm gefallen hat oder nicht, und wieso. Hin-zu-Käufer zählen Features auf, die ihnen gefallen haben, und sie sollten die entsprechenden Features Ihres Produkts hervorheben. Weg-von-Käufer werden demgegenüber all das aufzählen, was ihnen am vorigen Produkt nicht gefallen hat. Hier muß man vor allem betonen, inwiefern Ihr Produkt frei ist von den genannten Nachteilen. Diskutieren Sie danach keine weiteren Produkteigenschaften, sondern beschränken Sie sich darauf, zu versichern, wie Ihr Produkt dem Kunden dabei helfen wird, die Nachteile und Probleme, die ihn in der Vergangenheit geplagt haben, zu vermeiden. Dann steht dem Verkaufsabschluß nichts im Wege."

„Und das funktioniert?" fragte ich.

„Zweifeln Sie daran?" erwiderte Richard. „Weil Weg-von-Menschen sich auf das Negative fokussieren, denken sie vor allem daran, was möglicherweise schiefgehen könnte. Und so wollen sie mit Sicherheit wissen, ob es auf Ihr Produkt eine Garantie gibt und wie lange sie gilt. Eine Servicegarantie oder ein Wartungsvertrag sind hier sehr hilfreich. Für den Weg-von-Kunden ist der Service nach dem Kauf mindestens so wichtig wie für den Hin-zu-Kunden. Irgendwelche Fragen?"

„Manche Firmen scheinen ihren gesamten Verkauf auf einer Weg-von-Strategie aufzubauen", bemerkte ich.

„Ausgezeichnete Beobachtung. In vielen Branchen spielt sie eine große Rolle. Beim Verkauf von Autos und Autozubehör z.B. wird sehr stark vor den Gefahren von Unfällen oder Pannen gewarnt. Schließlich möchte man keinen platten Reifen und auch keine Batterie, die schlappmacht. Viele Anzeigen für Reifen und Batterien sind Musterbeispiele für eine Weg-von-Argumentation. Es gab einmal eine Kampagne von Michelin, bei der ein schlafendes Baby auf einem prallgefüllten Reifen übers Meer trieb. Man möchte doch nicht, daß ein Reifen, dem man sein Liebstes anvertraut, plötzlich die Luft verliert. Man will auch nicht, daß der Motor überhitzt oder sich Ruß am Zylinder absetzt. Oder wollen Sie das Leben, Ihr eigenes oder das Ihrer Familie, riskieren, nur weil Sie keinen Airbag haben? Außerdem brauchen Sie ein Mobiltelefon, damit sie im Notfall Hilfe herbeirufen können. Sie brauchen eine Alarmanlage, damit Ihr Auto nicht gestohlen wird. Am besten auch noch eine Alarmanlage fürs Haus und eine für Ihr Büro. Die gesamte Versicherungsindustrie beruht auf der Weg-von-Strategie. Man schließt eine Versicherung ab, weil man sich Sorgen macht, was passieren könnte, wenn man keine Versicherung hat. Auch Sparverträge und Anlagefonds werden oft als Schutz vor einer unsicheren Zukunft verkauft. Die meisten Spots für Haus- oder Autoversicherungen werden am frühen Abend gesendet, wenn der potentielle Käufer ermattet im Fernsehsessel ruht. Sobald er in seinem gemütlichen Heim, umgeben von seinen Lieben, den Feierabend genießen möchte, ist die richtige Zeit, ihn daran zu erinnern, welche Schrecknisse seinen häuslichen Frieden bedrohen. Das nennt man Den-richtigen-Knopf-zur-richtigen-Zeit-drücken.“

„Ich finde das reichlich clever“, sagte ich.

„Das alles ist kein Zufall, doch ich wette, daß die Werbetreibenden keine Ahnung von diesem People Pattern haben. Lassen Sie mich also noch einmal die wichtigsten Gedanken zusammenfassen. Jeder hat Motive, weshalb er etwas kaufen möchte. Manche dieser Motive haben damit zu tun, daß man etwas Bestimmtes erreichen möchte, und andere, daß man bestimmte Dinge vermeiden will. Ein guter beratender Verkäufer kann diese Motive aufdecken. Sodann muß er die Eigenschaften seines Produkts mit diesen Motiven in Einklang bringen. Der Kunde muß zu der Überzeugung gelangen, daß das Produkt ihm bei der Erfüllung seiner Motive hilft. Er muß also dem Verkäufer vertrauen, daß das Produkt hält, was er verspricht. Vertrauen ist eine wichtige Größe im Verkauf, und fehlendes Vertrauen ist eines der Haupthindernisse. Das Produkt mag den Bedürfnissen des Kunden in idealer Weise entsprechen, doch ohne das entsprechende Vertrauen findet der Kauf nicht statt. Darüber, wie man beim Käufer dieses Vertrauen entwickelt, werden Sie in einigen Monaten mehr in unserem Kurs über erfolgreiches Verkaufen erfahren.“

„In diesem Unternehmen scheinen jedenfalls alle hochmotiviert zu sein“, sagte ich.

„Das freut mich. Zu Beginn unseres Gesprächs sagte ich, wie wichtig es ist, daß ein guter Verkäufer selber motiviert ist. Das geschieht von selbst, wenn sein Unternehmen ihm die geeigneten Anreize und Sanktionen bietet. Natürlich ist Geld ein sehr starker Anreiz, aber bei weitem nicht der einzige. Morgen werden wir einige andere kennenlernen.“

Motivationstrainer

„Zum Schluß möchte ich noch etwas zu den sogenannten Motivationstrainern sagen. Viele Unternehmen holen derartige Trainer regelmäßig ins Haus, um ihre

Angestellten *anzuheizen*. Der Adrenalinstoß wirkt zwischen ein paar Minuten und einigen Monaten lang. Dann läßt die Wirkung der Medizin nach, und man braucht eine neue Dosis, meistens von einem neuen Trainer. Motivationstrainer verdienen sehr viel Geld, und viele Unternehmen schwören auf sie."

„Das war bei meiner vorigen Firma genauso. Sie haben wirklich recht. Das Feuer hält nicht lange vor. Meine eigene Reaktion war immer: ‚Was soll's'", bemerkte ich.

„Was genau machen Motivationstrainer eigentlich? Meistens drei Dinge. Erstens: Sie erinnern ihre Zuhörer an deren grundlegende Motive, und daß sie es bis jetzt versäumt hätten, sie in dem Maße zu befriedigen, wie es eigentlich möglich wäre. Als Grund für dieses Versagen diagnostiziert man entweder mangelnde Anstrengung oder einen falschen Ansatz. Zweitens: Sie verpflichten ihre Zuhörer erneut auf die Befriedigung ihrer Motive. Drittens, und dieser Punkt ist der wichtigste: Sie versprechen ihren Zuhörern, daß sie nur der Strategie des Motivationstrainers folgen müssen, um ihr Versagen zu überwinden und in eine erfolgreiche Zukunft zu blicken."

Wir haben mehrere der bekannten Motivationstrainer modelliert und dabei die drei Grundregeln ihres Erfolgs entdeckt. Erstens stellen sie alles außerordentlich vereinfacht dar. Ihr Rezept für das Publikum enthält maximal drei Zutaten. Niemals mehr, denn das Publikum wäre mit komplexeren Anweisungen überfordert. Im wesentlichen wird den Zuhörern gesagt, sie hätten kein Problem mit ihrer Motivation als solcher, sondern nur mit der Art und Weise, wie sie ihre Motive zu befriedigen versuchen. Ihre bisherigen Versuche hätten schlecht funktioniert, weshalb sie ihre Anstrengungen eingestellt hätten. Dann präsentiert der Motivationstrainer eine neue Methode zur Befriedigung dieser Motive.

Die Welt ist komplex, und einfache Lösungen liegen normalerweise nicht auf der Hand. Die Menschen fühlen sich von dieser Komplexität schnell überfordert und erstarren in Entschlußlosigkeit. Der Motivationstrainer präsentiert nun einen ausgesprochen vereinfachten Dreipunkteplan. Und die Zuhörer erkennen staunend: ‚Kein Wunder, daß ich keinen Erfolg habe. Ich habe immer gedacht, die Welt wäre kompliziert. Wie dumm von mir, nicht zu sehen, daß sie eigentlich ganz einfach ist und sich alles auf drei Dinge reduzieren läßt. Wie schön, daß ich endlich die großen Geheimnisse des Universums kennenlerne!' Aufgrund ihres neuen simplen Modells sind die Zuhörer nun plötzlich bereit, Entscheidungen zu fällen und in Aktion zu treten. Meistens ist diesen Aktionen kein Erfolg beschieden, gelegentlich aber doch. Diese Erfolge werden dann zu den Heldengeschichten, die den Beweis liefern, daß der Dreipunkteplan wirklich funktioniert. In Wirklichkeit hat der

Plan nichts weiter getan, als die Zuhörer zu inspirieren, überhaupt etwas zu tun, statt herumzusitzen. Und wenn man irgend etwas tut, sind die Chancen des Erfolgs erheblich größer, als wenn man gar nichts tut."

Ich konnte mir ein Lächeln nicht verkneifen und hörte weiterhin gespannt zu.

„Der Motivationstrainer darf sein Dreipunkteprogramm jedoch nicht einfach nur so präsentieren; vielmehr muß er es so kongruent darstellen, daß seine Zuhörer ihm glauben und seine Anweisungen befolgen. Hier kommt Regel Nummer zwei ins Spiel. Der Motivationstrainer muß fähig sein, kongruent zu lügen. Er muß kongruent bleiben, wenn er seinem Publikum erzählt, die Welt sei nicht komplex, sondern ganz einfach, und alles lasse sich alles auf drei Dinge reduzieren. Jeder Motivationstrainer muß über eine Welterklärung verfügen, von der er fest überzeugt ist. Zeigt er auch nur die geringste Form von Inkongruenz, wird seine Schwäche entdeckt, und niemand glaubt ihm.

Regel Nummer drei enthält das Geheimnis, wie Motivationstrainer es schaffen, so kongruent zu lügen. Zuerst müssen sie nämlich sich selbst belügen können. Erst nachdem sie sich selbst überredet haben, daß sich die Welt in Wirklichkeit auf drei simple Dinge reduzieren läßt, können sie ihre Zuhörer erfolgreich belügen. Jeder Motivationstrainer braucht also einen rationalen Aufhänger, der ihn selbst von dem überzeugt, was er vorträgt. Dieser Aufhänger ist natürlich bei jedem Trainer ein anderer.

Ich sagte vorhin, daß die Medizin des Motivationstrainers nur einige Minuten oder höchstens einige Monate lang wirkt. Denn das Problem besteht darin, daß die Welt in Wirklichkeit eben doch komplex ist und sich nicht einfach auf drei Dinge reduzieren läßt. Nun ist es so, daß diese Komplexität die meisten Menschen davon abhält, wirksame Aktionen zu unternehmen. Der vereinfachende Dreipunkteplan des Motivationstrainers hat den Vorteil, entschlossenes Handeln zu erleichtern. Ich betonen es immer wieder: Jede Aktion birgt eine größere Wahrscheinlichkeit des Erfolgs als das Nichtstun. Wie dem auch sei, die meisten Zuhörer folgen dem Plan eine Weile lang, und vielleicht funktioniert er bis zu einem gewissen Grad, doch dann schlägt die Realität zurück, und die Zweifel beginnen von neuem. Und so sind wir wieder auf dem Weg nach unten. Schließlich sagt man zu sich selbst: *Wie dumm von mir. Dumm, dumm, dreimal dumm. Wie konnte ich so blöd sein und glauben, die Welt sei simpel und ließe sich auf drei Dinge reduzieren. Es ist doch klar, daß alles viel komplizierter ist.*"

„Und dann holt man sich einen neuen Motivationstrainer, stimmt's?" stellte ich fest.

„Ja, ob Sie es glauben oder nicht. Jetzt sind die Leute bereit für den nächsten Motivationstrainer, der ihnen etwa folgendes erklärt: Die Welt ist wirklich simpel, Sie hatten recht. Das Problem war nur, daß Sie den falschen Ansatz hatten. Sie haben einfach das Falsche gemacht. Die Welt läßt sich nicht reduzieren auf A, B und C, wie Sie fälschlicherweise geglaubt haben, sondern in Wirklichkeit besteht sie aus X, Y und Z. Dies ist die Formel zum Erfolg. Und viele im Publikum sagen sich im stillen: ‚Kein Wunder, daß ich Probleme habe. Ich hatte einfach den falschen Plan. Gott sei Dank hat mir jetzt jemand gezeigt, wie es sich in Wirklichkeit verhält.'

Und so dreht man sich endlos im Kreise. Hier bei Success Inc. arbeiten wir hart daran, Komplexität zu verstehen und Lösungen zu entwickeln, die der Komplexität entsprechen. Dazu müssen große Mengen von Variablen berücksichtigt werden. Es muß untersucht werden, wie sie sich in verschiedenen Kontexten und unter wechselnden Umständen verhalten. Beim Modellieren werden wir oft von Computern unterstützt. Daher funktionieren unsere Lösungen zuverlässiger als die simplifizierenden Modelle. Man braucht Mitarbeiter, die sich der Komplexität stellen und dennoch handlungsfähig bleiben. Dies ist eins der Geheimnisse des Erfolgs. Es umzusetzen ist eine Herausforderung, aber sie ist zu bewältigen. Haben Sie noch Fragen zum Zusammenhang von Motivation und Verkauf?"

„Zuerst möchte ich meine Aufzeichnung durchgehen", sagte ich.

„Gut. Morgen unterhalten wir uns über Werte und die treibenden Motive bei jedem Kauf."

Die Verhandlungsabteilung

Beverly saß am Schreibtisch und telefonierte, als ich ihr Büro betrat. Sie gab mir den Wink, mich zu setzen. Ich hörte, wie sie gerade der Person am anderen Ende der Leitung erklärte, was passieren würde, wenn man in einer bestimmten Sache nicht zu einer Einigung gelangte. Es hörte sich nicht sehr freundlich an. Sie legte den Hörer auf und meinte: „Ich habe gerade das gemacht, worüber wir uns heute unterhalten werden."

Sie räusperte sich. „Das Motivations-People-Pattern spielt bei Verhandlungen eine entscheidende Rolle. Bei jeder Verhandlung gibt es bestimmte Dinge, die eintreten sollen, und andere Dinge, die auf keinen Fall eintreten sollten. Selten kommt es vor, daß jemand genau weiß, was er will, und darauf hinsteuert. Meistens sind wir unsicher oder wissen überhaupt nicht, was wir wollen. Häufig wissen wir nur, was wir nicht wollen.

Man sollte jede Verhandlung mit einem hohen Anspruch beginnen. Im allgemeinen setzen wir unsere Ziele zu niedrig an und merken gar nicht, daß wir mehr Macht haben, als wir glauben. So geben wir uns mit weniger zufrieden, als wir hätten erreichen können, wenn wir unsere Ziele von vorneherein etwas höher gehängt hätten und wenn wir die Grundprinzipien der Verhandlungsführung gekannt hätten."

Beverly fuhr fort: „Wenn man in eine Verhandlung hineingeht und nur weiß, was man nicht will, wird man es schwer haben, sich ein hohes Ziel oder überhaupt irgendein Ziel zu setzen. Das Problem mit der Weg-von-Orientierung ist, daß man Handlungen unternehmen muß, die wieder zu irgend etwas Bestimmtem führen. Um etwas zu vermeiden, was man nicht will, gelangt man zu einem anderen Ergebnis, das einem dann vielleicht wieder nicht gefällt. Es ist nichts verkehrt damit, bestimmte Dinge vermeiden zu wollen. Es gibt vieles, dem man am besten aus dem Weg geht. Als Faustregel für Menschen mit einem Weg-von-People-Pattern gilt, daß sie sich verschiedene Wege überlegen sollten, wie sich ein unliebsames Ergebnis vermeiden läßt, und sich danach für die Strategie entscheiden sollten, die die meisten Vorteile zu bieten scheint.

Nachdem man sich ein anspruchsvolles Verhandlungziel gesetzt hat, muß man sich mit der Person beschäftigen, mit der man in Verhandlung treten wird. Fragen Sie sich selbst: *Was ist für den anderen drin?* Versuchen Sie sich in das Weltmodell des anderen zu versetzen und die Situation aus seiner Perspektive zu betrachten. Ständig lauert die Gefahr von Projektionen. Nur weil Sie selbst etwas für wertvoll halten, heißt das noch nicht, daß der andere diesem Punkt den gleichen Wert beimißt. Wir haben unterschiedliche Bedürfnisse und Interessen. Man muß das berücksichtigen und versuchen, die Dinge aus der Perspektive der anderen zu verstehen. Bei jeder Verhandlung müssen Sie der anderen Seite etwas geben, was diese will, um im Austausch dafür das zu erlangen, was Sie selbst wollen. Um etwas von einem bestimmten Wert zu erlangen, muß man bereit sein, etwas ähnlich Wertvolles aufzugeben. Fragen hierzu?"

Ich schüttelte den Kopf, und Beverly sprach weiter.

„Im nächsten Schritt müssen Sie über das Motivations-People-Pattern der anderen Seite nachdenken. Ist Ihr Verhandlungspartner ein Hin-zu-Mensch, müssen Sie ihm von Anfang an absolut klarmachen, daß Sie alles dafür tun wollen, daß er seine Ziele erreicht, worin diese auch immer bestehen mögen. Heben Sie hervor, wie im Prozeß der Verhandlung beide Seiten gemeinsam daran arbeiten werden,

Ergebnisse zu erzielen, die für beide Seiten vorteilhaft sind. Sind Ihnen im voraus Bedingungen bekannt, die Ihr Partner mit Hin-zu-Pattern auf jeden Fall erfüllen muß, sollten Sie ihm die Einhaltung dieser Bedingungen sofort in einer positiven und affirmativen Weise bestätigen. Vielleicht sind Sie sich nicht sofort über das People Pattern Ihres Verhandlungspartners im klaren. Denken Sie daran, daß ein Hin-zu-Mensch all die Elemente aufzählen wird, Menschen, Dinge oder Kriterien, die in die Verhandlungen einbezogen werden sollen. Hin-zu-Menschen schätzen es nicht, wenn man ihnen droht. Vermeiden Sie also jede Form von Drohung oder Betonung der negativen Konsequenzen, die im Fall des Scheiterns einer Übereinkunft eintreten können. Mit einem Wort, konzentrieren Sie sich auf das Positive und auf das, was im beiderseitigen Vorteil liegt.

Bei Verhandlungen mit einem Weg-von-Menschen steht etwas anderes im Vordergrund: Betonen Sie, daß Sie alles tun werden, um ihm zu helfen, all das loszuwerden oder zu vermeiden, was ihm mißfällt. Ein Weg-von-Mensch wird Ihnen sehr direkt all die Dinge, Menschen, Bedingungen und Kriterien nennen, die er von der Verhandlung ausschließen möchte. Bei dieser Art Verhandlungspartner lohnt es sich, ausgiebig auf die negativen Auswirkungen des Scheiterns der Verhandlung einzugehen. *Wenn wir zu keiner Einigung kommen, werden die folgenden unerwünschten Konsequenzen eintreten:* Und dann zählen Sie all die Schwierigkeiten auf, die sich durch ein faires Abkommen vermeiden lassen." Beverly war so gut in Fahrt, daß sie nicht unterbrochen werden wollte.

„Wenn möglich, sollten Sie schon vor der Verhandlung herausfinden, was Ihr Gegner auf jeden Fall vermeiden möchte. Sprechen Sie diese Bedingungen offen an, und betonen Sie, daß sie absolut zu vermeiden sind. Glauben Sie nicht, daß ein Weg-von-Mensch auf Anreize reagiert. Vielmehr kommt er mit einer Liste möglicher Probleme und Hindernisse, und Sie müssen ihn beruhigen, daß sie minimiert oder völlig beseitigt werden können. Helfen Sie ihm, seine Probleme zu lösen, und er wird glücklich sein.

Zu guter Letzt mag es sogar erforderlich sein, der Weg-von-Person ein wenig zu drohen. Am besten tut man das in Form einer Warnung vor den unerwünschten Folgen des Scheiterns eines Abkommens. Es versteht sich von selbst, daß körperliche Drohungen in jeder professionellen Verhandlung absolut inakzeptabel sind. Einem Hin-zu-Menschen mag es nicht ganz leichtfallen, Drohungen auszusprechen, da dies seinem Weltmodell nicht entspricht. Es kann jedoch gegenüber dem Weg-von-Menschen absolut notwendig sein, weil dieser sonst zu keinem Abkommen bereit sein mag."

„Es muß ziemlich interessant sein, wenn bei einer Verhandlung zwei unterschiedliche Motivations-Typen aufeinandertreffen", wandte ich ein.

„Auf jeden Fall. Wenn ein Hin-zu-Mensch mit einem Weg-von-Menschen verhandelt, gibt der Hin-zu-Typ oft mehr auf als nötig. Sein Weg-von-Partner interessiert sich nur dafür, daß bestimmte Dinge vermieden werden. Der Hin-zu-Verhandler faßt das vielleicht als Widerstand auf und erhöht sein Angebot, um zu einer Einigung zu kommen. Dabei macht er vielleicht unnötig große Konzessionen und erreicht zum Schluß trotzdem nichts, weil er die Sache falsch anfaßt. In der umgekehrten Verhandlungssituation kann es vorkommen, daß der Weg-von-Verhandler seinen Hin-zu-Partner mit Drohungen einschüchtert, die diesen nur demotivieren. Hier muß der Weg-von-Verhandler bereit sein, dem anderen ein echtes Angebot zu machen, das dieser positiv bewerten kann."

Verhandlungstaktiken

„Auch bei der Frage der Verhandlungstaktiken spielt das Motivations-People-Pattern eine Rolle. Solche Praktiken und Manöver stellen immer den Versuch dar, sich gegenüber der anderen Partei einseitige Vorteile zu verschaffen. Es gibt Hin-zu-, Weg-von- und neutrale Taktiken. Mit Hin-zu-Taktiken versucht man oft, die andere Seite auf etwas anderes als ihre eigentlichen Ziele hinzulenken. Doch die meisten Taktiken folgen dem Weg-von-Muster. Sie wollen die Verhandlungen für die anderen Seite so unangenehm machen, daß diese zu Konzessionen bereit ist, nur um die Gespräche beenden und die unerträgliche Situation verlassen zu können.

Alle Arten von Pressionen folgen einer Weg-von-Taktik. Ich nenne die Techniken: vor vollendete Tatsachen stellen, Sackgasse, die Mauertaktik, Armdrücken, Schweigen, Limits und Sie-brauchen-uns. Auch sämtliche Formen der Einschüchterung gehören dazu. Beispiele hierfür sind die Taktiken von Wutausbruch, persönlichem Angriff, der Verweis auf höhere Autoritäten oder Experten, die Heiß-Kalt-Technik und sämtliche Formen von Drohungen.

Ein klassisches Beispiel ist das Zusammenspiel des „Guten" und des „Bösen", wie wir es aus vielen zweitklassigen Kriminalfilmen kennen. Bei dieser Vorgehensweise stellt der „Böse" außerordentlich hohe Forderungen, während der „Gute" vernünftig und hilfsbereit wirkt. Dann verläßt der „Böse" den Raum. Der „Gute" entschuldigt sich für dessen schlechtes Benehmen und rät dem Opfer, rasch einer Einigung zuzustimmen, bevor der „Böse" zurückkommt. Es sollte Sie nicht wundern, daß das oft funktioniert. Es ist klar, daß es hier gar keinen „Guten" gibt, sondern daß beide miteinander unter einer Decke stecken. Eine andere Version dieser Technik ist übrigens das Spiel mit vernünftigen und unvernünftigen Forderungen."

„Ich war schon oft Zeuge dieses Szenarios, und es hat jedesmal funktioniert", sagte ich.

„Weitere Weg-von-Manöver sind alle Formen von Verzögerung und Belästigung. Beispiele hierfür sind die Techniken von Zeitdruck, Verzögerung, Wartenlassen, Konfusion, Junktim, mehrfachen Einwänden und schlichter Belästigung. Zu erwähnen sind auch Formen extrem hoher Eingangsforderungen und die Technik der Eskalation."

Von manchen dieser Techniken hatte ich schon gehört, andere waren völlig neu für mich.

„Sämtliche Manipulationsversuche dieser Art arbeiten mit einer starken Weg-von-Orientierung. Sie wollen die andere Seite dazu zwingen, den Rückzug nach innen anzutreten, den Kontakt zur eigenen Stärke zu verlieren und auf die eigenen Schwächen zu fokussieren. Man will, daß der andere das Vertrauen in seine Fähigkeit verliert, seine Ziele erreichen zu können, er deswegen seine Erwartungen herunterschraubt und schließlich das Gefühl bekommt, er müsse schnell ein Zugeständnis machen, um später nicht noch mehr zu verlieren. Dies ist das Ziel derartiger Taktiken: der Zustand des Vermeidenwollens zu erwartender größerer Verluste in der Zukunft."

Ich wollte etwas einwenden, doch Beverly ließ mich nicht zu Wort kommen. „Ich weiß, was Sie sagen wollen. Natürlich funktionieren solche Taktiken nicht, solange keine tatsächlichen Konzessionen gemacht werden. Bei unserem Verhandlungstraining geht es auch darum, zu lernen, wie man auf solche Praktiken am besten reagiert. Am besten, man hält den Mund, bleibt cool, dissoziiert sich von seinen negativen Gefühlen, geht zu einer Ressourcenphysiologie über, einer Stimmung des Optimismus, und verstärkt den Kontakt zu seinen eigenen Stärken. Falls man etwas sagt, dann mit einer Haltung des Sondierens und nicht der Konzession.

Ich fasse zusammen: Bei allen Verhandlungen, sei es im Geschäftsbereich, mit Freunden, Partnern, Kindern oder Vorgesetzten, muß man lernen, die Wahrnehmungsfilter der anderen Seite aufzusetzen. Besitzt der andere eine Weg-von-Orientierung, Sie aber nicht, müssen Sie nach negativen Elementen Ausschau halten, selbst wenn das nicht Ihrer normalen Betrachtungsweise entspricht. Entsprechend, wenn Sie es mit einem Hin-zu-Menschen zu tun haben, Sie selbst aber weg-von orientiert sind. Es wird es ihnen seltsam vorkommen, sich nun mit den positiven Absichten Ihres Gegenübers beschäftigen zu müssen, statt wie gewohnt darauf zu achten, was Sie gern vermeiden möchten. Ihre üblichen Drohungen machen auf Ihren an Möhren orientierten Verhandlungspartner keinen Eindruck, so wenig wie Ihre Möhren auf einen weg-von orientierten Gegner. – Morgen sprechen wir über Werte und unterschiedliche Arten des Verhandelns. Bis dann."

Zusammenfassung

Shana erkundigte sich, wie es mir an diesem Tag ergangen sei und ob ich noch Fragen hätte. Ich sagte ihr, daß ich immer noch nachdachte über die Frage *Was habe ich davon?* Sie lachte und antwortete: „Diese Frage ist von größter Bedeutung für jeden einzelnen, für jedes Unternehmen und für unsere Gesellschaft im allgemeinen. Was habe ich davon? Die Politiker auf allen Ebenen von der Gemeinde bis zum Staat müssen darauf eine Antwort finden. Die Bürger möchten wissen, was sie von bestimmten Maßnahmen haben. Leider stehen viele Regierungen auf dem arroganten Standpunkt, der Bürger müsse eben Opfer bringen und die Dinge hinnehmen. Das führt zu nichts weiter als zu Gefühlen der Auflehnung und des Ungehorsams. Das führt auch dazu, daß ganze Bevölkerungsteile nur noch durch Androhung von Strafe im Zaum gehalten werden können. Doch das zerstört das Gefüge der Gesellschaft und muß zu Unruhen führen.

Es ist naiv anzunehmen, die Bürger würden Gesetze, die sie für repressiv halten, auf Dauer nur deshalb befolgen, um der patriotischen Pflicht Genüge zu tun. John F. Kennedy sagte einmal: *Frage nicht, was dein Land für dich tun kann, sondern was du für dein Land tun kannst.* Es ist reichlich naiv, diesen Satz als allgemeine Regel aufstellen zu wollen. Statt dessen sollten Regierungen sich an folgende Maxime halten: *Erwarte nicht, daß irgend jemand etwas für sein Land tut, wenn das Land nichts für ihn tut!* Wir haben ein riesiges Staatsdefizit, und die Subventionen sind insgesamt zu hoch. Die Politik sagt, wir sollten Opfer bringen. Ein großer Teil der Bevölkerung ist aber nicht dazu bereit, weitere Opfer zu bringen. Wenn man ihn dazu zwingt, wird er sich von der Politik abwenden. Jede Regierung, die Opfer verlangt, muß imstande sein aufzuzeigen, daß man auf diesem Wege entweder eine bessere Zukunft vor sich hat oder daß die Dinge sehr viel schlimmer werden, falls die Opfer nicht gebracht werden.

Morgen werden wir unser Gespräch über Motivation mit der Betrachtung des Motiv-People-Patterns fortsetzen. Unser Grundmodell wird dabei einige Verfeinerungen erfahren."

Schlüssel 7: Das Motiv-People-Pattern

Beobachtungen

Der Verkehr war weniger dicht als sonst. Das Gespräch im Auto drehte sich um wirtschaftliche Fragen, die Umstrukturierung der Unternehmen und wie man es in seiner Karriere zu etwas bringen konnte. In Bills Firma wurden Mitarbeiter entlassen, und er machte sich große Sorgen. Eigentlich war er war ein guter Arbeiter mit positiver Grundeinstellung. Häufig hörte er Kassetten und las Bücher zum Thema Persönlichkeitsentwicklung. Die Möglichkeit, selbst entlassen zu werden, löste eine Verwandlung in ihm aus. Seit er von den anstehenden Veränderungen erfahren hatte, hatte sich seine Energie verändert. Er machte einen unkonzentrierten Eindruck, und seine Verkaufszahlen waren gesunken. Seine unmittelbare Zukunft machte ihm allen Anschein nach mehr Sorgen als seine Karriere.

Dann kam man darauf zu sprechen, wer aus welchen Gründen in seinem Beruf befördert wurde. Dave behauptete, das Geheimnis des Erfolgs bestünde darin, ein Ziel zu haben und hart dafür zu arbeiten. Sue war der Ansicht, es sei viel wichtiger, den Mut und die Stärke zu besitzen, für das zu kämpfen, was man für richtig halte. Tom hatte wieder eine andere Meinung. Seiner Ansicht nach lag der Schlüssel zum Erfolg in den guten Beziehungen zu den Kollegen. Behandele andere fair und gerecht, und sie werden dich gerecht behandeln, war sein Motto. Lächle und hilf den anderen. Wer anderen hilft, kommt voran. Es war Zeit für mich auszusteigen, und ich weiß nicht, wie die Diskussion endete.

Ich freute mich, mehr über das Thema Motivation zu lernen. Ich berichtete Shana von der Diskussion im Wagen und von einem Experiment mit meinen Kindern. Am Vortag hatte ich versucht, die Sache mit den Möhren und dem Stock bei ihnen auszuprobieren, um sie dazu zu bringen, ihre Zimmer aufzuräumen, die Hausaufgaben zu erledigen und sich anständig aufzuführen. Ich war etwas verwirrt. Von der in Aussicht gestellten finanziellen Belohnung war eine meiner Töchter begeistert gewesen, während sich die andere überhaupt nicht dafür interessierte. Trotzdem erledigte sie das, worum ich sie gebeten hatte, allerdings mit der Begründung, sie habe es nicht wegen des Geldes getan, sondern nur für ihren Daddy. Meinem Sohn hingegen mußte ich zuletzt doch wieder mit dem Entzug einiger seiner Privilegien drohen. Zwischen ihm und mir schien es immer zu einer Art Machtkampf zu kommen.

„Ich glaube, was mich so verwirrt, ist die Tatsache, daß nicht jeder auf die gleichen Anreize und Sanktionen reagiert", sagte ich.

Shana lächelte und erwiderte: „Das stimmt, und damit werden wir uns heute beschäftigen."

Motive, Bedürfnisse und Werte

„Man muß die Beziehung von Motivation und Motiven, Bedürfnissen und Werten kennen, um zu verstehen, was mit Ihrem Freund Bill los ist bzw. warum nicht alle Menschen auf die gleichen Drohungen oder Sanktionen reagieren. Sie werden sich erinnern, daß wir gestern festgestellt haben, daß jede Motivation von drei Voraussetzungen abhängt. Wissen Sie noch, welche das sind?" fragte Shana.

Ich überlegte kurz und antwortete: „Dabei handelt es sich um die Mitarbeiter mit den richtigen Motiven, die Organisationsform mit den erforderlichen Zufrieden-Machern und das Geschick der Manager, beides miteinander zu kombinieren."

„So ist es", bestätigte Shana. „Verhalten resultiert aus der Beziehung zwischen einer Person und ihrer Umgebung. Die Motive existieren innerhalb der Person, und die Umgebung ist der Ort, wo die Zufrieden-Macher zu finden sind. Nun hängt es vom Können der Manager ab, beides so zu kombinieren, daß die Energie der Mitarbeiter auf die Aufgaben und Ziele gerichtet werden, die die Mission der Organisation voranbringen. Können Sie mir soweit folgen?"

Ich nickte.

„Dann wollen wir jetzt zunächst von den **Motiven** sprechen. Sie bilden die Grundlage der Motivation. Ein Motiv ist ein innerer Zustand, der einem Energie gibt und einen auf ein bestimmtes Ziel hinlenkt. Motive stehen in Verbindung zu Bedürfnissen. Ein Bedürfnis ist ein Defizit. Bei einem Motiv handelt es sich um ein Bedürfnis, das mit der Intention verbunden ist, das geeignete Ziel oder den geeigneten Wert zu erlangen. Mit anderen Worten, wir unternehmen Aktionen, von denen wir erwarteten, daß sie unsere Bedürfnisse befriedigen. Daraus folgt, daß nur unbefriedigte Bedürfnisse als Quelle der Motivation in Frage kommen. Ferner folgt daraus, daß man das Verhalten und die Werte eines Menschen studieren kann, um Erkenntnisse über seine unbefriedigten Bedürfnisse zu gewinnen. Und umgekehrt, durch Betrachtung seiner unbefriedigten Bedürfnisse erhalten wir Aufschluß über sein Verhalten und seine Werte." Nach einer kurzen Telefonunterbrechung fuhr Shana fort:

„Ein **Bedürfnis** ist das, was für die Gesundheit und das Wohlergehen des Menschen erforderlich ist. Es gibt körperliche und seelische Bedürfnisse. Fehlende Befriedigung führt zu Unwohlsein und Schmerz, während Bedürfnisbefriedigung angenehme und lustvolle Gefühle hervorruft. Bedürfnisse erzeugen eine angenehme oder unangenehme Spannung, und das daraus folgende Verhalten zielt auf die Reduktion der Spannung bzw. des Unbehagens ab. Die fehlende Befriedigung eines Bedürfnisses kann einen also zu bestimmten Handlungen führen, jedoch nur, wenn man davon ausgeht, daß die betreffende Aktion eine Befriedigung bringt. Diese Einschätzung kann, wie jedes Urteil, zutreffend sein oder nicht. Welche Aktionen im einzelnen nun jemand ergreift, hängt von seinen Werten ab."

„Und was sind Werte?" wollte ich wissen.

„**Werte** sind das, was jemand für sein Wohlergehen als gut oder wichtig empfindet. Sie sind der Maßstab zur Beurteilung aller Dinge. Während Bedürfnisse angeboren sind, werden Werte durch Erfahrung gewonnen. Werte sind das, worauf wir uns hin- oder wovon wir uns wegbewegen. Um sie zu erlangen oder zu vermeiden, investieren wir Zeit, Energie und Ressourcen. Sie bilden die untergründigen Kräfte, die unser Verhalten antreiben, steuern und selektieren. Ihr Reich ist das der Gefühle."

„Wie beziehen sich Werte auf Bedürfnisse und Aktionen?" fragte ich.

„Werte stellen die Verbindung zwischen Bedürfnissen und Aktionen her. Sie lenken Aufmerksamkeit und Anstrengung auf die verschiedenen Bedürfnisse, indem sie den relativen Wert der verschiedenen Ziele bestimmen. Ferner bilden Werte die Grundlage der Emotionen. Sie sind uns entweder bewußt oder nicht bewußt, wobei unbewußte Werte sogar in Konflikt mit bewußten Werten oder miteinander geraten können."

Die Bedürfnishierarchie nach Maslow

„Erinnern Sie sich an die Bedürfnispyramide nach Abraham Maslow?" fragte Shana.

„Das ist schon eine Weile her. Ich hätte nichts gegen eine kurze Zusammenfassung", antwortete ich.

„Maslow machte drei entscheidende Aussagen", fuhr Shana fort. „Erstens: Die menschlichen Bedürfnisse stehen in einer hierarchischen Ordnung. Zweitens: Die tieferstehen Bedürfnisse müssen zuerst ganz oder teilweise befriedigt sein, bevor man sich den Bedürfnissen höherer Ordnung zuwenden kann. Drittens: Ein befriedigtes Bedürfnis motiviert kein weiteres Verhalten.

Im Jahre 1943 beschrieb Abraham Maslow, wie unsere aktuellen Bedürfnisse einen entscheidenden Einfluß auf unsere Motivation, unsere Prioritäten und unser Verhalten ausüben. Wie schon gesagt, ein Bedürfnis ist ein Mangel oder Defizit und erzeugt eine Spannung bzw. die Motivation zu seiner Befriedigung. Maslow entdeckte fünf Klassen von Bedürfnissen, die er in eine hierarchische Ordnung brachte. Bevor man auf die nächsthöherer Stufe gelangt, muß die Stufe, auf der man sich gegenwärtig befindet, zumindest teilweise befriedigt sein.

Die Basis der Pyramide, die erste Stufe in Maslows Bedürfnishierarchie, bilden die Bedürfnisse des physischen Überlebens. Hierzu zählen Nahrung, Kleidung, Behausung, Sexualität und Gesundheit. Solange sie nicht erfüllt sind, richten Menschen beträchtliche Zeit, Energie und Aufmerksamkeit auf ihre Befriedigung. In dieser Phase befinden sie sich in einem Zustand ängstlicher Anspannung mit einem Fokus auf der unmittelbaren Gegenwart. Es bleibt keine Energie für andere Ziele übrig. Sobald diese Bedürfnisse jedoch zeitweise befriedigt sind, entsteht das Verlangen, sie dauerhaft zu befriedigen."

„Wenn ich mich richtig erinnere, löst dies einen Sprung auf die nächsthöhere Stufe aus", sagte ich.

„Genau", bestätigte Shana. „Die zweite Stufe bei Maslow beschäftigt sich mit Geborgenheit und Sicherheit. Dies geht schon einen Schritt weiter als das bloße Überleben. Nun kümmert man sich darum, daß die eigene Sicherheit dauerhaft gewährleistet ist. Man verschafft sich also eine sichere Wohnung und ein Einkommen, das einem den Erwerb von Nahrung, Kleidung und medizinischer Vorsorge gestattet. Wir befinden uns hier noch auf einem sehr machtorientierten Level, und der Kampf um den Aufstieg vom bloßen Überleben zu einer dauerhaft gesicherten Existenz hat mit christlicher Nächstenliebe, wie wir sie kennen, noch nichts zu tun."

„Hier kommen nun die Interaktionen ins Spiel", sagte ich.

„Genau. Sobald das Bedürfnis nach Sicherheit und Geborgenheit einigermaßen befriedigt ist, hat man genug Energie frei, um sich mit den zwischenmenschlichen Beziehungen zu befassen. Wir sprechen hier von den Bedürfnissen der Zugehörigkeit. Auf Maslows dritter Stufe geht es somit um Liebe, Freundschaft und Zugehörigkeit. Der Mensch möchte vertrauensvolle und fürsorgliche Beziehungen erleben, in denen er Feedback geben und empfangen und anderen helfen kann. Familie, Freundschaft und Mitgliedschaft in gesellschaftlichen Vereinigungen sind der Ort, an denen diese Bedürfnisse erfüllt werden. Hier erst kann so etwas wie christliche Nächstenliebe entstehen. Jetzt erst hat man genügend Zeit und Energie frei, um anderen zu helfen. Wie gesagt, dies sind die Bedürfnisse der Zugehörigkeit." Shana kam gleich auf die nächste Stufe zu sprechen.

„Sind nun die sozialen Bedürfnisse befriedigt, hat man wieder genügend Zeit und Energie für etwas Neues. Man möchte im Leben vorankommen. Auf der nächsthöheren Stufe geht es also um Leistung. Man möchte als wertvolles Mitglied der Gemeinschaft betrachtet werden und Status und Prestige erlangen. Maslow spricht von Ego- oder Statusbedürfnissen, die ein Mensch durch das Erreichen von Status, Prestige oder Meisterschaft erlangt. Man entwickelt Ehrgeiz und sucht nach Möglichkeiten, etwas Besonderes zu leisten – sei es gemeinsam mit anderen oder für sich allein. Man strebt nach Autorität. Man erwartet Anerkennung von seiner Umgebung – die einem vielleicht zuteil wird, vielleicht aber auch nicht. Und diese Abhängigkeit von externem Feedback stellt ein beachtliches Hindernis bei der Erfüllung der Bedürfnisse der vierten Stufe dar."

„Jetzt erinnere ich mich wieder", unterbrach ich. „Nun kommen wir zur letzten Stufe."

„Ja. Wenn jemand es geschafft hatte, erfolgreich und produktiv zu sein, strebt er, nach Maslow, zur Erfüllung der Bedürfnisse der höchsten Stufe, der Stufe der Selbstverwirklichung. Man besitzt nun genügend verfügbare Energie und Aufmerksamkeit, die man auf Kreativität und Selbstausdruck verwenden kann. Man verspürt einen starken Drang nach Selbsterfüllung, persönlichem Wachstum und der Gelegenheit, sein Potential zu verwirklichen und zu demjenigen zu werden, der man wirklich ist. Maslow hielt den Wunsch nach Selbstverwirklichung für das primäre Motiv eines gesunden Erwachsenen. In seinem späteren Leben erweiterte Maslow sein System allerdings noch um eine weitere Stufe, den Wunsch nach Selbst-Transformation. Er dachte dabei an das Bedürfnis, seine Identität auf eine völlig neue Seinsstufe hinzuentwickeln.

Maslows Bedürfnishierarchie und sein Konzept der Selbstverwirklichung wurde von der liberalen weißen Öffentlichkeit seiner Zeit weitgehend geteilt, und er avancierte zu einem der Vordenker des New Age. Es stellte sich allerdings heraus, daß sich Maslows Selbstverwirklichungskonzept auf viele Bevölkerungsgruppen weltweit nicht anwenden läßt. Im Grunde betrifft Maslow Beschreibung nur eine von acht möglichen Formen der Selbstverwirklichung. In einigen Monaten, wenn Sie an unserem Kurs über Wertekulturen teilnehmen, werden Sie mehr darüber erfahren."

„Ich habe das Buch des Gründers von Success Inc. über dieses Thema gelesen", sagte ich.

„Dennoch ist Maslows Konzept der Bedürfnispyramide für uns aus verschiedenen Gründen wichtig", fuhr Shana fort. „Es lehrt uns zum Beispiel, daß wir, egal auf welcher Stufe wir uns gerade befinden, die Motive derjenigen über uns überhaupt nicht verstehen, während wir die Motive der unteren Stufen rasch vergessen und hinter uns lassen. Diese kommen uns schlimmstenfalls kriminell und wahnsinnig vor, während die ersteren uns im besten Falle öde, langweilig und irrelevant zu sein scheinen."

„Es ist beinahe so, als ob man auf jeder Stufe die Welt auf völlig neue Weise sieht, nicht wahr?" bemerkte ich.

„So ist es", fuhr Shana fort. „Aus Umständen, die man nicht kontrollieren kann, mag es jedem von uns passieren, daß er auf tiefere Stufen der Bedürfnishierarchie zurückfällt. Werden wir zum Beispiel auf der Straße überfallen, sehen wir uns plötzlich auf dem Niveau des reinen Überlebens. Verlieren wir unerwartet unseren Job, befinden wir uns wieder auf der Stufe des Sicherheitsbedürfnisses. Eine heftige Auseinandersetzung mit Freunden oder Verwandten tangiert plötzlich die Bedürfnisse der Stufe von Liebe und Zugehörigkeit. Mit einem Wort, unsere Hauptmotivation verändert sich mit dem Kontext. Wenn wir auf eine tiefere Stufe geworfen werden, mag es uns vorkommen, als ob wir uns in einer Weise verhalten, die wir selbst vorher nicht für möglich gehalten hätten. In Notsituationen oder unter Streß legen die Menschen Verhaltensweisen an den Tag, die sie sonst unangemessen finden würden. Verhalten muß also stets im jeweiligen Kontext verstanden werden. Von Ihnen als Manager verlangen wir, die jeweilige Bedürfnisstufe jedes Mitarbeiters zu erkennen, um sein Verhalten angemessen zu verstehen."

„Wieder einmal kommt hier also der Kontext ins Spiel", warf ich ein.

„So ist es", bestätigte Shana. „Die meisten Manager und Mitarbeiter befinden sich im Sinne von Maslows Modell auf den Stufen drei und vier. Sobald ihr Job in Gefahr ist, fallen Sie jedoch sehr schnell auf Stufe zwei zurück. Stufe zwei ist eine sehr energievolle Ebene, auf der der einzelne auf sein unmittelbares Überleben konzentriert ist und keinen Gedanken an das künftige Überleben der Organisation übrig hat. Bei einem Abstieg von Stufe vier auf Stufe zwei nimmt außerdem die Produktivität dramatisch ab. Daher ist die Sicherheit der Arbeitsplätze ein so wichtiges Thema. In einem Klima ständiger Umorganisation und Verschlankung liegt der

Schwerpunkt des Interesses der einzelnen Beschäftigten wie der Gewerkschaften auf der zweiten Stufe. Während das Management sich auf der vierten Stufe befindet und sein Interesse auf den Produktivitätszuwachs der Organisation richtet, orientieren sich Mitarbeiter und Gewerkschaften an den Bedürfnissen der zweiten Stufe, wo es um Fragen der unmittelbaren Sicherheit geht. Aus dem Blickwinkel jeder der beiden Gruppen sieht das Verhalten der anderen Gruppe kriminell, ungerecht oder total verrückt aus."

„Jetzt verstehe ich, in welcher Klemme so viele Unternehmen stecken", sagte ich.

„In vielen Unternehmen mag eine Verschlankung notwendig seien, doch man muß verstehen, daß damit zugleich ein Abfall der Produktivität bei all jenen verbunden ist, die sich durch diese Maßnahme bedroht fühlen. Hier liegt einer der Gründe, weshalb die japanischen Arbeitnehmer so produktiv waren. Bis in die jüngste Vergangenheit war einem japanischen Angestellten sein Arbeitsplatz bis zur Rente garantiert. Da er sich also über seine Sicherheit keine Gedanken zu machen brauchte, konnte er seine gesamte Zeit und Energie auf die Erfüllung der Bedürfnisse der Stufen drei und vier, der Zugehörigkeit und Leistung, richten. Kein Wunder also, daß die Japaner wesentlich produktiver sein konnten als ihre amerikanischen Kollegen, die ständig von den Stufen drei und vier auf die zweite Stufe heruntergezogen wurden, weil sie sich um ihre Arbeitsplätze Sorgen machen mußten. Inzwischen steckt Japan in großen wirtschaftlichen Schwierigkeiten, und zum ersten Mal wird die Frage der Arbeitsplatzsicherheit zum Thema. Dies könnte auch bei japanischen Arbeitnehmern zu einer nach unten gerichteten Spirale abnehmender Produktivität führen."

„Ich glaube, daß die Frage der Sicherheit der Arbeitsplätze in allen Unternehmen weltweit eine bedeutende Rolle spielt", gab ich zu bedenken.

„Das ist richtig beobachtet. Die Voraussagen gehen dahin, daß uns dieses Thema während der nächsten Jahrzehnte beschäftigen wird. Manche sehen sogar Unternehmen voraus, bei denen sämtliche Aufgaben an freie Mitarbeiter vergeben werden und es keinerlei Arbeitsplatzsicherheit mehr gibt. Falls Maslows Modell stimmt, sind dies schlechte Vorzeichen für die Produktivität der Zukunft. Sobald eine genügend große Bevölkerungsgruppe Probleme mit der Befriedigung ihrer Sicherheitsbedürfnisse hat, wird es einen wachsenden Druck auf die Regierungen geben, die Unternehmen zur Garantie von Arbeitsplätzen zu zwingen. Eine neue Drehung der Abwärtsspirale würde in Gang gesetzt werden. Zusammenfassend möchte ich hier also feststellen, daß Arbeitnehmer besonders kooperativ auf Stufe drei und besonders produktiv auf Stufe vier sind. Im Interesse der Unternehmen und unserer Gesellschaft ist alles zu begrüßen, was es ihnen ermöglicht, die Befriedigung dieser Bedürfnisse zu erlangen."

Wertekulturen

„Ich habe bereits darauf hingewiesen, daß den Werten bei der Frage von Motiven und Motivation große Bedeutung zukommt. In einigen Monaten werden Sie hier bei Success Inc. an unserem Kurs über Wertekulturen teilnehmen. Heute möchte ich Ihnen nur einen kurzen Überblick über das zugrundeliegende äußerst wirksame Modell der Wertekulturen vermitteln.

Werte bilden den Kern jeder Motivation. Von ihnen hängt ab, in welche Richtung sich jemand bewegt, um etwas zu erreichen oder zu vermeiden. Worauf wir uns hinbewegen bzw. wovon wir uns wegbewegen, sind unsere Werte. Sie kontrollieren unser Verhalten. Ob abstrakt oder konkret, tangibel oder nicht-tangibel – Werte sind das, wofür wir Energie, Zeit, Geld und andere Ressourcen investieren. Das gesamte menschliches Verhalten vom Anfang der Geschichte an kann über unsere Werte erklärt und verstanden werden. Werte liefern somit die Bausteine des Motiv-People-Patterns." Ich wollte Shana hier nicht unterbrechen.

„Jeder Mensch besitzt seine eigene Kombination von Wahrnehmungsfiltern und damit auch von Werten", fuhr Shana fort. „Das heißt, die Zusammensetzung der Bausteine ist bei jedem Menschen anders, und als Ergebnis erhalten wir eine unglaubliche Vielfalt von Persönlichkeitstypen und Verhaltensweisen. Wir haben herausgefunden, daß bestimmte Persönlichkeitstypen eine sehr starke Hin-zu-Orientierung, andere eine deutliche Weg-von-Orientierung aufweisen. Mehr dazu, wie gesagt, in unserem Kurs über Wertekulturen."

„Wenn ich Sie also richtig verstehe, muß man nicht nur wissen, ob jemand dem Hin-zu- oder dem Weg-von-Typus angehört ist, sondern auch, worauf speziell er sich hin- beziehungsweise wovon er sich wegbewegt", faßte ich zusammen.

„Das stimmt, denn so erfahren Sie, welche speziellen Anreize oder Sanktionen Sie einsetzen müssen. Um einen Hin-zu-Menschen zu motivieren, müssen Sie ihm den Wert bieten, den er anstrebt. Und einen Weg-von-Menschen motivieren Sie, indem Sie ihm zeigen, wie er den Wert vermeiden kann, den er ablehnt. Jeder Mensch besitzt seine eigene Kombination von Werten, die sein persönliches Verhalten bestimmen. Für die Motivation anderer müssen wir also ihre speziellen Werte, das heißt die speziellen Dinge kennen, die sie erstreben bzw. vermeiden wollen. Das Value Culture Model [SM] beschreibt acht Typen von Wertekulturen oder Weltsichten.

Wir haben entdeckt, daß das primäre Motiv eines Menschen davon abhängt, aus welcher Wertekultur heraus er operiert.

Ich möchte hier betonen, daß in ihrer gesunden Ausprägung keine Wertekultur notwendigerweise besser oder schlechter als die andere ist. Man darf allerdings nicht vergessen, daß die Werte, die man selbst hat, nicht notwendigerweise von unserer Umwelt geteilt werden und daß das, was uns motiviert, bei anderen nicht unbedingt zu funktionieren braucht. Motivation ist ein sehr komplexes Thema, speziell wenn man die Unterschiede der einzelnen Menschen und ihrer Wertekulturen berücksichtigt."

„Auch hier wird wohl der Kontext wieder eine Rolle spielen", vermutete ich.

„Wie immer. Natürlich wird das Motiv-People-Pattern vom Kontext determiniert. Außerdem können verschiedene Umstände die Verwendung unterschiedlicher Anreize und Sanktionen erfordern. Ein ausgeprägter Hin-zu-Mensch zum Beispiel mag eine ganze Reihe von Möhren haben, die ihn in den verschiedenen Lebenssituationen motivieren. Das gleiche gilt für den Weg-von-Menschen. Alles läuft darauf hinaus, daß die Identifizierung des jeweiligen People Patterns erst die Hälfte des Bildes liefert. Effektive Motivation erfordert, daß man die jeweils wirksamen Anreize und Sanktionen für die einzelnen Lebenssituationen kennt. Wählt man die falschen Möhren oder den falschen Stock, erhält man möglicherweise nur ein abgeschwächtes Resultat oder sogar das Gegenteil dessen, was man ursprünglich erreichen wollte."

„Ich glaube, daß in vielen Unternehmen nicht verstanden wird, welchen entscheidenden Einfluß die Werte auf unser Verhalten haben", bemerkte ich.

„Ich kann nicht oft genug betonen, wie wichtig es ist, die Rolle der Werte als Basis unseres Verhaltens zu verstehen. Zumal wenn man berücksichtigt, daß viele unserer darauf beruhenden Entscheidungen unterhalb der Schwelle unseres Bewußtseins erfolgen. Denn wenn Sie sich einmal fragen, was Ihre eigenen Werte sind, werden Sie feststellen, daß die Antwort gar nicht so leicht ist.

Nach dieser Vorrede möchte ich Ihnen nun kurz die acht Wertekulturen und Wertwelten vorstellen, aus denen unser Value Culture Model besteht. Unter einer Wertekultur verstehen wir eine Sammlung von Verhaltensmechanismen, mit denen wir auf wechselnde Umgebungsbedingungen reagieren. In aufsteigender Reihenfolge reflektieren die einzelnen Wertekulturen jeweils ein höheres Niveau von Komplexität der Umgebungsbedingungen, das entsprechend veränderte Verhaltensweisen erfordert. Dies sind nun die acht verschiedenen Welten mit ihren entsprechenden Wertekulturen:

Welt eins: Dies ist die Welt der Horde. Eine Gruppe oder ein Verband von Individuen schließt sich zusammen, um die elementaren Bedürfnisse nach Nahrung, Wasser und Behausung zu befriedigen. Der Fokus der Existenz in Welt eins liegt auf dem Überleben des einzelnen und der Horde. Jeder von uns kann auf diese elementare Wertestufe zurückgeworfen werden, wenn er sich plötzlich in einer Situation findet, in der ihm Nahrung oder Behausung verweigert werden oder sein Leben in anderer Weise bedroht ist.

Welt zwei: Dies ist die Welt der Stammestraditionen. Es gibt Häuptlinge, Stammesrituale, Verehrung der Ahnen und Schamanen, die die Stammesmitglieder vor den Mächten des Bösen beschützen, die in der schrecklichen Welt außerhalb des Stammes ihr Unwesen treiben. Die Existenz in Welt zwei kreist um das Überleben des Stammes, der im ewigen Kampf gegen die Mächte der Natur und andere feindliche Stämme verstrickt ist.

Welt drei: Dies ist die Welt der sozialen Kälte, eine Welt der Feindseligkeit und des Hedonismus, in der nur die Starken und Mächtigen überleben. Sie teilt sich in Besitzende und Habenichtse. Jeder konkurriert mit jedem anderen um die wenigen knappen Ressourcen. Das Individuum sorgt sich um seine unmittelbaren Sinnesfreuden und nimmt keinen Anteil an den Bedürfnissen oder dem Wohlergehen anderer. In dieser Wertekultur gibt es keine Gefühle von Scham oder Reue. Es ist die Wertewelt der Schwerverbrecher.

Welt vier: Dies ist die Welt der rigiden Regeln. Hier herrschen absolutistisches Denken und rigide Dichotomien wie richtig/falsch, gut/böse oder heilig/teuflisch. In dieser Welt lebt die sogenannte schweigende Mehrheit. Das Leben dreht sich darum, „die Regeln" einzuhalten und hart zu arbeiten im Interesse künftiger Belohnungen in diesem oder dem nächsten Leben. In dieser Wertekultur entsteht das Konzept der aufgeschobenen Gratifikation, und auch das Schuldgefühl erscheint zum ersten Mal.

Welt fünf: Hier haben wir die kapitalistische Leistungsgesellschaft, das Reich von Wirtschaft, Materialismus, Wissenschaft und Technologie. Hier legt das Individuum mehr Wert darauf, das Ziel des „guten Lebens" in der Gegenwart zu erreichen, als es auf die Zukunft zu verschieben. Also sammelt man soviel Reichtum wie möglich. Es gewinnt, wer am Ende die meisten Spielsachen hat. Allerdings wird auch der Materialist darauf achten, seine Ziele auf eine Weise zu erreichen, daß er keine Gegenmaßnahmen anderer auslöst, die ihm seine Schätze wegnehmen könnten.

Welt sechs: Dies ist die Welt des sozialen Gewissens. Hier achtet man auf die Bedürfnisse der Mitmenschen und versucht, die unmenschliche Leere aufzufüllen, die Naturwissenschaft und Technologie hinterlassen haben. In dieser geschwister-lichen Welt kümmert man sich darum, positive Beziehungen aufzubauen und für das kollektive Wohl der Gemeinschaft zu arbeiten. Das Gefühl der inneren Bin-dung zu seinen Mitmenschen ist wichtiger als alles andere.

Welt sieben: Dies ist die Welt des Systemdenkers. Das Leben dreht sich um die Erlangung von Wissen und Kompetenz, um mit den immer komplexeren Verände-rungen der Umgebung Schritt halten zu können. Das Hauptinteresse des System-denkers ist auf das Lösen interessanter Probleme und das Vermeiden unnötiger Schwierigkeiten gerichtet. Er schätzt Freiheit und Autonomie und lehnt sämtliche Regeln und Strukturen ab, die die Wahl seiner Verhaltensweisen einschränken. In dieser Welt entwickeln die Menschen große Flexibilität in ihrem Verhalten und ein sehr subtil entwickeltes systemisches Denken.

Welt acht: Dies ist die Welt der Zauberer, wo sich Erfahrung und Multi-Level-Denken miteinander verbinden. In dieser Wertekultur kommen physische und me-taphysische Welt zusammen. Gegenwärtig haben sich auf unserem Planeten erst die ersten Ansätze dieser Welt manifestiert. Machen Sie sich also keine Sorgen, wenn Sie noch nicht recht verstehen, was hier gemeint ist. Welt acht ist gerade erst im Entstehen begriffen und will eine Antwort auf die Herausforderungen des glo-balen Überlebens und Zusammenlebens finden. Das zentrale Interesse der Vertre-ter dieser Wertekultur liegt in der Schaffung der Voraussetzungen für menschliches Wachstum, globales Überleben und die Beseitigung all dessen, was unser Überle-ben bedroht.

Ich könnte noch viel mehr zu diesem Thema sagen, doch wir haben heute leider nicht die Zeit dazu. Als nächstes möchte ich Sie mit dem Motiv-People-Pattern be-kanntmachen, mit dessen Hilfe Sie sehr schnell zwischen drei verschiedenen Klas-sen von Möhren und Stöcken auswählen können."

Das Motiv-People-Pattern

„Es stimmt, es gibt eine unendliche Zahl von Dingen, zu denen man sich hin- oder von denen man sich wegbewegen kann. Diese Werte lassen sich jedoch in Gruppen einteilen. Laut David McClelland, einem Psychologen an der Harvard-Universität und einem der weltweit führenden Fachleute zum Thema Motivation, handeln Men-schen ausschließlich aus einem von drei elementaren Motiven: dem Streben nach 1) Macht, 2) Zugehörigkeit und 3) Leistung. Bei allen Menschen bildet eines dieser Elemente den primären Antrieb und ein zweites den sekundären. In jedem dieser drei Bereiche hat man entweder eine Hin-zu- oder eine Weg-von-Orientierung. Dieses Modell ist an sich nichts Neues. Die drei Motive entsprechen den drei Versuchungen Christi durch Satan im Neuen Testament, als dieser ihm Macht, Ruhm und Reichtum in Aussicht stellte. Sie entsprechen auch den drei elementaren menschlichen Instinkten, die die Griechen schon in der Antike beschrieben hatten. Sie sprachen von Selbsterhaltungsinstinkt, sozialem Instinkt und reproduktivem Instinkt, die wieder unseren drei Motiven Macht, Zugehörigkeit und Leistung entsprechen."

„Ich stelle mir gerade vor, in welche Kategorien einige meiner Freunde und Kollegen passen", sagte ich.

„Warten Sie, es geht noch weiter", stellte Shana in Aussicht. „**Machtmenschen** geht es um den Erwerb und die Erhaltung von Macht. Sie haben ein starkes Bedürfnis, andere zu beeinflussen, zu führen und ihre Umgebung zu kontrollieren. Interaktionen mit anderen sehen sie als Machtkampf oder zumindest als Test, wer den stärkeren Willen hat. Die Frage von Dominanz und Unterwerfung spielt bei ihnen eine wichtige Rolle. Sie fühlen sich zu Macht und Herrschaft hingezogen und widersetzen sich jeder Bedrohung ihrer Kontrolle, ihres Einflusses oder ihrer Führungsposition. Andere beurteilen sie danach, ob sie sie unterstützen oder sich ihnen widersetzen. Sie haben Vergnügen an Führungsaufgaben und mögen Wettkampfsportarten. McClelland ist der Ansicht, daß sich das Machtstreben auf einem Kontinuum anordnen läßt mit den beiden Extremen von positiver bzw. sozial nützlicher und negativer bzw. dominierender Macht. Den positiven Pol des Kontinuums bildet die „sozialisierte Macht", die zum Nutzen anderer eingesetzt wird. Den negativen Pol bildet die „personalisierte Macht", mit deren Hilfe man andere manipulieren und beherrschen will."

„**Zugehörigkeitsmenschen** streben nach freundschaftlichen, engen Beziehungen auf der Basis gegenseitigen Verstehens", erklärte Shana weiter. „Sie können ihre Gefühle problemlos ausdrücken und betrachten Interaktionen unter dem Gesichtspunkt, ob hierdurch positive Beziehungen aufgebaut oder gestört werden. Freundschaft steht bei ihnen hoch im Kurs. Sie halten es für wichtig, was andere über sie denken. Entweder sie mögen jemand oder nicht. Ihre hauptsächliche Motivation schöpfen sie daraus, ihre Beziehungen zu verbessern und sich allem zu widersetzen, was ihre positiven Verhältnisse bedroht. Für sie ist wichtig, wer dabei ist und wer nicht. Das Erhalten und Pflegen ist ihre Leidenschaft, und sie beurteilen andere danach, ob sie nett zu ihnen sind oder nicht. Kooperation ziehen Zugehörigkeitsmenschen dem Wettbewerb vor. Auch das Zugehörigkeitsstreben läßt sich laut McClelland auf einem Kontinuum anordnen. Am positiven Ende steht das

Zugehörigkeits-Interesse, das auf den Erhalt und die Pflege positiver Beziehungen gerichtet ist, ohne die Orientierung an objektiven Zielen aus den Augen zu verlieren. Derartige Menschen können negatives Feedback weitergeben und empfangen, ohne daß dadurch eine bestehende Beziehung oder Aufgabe gefährdet wird. Am negativen Ende steht der Zugehörigkeits-Zwang, der Beziehungen um jeden Preis erhalten will. Solchen Menschen mißfällt es, wenn sie nicht gemocht werden, weshalb sie jeden Konflikt vermeiden. Sie brauchen die Zustimmung anderer und sind bereit, dafür auch gebotene Sachziele zu opfern.

Leistungsmenschen wollen es zu etwas bringen. Sie haben das starke Bedürfnis, gesetzte Ziele zu erreichen, Besonderes zu leisten und alles um sich herum zu verbessern. Erfolg ist ihr beherrschender Gedanke. Sie orientieren sich an sachlichen Zielen und suchen Feedback darüber, wie gut sie sind. Sie setzen sich anspruchsvolle, jedoch realistische Ziele und erreichen sie durch gute Planung, Entschlossenheit und die Fähigkeit, Prioritäten zu setzen. Ihre Motivation geht dahin, erfolgreich zu sein und etwas zu erreichen, und sie widersetzen sich allem, was dem im Wege steht. Sie beurteilen andere dannach, was diese leisten, und mißbilligen Faulheit und sinnloses Tun. Leistungsmenschen arbeiten begeistert an der Entwicklung ihrer Fähigkeiten, und sie erfinden und erschaffen gerne Neues. Sie mögen Herausforderungen, lieben es, Probleme zu lösen, und nehmen überschaubare Risiken auf sich. Dabei interessieren sie sich mehr für den Prozeß und das Ergebnis als für externe Belohnungen."

„Läßt sich auch das Leistungsstreben auf einem Kontinuum abbilden?" fragte ich.

„In der Tat. Auch beim Leistungsstreben gibt es ein Kontinuum von Spielarten. Am positiven Ende steht das echte Streben nach Erfolg. Solche Menschen werden von Zielen positiv angezogen. Sie wollen etwas leisten. Am negativen Ende finden wir die Angst vor dem Versagen. Diesen Menschen geht es weniger um den Erfolg als um das Vermeiden von Fehlschlägen."

Test

„Verstehen Sie, wie das Motiv-People-Pattern funktioniert?" erkundigte sich Shana.

„Ja, doch ich würde gerne wissen, wie ich es bei anderen erkennen kann. Gibt es Zielfragen?" erwiderte ich

„Um das primäre Motiv einer Person herauszufinden", antwortete Shana, „muß man ihr Verhalten genau beobachten und überlegen, warum sie etwas tut. Achten Sie sowohl auf das Verhalten wie auf die Motivation. Knüpfen Sie ein freundliches Gespräch an. Sprechen Sie zum Beispiel darüber, was der andere an diesem Tag unternommen hat. Welche Themen werden in der Konversation angesprochen? Berichtet der andere davon, was er erreicht hat, oder erzählt er von seinen sozialen Beziehungen oder doch eher davon, in welcher Weise er eine Situation beeinflußt und kontrolliert hat? Eine weitere hilfreiche Technik ist diese: Beobachten Sie gemeinsam das Verhalten dritter Personen und veranlassen Sie Ihren Klienten dazu, zu spekulieren, was die anderen wohl gerade machen. Achten Sie wieder genau auf die Themen seiner Beschreibung."

„Machtmenschen wollen also Kontrolle", vermutete ich.

„Ganz genau. Von **Machtmenschen** hören Sie, welche Kämpfe sie ausgefochten haben, um eine bestimmte Situation zu kontrollieren. Sie werden ihre Versuche beschreiben, auf das Verhalten anderer einzuwirken. Sie werden von Aktivitäten berichten, in denen sich Macht ausdrückt und die mit starken, energischen Aktionen zu tun haben. Oft bekommt man zu hören, wie sie jemandem unaufgefordert geholfen oder ein Feedback gegeben haben. Bevorzugte Gesprächsthemen handeln von Status, Position, Reputation oder vom Eindruck, den jemand auf sie gemacht hat. Ferner stellen sie gerne dar, welche Mühe es ihnen gemacht hat, jemand von einer bestimmten Ansicht zu überzeugen, und sei es mit Hilfe von Manipulation.

Machtmenschen zeigen häufig eine konfrontative Einstellung, projizieren diese jedoch auch auf die anderen. In einer Diskussion Recht zu bekommen oder nicht setzen sie gleich mit der Frage von Herrschaft und Unterwerfung. Sie bewundern starke Menschen und verachten Schwächere. Sie sind sehr um sich selbst besorgt. Andere betrachten sie stets in Relation zu sich selbst – als überlegen, gleichwertig oder unterlegen. Sie erwarten von einem, daß man führt, daß man folgt oder daß man aus dem Weg geht."

Ich nehme an, daß sich jeder Motivationstyp in positiver wie negativer Weise äußern kann", vermutete ich.

„Zum Glück ja", bestätigte Shana. „Positive Machtmenschen lieben Wettkampfsportarten und streben nach gesellschaftlichen Führungsaufgaben. Negativen Machtmenschen mangelt es an Selbstkontrolle, und sie stehen unter dem Zwang, andere zu dominieren. Dies ist der Typ, der unter Alkoholeinfluß gewalttätig wird und Frauen als bloßen Besitz oder Ausbeutungsobjekt betrachtet. Solche Leute mögen gewalttätige Filme und Sportarten sowie jede Art von Prestigesymbolen, letzteres jedoch aus anderen Gründen als positive Machtmenschen."

Ich verstand, was Shana damit meinte.

„Thema der **Zugehörigkeitsmenschen** sind andere Menschen. Sie erzählen, wen sie getroffen haben, mit wem Sie was gemacht haben und wen Sie mögen oder nicht mögen. Man erfährt etwas über ihre Freundschaftsverhältnisse und ihr Gefühlsleben sowie über Aktivitäten, bei denen Zugehörigkeit eine Rolle spielt. Dabei zeigen sie durchaus ihre Gefühle. Zugehörigkeitsmenschen neigen nicht zu Konfrontationen. Entsprechend mögen sie keinen Streit oder Wettbewerb. Sie pflegen ihre Beziehungen und kümmern sich um andere. Entweder mögen sie einen, oder sie können einen nicht leiden, oder man ist ihnen gleichgültig.

In aller Regel sind Zugehörigkeitsmenschen recht freundlich und gehen offen mit ihren Emotionen um. Sie sind die geborenen Kommunizierer. Außerdem können sie besser zuhören, denn es interessiert sie wirklich, was andere denken. In jeder Organisation tragen sie zu einer freundschaftlichen und kooperativen Atmosphäre bei. Sie mögen keinen Wettkampf und keine brutalen Filme oder Sportarten.

Ein **Leistungsmensch** wiederum wird Ihnen von seinen Zielen berichten, was er zu ihrer Verwirklichung unternommen hat und wer ihm dabei geholfen hat. Auch das Feedback anderer in bezug auf die eigene Leistung ist für ihn ein Gesprächsthema. Des weiteren erfahren Sie, nach welchen Maßstäben er Leistungen beurteilt. Achten Sie daher auf die komparativen Ausdrücke, mit denen er Leistungen bewertet.“

„Leistungsmenschen lieben den Wettbewerb, richtig?“ fragte ich.

„Jawohl. Sie orientieren sich an Aufgaben, Zielen und Ergebnissen. Sie halten die anderen entweder für einen Teil der Lösung oder einen Teil des Problems. Wer ihnen dabei hilft, ihre Ziele zu erreichen, steigt in ihrer Achtung. Wer ihnen jedoch im Wege steht, wird überrannt oder links liegengelassen.

Leistungsmenschen verhalten sich zielorientiert. Das heißt, sie besitzen klare Auffassungen davon, was sie erreichen wollen, und arbeiten darauf hin. Sie können Prioritäten setzen und einhalten. Auch ihre Kommunikationsakte dienen meistens der Erfüllung einer bestimmten Aufgabe. Sie übernehmen gerne Verantwortung und arbeiten am liebsten allein. Allerdings suchen sie ständiges Feedback, um zu kontrollieren, wie ihre Fortschritte im Hinblick auf das Ziel aussehen.“

Verschiedene Arten von Managern

Wie immer war Marvin guter Laune. Ich freute mich, bei ihm etwas über die konkreten Anwendungsmöglichkeiten des Motiv-People-Patterns zu erfahren. „Das

Motivations-People-Pattern und das Motiv-People-Pattern sind die beiden wichtigsten Werkzeuge im Arsenal des Managers", begann Marvin. „Außerdem können sie dabei helfen, die Psychodynamik der innenpolitischen Spiele in jeder Organisation zu erklären, und sie bilden auch den Hintergrund, vor dem die Diskussionen um den jeweils neuesten Managementstil stattfinden. Beginnen wir also mit den verschiedenen Managementstilen.

Aufbauend darauf, wie man sich selbst und andere motiviert, gibt es sechs verschiedene Arten von Managern. Dabei handelt es sich um die sechs Kombinationsmöglichkeiten der Hin-zu- beziehungsweise Weg-von-Orientierung mit den Motiven von Macht, Zugehörigkeit und Leistung. Praktisch die gesamte innere Dynamik einer Organisation entsteht aus der Wechselwirkung dieser drei Kräfte. Ihr Zusammenspiel kann eine Organisation entweder zu Höchstleistungen inspirieren oder zu völligem Stillstand führen. Daher ist es eine der Aufgaben der Unternehmensführung, die komplexe Dynamik des Spiels dieser drei Kräfte zu verstehen und zu steuern. Die Beherrschung der People Patterns kann dabei sicherlich helfen."

Marvin räusperte sich. „Machtmanager sind die geborenen Bosse. Sie wollen Kontrolle. Sie möchten Reiche aufbauen und bekämpfen jeden, der in ihr Territorium eindringt. Tendenziell sind sie Anhänger der Theorie X. Ihnen geht es entweder darum, immer mehr Macht zu erlangen, oder darum, Positionen der Machtlosigkeit zu vermeiden. Entscheidend ist, welchen Rang sie in einer Machthierarchie einnehmen. In ihrem Bereich wollen sie die totale Kontrolle und erwarten Gehorsam von denen, die ihnen untergeordnet sind. Jede Form von Kritik seitens der Mitarbeiter wird als Bedrohung der eigenen Macht verstanden und mit übergroßem Aufwand niedergeschlagen.

Machtmanager, die zur Macht streben, sind aggressiver als jene, die nur vor der Machtlosigkeit fliehen. Die Machtstreber dringen auch in den Bereich anderer ein, um ihren Einfluß zu vergrößern. Sie suchen permanent nach Gelegenheiten, wie sich mögliche Schwächen anderer ausnutzen und die eigene Machtsphäre erweitern lassen. Die Vermeider der Machtlosigkeit hingegen sind relativ umgänglich, solange niemand ihre Macht bedroht; dann jedoch kämpfen sie bis zum Äußersten, um sie zu verteidigen. Solange niemand ihre Machtbasis unterminiert, neigen sie eigentlich nicht dazu, in den Bereich anderer einzudringen. Wenn man sie in Ruhe läßt, lassen sie einen auch in Ruhe.

Machtspieler trifft man überdurchschnittlich häufig in allen Arten von Bürokratien und Verwaltungen sowie in anderen hierarchischen Organisationen wie dem Militär oder den Kirchen. Machtspiele lassen sich auf verschiedenen Stufen der Verfeinerung spielen. Je raffinierter der Machtspieler, desto weniger offensichtlich sein Treiben. Machtspieler gibt es in einer positiven und einer negativen Version. Die positiven sind die wohlwollenden Despoten, während die negativen in den Diktatoren und Putschisten dieser Welt zu erkennen sind."

Ich konnte Marvin nur zustimmen.

„Untersuchungen haben gezeigt, daß viele gute Manager und Führungskräfte ein ausgeprägtes Machtbedürfnis haben. Man kann dafürhalten, daß das auch so sein muß, um überhaupt effektiv eine Führungsrolle auszuüben. So notwendig eine Machtorientierung auch sein mag, sie ist für die Ausübung von Führung jedenfalls nicht hinreichend. Dazu ist auch die Orientierung an weiteren Werten erforderlich. Ein Autokrat, der sich autoritär verhält und Macht für seinen persönlichen Besitz hält, wird – außer in Ausnahmesituationen – jedenfalls kein effektiver Führer sein. Wer jedoch von einer klaren Position der sozialisierten Macht aus operiert und seine Fähigkeiten dazu nutzt, andere zu empowern, kann eine hocheffektive Führungsperson sein. Die besten Führungspersönlichkeiten sind vermutlich jene, bei denen sich ein sozialisiertes Machtverständnis mit hohem Leistungsstreben und guten zwischenmenschlichen Fähigkeiten verbindet."

Marvin kam auf den zweiten Typ von Managern zu sprechen. „In der zweiten Gruppe finden wie jene, die nach Leistung streben bzw. Versagen vermeiden wollen. Sie interessieren sich für den Erfolg und seine angenehmen Folgen. Tendenziell stellen sie die Anhänger der Theorie Y. Die meisten Manager und Wirtschaftsführer gehören zu dieser Gruppe. Sie setzen sich anspruchsvolle, doch realistische Ziele, die sie mit harter Arbeit, sorgfältiger Planung und geschicktem Situationsmanagement verfolgen."

Marvin fuhr fort: „Diejenigen, die eine Hin-zu-Orientierung zur Leistung haben, bilden die aggressivere Variante. Um des Erfolgs willen sind sie bereit, höhere Risiken einzugehen. Sie suchen nach bahnbrechenden Neuerungen und revolutionären Veränderungen. Manager, die vor allem Fehlschläge vermeiden wollen, sind reaktiver und weniger risikobereit. Hauptsache, es geht nichts schief. Ihr Managementstil ist vorsichtig und konservativ. Sie sind mit dem Status quo zufrieden, bleiben aber wachsam gegenüber allem, was das Risiko eines Fehlschlags in sich trägt. Solange alles gut läuft, halten sie es für das beste, nichts zu tun, statt etwas zu verändern und ein Risiko einzugehen. Es versteht sich fast von selbst, daß diese beiden Ansätze miteinander in Konflikt geraten. Die einen möchten etwas erneuern und sofort handeln, während die anderen das Bewährte fortführen und abwarten wollen."

„Ist die Wirtschaft insgesamt nicht ein einziger Leistungsprozeß?" schlug ich vor.

„Ja, die Wirtschaft ist ihrem Wesen nach leistungsorientiert. Es geht um die Erhöhung von Produktivität und Profit. Die Sprache der Wirtschaft ist die Sprache der Leistung. Man redet von Visionen, Zielen, Ergebnissen, Plänen, Meilensteinen und Budgets. Jedes Unternehmen steht im Spannungsverhältnis zwischen dem Wunsch nach größerem Erfolg und der Angst vor dem Scheitern. Obwohl die Unternehmen Leistung zum Ziel haben, ist damit noch nicht gesagt, daß sie Leistung auch als das einzige Mittel dazu einsetzen. Hier können auch Macht oder persönliche Verbindungen genutzt werden."

Marvin überlegte kurz. „Wir wissen aus Untersuchungen, daß die Bedürfnisse vieler Manager im oberen Führungsbereich nach Leistung weniger ausgeprägt sind als die nach Macht. Erfolgreiche Manager im mittleren und unteren Level zeigen demgegenüber ein eher ausgeglichenes Verhältnis auf hohem Niveau von Macht- und Leistungsorientierung. Leistungsmanager sind aufgabenorientiert; doch ihre Tendenz, persönliche Verantwortung zu übernehmen, kann sie daran hindern, effektive Ergebnisse zu erreichen, weil sie ihre Autorität nicht gerne delegieren. Außerdem arbeiten sie selbst dann gerne allein, wenn stärkere Kooperation erforderlich wäre. Ausgeprägte Zielorientierung ohne zwischenmenschliche Fähigkeiten oder eine gewisse Machtorientierung führt also nicht zu optimalen Ergebnissen, wenn es darum geht, die Hilfe anderer für sich zu gewinnen. Während extreme Leistungsorientierung also bei Managern zu wenig effektivem Verhalten führen kann, scheint sie für den typischen Unternehmer eine absolute Notwendigkeit zu sein."

„Ich glaube, ich sehe jetzt, zu welchem Typ ich gehöre", erklärte ich.

Marvin runzelte die Stirn und begann mit der Darstellung des Typus des Zugehörigkeitsmanagers.

„Als Drittes haben wir die Zugehörigkeitmanager, die entweder in positiver Weise harmonische Beziehungen aufbauen oder, negativ gesehen, Zwietracht vermeiden wollen. Sie geben sich große Mühe, Freunde zu gewinnen oder zu vermeiden, sich Feinde zu schaffen. Damit Konflikte erst gar nicht entstehen, fördern sie Kooperation und positive Teamarbeit. Sie managen mit ihrem Charme. Man tut etwas für sie, weil man sie mag. In jeder Organisation bringen sie mit ihrer freundlichen und fürsorglichen Art das Beste in ihren Mitarbeitern zum Vorschein.

Manager mit einer Hin-zu-Orientierung in bezug auf Zugehörigkeit arbeiten aktiv an der Gestaltung positiver, fördernder Beziehungen. Sie kümmern sich um ihre Angestellten bis hin zur Entwicklung eines Vater- beziehungsweise Mutterkomplexes. Man schätzt und respektiert sie, und in ihrem Verhalten neigen sie zu einer Kombination von Theorie X und Theorie Y. Die typischen Konfliktvermeider besitzen demgegenüber eine unglaubliche Sensibilität für Konflikte und unternehmen alles, um diese zu vermeiden. Auch unter ihren Angestellten wollen sie keine Spannungen und widersetzen sich jedem, der die Harmonie stört. Ihrer Ansicht nach sitzen wir alle im selben Boot, das man besser nicht zum Schaukeln bringen sollte. In ihrem Verlangen, Konflikte zu vermeiden und geliebt zu werden, zeigen sie Schwächen, wenn es darum geht, unpopuläre Entscheidungen einer höheren Ebene durchzusetzen. Gezwungen, an der Umsetzung solch unpopulärer Maßnahmen teilzunehmen, lassen sie jeden wissen, daß die Entscheidung nicht in ihrem Sinne sei, sie jedoch keine andere Wahl hätten."

„Welche Art von Manager ist denn nun die beste?" fragte ich.

„Hohe Zugehörigkeitskompetenz allein macht noch keinen guten Manager. Mit dieser Fähigkeit ist man auf der Ebene des Gruppenleiters besser aufgehoben als auf oberen Führungsebenen. Manager mit Zugehörigkeits-Interessen können Zielorientierung und zwischenmenschliche Beziehungen besser ausbalancieren und arbeiten deshalb erfolgreicher als Manager mit Zugehörigkeits-Zwang. Deren Konfliktscheu und Gier nach Zustimmung behindern sie bei der Durchsetzung harter zielorientierter Entscheidungen.

Obwohl hohe Zugehörigkeitskompetenz alleine noch keine effektive Führung ausmacht, ist sie jedoch keineswegs überflüssig. In jeder Organisation sind es meistens die Zugehörigkeitsmenschen, welche die Kommunikationskanäle offenhalten und die sozialen Netzwerke pflegen, die für jede Zusammenarbeit unentbehrlich sind. Sie üben oft eine Kontrollfunktion aus gegenüber anderen Managern, die zu sehr auf ihrer persönlichen Macht bestehen oder Leistung und Produktivität auf Kosten der Gesundheit der Angestellten erreichen wollen."

Marvin gab zu verstehen, daß er seinen Gedanken zunächst zu Ende führen wollte.

„Es ist genau der Mangel an zwischenmenschlichen Fähigkeiten, der viele Manager der mittleren Ebene an einem weiteren Aufstieg hindert. Das Center for Creative Leadership hat eine ausführliche Untersuchung angestellt, weshalb viele Manager nicht den Aufstieg vom mittleren ins obere Management schaffen. Das wesentliche gemeinsame Merkmal aller Kandidaten war ihre mangelhafte zwischenmenschliche Kompetenz. Machtmanager, und insbesondere jene mit einem personalisierten Machtverständnis, scheiterten oft, wenn sie eine Stufe erreichten, wo sie auf die Kooperation ihrer Kollegen angewiesen waren, die sie jedoch mit ihren gewohnten Mitteln von Kontrolle, Einfluß und Manipulation nicht erlangen konnten. Das gleiche bei Leistungsmenschen. Ihre vergangenen Erfolge beruhten auf ihren individuellen Anstrengungen; jetzt, wo es auf gemeinsame Aktion mit anderen ankam, fehlte ihnen die Zugehörigkeitskompetenz, um diese Kooperation zu gewährleisten.

Andererseits hat die Studie bestätigt, daß denjenigen Managern der Aufstieg gelang, die ihr Leistungsstreben oder ihr sozialisiertes Machtverständnis mit einem Mindestmaß an zwischenmenschlichen Fähigkeiten kombinieren und die erforderliche Kooperation mit anderen herstellen konnten. Einer der wichtigsten Kurse, die wir hier bei Success Inc. entwickelt haben, nennt sich Interpersonal Dynamics. Dabei handelt es sich im wesentlichen um eine Schule des Charmes für Macht- und Leistungsmanager.“

Organisationspolitik

In jedem Unternehmen kämpfen die Macht-, Leistungs- und Zugehörigkeitsmenschen permanent um die Kontrolle in der Organisation. Die Leistungsmenschen wollen produktiver sein und die Organisation effektiver und effizienter machen. Den Zugehörigkeitsmenschen geht es um die Bewahrung des Bestehenden, und sie wollen, daß es den Angestellten gut geht. Die Machtmenschen streben danach, alles unter Kontrolle zu bringen und nach ihren Vorstellungen zu gestalten.“

„Machtmenschen wollen immer alles kontrollieren, nicht wahr?“ warf ich ein.

„Richtig. Machtmenschen kämpfen um die Kontrolle über die Organisation, damit die Leistungsmenschen ihre Ziele nicht auf ihre Kosten erreichen und die Zugehörigkeitsmenschen sich nicht ihrer Herrschaft entziehen. Machtmenschen geht es mehr um die Erhaltung ihrer eigenen Macht als um die Produktivität des Unternehmens oder die Pflege vertrauensvoller Beziehungen. Ein Power Player glaubt nur dann an Teamarbeit, wenn er selbst an der Spitze des Teams steht und die Befehle erteilt. Machtspieler sind der Fluch jeder Verwaltung und der Hauptgrund, weshalb Bürokratien so ineffizient sind. Sie verteidigen allein ihr Reich, selbst wenn es auf Kosten von Kooperation und Produktivität geht.“

„Nach dem, was Sie vorher gesagt haben, gibt es jedoch verschiedene Varianten von Machtspielern, nicht wahr?“

„In der Tat“, bestätigte Marvin. „Die raffinierteren unter ihnen wissen, daß es besser ist, subtil vorzugehen, seinen Einflußbereich vorsichtig zu erweitern und die Schuld für Mißerfolge auf andere zu schieben. Solche Leute können einem sehr gefährlich werden, denn sie sind die Meister der verdeckten Manöver. Weniger raffinierte Machtspieler lassen lieber ein ganzes Unternehmen zugrunde gehen, als auf ihre Macht zu verzichten. Die raffinierteren Vertreter dieser Gattung könnten ihre Manipulationskünste entweder zum Vorteil des Unternehmens oder zum Nutzen ihrer eigenen Ambitionen einsetzen. In ihrer besten Form kombinieren sie Macht- und Leistungsorientierung zur Steigerung der gesamten Produktivität. Machtmenschen findet man meistens im Linienmanagement und in der Buchhaltung." Ohne Unterbrechung wandte sich Marvin dem nächsten Typus zu.

„Zugehörigkeitsspieler möchten stets für Harmonie sorgen. Positive Teamarbeit ist ihnen wichtiger als Sieg oder Erfolg. Sie sind die Hauptgegner der Machtspieler und versuchen ständig, die Machtstrukturen zu demokratisieren. Auch mit den Leistungsmenschen geraten sie aneinander, wenn die Produktivität zu Lasten der Mitarbeiter gesteigert werden soll. Im Grunde sind sie Humanisten. Sie sind der Schmierstoff jeder Organisation, der dafür sorgt, daß alle gut zusammenarbeiten und die Kommunikation in Gang bleibt. Eigentlich haben sie nichts gegen Kompromisse mit den Macht- und Leistungsmenschen. Schließlich glauben sie, daß verbesserte Zusammenarbeit zu höheren Leistungen führt. Man findet sie oft in den Personal- und Human-Resource-Abteilungen.

Leistungsspieler haben eine Vorliebe für die Individualisierung von Verantwortung, Rechenschaft und Belohnungen. Sie möchten nicht in einem Kollektiv aufgehen. Sie gehen aufgabenorientiert vor und suchen ständig nach Möglichkeiten, die Arbeitsprozesse zu verbessern. Leistung ist notwendig für jedes Unternehmen. Die Aufgabe besteht darin, einen modus vivendi von Leistungs-, Macht- und Zugehörigkeitsmenschen zu finden, bei dem keine Seite sich einseitige Vorteile zu Lasten der anderen verschafft."

Globale Veränderungen im Management

„In den letzten 50 Jahren haben wir in den Unternehmen weltweit eine Bewegung von der Machtorientierung hin zur Leistungsorientierung erlebt. Zur Zeit beobachten wir eine Tendenz zur Leistungsteigerung über den Weg verbesserter Kooperation. Die Knochenmühlen der zwanziger Jahre, in denen die Arbeiter keine Rechte hatten, gehören der Vergangenheit an. Viele Unternehmen wenden sich heute von der Machtorientierung ab, doch heißt das nicht notwendigerweise, daß sie zu einer Leistung- oder Zugehörigkeitorientierung finden. Tragischerweise treiben viele nur ins Leere.

Die Gewerkschaftsbewegung in den USA entstand als Reaktion auf die Macht des Managements, um die Arbeiter und Angestellten vor Ausbeutung zu schützen.

Oft entwickelten sich daraus gewaltsame Konfrontationen von Macht gegen Macht. Je radikaler die Unternehmer, desto radikaler die Gewerkschaften. Jede Seite polarisierte sich an der anderen, und es war die große Stunde der Machtspieler. Zu Beginn dieses Jahrhunderts begann die amerikanische Regierung damit, den ungezügelten Kapitalismus zu bändigen. Immer mehr Gesetze traten in Kraft. Viele wurden von einem liberalen Kongreß verabschiedet, der eher weg-von in bezug auf Macht orientiert war als hin-zu Erfolg und Kooperation. Die Regularien wurden von mächtigen Bürokratien überwacht, was zu weiteren Konflikten zwischen Regierung, Unternehmen und Gewerkschaften führte.

Obwohl es immer noch viele Machtspieler auf den oberen Ebenen gibt, haben sich heute die meisten Unternehmen der Leistungsorientierung verschrieben. Die Zugehörigkeitsspieler sind auf dem Vormarsch. Ihr Argument lautet, daß Teamwork gut ist fürs Geschäft. Wenn Unternehmen und Gewerkschaften in Zukunft Erfolg haben wollen, müssen die leistungs- und zugehörigkeitsorientierten Spieler auf beiden Seiten zusammenarbeiten, um den Machtspielern die Kontrolle zu entreißen, die lieber zusehen, wie das Schiff sinkt, als ihren Krieg zu beenden.

■ Qualität

Damit schloß Marvin dieses Thema ab und wandte sich einem interessanten Zusammenhang von Motiv-Pattern und Qualitätsmanagement zu.

„Ich hatte darauf hingewiesen, daß in jeder Organisation ein permanenter Konflikt zwischen Macht-, Zugehörigkeits- und Leistungsspielern tobt. Jede Seite hat ihre eigenen Ziele und Mittel. Selten kann eine Partei die anderen vollständig kontrollieren, doch kann jede die anderen blockieren – mit den bekannten schlechten Konsequenzen.“

„Jede Gruppe kümmert sich eben nur um sich selbst“, stellte ich fest.

„Leider“, nickte Marvin. „Und jede Gruppe sucht immer nach einer Kriegsfahne, unter der man sich sammeln kann, um die anderen zu bekämpfen. Die Machtspieler übernehmen die Kontrolle, wenn kurzfristige Produktionssteigerungen erforderlich werden. Doch ihr Triumph währt nicht lange. Der Mißbrauch ihrer Macht provoziert schon bald den Gegenschlag, und alles kehrt zum ursprünglichen Zustand zurück.

Derzeit wird überall eine Kriegsfahne geschwenkt, in deren Zeichen die Leistungsspieler hoffen, ihre Gegner zu besiegen. Die Rede ist von Total Quality Management (TQM). Alles begann mit einem Skandal im Bereich des amerikanischen Verteidigungsministeriums. Vor einigen Jahren wurden dort gewaltige Verschwendungen und Betrügereien der auftragnehmenden Unternehmen aufgedeckt. Die Öffentlichkeit war einigermaßen erregt. Die klugen Generäle aber wollten die Unterstützung des Volkes nicht aufs Spiel setzen. Sie hatten sich gerade von der Niederlage in Vietnam erholt und konnten keine neue Schlappe gebrauchen. Also setzten sich das Verteidigungsministerium und einige der großen Auftragnehmer zusammen und entwickelten eine brillante Strategie, um sich den Kongreß und das Volk vom Hals zu halten."

„Fing nicht alles mit einem Amerikaner an – mir fällt sein Name im Moment nicht ein...", unterbrach ich.

„In der Tat", bestätigte Marvin. „Das Verteidigungsministerium lernte seine Lektion von den Japanern, die ihr Wissen wiederum von einem Amerikaner namens Demming übernommen hatten, der seine Technik in Japan verwirklicht hatte, weil man in Amerika nicht auf ihn hatte hören wollen. Jedenfalls kam man zu der Lösung, daß die Regierung auf absoluter Qualität zu bestehen hatte. Eigentlich ist Qualität etwas sehr Sinnvolles: Man bekommt das bestmögliche Produkt zum niedrigstmöglichen Preis. Wer könnte schon etwas dagegen haben? Die Regierung sollte also jeden Auftragnehmer im Verteidigungsbereich dazu verpflichten, ein Programm einzuführen, das Qualität in Produktion und Lieferung garantieren sollte."

Marvin sah mich an, und da ich keine Fragen hatte, fuhr er fort:

„Doch das Ministerium ging noch einen Schritt weiter. Man verlangte nicht nur von jedem unmittelbaren Auftragnehmer die Einführung eines TQM-Programms, sondern auch von jedem Zulieferer dieser Firmen. Durch diesen Sicker-Effekt erreichte TQM schließlich praktisch jedes Unternehmen in Amerika. Fast jeder, der irgend etwas herstellt, liefert es an jemand, der irgendwann auch einmal etwas an die Regierung liefert.

Qualität und TQM sind also einige der beliebtesten Schlagworte im amerikanischen Management. Die Regierung hat sogar einen Preis ausgeschrieben (The Malcolme Baldridge Award), und beinahe jedes größere Unternehmen nimmt am Wettbewerb teil."

„Gehört Qualität nun in den Bereich von Macht, von Leistung oder von Zugehörigkeit?" wollte ich wissen.

„Gute Frage", antwortete Marvin. „ Sie erinnern sich: Qualität wird definiert als das beste Produkt zum niedrigsten Preis. Das ist doch das Credo der Leistungsmenschen! Endlich wird ihr Traum wahr. Ihr Wort ist Gesetz geworden. Damit können sie die Machtspieler vom Thron stoßen. Und den Zugehörigkeitsspielern kann man alle Opfer abverlangen, denn jetzt regiert König Qualität."

„Ich wette, daß die beiden anderen Gruppen davon nicht besonders begeistert sind", gab ich zu bedenken.

„Das steht wohl fest", grinste Marvin. „Und schon schwingt das Pendel wieder in die andere Richtung. Die Machtspieler beschweren sich, daß all dieses Null-Fehler-Getue der Produktivität schadet, und die Zugehörigkeitsmenschen klagen, die Mitarbeiter würden im Namen der Effizienz ausgebeutet. Außerdem haben viele Unternehmen erkannt, daß TQM gar nicht zu den erwarteten Einsparungen geführt hat und mehr Probleme verursacht, als es wert ist. Selbst Florida Power and Light, die selbst einmal den Baldridge Award gewonnen hatten, geben ihr Programm wieder auf."

Marvin überlegte kurz. „Zur Verteidigung von TQM muß man allerdings zugeben, daß die meisten Unternehmen die Anweisungen des Verteidigungsministeriums zur Implementierung des Programms nicht genau befolgt haben. Im TQM-Handbuch des Verteidigungsministeriums wird klar gesagt, die größten Einsparungen seien aus der synergistischen Verschmelzung technischer und menschlicher Lösungen zu erwarten. Die meisten technischen Manager sind jedoch Ingenieure oder Naturwissenschaftler. Sie mißtrauen allem, was sie nicht verstehen und quantifizieren können – insbesondere den Soft Skills in der Mitarbeiterführung. Also investierte man Millionenbeträge in Qualitätskontrollsysteme wie beispielsweise die statistische Prozeßkontrolle, während man an den Ausgaben für die Verbesserung der Humansysteme sparte. Man veranstaltete Pflichttrainings zum Thema Qualität und wunderte sich, weshalb sie nicht funktionierten. Dabei ist die Antwort ganz einfach."

„Und zwar?" fragte ich.

„Weshalb wird keine bessere Qualität produziert? Weil die Mitarbeiter nicht wüßten, wie man das macht? Stimmt es, daß man zur Qualitätsverbesserung nichts weiter tun muß, als den Arbeitern beizubringen, was Qualität ist und wie man sie erreicht? Die Antwort darauf ist ein klares Nein. Doch die meisten TQM-Trainingsprogramme tun genau das. Sie vermitteln nichts weiter als das Was und Wie des Qualitätsbegriffs. Dies ist Vernunftglaube in seiner schlimmsten Form. Der Grund, weshalb die Mitarbeiter keine Qualität erzeugen, ist, weil sie nicht wollen! Ganz einfach. Sie haben nichts davon! Vielmehr befürchten sie, daß sie einfach nur härter arbeiten müssen als zuvor. Und niemand möchte noch härter arbeiten, als er es ohnehin schon tut. Außerdem befürchten sie, daß größere Effizienz zu einem Verlust von Arbeitsplätzen führt. Also ist die Tatsache, daß man es einfach von ihnen verlangt, für sie noch lange kein Grund, die Qualitätsphilosophie zu übernehmen. Sie müssen auch etwas davon haben. Man muß ihnen eine spezielle Art von Training zukommen lassen, das eine Verhaltensänderung bewirkt. Doch das verlangt den Einsatz der Soft Skills, denen die technischen Managern nicht trauen. Kein Wunder also, daß TQM in den meisten Unternehmen nur zu Teilerfolgen geführt hat. Hier bei Success Inc. haben wir spezielle Programme entwickelt, die auf die Human Dimension abzielen. Man kann seine Mitarbeiter nur dann vom Qualitätsmanagement überzeugen, wenn man ihnen beweisen kann, daß es ihre Arbeit leichter macht, daß weniger Anstrengungen verlangt werden und daß keine Reduzierung von Arbeitsplätzen damit verbunden ist. Mit anderen Worten, man muß den Mitarbeitern zeigen, daß sie tatsächlich etwas davon haben. Wie gesagt, wir verfügen über solche erfolgreichen Programme."

„Ich hatte diesen Eindruck von Anfang an, denn die Mitarbeiter hier scheinen ja wirklich gerne und mit großer Kompetenz bei der Sache zu sein", bestätigte ich.

Service

„Auch das Thema Service, der zweite große Trend dieser Zeit, wird vom Dreiecksverhältnis Macht – Zugehörigkeit – Leistung beeinflußt", fuhr Marvin fort. „Der Wettbewerb verschärft sich, und die Kunden werden immer anspruchsvoller. In einem Verkäufermarkt müssen die Kunden nehmen, was sie bekommen. In einem Käufermarkt müssen sich die Unternehmen alles hart verdienen. Viele Wirtschaftsbereiche haben sich inzwischen in einen Käufermarkt verwandelt. Hier bitten die Kunden nicht um qualitativ hochwertige Produkte und Dienstleistungen zu vernünftigen Preisen – sondern sie fordern sie! Der Kunde verlangt Service, und wenn er ihn nicht bekommt, geht er zu jemand anderem."

„Das leuchtet mir ein", sagte ich.

Marvin fuhr fort: „Heute steht Service ganz oben, und der Kunde ist König. Das sind schlechte Nachrichten für Powerplayer und gute für die Leistungs- und Zugehörigkeits-Spieler. Sie glauben eben, daß man herausfinden muß, was der Kunde möchte, um es ihm dann auf effiziente und freundliche Weise zu liefern."

„Ich denke, daß es gar nicht einfach ist, guten Service zu bieten", vermutete ich.

„Da haben Sie recht", bestätigte Marvin. „Man muß den Power-Managern, die einen Verkäufermarkt gewohnt sind, beibringen, sich plötzlich serviceorientiert in den neuen Käufermärkten zu bewegen. Wie bringt man einem alten Hund neue Tricks bei? Das ist gar nicht so einfach, wie viele Unternehmen unter großen Problemen feststellen müssen. Die meisten Firmen glauben, die Lösung bestünde in weiterem Servicetraining. Doch damit stehen sie vor dem gleichen Problem wie die

TQM-Manager. Es ist eben nicht so, daß die Mitarbeiter nicht wüßten, wie guter Service anzubieten ist, sondern sie wollen es einfach nicht! Aus ihrer Sicht bedeutet Service nichts anderes, als daß sie zu den Kunden nett sein und härter arbeiten sollen. Aber niemand möchte härter arbeiten oder so tun, als ob er gute Laune hätte."

„Das kann ich mir lebhaft vorstellen", bestätigte ich.

„Die Herausforderung im Service kann nicht mit traditionellen Trainingsmethoden gelöst werden", fuhr Marvin fort. „Hier ist ein Wandel in den Einstellungen gefragt. Die Mitarbeiter müssen ihre Werte, ihre Überzeugungen und ihre Einstellungen in bezug auf die Kunden ändern. Zu diesem Zweck müssen mit großer Sorgfalt wirkungsvolle Anreize und Sanktionen eingesetzt werden. Und die Trainer müssen sowohl im Verständnis der People Patterns wie in den Techniken der Verhaltensmodifikation gut ausgebildet sein. Natürlich muß auch das jeweilige Unternehmen bereit sein, die erforderlichen Möhren und Stöcke bereitzustellen. Leider treffen diese Faktoren nur selten zusammen, so daß wir in Amerika, aber auch in anderen Ländern, vor einer richtigen Krise im Servicebereich stehen."

Bevor ich etwas sagen konnte, stellte Marvin fest: „Ich möchte dieses Thema abschließen, damit wir zu einem weiteren Punkt kommen können. Vor kurzem unterhielt ich mich mit dem Manager eines großen Hotels, der sich um seinen Service Sorgen machte. Die Muttergesellschaft hatte ein neues Programm zur Verbesserung des Kundenservice begonnen, und er wollte dabei besonders gut abschneiden. Also ließ er seinen Mitarbeitern alle möglichen Trainings zum Thema Service zukommen, doch die schienen davon wenig berührt zu sein. Solange ein Vorgesetzter in der Nähe war, waren sie sehr freundlich zu den Gästen, doch zeigten sie Rückfälle, sobald man sie allein ließ. Der Hotelmanager war besonders beunruhigt, in welcher Weise sich die Angestellten heimlich über die Gäste unterhielten. Er hatte solche Gespräche in den Pausenräumen und auf den Korridoren mitbekommen. Im Prinzip haßten die Mitarbeiter die Hotelgäste, und ihre Anwesenheit wurde höchstens toleriert. Also hatte der Leiter uns um Hilfe gebeten. Wir teilten ihm mit, daß seine Situation mit einem mehrteiligen Programm zu verbessern wäre. Der erste Schritt war ein Training zur Verhaltensmodifikation, das die Motivation, die Werte, die Überzeugungen und die Einstellungen der Mitarbeiter zum Inhalt hatte. Der zweite Schritt erforderte vom Hotel die Einführung von Belohnungen für gute Mitarbeit und von strengen Strafen für Verweigerung. Etwa 80% der Mannschaft konnten verändert werden, der Rest mußte entlassen oder mit Aufgaben ohne Kundenkontakt betraut werden."

Teamwork

„Kommen wir nun zu einem modernen Schlagwort, mit dem die Zugehörigkeits-Menschen versuchen, den Kampf gegen ihre ewigen Feinde (die Macht- und Leistungs-Spieler) zu gewinnen. Es geht um den Begriff *Teamwork* und das Phänomen der sogenannten *selbstgesteuerten Teams*."

„In meiner vorigen Firma hat die Einführung von Teamwork nicht funktioniert. Ich weiß eigentlich nicht, woran das gescheitert ist", teilte ich mit.

„Nach meinem Vortrag werden Sie es verstehen", antwortete Marvin. „Zugehörigkeits-Menschen halten Teamwork für ein wunderbares Konzept. Sie glauben, wenn Menschen als Team zusammenarbeiten, sich ihre eigenen Ziele setzen und ihre Arbeit selbst überwachen, dann könnten Supervision und Management praktisch überflüssig werden. Man könnte die Zahl der Manager reduzieren und die Mitarbeiter friedlich ihre Arbeit machen lassen. Die Produktivität würde erhöht, und man hätte auch noch die Gehälter der überflüssigen Manager eingespart. Welch paradiesische Situation in Büro und Produktionshalle! Der Traum aller Zugehörigkeits-Menschen."

„Was sagen denn die Macht-Menschen dazu?" fragte ich skeptisch.

„Eben. Leider stößt die Erfüllung des Traums auf einige Hindernisse – in erster Linie nämlich die Macht- und Leistungsmenschen in den Teams. Machtmenschen möchten gar nicht Teil eines Teams sein, es sei denn, sie wären der Chef. Sie glauben nicht an die Entscheidungsfindung per Konsens. Sie glauben an persönliche Verantwortung. Wer seinen Job nicht ordentlich macht, sollte ihrer Meinung nach gefeuert werden. Auf keinen Fall halten sie es für ihre Aufgabe, die Arbeit eines anderen Teammitglieds mit zu übernehmen. Außerdem trauen sie dem Management nicht. Sie halten Teamarbeit für einen Trick, mit dem das Management sie für die schwachen Leistungen anderer Teammitglieder verantwortlich machen will, die die Unternehmensleitung ohnehin entlassen sollte. Gezwungen, sich an einem Team beteiligen zu müssen, versuchen sie, hinter den Kulissen durch Drohungen oder ähnliches Kontrolle auszuüben und den Arbeitsprozeß zu behindern. Häufig kommt es vor, daß sie einen Produktivitätszerfall herbeiführen, um das Management zu zwingen, das ganze System wieder aufzugeben."

„Wie verhalten sich die Leistungsmenschen in Teamsituationen?" wollte ich wissen.

„Auch die Leistungsmenschen mögen Teams nur dann, wenn sie sich die Teammitglieder selbst aussuchen können und wenn sie als Teamleiter die Belohnung für den Erfolg bekommen. Sie möchten vorankommen und persönliche Anerkennung finden. Sie möchten nicht, daß ihre Leistung von einem Team abhängt, mit dem man am Ende auch noch die Anerkennung teilen muß. Als Einzelkämpfer vertrauen sie auf harte Arbeit und gutes Situationsmanagement. Sie wollen sich von ihren Kollegen unterscheiden und ihnen nicht bei deren Erfolgen helfen müssen. Schließlich können nur wenige ganz nach oben kommen, und dabei müssen manche notwendigerweise auf der Strecke bleiben."

„So habe ich die Sache noch nie gesehen", äußerte ich mit Erstaunen.

Marvin setzte seinen Vortrag fort: „Damit ein selbstgesteuertes Team funktionieren kann, müssen all diese Kräfte ausgesprochen geschickt gemanagt werden. Wenn man die Machtmenschen in der Vergangenheit hat gewähren lassen, werden Teams daran nicht wie durch ein Wunder etwas ändern können. Die Machtmenschen werden weiterhin hinter den Kulissen versuchen, ihren Willen durchzusetzen – meist durch Manipulation von dafür empfänglichen Teammitgliedern. Wenn man eine Hochleistungs(*high performance*)-Organisation haben möchte, muß man erst mal eine funktionierende (*performing*) Organisation schaffen. Viele Manager und Berater scheinen das zu übersehen. Zahlreiche Organisationen glauben, selbstgesteuerte Teams seien die Zauberlösung für alle Managementprobleme. Sie verstehen nicht, daß selbstgesteuerte Teams nicht funktionieren können, bevor nicht die Managementprobleme selbst gelöst sind. Selbst unter günstigsten Umständen sind selbstgesteuerte Teams nicht leicht zu handhaben und verlangen sorgfältige Implementierung sowie geschickte Supervision. Unter ungünstigen Umständen sind sie ein Ding der Unmöglichkeit."

„Trotzdem scheinen so viele Unternehmen heute der Idee von selbstgesteuerten Teams anzuhängen", kommentierte ich.

„Ja", bestätigte Marvin, „Teamarbeit und selbstgesteuerte Teams sind wohl der letzte Schrei. Viele Berater haben starke Zugehörigkeits-Filter und schaffen es, den Unternehmen einen schönen Traum zu verkaufen. Aber wie bei den Themen Qualität und Service wird das Pendel bald in die andere Richtung schwingen. Nach anfänglicher Euphorie wird sich die Realität durchsetzen, und die Macht- und Leistungsmenschen werden sich zusammentun, um verlorenes Terrain zurückzugewinnen."

„Wie lassen sich denn nun selbstgesteuerte Teams erfolgreich einführen?" fragte ich.

„Gute Frage", antwortete Marvin. „Dazu sind zwei wichtige Voraussetzungen erforderlich. Erstens: Man muß ein praktikables Verfahren für Teamentscheidungen schaffen. Alle Teammitglieder müssen sich verpflichten, sich an die Gruppenentscheidungen zu halten – ob sie ihnen zustimmen oder nicht. Und zweitens: Man muß teaminterne Disziplinarmaßnahmen schaffen, mit denen die Gruppe Kooperation und Teamwork erzwingen kann.

Die wichtigste Entscheidung, die ein Team jemals fällt, betrifft die Frage, wie man Entscheidungen treffen will. Leider wird diese Entscheidung oft unausgesprochen oder ohne sorgfältige Überlegung getroffen. Dabei ist dies der herausragende Faktor, der über Zusammenhalt und Effektivität des Teams entscheidet. Daher muß diese Frage unbedingt zu Beginn der Teamarbeit sorgfältig durchdacht werden. Oft ist es aber so, daß sie eher durch die Macht des Faktischen entschieden wird. Jemand beginnt mit einer Aktion, die dann von niemand in Frage gestellt wird, so daß sich das entsprechende Verfahren zur Teamnorm entwickelt. Die Frage der Entscheidungsprozesse im Team ist aber viel zu wichtig, um sie dem Zufall zu überlassen."

„Ich glaube, daß dieser Fehler in vielen Unternehmen gemacht wird", bestätigte ich.

„Jede Gruppe oder jedes Team durchläuft mindestens vier Phasen des Gruppenprozesses. Phase eins ist die Stufe der Gruppenbildung (*forming*). Hier geht es um Inklusion oder Einbeziehung, und die Zugehörigkeitsbedürfnisse stehen im Vordergrund. Phase zwei ist die Sturm-und-Drang-Phase (*storming*), in der der Machtkampf um die Kontrolle der Gruppe entbrennt. Die Machtspieler treten vor, um die Kontrolle zu übernehmen, und führen dazu einen offenen oder verdeckten Kampf gegeneinander und gegen die anderen Teammitglieder. Dies ist die kritischste Phase im Leben einer Gruppe, und viele Teams gelangen über dieses Stadium nie hinaus. Denn dazu sind eine Übereinkunft über den Entscheidungsprozeß und die Etablierung von teaminternen Disziplinarmaßnahmen erforderlich. Gelingt es dem Team, die Kampfphase zu überwinden, folgen die Normbildung (*norming*), in der die prozeßorientierten Gruppennormen abgestimmt werden, und die eigentliche Leistungsphase (*performing*). Es ist klar, daß Teams in Unternehmen nur dann funktionieren können, wenn sie in die vierte Phase eintreten. Hier wird das Team erst produktiv und erbringt die geforderte Leistung. Ohne sorgfältige Implementierung (in der Regel durch wenig zugehörigkeitsorientierte Berater) kann dieses Stadium oft nicht erreicht werden."

„Mir war gar nicht klar, was sich in der Dynamik eines Teams alles abspielt", sagte ich.

„Und wir haben erst die Oberfläche angekratzt", ergänzte Marvin. „Ich hatte schon betont, daß ein gruppeninterner Disziplinarprozeß für den Teamerfolg entscheidend ist. In der wirklichen Welt kommt man ohne Möhren und Stock eben nicht aus. Auch in selbstgesteuerten Teams werden sie nicht auf geheimnisvolle

Weise einfach überflüssig. Im Gegenteil: Entweder stellt das Management sie bereit, oder die Mitarbeiter müssen sie selbst definieren. Was passiert, wenn ein Teammitglied seine Aufgabe nicht erfüllt oder sich nicht an Verfahren hält, die die Gruppe beschlossen hat? Sollen andere Teammitglieder deren Aufgabe mit übernehmen? Wenn nicht, welche Befugnisse haben die übrigen Teammitglieder, um den Übeltäter zur Erfüllung seiner Aufgabe zu zwingen?"

„Jedes Team braucht eben eigene Anreiz- und Sanktionsmöglichkeiten, nicht wahr?" fragte ich.

„Genau", bestätigte Marvin. „Damit selbstgesteuerte Teams funktionieren können, muß ihnen das Management eine praktikable Mischung aus Anreiz- und Sanktionsmaßnahmen zur Verfügung stellen, und die Teammitglieder selbst müssen die Verantwortung übernehmen, sie auch tatsächlich anzuwenden. Wo das Management zuvor nicht selbst mit entsprechenden Anreizen und Sanktionen gearbeitet hat, wird es kaum in der Lage sein, den Arbeitsteams die geeigneten Mittel zur Verfügung zu stellen. Selbstgesteuerte Teams können nicht plötzlich leisten, wozu das Management zuvor nicht selbst in der Lage war. Vernünftiges Management ist die Voraussetzung dafür, daß selbstgesteuerte Teams überhaupt funktionieren können."

Ich verließ Marvin tief beeindruckt. Plötzlich begann vieles für mich Sinn zu machen. Ich sah, wie ich mich als Leistungsspieler mit hohem Machtbedürfnis und einigen Zugehörigkeitsfähigkeiten immer wieder von der geringen Produktivität anderer hatte frustrieren lassen. Jetzt erkannte ich die Gründe dafür und wußte, daß mir das Motivations- und das Motiv-People-Pattern in Zukunft helfen würden, mit solchen Situationen umzugehen und sie zu verstehen.

Verkauf

Auf dem Weg zu Richard überlegte ich, ob das Motiv-People-Pattern im Verkauf eine ebenso wichtige Rolle spielt wie bei Fragen des Managements. Richard stürzte sich gleich ins Thema.

„An der Universität von Chicago wurde eine Untersuchung zur Bankenindustrie durchgeführt, von der wir annehmen, daß sie auch für andere Industriezweige gilt. Demnach orientierten sich ein Drittel der Kunden an den Kapitalerträgen, ein Drittel am Service und ebenfalls ein Drittel an persönlichen Beziehungen. Sie erkennen wieder den Dreiklang von Macht, Leistung und Zugehörigkeit. Aus dieser Studie kann man einige wichtige Schlüsse ziehen.

216

Als Success Inc. haben wir zahllose Verhandlungskurse mit Kreditsachbearbeitern durchgeführt und dabei herausgefunden, daß die meisten sich so verhalten, als ob sie der Ansicht wären, daß für alle Kunden nur die Zinsrate entscheidend sei. Das hat zwei unglückliche Konsequenzen. Erstens verzichteten Sie unnötigerweise auf Gewinn. Für service- und beziehungsorientierte Kunden steht nicht die Zinsrate im Vordergrund. Sie würden mehr zahlen, wenn sie den Eindruck hätten, sie bekämen einen besseren Service oder sie hätten eine gute Beziehung zum Kreditsachbearbeiter. Im übrigen zeigten die ausgesprochen preisorientierten Kunden keinerlei Anhänglichkeit und wechselten die Bank, sobald sie anderswo ein besseres Angebot bekamen. Die zweite unglückliche Folge der Fixierung auf die Zinsrate war, daß die Bankangestellten die Service- und die Beziehungsebene vernachlässigten, auf die doch zwei Drittel aller Bankkunden Wert legen."

„Hier scheint also wieder mal die Kenntnis von Motivations- und Motiv-People-Pattern gefragt zu sein", vermutete ich.

„Das wäre auf jeden Fall sehr hilfreich. Jeder Verkäufer muß einsehen, daß Service und guter Kontakt genauso entscheidend sind wie der vernünftige Preis der Ware. Der ideale Verkäufer ist ein Meister in allen drei Disziplinen und stimmt seine Präsentation genau auf die Vorlieben des Kunden ab. Normalerweise gibt es drei Typen von Verkäufern. Der erste ist der klassische Hochdruckverkäufer. Er operiert aus einer Position der Macht heraus und hat nur ein Ziel: den Verkauf abzuschließen, ob der Kunde will oder nicht. Diese Art Verkäufer ist in erster Linie verantwortlich für den schlechten Ruf, den Verkäufer im allgemeinen genießen. Der zweite Typ von Verkäufer verläßt sich auf seinen Charme. Bei ihm kauft man, weil man ihn mag oder weil es Spaß macht, mit ihm Geschäfte zu machen. Er baut positive Beziehungen auf, die über Generationen halten können. Er lebt von Empfehlungen und zufriedenen Kunden. Als dritte Art haben wir den modernen beratenden Verkäufer, der sich als Sales Consultant versteht. Seine Mission ist es, dem Kunden zu helfen, seine Ziele auf bestmögliche Weise zu erreichen. Er findet heraus, was die Bedürfnisse des Kunden sind, und befriedigt sie. Wenn er nicht liefern kann, was der Kunde braucht, verweist er ihn an die geeignete Stelle. Er bietet ausgezeichneten Service. Sein Ziel ist es, den Kunden mit so exzellenter Produkt- und Servicequalität zu versorgen, daß es diesem überhaupt nicht in den Sinn kommt, anderswohin zu gehen."

„Soweit ich sehe, haben also Macht, Zugehörigkeit und Leistung beim Verkauf schon immer eine Rolle gespielt", stellte ich fest.

„So ist es", bestätigte Richard. „Die meisten Verkäufer, die heute im Business-to-Business-Verkauf tätig sind, werden von der Leistungsorientierung geprägt. Sie müssen sie allerdings durch Zugehörigkeitskompetenz ergänzen. In den Bereichen Automobil- und Immobilienhandel, wo es um große Summen geht, findet man alle drei Arten von Verkäufern. Manche Machtmenschen sind hier erfolgreich, weil sie Druck machen. Manche Zugehörigkeitsmenschen haben Erfolg, weil die Kunden gern mit ihnen zusammenarbeiten und sie weiterempfehlen. Und auch manche Leistungsmenschen schneiden gut ab, weil sie die besseren Produkte und Dienstleistungen anbieten. Alle drei Arten von Verkauf können hier Erfolg haben. Am besten gelingt das Verkaufen aber dem, der über ausgeglichene Fähigkeiten in allen drei Bereichen verfügt. Der größte Erfolg entspringt der Flexibilität, je nach Situation eine der drei Rollen einnehmen zu können, wozu allerdings eine gründliche Beherrschung des Motivations- und des Motiv-People-Patterns erforderlich ist, denn man muß erkennen, wo die Präferenz des jeweiligen Kunden liegt."

„Offenbar ergänzen sich diese beiden People Patterns also, und wenn man seine Kunden verstehen will, muß man beide kennen", faßte ich zusammen.

„In der Tat", bestätigte Richard. „Das Motivations-People-Pattern sagt uns, ob der Kunde etwas kauft, um etwas Bestimmtes zu bekommen oder zu vermeiden; und das Motiv-People-Pattern liefert die Einsichten, mit welchen spezifischen Anreizen oder Sanktionen man ihn versorgen muß. Ich betone immer wieder: Der Hinzu-Mensch möchte wissen, was das Produkt oder die Dienstleistung für ihn tun kann. Offensichtlich wäre es hilfreich, wenn man sein primäres Motiv kennen würde. Strebt er nach Macht, nach Zugehörigkeit oder nach Leistung? Lassen Sie mich das am Beispiel des Autokaufs erläutern.

Bei einem Kunden, der zur Macht hin orientiert ist, wird man den Wagen entsprechend positionieren. Man kann hervorheben, welchen Eindruck man damit auf andere machen kann. (Finden Sie eine Ausdrucksweise, die wahrheitsgemäß und dem Kontext angemessen ist.) Geben Sie dem Macht-Kunden das Gefühl, das Verkaufsgespräch selbst zu steuern. Lassen Sie ihn wissen, daß er auf keinen Fall übers Ohr gehauen wird, sondern das weit und breit beste Angebot bekommt. Ironischerweise ist ein Verkäufer mit der Kenntnis, was den Kunden motiviert und wie man damit umgeht, Herr der Lage und wird doch dem Hin-zur-Macht-Kunden das Gefühl geben, seinerseits die Situation zu kontrollieren. So wird man vermutlich zum Abschluß kommen."

„Toll. Wenn der Kunde das wüßte, wäre er vermutlich ziemlich sauer!" sagte ich.

„Gut möglich. Jedenfalls sollte man im voraus wissen, was das niedrigste Angebot ist, das man machen kann, und das erste Verkaufsangebot deutlich oberhalb davon plazieren. Außerdem hilft es, wenn man herausbekommt, was die anderen

Werte des Kunden sind, so daß man entsprechend auf sie eingehen kann. Möchte er zum Beispiel ein Auto, das in seinem Bekanntenkreis als Statussymbol gilt? Sucht er eine Aura von Besonderheit und Reichtum? Will er, etwa mit einem Bugatti oder Bentley, beweisen, daß er es endlich „geschafft" hat? Die Werte eines Käufers stehen in Relation zu seinem sozialen Umfeld. Als Statussymbole könnten ein Cherokee oder Range Rover in Frage kommen. Seinen Machismo hingegen möchte jemand vielleicht mit einer teuren Harley oder einer Stretchlimousine mit getönten Scheiben und schickem Chauffeur zum Ausdruck bringen."

„Bei Zugehörigkeitsmenschen wird man wohl einen anderen Weg gehen müssen", vermutete ich.

„Ganz bestimmt. Bei einem Kunden, der nach Zugehörigkeit strebt, wird das Verkaufsgespräch zum reinsten Vergnügen. Vergessen Sie nicht: Beziehungen sind für ihn am wichtigsten, also auch seine Beziehung zum Verkäufer. Zeigen Sie ihm Ihr echtes Interesse, seien Sie freundlich, und der Kunde mitsamt dem Verkaufsabschluß werden sich in Ihre Richtung bewegen. Zugehörigkeitsmenschen kaufen von Verkäufern, bei denen sie sich wohl fühlen und denen sie vertrauen. Geben Sie sich also alle Mühe, daß der Kunde ein entspanntes Verhältnis zu Ihnen bekommt, und erklären Sie ihm dann, in welcher Weise Ihr Produkt ihn mit dem versorgt, was er sucht."

Dann sprach Richard über den Verkauf auf der Basis von Leistungsmotiven. „Bei einem Kunden, der Leistung sucht, müssen Sie bezüglich des Produkts oder der Dienstleistung unbedingt einen kenntnisreichen Eindruck machen. Betonen Sie, inwiefern das Produkt sein Leben verbessert und ihm dabei hilft, seine Ziele zu erreichen. Beweisen Sie schon vorab exzellenten Service und betonen Sie, daß dieser auch nach dem Kauf zur Verfügung steht. Und erläutern Sie ausführlich die hervorragenden Qualitäten des Produkts. Zusammenfassend kann man sagen: Finden Sie heraus, auf was sich ein Hin-zu-Mensch hinbewegt, und bieten Sie es ihm!"

„Ich nehme an, daß man auch die primären Motive des Weg-von-Menschen kennen sollte", sagte ich.

„Gut aufgepaßt", sagte Richard. „Ein machtorientierter Kunde mit Weg-von-Tendenz wird versuchen, alles zu vermeiden, was er mit Schwäche oder mangelnder Stärke in Verbindung bringt. Ein Zugehörigkeitsmensch mit Weg-von-Tendenz wird allem und jedem aus dem Weg gehen, was er mit Disharmonie assoziiert. Und jemand, der eine Weg-von-Tendenz mit dem Leistungsmotiv verbindet, wird sich von allem fernhalten wollen, was zu Versagen oder mangelndem Erfolg führen könnte. Wie bei allen bisher besprochenen People Patterns muß man auch beim Motiv-People-Pattern die hohe Kontextabhängigkeit berücksichtigen. Identifizieren Sie das Primärmotiv des Kunden also unbedingt im Kontext Ihres Produkts oder Ihrer Dienstleitung. Ist Ihnen soweit alles klar?" fragte Richard abschließend.

„Es gibt sicherlich einiges, über das ich erst mal in Ruhe nachdenken muß", antwortete ich.

Ich freute mich über das, was ich gelernt hatte, und machte mich auf den Weg zu Beverly, um mehr über das Thema Verhandlungen zu erfahren.

Verhandlungen

Beverly erwartete mich schon und begann gleich mit einem Vortrag darüber, welche Wirkungen das Motiv-People-Pattern bei Verhandlungen entfaltet.

„Entsprechend den drei Motiv-People-Patterns gibt es heute drei beliebte Verhandlungsstrategien. Die älteste und am weitesten verbreitete ist die Machtstrategie. Im Englischen wird sie auch als hardball bezeichnet. Sie sieht Verhandlungen als einen Kampf zweier Willen. Es gewinnt, wer den stärkeren Willen hat und am hartnäckigsten ist. Dabei bekommt man das, was man in der Verhandlung herausschlägt, und nicht, was man verdient. Verhandler mit dieser Strategie nehmen oft zu taktischen Manövern Zuflucht, um sich einseitige Vorteile zu verschaffen. Wenig feine Formen von Hardball opererien sogar mit körperlichen Drohungen. Insgesamt besteht bei dieser Strategie immer ein hohes Risiko, in eine Sackgasse zu geraten. Beide Seiten graben sich ein und lassen eher die Verhandlungen scheitern, als ein Abkommen zu treffen, das beiden Seiten nützt."

„Ich habe diese Strategie noch nie besonders gemocht, und jetzt weiß ich wenigstens, warum", war mein Kommentar.

„Kommen wir zu den Regeln des verfeinerten Hardball", fuhr Beverly fort. „Sie sind allgemein bekannt: 1) Definiere dein Ziel im voraus, und setzte die Meßlatte hoch an. 2) Lege absolut realistisch fest, wo deine Minimal- und Maximalziele liegen. 3) Versuche, die andere Seite dazu zu bringen, das erste Angebot zu machen. 4) Stecke stets dein erstes Angebot oder Gegenangebot weiter als dein eigentliches Ziel. 5) Nachdem das erste Angebot und Gegenangebot gemacht wurden, gibt man langsam und in kleinen Schritten nach, wobei man für jede Konzession einen Ausgleich fordert. Sie werden mehr darüber in unserem Verhandlungskurs lernen."

„Ich bin sicher, daß Zugehörigkeits-Verhandlungen angenehmer verlaufen", sagte ich.

„Durchaus. Und die entsprechende Strategie bezeichnet man als *Softball*. Beim Softball ist es wichtiger, die Beziehung zu bewahren, als unbedingt ein vorteilhaftes

220

Ergebnis zu erzielen. Diese Strategie wendet man bei Menschen an, zu denen man auf jeden Fall eine funktionierenden Beziehung aufrechterhalten möchte. Dazu zählen beispielsweise Ehepartner, Kinder, Eltern, Freunde, Verwandte oder Chefs. Die Regeln sind recht einfach: 1) Finde heraus, was der andere braucht, um in der Beziehung glücklich zu sein. 2) Gib es ihm! Menschen mit hohem Zugehörigkeitsbedürfnis finden es oft extrem unangenehm zu feilschen und werden bei Verhandlungen entsprechend oft übers Ohr gehauen. Auch beim Softball bekommt man nicht, was man verdient, sondern was man bereit ist zu geben, um die Beziehung erhalten.“

„Gefällt mir auch nicht“, stellte ich fest.

„Vielleicht gefällt Ihnen die Leistungs-Strategie“, sagte Beverly und lachte. „Hier spricht man von *win-win-* oder *Teamball-*Strategie. Die Idee dahinter lautet, daß beide Seiten ein zufriedenstellendes Ergebnis erzielen können, wenn sie kooperieren. Statt davon auszugehen, daß ein Kuchen von festgelegter Größe zu verteilen ist, kann man gemeinsam versuchen, den Kuchen so zu vergrößern, daß beide Seiten davon profitieren. Bei Win-Win-Verhandlungen wird jede Lösung verworfen, von der nicht beide Seiten etwas haben. Wenn nur eine Seite profitiert, wird sich die andere betrogen fühlen und entweder versuchen, die Verhandlungen neu aufzurollen oder sich bei nächster Gelegenheit schadlos zu halten. Im modernen Wirtschaftsleben, wo Partner über einen längeren Zeitraum hinweg miteinander Geschäfte machen, muß man beinahe zwangsläufig im Win-Win-Stil miteinander umgehen. In einer Win-Win-Verhandlung bekommt man nicht notwendigerweise, was man verdient, sondern das, was die andere Seite zufriedenstellt.“

„Nach dem, was Sie sagen, muß es ja unendlich viele Win-Win-Lösungen geben“, sagte ich.

„Nicht ganz, aber beinahe“, stimmte Beverly zu. „Es gibt zahlreiche Win-Win-Varianten, die alle im Grunde nach den gleichen Regeln ablaufen: 1) Jede Seite definiert, was sie gerne erreichen würde und was sie im Tausch dafür zu geben bereit ist. 2) Jede Seite teilt der anderen Seite ihre Interessen mit. 3) Beide Seiten arbeiten gemeinsam an der kreativen Erzeugung von Alternativen, die allen Beteiligten den maximalen Gewinn versprechen. 4) Es wird eine Einigung erzielt, wenn beide Seiten mit einer der gefundenen Lösungen zufrieden sind.“

„Ich kann mir vorstellen, daß das gut funktioniert“, stellte ich fest.

„Ja. Aber meine Darstellung wäre nicht komplett ohne die Erwähnung einer besonders beliebten Form von Win-Win-Verhandlungen. Sie nennt sich *prinzipiengeleitete Verhandlungsführung* und wurde von den Herren Ury und Fisher vom Harvard Negotiation Project entwickelt und in dem Taschenbuch *Getting to Yes* veröffentlicht. Die prinzipiengeleitete Verhandlung folgt genau den vorhin genann-ten Regeln für Win-Win-Verhandlungen – bis auf eine bedeutsame Abwandlung der letzten Regel. Statt einer Einigung auf der Basis wechselseitiger Zufriedenheit wird ein Abkommen auf der Grundlage von fairen, objektiven und unvoreingenom-menen Kriterien angestrebt. Es handelt sich dabei um die Prinzipen, denen dieser Ansatz seinen Namen verdankt. Jede Verhandlungslösung stützt sich auf externe Prinzipien und nicht auf die Interessen der beteiligten Parteien. So bekommt jeder, was fair ist, anstatt was er in der Verhandlung herausschlagen kann. Die Herausfor-derung bei diesem Ansatz besteht darin, faire, objektive und unvoreingenommene Kriterien zu finden, die mit dem Wunsch nach beiderseitigem Vorteil vereinbar sind. Man kann dabei auf eine sehr vernunftbetonte Schiene geraten."

„Spielt bei diesen verschiedenen Strategien nicht auch der Kontext wieder eine Rolle?" fragte ich, obwohl ich mir die Antwort schon denken konnte.

„Selbstverständlich", kicherte Beverly. „Immer. In der realen Welt können Ver-handlungsführer übrigens jeden dieser Ansätze oder eine Kombination davon mit Erfolg verwenden. Bei einmaligen Verhandlungen, wie z.B. dem Kauf eines Hauses oder eines Autos, wird meistens die Hardball-Variante gewählt. Bei Verhandlun-gen, wo es auf die Beziehung der Partner ankommt, entscheiden sich viele Leute für die Softball-Strategie. In professionellen Zusammenhängen, wo man auch künftig miteinander Geschäfte machen will, wird wahrscheinlich Teamball gespielt. Die prinzipiengeleitete Verhandlungsführung entfaltet ihre Stärken, wenn Mißtrauen und Antagonismus das Bild prägen und ein faires Abkommen dennoch beiden Sei-ten helfen würde."

Mir kam der Gedanke, daß das, was ich heute gelernt hatte, mir nicht nur beim nächsten Autoleasing helfen könnte, sondern auch bei den Verhandlungen mit meinen Kollegen über die Verteilung von firmeninternen Ressourcen.

Zusammenfassung

„Haben Sie zu dem Motivations- oder dem Motiv-People-Pattern noch irgend-welche Fragen?" erkundigte sich Beverly.

„Im Augenblick nicht. Ich glaube, daß ich mit den Informationen bereits gut ar-beiten kann. Ich wünschte, ich hätte manches davon schon früher gewußt", versi-cherte ich.

„Besser später als nie", erwiderte Beverly. „Als Manager können Sie jetzt Ihre Mitarbeiter besser motivieren."

„Das hängt davon ab", antwortete ich.

„Wovon hängt das ab?" fragte sie und sah mich leicht verwundert an.

„Von drei Dingen", erklärte ich mit Autorität. „Es kommt darauf an, ob meine Mitarbeiter von vorneherein die notwendigen Motive mitbringen, ob die Organisation, für die ich arbeite, mich mit den erforderlichen Belohnungs- und Sanktionsmöglichkeiten versorgt und ob ich die Fähigkeit besitze, beides geschickt miteinander zu kombinieren."

Beverly lächelt. „Sie scheinen schnell zu lernen."

Schlüssel 8: Das Aktivitäts-People-Pattern

Einleitung

Auf dem Weg zu Shanas Büro war ich gespannt, welches People Pattern ich heute kennenlernen würde. Ich war von der Wirkung dieser Patterns ziemlich beeindruckt. Hätte ich sie früher kennengelernt, wäre mein privates und berufliches Leben sicherlich einfacher gewesen und hätte bedeutend mehr Spaß gemacht. Abend für Abend diskutierte ich mit meiner Frau über das, was ich tagsüber gelernt hatte, und wir fingen an, an uns selbst und unseren Kindern erstaunliche Dinge zu entdecken. Manches, was uns in der Vergangenheit ziemlich gestört hatte, wurde auf einmal verständlich. Aber wichtiger noch: Wir entdeckten neue Möglichkeiten der Kommunikation miteinander. Bei meinen Kindern zeigten sich schon die ersten Erfolge. Inzwischen räumte mein Sohn George sogar sein Zimmer auf, was es früher nie gegeben hatte. Ich glaube, daß der Härtetest für jede Technik besteht darin, ob sie bei den eigenen Kindern funktioniert. Und bei den Schwiegereltern.

Rätsel des Lebens

Shana war gerade mit drei Sekretärinnen in eine lebhafte Diskussion verwickelt. Sie hatten ein neues Upgrade ihrer Textverarbeitung installiert und konnten jetzt keine Mails mehr schicken. Sue, eine der Sekretärinnen, hatte das Handbuch auf dem Schreibtisch liegen und folgte ihm Schritt für Schritt, doch offenbar ohne Erfolg. In ihrer Verzweiflung bat sie ihre Kollegin Lori, mit darauf zu achten, ob sie alles richtig bediente. Beide stimmten überein, daß sie alles genau wie im Handbuch beschrieben gemacht hatte. Jetzt steckten sie fest und waren ziemlich frustriert. Der Systemwart war, wie üblich, unterwegs und konnte nicht gefunden werden. Nicole, die dritte Kollegin, die den Ruf besaß, mit Rechnern ziemlich gut umgehen zu können, saß an einem anderen Computer und probierte verschiedene Alternativen aus. Schließlich rief sie: „Ich hab's! Ich zeige euch, wie es geht!" Sue und Lori eilten zu ihr. Nicole erklärte, wie sie es geschafft hatte, die Mail zu verschicken, doch ihre beiden Kolleginnen zeigten dieselbe Reaktion: Wieso hielt sich Nicole nicht an die Anweisungen des Handbuchs? Was sie machte, stand nicht da. Nicole erwiderte, daß wohl das Handbuch nicht stimme und daß man entweder weiterhin erfolglos nach dem Handbuch vorgehen oder aber es so machen könne, wie sie es vorschlug und wie es funktionierte. Nun tauchte auch der Systemwart auf und mußte zugeben, daß das Handbuch in diesem Punkt nicht in Ordnung war und geändert werden mußte. Die Damen waren reichlich sauer darüber, eine Stunde Zeit verloren zu haben, und wollten dem Systemwart die Hölle heiß machen. Hier intervenierte Shana, und der Systemadministrator trat einen eiligen Rückzug an. Sie bat Nicole, die richtige Prozedur aufzuschreiben, und führte mich dann in ihr Büro.

Shana lächelte und fragte mich, ob ich gesehen hätte, was gerade vorgefallen war. „Haben Sie schon mal beobachtet, wie jemand – so wie unsere Kolleginen Sue und Lori – etwas, was offensichtlich nicht funktionierte, trotzdem immer wieder versucht? Fragen Sie sich nicht auch, weshalb manche Leute immer wieder mit dem Kopf durch die Wand wollen und nur noch frustrierter werden? Können Sie verstehen, wieso andere so viel Zeit für Dinge verschwenden, die nicht funktionieren?"

Ich mußte zugeben, daß ich derartige Verhaltensweisen nicht nachvollziehen konnte. Sie waren mit völlig fremd.

„Sind solche Leute einfach stur oder vielleicht geistig zurückgeblieben, oder steckt noch etwas anderes dahinter?" fragte Shana. „Andererseits finden wir am anderen Ende des Spektrums Menschen, die sich unglaubliche Mühe geben, um nur ja nicht einer einfachen Anweisung folgen zu müssen. Kennen Sie so jemand?"

„Vielleicht meinen Sie meinen jüngsten Sohn", sagte ich. „Der würde einer simplen Anweisung nicht mal folgen, wenn sein Leben davon abhinge."

Shana lachte mit einem Ausdruck, der zeigte, daß sie wußte, wovon ich sprach. Dann fuhr sie fort:

„Vielleicht kennen Sie die Frustration, wenn man es mit jemandem zu tun hat, der einem nicht im geringsten entgegenkommen möchte, weil er sich an seine dummen Vorschriften oder Regeln klammern will. Man möchte ein Flugticket umbuchen und muß dafür Stunden am Telefon verbringen. Möchten Sie nicht wissen, was in solchen Menschen vorgeht?"

„Das würde mich schon interessieren", antwortete ich. „Auf Reisen oder in Hotels habe ich ständig mit solchen Leuten zu tun."

„Würden Sie nicht auch gerne verstehen, weshalb andere Menschen ständig ihre Vorgehensweisen verändern? Weshalb einige dauernd versuchen, alles irgendwie noch besser zu machen?"

„Sicher", sagte ich. „Das klingt nach meiner Schwägerin. Wenn sie kocht, schmeckt es jedesmal anders, weil sie ständig etwas Neues ausprobiert. Das gefällt mir gar nicht so besonders."

Shana lächelte. „Das heutige People Pattern beschäftigt sich mit dem, was wir Optionen und Prozeduren nennen. Er liefert uns den Schlüssel zum Verständnis dieser Fragen. Dabei haben wir es hauptsächlich mit zwei Arten von Menschen zu tun. Die einen können nichts tun, bevor man ihnen nicht gezeigt hat, wie es geht, und die anderen können nichts so tun, wie es ihnen gezeigt wurde."

Typenbestimmung

„Um das eigene People Pattern der Optionen und Prozeduren zu bestimmen, stellt man sich einige einfache Fragen: Bin ich öfters frustriert, weil ich etwas tun möchte und nicht weiß, wie es geht, und dann feststecke? Folge ich gerne bestimmten Routinen? Wenn ich einen Aufzug betrete und sehe, daß der Knopf für mein Stockwerk schon leuchtet – fühle ich dann trotzdem einen Zwang, ihn nochmals zu drücken?" Shana lächelte und sah mich an. „Wenn man solche Prozeduren braucht und genießt, ist man ein Prozedural-Mensch.

Oder gehören Sie zu den Leuten, die die Dinge immer wieder auf andere Weise tun? Gefällt es Ihnen, Abläufe zu verbessern? Regt es Sie auf, wenn man von Ihnen verlangt, bestimmten Anweisungen oder Verfahren zu folgen? Oder wenn man Sie davon abhalten will, eine vorgegebene Routine zu verlassen? Wenn Sie gut darin sind, Prozeduren zu erfinden, aber es hassen, sich daran zu halten, gehören Sie zu den Options-Menschen. Heute wollen wir uns darüber unterhalten, wodurch diese beiden unterschiedlichen Arten von Reaktionen ausgelöst werden."

Ich unterbrach sie. „Ich sehe schon jetzt, daß ich zu den Options-Menschen gehöre, und fange an zu verstehen, weshalb mich bestimmte Verhaltensweisen von anderen so stören."

Übersicht

Shana sprach weiter: „Vor Ihrer Tour durch die verschiedenen Abteilungen möchte ich Ihnen einen kurzen Überblick über das Aktivitäts-People-Pattern geben.

Primär bezieht es sich darauf, wie wir Aktivitäten jedweder Art angehen. Ich erwähnte schon, daß es Menschen gibt, die nichts zuwege bringen und nichts begreifen, bevor man ihnen nicht gezeigt hat, wie sie es anstellen sollen. Auf der anderen Seite finden wir Menschen, die sich geradezu aufregen, wenn man ihnen sagt, wie sie etwas tun sollen. Besonders dann, wenn man ihnen erklärt, es gebe nur eine einzige Art und Weise, etwas Bestimmtes zu tun. Der Grund für diese unterschiedlichen Herangehensweisen liegt im People Pattern der Optionen und Prozeduren. Dieses Muster oder dieser Filter beschreibt, wie jemand an etwas herangeht. In allem, was wir den ganzen Tag über tun, ob im Büro oder zu Hause, tritt dieser Filter zutage. Grundsätzlich gibt es zwei Handlungsmuster. Es gibt sequentielle oder lineare und es gibt simultane oder synchrone Aktivitäten. Typ eins betrachtet jede Aufgabe, jede Aktivität oder jeden Lernvorgang als eine sequentielle Reihe von Aktionen. Wir nennen ihn den **Prozedural-Menschen**, weil er etwas nur erledigen kann, wenn er einer Serie klarer Anweisungen folgt – und dies obendrein nur in einer bestimmten Reihenfolge. Bei allem hält er sich an ein vorgegebenes Verfahren. Für Prozedural-Menschen gibt es immer nur eine Möglichkeit, etwas „richtig" zu machen.

Typ zwei betrachtet alle Aktivitäten oder Lernvorgänge als Bündel von simultanen Aktionen, die zudem in keiner festgeschriebenen Ordnung ablaufen. Solche Menschen nennen wir **Options-Menschen**, weil sie in jeder Situation verschiedene Optionen oder Alternativen zur Verfügung haben wollen. Sie können sich immer mehrere Möglichkeiten vorstellen, etwas zu erledigen oder zu lernen. Sie mögen es nicht, sich auf eine „richtige" Methode festlegen zu lassen. Bei Prozedural-Menschen haben wir es mit einer linearen, bei Options-Menschen mit einer simultanen Informationsverarbeitung zu tun."

Die Schlüsselfrage

„Die Schlüsselfrage zu diesem People Pattern lautet: **Wie mache ich das?** Klammere ich mich an eine Prozedur, oder entdecke ich mehrere Vorgehensweisen? Angenommen, man gibt einer Testperson im Hinblick auf eine bestimmte Aufgabe eine Reihe von Anweisungen. Wer sich darüber freut und ein Gefühl von Sicherheit empfindet, gehört zu den Prozedural-Menschen. Wer die Anweisungen als Einschränkung empfindet und ablehnt, ist ein Options-Mensch. Soweit eine erste Zusammenfassung.

Jetzt möchte ich Ihnen zeigen, wie Sie dieses Pattern bei anderen identifizieren können. Prozedural-Menschen sind gut darin, Prozeduren zu folgen, aber gar nicht gut darin, diese selbst zu entwickeln. Sie sind froh, wenn sie etwas „richtig" machen können. Allerdings stecken sie in der Sackgasse, wenn die vorgegebene Prozedur fehlerhaft ist oder wenn gar keine Prozedur vorliegt. Prozedural-Menschen fühlen sich motiviert, wenn sie einem Verfahren folgen können, und spüren ein beinahe zwanghaftes Verlangen, die Anweisungen vollständig zu erfüllen."

„Ganz das Gegenteil von mir", stellte ich fest.

„Demgegenüber sind Options-Menschen gut darin, neue Prozeduren zu entwickeln und Alternativen zu bestehenden Verfahren zu finden. Wesentlich schlechter gelingt es ihnen, wenn überhaupt, einer Prozedur mehr als einmal zu folgen. Selbst bei einem funktionierenden Verfahren verspüren sie den Drang, es zu verbessern oder zu verändern."

„Das klingt schon eher nach mir", erklärte ich.

„Es geht noch weiter", sagte Shana. „Prozedural-Menschen möchten alles immer ‚richtig' machen bzw. ‚das Verfahren' einhalten. In Kontexten, in denen sie sich prozedural verhalten, reagieren sie ausgesprochen unflexibel. Von Options-Menschen werden sie für stur, mechanisch und engstirnig gehalten, während sie ihrerseits die anderen für unberechenbar und unfähig halten, einfachen Anweisungen zu folgen."

„Das klingt ja heiter", stellte ich fest.

„Prozedural-Menschen finden das gar nicht komisch", entgegnete Shana. „Normalerweise möchten sie ein gegebenes Verfahren von Anfang bis Ende durchlaufen. Haben sie eine Prozedur einmal begonnen, sollte man sie darin tunlichst nicht unterbrechen. Versuchen Sie auch nicht, die Prozedur dann noch zu verändern. Prozedural-Menschen finden es schwierig, ihre Aufmerksamkeit etwas Neuem zuzuwenden, während sie sich auf die ablaufende Prozedur konzentrieren. Sie können sich in einer Prozedur so weit verlieren, daß sie alles um sich herum vergessen. Noch schlimmer ist es, wenn eine bewährte Routine plötzlich nicht mehr funktioniert. Aus intensivem Verlangen, eine Prozedur zu vollenden, entstehen Wut und Frustration, weil die Welt nicht so will, wie man es erwartet. In solchen Situationen, in denen es keine bekannten Prozeduren mehr gibt, können Prozedural-Menschen völlig paralysiert reagieren, unfähig, überhaupt irgend etwas zu tun. Für Menschen, die in so einer Situation mit ihnen zu tun haben, mag das ein Vorteil sein oder auch nicht, wie wir eben bei unseren Sekretärinnen und ihrem Mail-Problem gesehen haben.

Falls Sie sich fragen, ob es überhaupt so viele Prozedural-Menschen gibt, schlage ich Ihnen vor, in eine Buchhandlung zu gehen und sich die Regale voller How-To-Anleitungen anzusehen. Solche Bücher verkaufen sich außerordentlich gut. Mit ihren übersichtlichen Anleitungen, wie man etwas macht, wenden sie sich an all jene, die nichts tun, bevor man es ihnen nicht erklärt hat. Und für alles gibt es How-to-Bücher: Wie nehme ich ab? Wie ernähre ich mich richtig? Wie kauft man ein Haus? Wie lebt man gesund? Wie wird man ein besserer Redner? Wie benimmt man sich in Gesellschaft? Wie behandelt man seine Kinder? Wie kann man sein Heim neu einrichten? Wie wird man reich? Und wie investiert man sein Geld am profitabelsten?"

„Entschuldigen Sie, wenn ich unterbreche", wandte ich ein, „aber einige solcher How-to-Bücher sehe ich ja auch in Ihrem Bücherregal."

„Ja, aber trotz ihrer Titel lese ich sie nicht, um zu erfahren, wie man etwas macht, sondern was man tun kann. Mit was meine ich nützliche Techniken, die einem aber noch nicht vorschreiben, wie man sie anwendet. Oft wissen Menschen durchaus, was sie tun sollen, haben aber keine Ahnung, inwiefern sie sich selbst verändern müssen, um die Techniken anwenden zu können. Wir haben dieses Thema schon am ersten Tag angesprochen."

Dann fuhr Shana fort: „Natürlich werden alle How-To-Anleitungen von Options-Menschen geschrieben. Und natürlich halten die sich nur selten damit auf, zu prüfen, ob ihre Prozeduren auch wirklich funktionieren. Manchmal funktionieren sie nicht, und die armen Prozedural-Menschen, die sich darauf verlassen, stranden im Niemandsland. Ihr Leben ist eine ständige Suche nach funktionierenden Prozeduren. Sind sie endlich fündig geworden, setzen sie ein Verfahren immer und immer wieder ein. Das kann natürlich zu Problemen führen, da keine Prozedur in allen Kontexten angewandt werden kann."

„Ich habe mich mit solchen Prozeduren nie anfreunden können", bemerkte ich.

„Jetzt wissen Sie, warum", sagte Shana lächelnd. „Ganz anders sieht es beim Options-Menschen aus. Er möchte in jeder Situation mehrere Alternativen zur Verfügung haben und wird sich dazu auch über gegebene Abläufe hinwegsetzen. Selbst wenn so jemand es schafft, ein bestimmtes Verfahren einmal zu durchlaufen, wird er, wenn eben möglich, versuchen, weitere Wiederholungen zu vermeiden. Zumindest wird er eine Modifikation des Ablaufs versuchen. Options-Menschen hassen feste Vorschriften und suchen stets nach Möglichkeiten, sie zu umgehen. Sie sind weniger festgelegt als Prozedural-Menschen (außer bei der Frage, ob man Prozeduren folgen soll). Sie haben eine offenere Einstellung und nehmen eher

Risiken in Kauf, vor allem, wenn sie zur Erreichung eines Ziels führen. Je mehr Möglichkeiten, desto zufriedener ist der Options-Mensch."

„Klingt wirklich so, als hätten die beiden Gruppen ihre Probleme miteinander", stellte ich fest.

„Wohl wahr. Allerdings gibt es das interessante Phänomen einer symbiotischen Beziehung der beiden Typen. Options-Menschen können ausgezeichnet neue Prozeduren entwerfen, sind aber unfähig, sich daran zu halten. Dazu brauchen sie die Prozedural-Menschen. Diese wiederum sind darauf angewiesen, daß ihnen die Options-Menschen Prozeduren an die Hand geben, die hoffentlich auch funktionieren. Wir haben hier eine klassische Situation des Mit-geht's-nicht-und-ohnegeht´s-auch-nicht. Jede Seite findet den Umgang mit der anderen Seite extrem schwierig, doch halten beide im Zusammenspiel die Räder des Lebens am Laufen."

Der Computerkrieg

In diesem Augenblick schaute der Systemwart zur Tür rein und bedankte sich bei Shana für seine Rettung vor dem Zorn der Sekretärinnen. Shana winkte ihn herein und fragte, ob er uns das Verhältnis von Optionen und Routinen in der Computerwelt erklären könne.

„Nirgendwo fällt die symbiotische Beziehung von Optionen und Prozeduren so auf wie an einem Computerarbeitsplatz. Für Prozedural-Menschen ist die Maschine ein Segen. Man kann sich auf ihre Routinen wunderbar einstellen und alle Arten von Aufgaben damit erledigen. Vom Farmer bis zum Börsenmakler kann jeder damit umgehen.

Allerdings sind Computer nicht von Prozedural-Menschen erfunden worden, sondern von ihren freundlichen Kollegen, den Options-Menschen, und diese sind auch für die Programmierung zuständig."

Shana unterbrach ihn mit ihren eigenen Gedanken zum Thema: „Ironischerweise haben Options-Menschen diese Maschine erfunden, die man nur dann bedienen kann, wenn man strikten Anweisungen folgt. Sie selbst aber haben mit der Befolgung von Anweisungen ihre eigenen Probleme. Sie programmieren gerne, aber hassen es dann, diesen Programmen zu folgen. Vielleicht ist das der Grund, warum es immer wieder neue Programme gibt – die Options-Menschen sind eben ständig auf der Suche nach etwas Neuem. Allerdings müssen die Programme aufs genaueste befolgt werden. Auch nur die geringste Abweichung kann den Computer abstürzen lassen, wie wir es heute morgen miterlebt haben." Dann bat sie den Systemwart, fortzufahren.

„Bei der ganzen Sache gibt es aber ein Problem", erklärte er weiter. „Die netten Options-Menschen, die ein bestimmtes Programm geschrieben haben, sind vielleicht doch nicht so nett. Da sie nichts davon halten, langweiligen Prozeduren zu folgen, haben sie eins nämlich vergessen: zu prüfen, ob das Programm auch funktioniert. Das überlassen sie den armen Benutzern. Statt dessen haben sie ihrem Versagen, ihre Arbeit ordentlich zu erledigen, einen hübschen Namen gegeben. Sie nennen es einen *bug*. Für den Systemwart sind solche Programmierfehler die wahre Hölle. Der arme User entdeckt, daß etwas nicht funktioniert, und erwartet, daß ich es in Ordnung bringe. Prozedural-Menschen können sich einfach nicht vorstellen, daß ein Programm Fehler hat, sondern glauben eher, es läge an ihnen selbst oder an einer falschen Eingabe. Sie würden es zu erschreckend finden, sich eine Welt vorzustellen, in der auf Prozeduren kein Verlaß mehr ist."

„Ja, das wäre tragisch." Ich versuchte, humorvoll zu wirken.

„Also nimmt der User an, er selbst hätte z.B. die Anweisungen nicht korrekt befolgt", fuhr der Systemadministrator fort. „Er sitzt da und probiert die gleichen Befehlsfolgen immer und immer wieder. Oder er läßt sich von jemand über die Schultern sehen, ob er alles richtig macht oder das Handbuch richtig gelesen hat. Natürlich war der nette Options-Programmierer so aufmerksam, dem Anwender zusammen mit dem Programm eine Sammlung von Enzyklopädien zu liefern, die sogenannten Nachschlagehandbücher. Es ist viel zu kompliziert, darin etwas zu finden, so daß jeder zu mir kommt, damit ich die Probleme löse."

„Ich glaube, daß sich Prozedural-Menschen in solchen Situationen sehr unwohl fühlen", vermutete ich.

„In der Tat", bestätigte der Systemwart. „Das stellt eine der bedeutendsten Ursachen für Streß am Arbeitsplatz dar. Ich ordne Computersoftware auf folgender Skala an: hassenswert – anwenderfeindlich – schwierig – neutral – anwenderfreundlich – hilfreich – verführerisch. Bis heute warte ich noch auf die Software, die in die letztgenannte Kategorie gehört, doch habe ich schon manches kennengelernt, was unter die ersten drei fällt. Wir brauchen eigentlich eine neue Art von Software, die man *User-ware* nennen könnte. Sie wäre von Anwendern getestet und würde regelrecht zur Benutzung verführen. Ich frage die Options-Leute immer, ob sie nicht für die Prozedural-Menschen so etwas schreiben können. Jedenfalls würde es meine Arbeit sehr erleichtern."

Kaum hatte der Systemwart zu Ende gesprochen, meldete sich sein Piepser, und er mußte wieder einem armen User zu Hilfe eilen. Shana und ich fanden das sehr komisch.

Identifikation des Patterns

„Nachdem Sie das Pattern kennengelernt haben, stellt sich jetzt die Frage, wie Sie erkennen können, ob jemand ein Prozedural- oder ein Options-Mensch ist. Wie stets beobachtet man dazu am besten sein Verhalten. Dabei gilt normalerweise folgende Daumenregel: Wer Routinen gut ausführen kann und ohne geregelten Ablauf hilflos ist, ist ein Prozedural-Mensch. Wer gut darin ist, neue Abläufe zu erfinden, aber es anscheinend nie schafft, sich daran zu halten, ist ein Options-Mensch. Die Zielfrage bezüglich Optionen oder Prozeduren richtet sich darauf, wie jemand seine Aktivitäten erledigt. Erledigt er sie sequentiell oder simultan? Dazu braucht man jemand nur zu fragen, wieso er etwas Bestimmtes getan hat. Die Formulierung lautet: *Wieso haben Sie sich dieses (X) ausgesucht?* Für (X) kann man einsetzen, was man möchte. Beispielsweise: Wieso hast du dir dieses Auto ausgesucht, oder: diese Bank, oder: dieses Haus, oder sogar: diesen Job? Eine andere Zielfrage lautet: Warum wohnen Sie dort, wo Sie jetzt gerade wohnen? Auf diese Fragen bekommt man eine von zwei möglichen Antworten. Entweder nennt der Befragte die Gründe für sein Tun, oder er liefert eine Geschichte, wie es dazu kam, daß er etwas Bestimmtes getan hat. Im ersten Fall haben wir es mit einem Options-Menschen, im zweiten Fall mit einem Prozedural-Menschen zu tun." Shana ließ keine Kommentare zu.

„Ein Options-Mensch beantwortet eine Warum-Frage präzise mit einer Weil-Antwort. Er sagt einem, warum er etwas Bestimmtes gemacht hat. Options-Menschen haben Gründe, weshalb sie etwas tun, und kennen diese meistens auch. Möglicherweise nennen sie einem sogar die Optionen, die zur Auswahl standen. Erinnern Sie sich, wie Sie in Ihrem Einstellungsinterview hier gefragt wurden, weshalb Sie sich das Haus gekauft haben, in dem Sie wohnen? Sie dachten vielleicht, das wäre eine für ein Einstellungsgespräch etwas seltsame Frage gewesen. Aber mit den Gründen, die Sie nannten, haben sie sich als Options-Mensch zu erkennen gegeben."

„Ich weiß noch, daß ich die Frage merkwürdig fand", bestätigte ich, „und ich habe wohl geantwortet, daß das Haus genau die richtige Anzahl von Zimmern hat und günstig zu meiner Arbeitsstelle liegt und daß es gute Schulen in der Nähe gibt. Wie hätte denn ein Prozedural-Mensch die Frage beantwortet?"

„Ein Prozedural-Mensch beantwortet Warum-Fragen so, als handele es sich um Wie-Fragen. Er gibt Ihnen eine How-to-Antwort. Man bekommt eine Geschichte zu hören, wie es zu einer bestimmten Entscheidung kam. Fragt man ihn, wieso er sich ein bestimmtes Haus gekauft hat, antwortet er vielleicht: *Nun, es war Sonntag, und wir fuhren gerade an diesem kleinen Wäldchen mit dem Wasserfall vorbei und sahen dahinter diese hübschen Ziegelsteinhäuser. Wir hielten zum Tanken an und erfuhren, daß ein Haus, das uns besonders aufgefallen war, in Kürze zum Verkauf anstand. Wir verabredeten uns mit den Eigentümern, sahen uns alles an, und so kam eins zum anderen. Kurz darauf unterschrieben wir den Vertrag.* Vielleicht bekommen Sie auch einige Fakten genannt, aber auf keinen Fall Alternativen, die sich ebenfalls angeboten hätten. Vorsicht jedoch bei knappen Antworten, die oberflächlich besehen wie Begründungen klingen! Wenn man etwas nachbohrt, zeigt sich oft, daß sich dahinter How-to-Antworten verbergen, die auf einen Prozedural-Menschen hindeuten. Deutliche Hinweise auf einen Prozedural-Menschen erhalten Sie auch, wenn jemand den Eindruck vermittelt, daß er in einer bestimmten Situation keine andere Wahl hatte, daß er keine Entscheidung treffen konnte, daß ihm die Hände gebunden waren oder daß sich alles einfach so ergeben hatte. Im Prinzip laufen seine Antworten immer darauf hinaus, daß er die durchlaufene Prozedur beschreibt, die zu der Entscheidung geführt hat."

„Jetzt verstehe ich auch, wieso es einige meiner Freunde nicht leiden können, wenn ich ihre langatmigen How-to-Ausführungen unterbreche", sagte ich.

„Glauben Sie, daß Sie jetzt einen Prozedural-Menschen von einem Options-Menschen unterscheiden können?" fragte Shana.

Ich bejahte die Frage, und Shana schickte mich auf meine übliche Tour, auf der ich mehr über die Praxisanwendungen dieses Patterns erfahren sollte.

Optionen und Prozeduren im Management

Marvin saß am Schreibtisch, als ich sein Büro betrat. Wir begrüßten uns, und er begann mit seinem Vortrag.

„Willkommen zu Ihrem achten People Pattern im Kontext des Themas Management. Heute geht es um die Implikationen von Optionen und Prozeduren für Management und Supervision. Ich möchte mit dem Problem beginnen, daß Mitarbeiter so oft glauben, ihre Vorgesetzten würden etwas falsch machen – und umgekehrt. Ist es nicht so: Wenn jemand die Dinge anders betrachtet als wir, sind wir schnell bereit, ihn mit Ausdrücken wie Idiot oder ähnlichem zu belegen.

Ich erinnere mich, wie ich vor Jahren für ein anderes Unternehmen arbeitete. Ich war sehr optionenorientiert, während mein Vorgesetzter sich stark an Verfahren ausrichtete. Wir haben uns gegenseitig fast zum Wahnsinn getrieben. Mein Vorgesetzter war völlig frustriert. Einmal, weil ich mich nicht an die von ihm vorgeschlagenen Verfahren hielt, und zweitens, weil ich ihm bezüglich der Verfahren ständig Verbesserungsvorschläge machte. Eines Tages brüllte er mich sogar an: *Hör auf, alles zu verbessern, und mache es einfach so, wie es sich gehört!* Auch ich war enttäuscht über seine sture, unflexible und unvernünftige Einstellung. Er konnte einfach keine Verbesserungen akzeptieren. Ich glaube, was mich am meisten ärgerte, war, daß er einfach meine überlegenen Vorschläge nicht anerkennen wollte. Er wollte nicht einsehen, daß seine Vorgehensweisen kaum funktionierten und daß er Glück hatte, daß ich da war, um sie zu verbessern."

Ich mußte zugeben, daß mir derartige Szenen nicht unbekannt waren.

„Als ich später selbst in eine Führungsposition kam", fuhr Marvin fort, „war es genau umgekehrt. Als Vorgesetzter schätzte ich Optionen, und sämtliche Mitarbeiter meines Projekts orientierten sich an Verfahren. Ein Alptraum! Sie verlangten von mir, ihnen für alles ein Verfahren vorzuschreiben. Als ich das nicht tat, beschwerten sie sich, sie wüßten nicht, wie sie ihre Arbeit machen sollten. Sie beklagten, sich darüber daß ich ihnen keine Verfahren vorschrieb oder bestehenden Abläufe veränderte, und ich war frustriert über all diese Widerstände. Sie können sich denken, wie froh ich war, als das Projekt zu Ende ging."

Marvin machte keine Pause. „Natürlich würde ich heute, als P^3-Manager mit People Pattern Power, derartige Situationen anders behandeln. Heute weiß ich, daß man seinen prozedural orientierten Mitarbeitern Verfahren an die Hand geben muß. Man muß ihnen erklären, wie sie ihren Job machen sollen. Außerdem muß man die Verfahren testen, um zu sehen, ob sie auch funktionieren. Wenn sie versagen, sollte man in der Nähe sein, um sie zu korrigieren, weil die Mitarbeiter sonst einfach mit der Arbeit aufhören und warten, daß man mit der Lösung kommt. Und man muß damit rechnen, daß einen die Prozedural-Menschen sehr wörtlich nehmen."

„Als P^3-Manager müßte ich also meiner Tendenz widerstehen, immer alles zu verändern", faßte ich zusammen.

„Genau. Das muß ich auch", antwortete Marvin. „Ich rate Ihnen, die bestmöglichen Verfahren zu entwickeln und es dabei bewenden zu lassen. Außerdem sollten

Sie Ihre prozedural orientierten Mitarbeiter wissen lassen, daß Sie es schätzen, daß sie sich an die Verfahren halten."

Marvin hatte noch mehr gute Ratschläge auf Lager. „Bei optionsorientierten Mitarbeitern wäre es unrealistisch anzunehmen, daß sie sich an irgendwelche Verfahren halten. Falls man darauf besteht, ist der Streß schon vorprogrammiert. Wo es darauf ankommt, daß Verfahren genau eingehalten werden, sollte man erst gar keine Options-Menschen beschäftigen. Oder man gibt den bereits vorhanden Options-Menschen andere Aufgaben, bei denen es nicht auf die Einhaltung bestimmter Prozeduren ankommt. Options-Menschen laufen immer zur Hochform auf, wenn es keine Vorschriften gibt und sie selbst herausfinden müssen, wie man etwas macht. Man gibt ihnen eine Aufgabe und läßt sie machen. Kommen sie dann mit Änderungsvorschlägen, hört man zu und gibt notfalls Begründungen, weshalb man nicht zustimmt.

Options-Menschen können gut mit Gründen umgehen; alles, was nach Willkür, Laune oder Dogmatismus aussieht, ist ihnen ein Greuel. Lassen Sie sie wissen, daß Sie ihre Kreativität schätzen. Normalerweise kommen wir am besten mit Menschen aus, die uns ähnlich sind und die die gleichen People Patterns haben wie wir. Hierin sind Manager nicht anders als alle anderen. Auffallend häufig werden in Unternehmen diejenigen Mitarbeiter befördert, die ihren Vorgesetzten besonders ähnlich sind. Ohne es zu wissen, wünschen sich die meisten Vorgesetzten Mitarbeiter, die ihre eigenen Klone sein könnten."

Marvin richtete sich auf und sagte mit Nachdruck: „Prägen Sie sich diesen Folgesatz zu unserem People Pattern Credo ein: **Am meisten mögen wir die Menschen, von denen wir glauben, daß sie uns besonders ähnlich sind.** Er läßt sich direkt auf das Verhältnis Vorgesetzter – Mitarbeiter anwenden. Die meisten Menschen glauben, daß sie ihre Arbeit gut machen. Um die Leistung anderer zu bewerten, vergleichen sie sie meistens mit ihrer eigenen. Sie messen ihre eigene Leistung und die Leistungen der anderen mit demselben Maßstab. Es ist also kein Wunder, daß Vorgesetzte eine Tendenz haben, gerade die Mitarbeiter zu belohnen, deren Patterns ähnlich sind wie ihre eigenen. Oft wirkt das für die übrigen Mitarbeiter mit anderen People Patterns sehr entmutigend. Sie entwickeln schließlich eine Ablehnung gegen ihren Vorgesetzten, weil er ihre Leistungen nicht anerkennt."

„Ein P^3-Manager muß also wissen, wie er mit Belohnungen umgeht", stellte ich fest.

„Ja. Ein P^3-Manager belohnt die Mitarbeiter für ihre Leistungen und nicht, weil sie seine Klone sind. Er versteht, daß sich alles in der Welt ergänzt. Wir

236

sprechen hier auch vom Yin/Yang des Managements. Gute Manager achten auf die Ausgeglichenheit der Fähigkeiten in ihrer Organisation und suchen Mitarbeiter, die ihre eigenen Talente ergänzen. Gute Manager verstehen, daß die meisten Situationen eine Mischung von Lösungsansätzen verlangen, damit ihre eigene Sichtweise ausbalanciert und abgerundet wird. Dies ist für jede Organisation der Schlüssel zu Stabilität, Harmonie und natürlich auch Erfolg. In dieser Weise lassen sich letztlich auch Streß und Konflikt auf ein Minimum reduzieren."

„Meistens scheinen aber Mitarbeiter und Manager gemeinsam entweder zu stark in Richtung der Optionen oder der Prozeduren zu marschieren", teilte ich meine Erfahrung mit.

„Ja, das kommt sehr oft vor", bestätigte Marvin. „Zwanghaftes und einseitiges Verhalten ist aber nicht hilfreich. Prozedural-Menschen brauchen Options-Menschen, wenn ein Verfahren nicht mehr funktioniert. Und die Options-Menschen sind auf Prozedural-Menschen angewiesen, die ihre Kreationen in die Realität umsetzen. Beide Seiten liegen oft im Konflikt und brauchen sich doch gegenseitig."

Marvin holte tief Luft. „Eigentlich haben wir erst die Oberfläche des Themas von Optionen und Prozeduren angerissen. Aber unsere Zeit ist um. Haben Sie noch dringende Fragen?"

Ich verneinte und bedankte mich für den interessanten Vortrag. Dann schickte mich Marvin zu Richard, damit ich etwas über das Zusammenspiel von Aktivitäts-People-Patterns und Verkauf erfuhr.

Verkauf

Richard war der geborene Verkäufer. Das heißt, vielleicht war er es doch nicht und benutzte die People Pattern Power, um wie ein geborener Verkäufer zu wirken. Jedenfalls begrüßte er mich wie einen alten Freund. Er bot mir einen Schokoriegel an und biß selbst in einen. Er kaute einige Zeit und fing dann mit seinem Vortrag an.

„Hereinspaziert in das lukrative Reich des Kaufens und Verkaufens, wo allen Gewinn winkt, die wissen, wie man mit seinen Kunden kommuniziert und sie beeinflußt. Sie werden sicherlich schon einige nützliche Dinge über das Muster von Optionen und Prozeduren im Zusammenhang mit Managementfragen gehört haben. Jetzt werden Sie erfahren, daß die gleichen Prinzipien auch im Verkauf anzuwenden sind."

Ich wagte es, das bisher Gelernte sofort anzuwenden: „Kann man davon ausgehen, daß auch Verkäufer die Situation von Kaufen und Verkaufen ganz verschieden betrachten, je nachdem, mit welchem Aktivitäts-People-Pattern sie operieren?"

„So ist es", grinste Richard. „Sie haben gut aufgepaßt. Beim Verkaufen muß man wissen, daß sich Options-Menschen und Prozedural-Menschen ganz unterschiedlich verhalten und daher ganz unterschiedlich behandelt werden müssen. Viele erfolgreiche Verkaufskampagnen machen, ohne es zu wissen, in der einen oder anderen Weise von diesem Pattern Gebrauch. Die Beherrschung dieses Pattern macht jeden zu einem effektiveren Verkäufer. Außerdem sollte jeder Konsument seinen eigenen Kaufstil kennen, um Enttäuschungen zu vermeiden und zu verhindern, daß er übers Ohr gehauen wird. Wir glauben, daß ein aufgeklärter Kunde der beste Kunde ist. Je gründlicher er seine eigenen Prozesse versteht, desto einfacher können wir mit ihm die Verkaufsgespräche so führen, wie sie ihm zusagen."

Ich nickte zustimmend.

„Lassen Sie uns zunächst den prozeduralen Käufer betrachten. Oft schreckt er vor einem Kauf zurück, weil er entweder nicht weiß, wie er vorgehen soll, oder weil er vor zu vielen Optionen steht und sich nicht entscheiden kann. Jemandem wie ihm müssen Sie von vorneherein die gesamte Kaufprozedur offenlegen. So verrückt es klingt – er möchte wissen, wie man das macht: etwas kaufen."

Richard fuhr fort: „Prägen Sie sich also ein, daß man einem prozeduralen Käufer die gesamte Abfolge der Schritte, die zum Kauf und darüber hinaus führen, offenlegen muß. Gehen Sie also in der folgenden Reihenfolge vor. Sie fangen an mit einer Begrüßung wie: *Guten Morgen, Herr Kunde. Lassen Sie mich Ihnen erklären, wie die Prozedur zum Kauf dieses Wagens aussieht. Alles fing damit an, daß Sie bemerkt haben, daß Sie ein neues Auto brauchen.* (Das bereitet die Bühne vor und integriert ihn sofort in die Prozedur.) *Als nächstes sind Sie auf unsere Firma aufmerksam geworden. Sodann sind Sie hierher gekommen und wurden von mir begrüßt. Im nächsten Schritt werden Sie mir erzählen, welche Wünsche Sie haben. Danach werde ich Ihnen erzählen, inwiefern ich Ihnen liefern kann, was Sie suchen. Wir haben hier sehr viele Modelle, und ich werde Sie beraten, welches für Sie das beste ist. Aufgrund dessen müssen Sie sich nicht um all die Modelle kümmern, die Ihren Anforderungen nicht entsprechen.* (Mit diesem Versprechen reduzieren Sie die Zahl der Optionen und damit die Gefahr von Verwirrung, und der Prozedural-Mensch wird unbewußt anfangen, sich in Ihrer Gegenwart zu entspannen.) *Wenn Sie das Auto gesehen haben, das Ihnen gefällt, und wir uns über den Preis geeinigt haben, können Sie diesen Kaufvertrag hier unterschreiben.* (Beachten Sie: Der eigentliche Kaufakt gehört richtigerweise in die Mitte der Prozedur und nicht ans Ende!) *Danach machen wir den Wagen fertig und kümmern uns um die Anmeldung. Sie können ihn morgen abholen. Sie können ihn natürlich selbst heimfahren und werden viel Freude damit haben. Ich werde Sie dann in einigen Wochen anrufen, und ich wette, Sie werden mir dann bestätigen, wie zufrieden Sie mit Ihrem neuen Wagen sind. Und bestimmt werden Sie mir dann noch einige Bekannte nennen, die ebenfalls ein neues Auto brauchen.* (Hier schlagen Sie zwei Fliegen mit einer Klappe. Erstens stellen Sie eine Überbrückung in die Zukunft her, die dafür sorgt, daß der Käufer Sie demnächst anruft. Und zweitens machen Sie die Erweiterung Ihres Kundenstamms zu einem integralen Teil der Prozedur.)

„Wissen Sie", sagte ich etwas pikiert, „ich würde mich bei so einer Behandlung beleidigt fühlen. Ich käme mir doch vor, als ob der Verkäufer annähme, ich wäre ein Idiot, dem man jeden Schritt einzeln vorsagen muß!"

„Genau!" rief Richard. „Merken Sie, wie sauer Sie auf so eine detaillierte Prozedur reagieren? Weshalb? Weil Sie ein Options-Mensch sind. Ihnen muß ein derartiges Verfahren kindisch vorkommen. Menschen wie Sie würden das Verkaufsgespräch wahrscheinlich sofort abbrechen. Sie müssen aber verstehen, daß ein prozeduraler Käufer aus dem Verfahren kaum noch aussteigen wird, wenn er erst einmal hineingezogen wurde. Außerdem interessiert er sich viel mehr für das **Wie** als das **Warum**. Er begründet ja nicht, warum er etwas gekauft hat, sondern berichtet, wie es dazu gekommen ist. Eben weil man ihm den Ablauf genau erklärt, fühlt er sich bei dieser Art von Verkaufspräsentation wohl. Weil Prozedural-Menschen eine natürliche Tendenz haben, Prozeduren vollständig zu durchlaufen, schließen sie mit gewisser Wahrscheinlichkeit einen Kauf ab, wenn dies Teil der Prozedur ist. Allerdings sind sie sich dessen oft nicht bewußt."

Offenbar wollte Richard noch einige Dinge loswerden, bevor ich Fragen stellen konnte.

„Einige Punkte verdienen besondere Beachtung. Erstens: Der Verkäufer muß die Prozedur ganz zu Anfang darlegen. Zweitens: Wenn die eigentliche Verkaufspräsentation beginnt, muß der Kunde das Gefühl haben, daß die Prozedur bereits seit mehreren Schritten läuft, so daß er sich ihr kaum noch entziehen kann. Das ist für ihn der Point-of-no-return. Drittens: Es ist wichtig, daß der Kaufakt selbst mehrere Schritte vor dem Ende der Prozedur erfolgt, so daß der Kunde erst nachdem er das Produkt schon gekauft hat, das Gefühl bekommt, die Prozedur sei nun zu Ende. Viertens: Es ist sehr wichtig, dem Käufer keine Optionen zu bieten, sondern seine Wahlmöglichkeiten bei jeder Gelegenheit einzuschränken."

„Ein Options-Mensch wie ich würde ja verrückt, wenn jemand diesen Verkaufsansatz bei mir versuchen würde", entfuhr es mir.

„Ganz bestimmt!" bestätigte Richard. „Options-Menschen können eben Prozeduren nicht ausstehen."

„Wie verhält man sich denn bei einem Options-Menschen wie mir?" wollte ich nun wissen.

„Hier sollte der Verkäufer hervorheben, wie viele Optionen dem Interessenten offenstehen und daß es bis zum Kaufabschluß keinen festgelegten Ablauf gibt. Besser noch, man betont, daß es eigentlich ein geregeltes Verfahren gebe, aber daß man es speziell für den Kunden außer Kraft setzen wolle. Das ist Musik in den Ohren des Options-Käufers: Eine Prozedur wird seinetwegen aufgehoben. Ein P^3-Verkäufer argumentiert bei einem Options-Käufer also folgendermaßen: *Ich möchte Ihnen sagen, daß wir normalerweise für alle Kunden ein bestimmtes Verfahren haben. Aber ich werde jetzt, auf meine eigene Verantwortung, die Vorschriften beiseite lassen.* Options-Menschen lieben Vorzugsbehandlungen.

Machen Sie sich ferner darauf gefaßt, daß der Options-Käufer alles über die zur Verfügung stehenden Optionen wissen will. Er möchte zwischen verschiedenen Produkten oder Dienstleistungen wählen können, und er erwartet gute Gründe, weshalb er etwas kaufen sollte. Erwarten Sie von ihm keine Story, wie er zu seinen Kaufentscheidungen kommt. Statt dessen möchte er wissen, wie das Produkt oder die Dienstleistung seine Möglichkeiten erweitert. Ein kluger Verkäufer bewirkt, daß sich der Kunde rasch auf ein Modell konzentriert, und beschäftig ihn dann mit all den Varianten, die es davon gibt. Dabei unterstreicht er das Warum und liefert für alles Begründungen."

Richard änderte den Tonfall. „Ich muß Ihnen nicht sagen, daß ein Verkäufer, der in der Lage ist, das People Pattern der Optionen und Prozeduren bei seinen Kunden zu erkennen, seine Verkaufsergebnisse erheblich steigern kann. Viele Unternehmen verlieren Geld, weil sie ihre prozedural orientierten Kunden nicht verstehen. Diese nehmen oft von einem Kauf Abstand, weil sie – so seltsam das klingen mag – nicht sicher sind, wie der Kauf vonstatten geht. Sie möchten nicht in die unbequeme Lage geraten, selber für die Definition eines Ablaufs verantwortlich zu sein. Prozedural orientierte Kunden können und wollen die erforderlichen Prozeduren nicht generieren. Eher nehmen sie vom Kauf Abstand."

„Können Sie mir vielleicht ein konkretes Beispiel geben?" fragte ich.

„Nehmen wir das Beispiel des Bankkontos", sagte Richard. „Jeder hat ein Bankkonto, oder nicht? Nein. Seltsamerweise haben viele Leute kein Bankkonto oder nutzen die Angebote der Bank nur unvollständig, weil sie nicht wissen, wie man ein Konto eröffnet oder die Dienste in Anspruch nimmt. Für diese Leute sollte jede Bank eine Tafel im Fenster haben, die beschreibt, wie man dort ein Konto eröffnet. Options-Menschen mag das närrisch vorkommen, aber es ist genau das, was Prozedural-Menschen brauchen. Die gesamte Prozedur müßte klar beschrieben sein: *Kommen Sie herein und wenden Sie sich an eine der Angestellten an den Tischen mit den Namensschildern. Sie wird Ihnen genau erklären, was Sie tun müssen. Sie wird Ihnen helfen, die Formulare auszufüllen, und nimmt Ihre erste Einzahlung entgegen. Sie richtet Ihr Konto ein und bestellt Ihre Scheckvordrucke. Sie wird Ihnen zeigen, wie man Schecks ausfüllt und Einzahlungen vornimmt. Außerdem wird sie jede Frage beantworten, die Sie zu Ihrem neuen Konto haben könnten. Unsere Beraterinnen sind da, um Ihnen zu helfen.* Wie gesagt, Ihnen mag das absurd erscheinen, doch ist dies der Weg, um Prozedural-Menschen zu helfen. Denken Sie immer daran: Das Haupthindernis, das einen Prozedural-Menschen von einer Aktion abhält, ist, daß er nicht weiß, wie er vorgehen soll. Hat man ihm aber den Prozeß einmal erklärt, findet er sich zurecht."

Seit Jahren bin ich hier bei Success Inc. mit der Untersuchung von Spitzenverkäufern und erfolgreichen Verkaufskampagnen beschäftigt, und ich kann Ihnen bestätigen, daß die meisten davon sehr prozedural aufgebaut sind. Denken Sie nur an die im Außendienst weit verbreiteten Scriptbooks. Die meisten Außendienste könnten ohne sie nicht überleben. Solche Bücher enthalten die besten Präsentationen, und die erfolgreichen Verkäufer können sie auswendig nachbeten. Wenn sie gut sind, können auch Standardpräsentationen Erfolg haben. Am erfolgreichsten sind jedoch Verkäufer, die verschiedene Präsentationen beherrschen und die für jeden Kunden geeignetste auswählen können."

„Solche Scriptbooks sind in Ordnung, sofern ich sie gegebenenfalls abändern kann", bestätigte ich.

„Das geht jedem Options-Menschen so. Aber ich möchte noch einige Anmerkungen zum Bankgewerbe machen, speziell zur Notwendigkeit, die Verkaufsstrategien zu modifizieren, um die Dynamik des People Patterns der Optionen und Prozeduren zu berücksichtigen. Auch die Banken müssen eine P^3-Strategie übernehmen, wenn sie mehr Kunden anlocken wollen. In den USA haben seit dem Zusammenbruch des Sparkassensystems und angesichts schwieriger wirtschaftlicher Zeiten die meisten Leute vom Bankensystem keine besonders hohe Meinung mehr. Selbst einige unserer größten Banken befinden sich in Schwierigkeiten und versuchen härter als je zuvor, neue Kunden zu gewinnen. Überall sieht man entsprechende Werbekampagnen: Eröffnen Sie bei uns ein Konto, und Sie bekommen als Werbegeschenk ein Bügeleisen oder ein Radio oder ein anderes Haushaltsgerät! Andere Banken versprechen kostenlose Scheckformulare, egal, wie hoch der Kontostand ist. Wieder andere werben mit einem Bonusscheck bei der Kontoeröffnung.

Das alles ist sehr nett, besonders für Menschen, die gerne unter verschiedenen Optionen wählen möchten. Allerdings ignoriert man 40% des Marktes, wenn man sich als Bank nicht auch um die prozedural orientierten Kunden kümmert. Banktransaktionen sind von Natur aus prozedural; wenn man sich aber nicht darum kümmert, sie den Prozedural-Menschen zu erklären, läßt man sie außen vor. Man muß also mehrere einfache Dinge tun."

„Das interessiert mich", sagte ich.

„Erstens muß man den potentiellen Kunden in die Bank bekommen. Mit ihrer Werbung und Vor-Ort-Präsentation vernachlässigen die meisten Banken diese Tatsache völlig. Warum entwickelt man keine Prozedur, um die neuen Kunden überhaupt erst mal in die Bank zu bekommen? Sobald sie drinnen sind, stellt man fest, ob sie prozedural orientiert sind, und bietet ihnen dann Prozeduren an. Man zeigt ihnen, wie man die benötigten Formulare ausfüllt. Bei jeder Transaktion erklärt man ihnen genau, was alles dazugehört. Dabei darf man ihnen keinerlei Optionen lassen. Möchten sie ein Konto eröffnen, geht man gemeinsam mit ihnen alle Schritte durch. Denken Sie daran: Für Prozedural-Menschen gibt es stets nur **eine Möglichkeit**, ein Formular auszufüllen. Jede Transaktion muß ihr eigenes Formular haben. Je genauer und deutlicher die Prozeduren definiert sind, desto angenehmer sind sie für den prozedural orientierten Kunden.

Noch einige Anmerkungen, bevor wir zum nächsten Punkt kommen. Jede Bank braucht für ihr Funktionieren eine bestimmte Anzahl von Prozeduren. Sie sind die Basis für guten Service, der wiederum neue Kunden anzieht. Allerdings sollten Banken nicht vergessen, daß es neben den Prozedural-Menschen auch Options-Menschen gibt, für die man die Regeln schon mal abändern muß, um ihnen die gewünschten Optionen zu bieten. Man sollte dabei von den Prozeduren nur an unwichtigen Stellen abweichen, so daß weder Effizienz noch Legalität beeinträchtigt werden.

Glücklicherweise gibt es einen Bankservice, der allen prozedural orientierten Kunden gefällt. Es sind die Geldautomaten, mit denen ein genialer Options-Mensch ihnen allen einen großen Gefallen getan hat."

„Und wenn man eine falsche Eingabe macht, gibt´s Ärger", bemerkte ich leicht säuerlich.

„Weil man nicht von der Prozedur abweichen soll", antwortete Richard. „Der gesamte Prozeß wird auf dem Bildschirm klar vorgegeben. Zuerst schiebt man die Karte ein, damit die Tür aufgeht. Dann schiebt man die Karte in den Automaten, der einem jeden weiteren Schritt vorsagt, bis man sein Geld hat. Sollten Sie als Options-Mensch versuchen, irgendwo von dieser Routine abzuweichen, werden Sie kein Geld bekommen. Stures Optionendenken führt hier also nicht zum Erfolg."

„Mir fällt gerade noch etwas ein. Versuchen Banken nicht auch, neue Kunden über die Ausgabe von Kreditkarten zu gewinnen?" erkundigte ich mich.

„Sehr richtig. Damit kommen wir zu einer weiteren Anwendung des People Patterns der Optionen und Prozeduren im Bankenmarketing. Wie viele Antragsformulare für eine neue Kreditkarte bekommen Sie mit der Post? Ich bekomme manchmal bis zu fünf Anschreiben pro Woche. Und alle sind so schön prozedural! Zuerst erfährt man, daß man sorgfältig die Beschreibung durchlesen soll. Dann wird einem gesagt, wie man das Antragsformular richtig ausfüllt. Als nächstes soll man den beigefügten verschlossenen Umschlag öffnen und die darin befindliche Überraschung herausnehmen. Alles wird einem Schritt für Schritt erklärt bis hin zum Punkt, an dem man den Stift beiseite legen und das Formular im vorfrankierten Umschlag verschließen soll."

Ich mußte lachen, doch Richard fuhr ungerührt fort: „Wir haben etwas sehr Interessantes herausgefunden. Die Options-Menschen haben schon ihre Kreditkarten. Sie haben bereits die verschiedenen Angebote geprüft und sich für das für sie interessanteste entschieden. Und wer bestellt eine Kreditkarte per Post? Ein Options-Mensch vielleicht, wenn sie eine günstige oder praktische Alternative zu den Karten bietet, die er schon hat. Aber die meisten Antragsteller sind prozedural orientiert. Sie haben noch keine Karten, weil sie nicht wußten, wie man dazu kommt. Doch wenn man ihnen die gesamte Prozedur bequem darstellt, steigen sie sofort ein."

Richard machte einen Vorschlag. „Falls Sie sich fragen, wovon ich hier spreche, schlage ich vor, die Kreditkartenanträge, die Ihnen per Post zugehen, einmal gründlich zu studieren. Wir haben zwei Arten von Antragsformularen entdeckt, so daß wir annehmen, daß die Banken (obwohl sie dieses People Pattern nicht kennen) zumindest mit zwei verschiedenen Reaktionsweisen rechnen. Die Anträge für den prozedural orientierten Kunden fangen so an: *Bevor Sie umblättern, nehmen Sie bitte einen Stift ...* Auf der nächsten Seite geht's weiter: *Haben Sie einen Stift? Gut. Beachten Sie jetzt zuerst unsere tollen Leistungen ... und blättern Sie dann um, um den Antrag auszufüllen.* Weiter unten auf dieser Seite steht: *Interessiert? Dann bitte umblättern.* Auf der Antragsseite selbst findet man dann Abschnitte mit den Überschriften: *Bitte nennen Sie uns Ihre persönlichen Daten, Wichtige berufliche Informationen, Ihr Einkommen, Wichtige Kontoinformationen* und *Bitte unterschreiben Sie diesen Antrag.* Zum Schluß heißt es: *Bitte keine Heftklammern verwenden. Bitte den gesamten Antrag zurückschicken. Hier anfeuchten und verschließen. Heute noch abschicken.* Ich glaube, daß diese Anträge sehr erfolgreich sind, weil Prozedural-Menschen solche Verfahren mögen.

Von derselben Bank habe ich eine Antragsversion für Options-Menschen gesehen, und sie sieht sehr anders aus. Sie beginnt mit: *Sie haben verschiedene Optionen zur Auswahl.* Und endet mit: *Schicken Sie diesen Antrag noch heute ab, damit die verschiedenen Optionen für Sie verfügbar sind.* Bei Options-Menschen ist dieser Antrag wiederum sehr erfolgreich. Obwohl die Bank die beiden verschiedenen Reaktionsweisen nicht erklären konnte, war sie so klug, zwei unterschiedliche Formulare zu versenden. Das eine wendet sich an Prozedural-Menschen, das andere an Options-Menschen. Beide zusammen decken den gesamten Markt ab."

„Was Sie sagen, kann ich gut nachvollziehen", kommentierte ich. „Antragsformulare, die besonders prozedural aufgebaut sind, fliegen bei mir nämlich sofort in den Papierkorb."

„Ich habe diese Beispiel aus dem Bankenbereich so ausführlich behandelt, weil es die Bedeutung des People Patterns der Optionen und Prozeduren für den Verkauf allgemein beleuchtet", sagte Richard. „Bevor Sie zu Beverly in die Verhandlungsabteilung gehen, möchte ich noch auf eine andere Anwendung dieses People Patterns zu sprechen kommen. Beim Bankenbeispiel ging es um den Verkauf per Post, jetzt um den Telefonverkauf bzw. das Telemarketing."

„Oh nein", stöhnte ich. „Diese Nervensägen, die immer dann anrufen, wenn ich mich gerade zum Abendessen hinsetzen will."

„Ja", bestätigte Richard, „sie können sehr lästig sein. Und was versuchen sie einem nicht alles zu verkaufen: Ferienreisen, Versicherungen, Finanzanlagen – die Liste läßt sich beliebig verlängern."

„Ich finde diese Belästigungen unerträglich und kann mir gar nicht vorstellen, wie diese Art von Verkauf funktionieren soll", sagte ich. „Ich bin gespannt, was Sie mir hierzu zu sagen haben."

„Wußten Sie, daß der amerikanische Kongreß überlegt, die Belästigung durch Telemarketing gesetzlich zu verbieten?" fuhr Richard fort. „Diese Leute arbeiten mit Computern, die automatisch wählen, so daß sie nie warten müssen."

„Ich weiß, wie schlimm die Situation ist, weil ich in den Nachrichten eine bemerkenswerte Geschichte dazu gehört habe", fiel mir ein. „Während des Erdbebens in San Francisco im Jahre 1991 waren alle Telefone ausgefallen. Irgendwann merkten die Rettungsarbeiter, daß die Telefone wieder funktionierten. Woran? Irgendwo unter dem Schutt klingelte ein Telefon, und am anderen Ende war – ein Telemarketer."

„Eine aufschlußreiche Anekdote", bestätigte Richard. „Aber lassen Sie uns darauf zurückkommen, wie Telemarketing funktioniert und was es mit dem People Pattern der Optionen und Prozeduren zu tun hat. Nehmen wir an, eine Telefongesellschaft wie MCI oder Sprint möchte Sie von ATT weglocken. Falls Sie ein Options-Mensch sind, haben Sie vermutlich geprüft, welche Telefongesellschaft aus welchen Gründen für Sie die beste ist, und sich mit ihr selbst in Verbindung gesetzt. Falls nicht, wechseln Sie vielleicht die Gesellschaft, wenn man Sie anruft und Ihnen gute Gründe nennt. Vergessen Sie nicht: Options-Menschen begründen, weshalb sie etwas tun, und möchten vor einer Entscheidung wissen, welche Optionen sie haben. Vermutlich stellen Sie dem Anrufer Fragen, die er oder sie gar nicht beantworten kann. Als Prozedural-Mensch jedoch wissen Sie vielleicht gar nicht, daß man die Telefongesellschaften wechseln kann. Und auf keinen Fall wissen Sie, wie man das macht. Falls Sie also nicht sofort aufhängen, hören Sie dem Anrufer zu und wechseln möglicherweise die Telefongesellschaft, wenn Sie das entsprechende Verfahren verstanden haben."

„Mir könnte das jedenfalls nicht passieren", war mein Kommentar.

„Die Telefongesellschaften wissen, daß ein gewisser Prozentsatz von Kunden mit ihrem bisherigen Service unzufrieden sind. Wenn man sie in der richtigen Weise anspricht, kann man sie zum Wechsel bewegen. Als erstes wird also ein Verkaufs-Skript verfaßt. Es beruht auf der Verkaufspräsentation, die vom Marketing als besonders erfolgreich identifiziert wurde. Es enhält Antworten auf die am häufigsten gestellten Fragen, behandelt Standardeinwände und präsentiert einen Standardverkaufsabschluß. Dann teilt die Telefongesellschaft den Auftrag auf verschiedene Telemarketingfirmen auf, um nicht alle Eier in einen Korb zu legen. Außerdem kann sie so die Telemarketingfirmen miteinander vergleichen und später mehr Aufträge mit den besseren von ihnen abwickeln."

„Ich weiß, wovon Sie sprechen, denn ich habe schon selbst mit solchen Firmen telefoniert", sagte ich.

„Dann wissen Sie auch, wie solche Firmen aufgebaut sind. Sie bestehen aus einem großen Raum, der in viele kleine Boxen aufgeteilt ist, in denen die Telefonistinnen und Telefonisten sitzen. Die Telefone sind mit einem Computer verbunden, der ständig neue Nummern wählt. Wenn ein Gespräch beendet ist, kann der Operator sofort ein neues Gespräch übernehmen. Die Gespräche werden überwacht, damit die Telemarketer sich genau an die Skripts halten. Solche Firmen sind oft in ländlichen Gegenden angesiedelt, wo es preiswerte und zuverlässige Arbeitskräfte gibt. Telemarketer werden meistens schlecht bezahlt; häufig sind es Studenten, Hausfrauen oder Gelegenheitskräfte."

Richard faßte zusammen: „Ich erzähle das alles, um Ihnen vor Augen zu führen, wie prozedural der gesamte Prozeß des Telemarketing ist, vom Verkaufsskript bis zur physischen Arbeitsumgebung. Die ganze Operation ist eine einzige Prozedur."

„Ich nehme an, deshalb finde ich die Sache auch so langweilig", sagte ich.

„Der Operator liest das vorbereitete Skript ab und versucht dabei, wie bei einer normalen Unterhaltung zu reden. Allerdings muß er in seinem ersten Satz so viele Argumente wie möglich unterbringen, damit der Kunde nicht gleich wieder auflegt. Wenn er zum ersten Mal Luft holt, können Sie unterbrechen und ihm sagen, daß Sie nicht interessiert sind.

Wenn Sie weiter zuhören, nehmen Sie am Spiel teil. Sie können wahrnehmen, wie man Ihnen zuerst einige geschlossene Fragen stellt, auf die Sie nur mit Ja oder Nein antworten können. Falls Sie Fragen stellen, wird der Operator rasch die passenden Antworten in seinem vorbereiteten Skript suchen. Sind es Fragen, die darin nicht vorkommen, wird er Sie bitten, mit dem Supervisor zu sprechen. Man kann hören, wie man durch die ganze Prozedur geführt wird bis zum vorbereiteten Verkaufsabschluß. Hier sagt man entweder Nein oder Ja. Bei einer positiven Antwort erklärt einem der Operator, daß man jetzt die Bestätigung vom Supervisor bekommt. In dieser Branche traut man den Operatoren nicht besonders, und sie werden ständig von Vorgesetzten überwacht, die auf der Leiter etwas höher stehen.

Später, bei unserem fünftägigen Verkaufstraining, werden Sie noch viel mehr über den Zusammenhang des Aktivitäts-People-Patterns mit dem Thema Verkauf lernen."

Damit war dieser Vortrag beendet. Richard erklärte mir, daß Verkaufen und Verhandeln in enger Beziehung zueinander stehen, und schickte mich weiter zu Beverly.

Verhandlungen

Beverly unterhielt sich gerade mit einer Kollegin, so daß ich einige Minuten Zeit hatte, darüber nachzudenken, welche Rolle Optionen und Prozeduren in Verhandlungen spielen könnten. Dann begrüßte sie mich und fragte mich, was ich bisher gelernt hatte. Ich gab ihre eine kurze Zusammenfassung. Sie stieg gleich ins Thema ein.

„Ich möchte Sie zunächst daran erinnern, daß unser ganzes Leben aus Verhandlungen besteht. Jeden Tag haben wir etwas zu verhandeln: mit unseren Ehepartnern, Kindern, Kollegen, Vorgesetzten und vielen anderen. Gute Verhandlungstechniken gehören für jeden Manager zum unentbehrlichen Rüstzeug. In unserer Gesellschaft gibt es immer mehr Konflikte. Niemand tut etwas, nur weil man ihn oder sie darum bittet. Jeder möchte wissen, warum er etwas tun soll. Ihr Einfluß als Manager auf Ihre Mitarbeiter hängt direkt von Ihrem Verhandlungsgeschick ab."

Aus eigener Erfahrung und nach der Lektion bei Marvin stimmte ich ihr zu.

„Das People Pattern der Optionen und Prozeduren betrifft also nicht nur den Bereich des Managements, sondern jede Art von Verhandlungen", fuhr Beverly fort. „Ich möchte mit einigen fundamentalen Verhandlungsprinzipien beginnen. Jede Verhandlung ist einzigartig, und doch kehren bestimmte Prozesse immer wieder. Ich spreche hier von zwei gegensätzlichen und doch komplementären Elementen, die jede Verhandlung wie die Prinzipien von Yin und Yang bestimmen. Was glauben Sie: Welches der beiden Patterns produziert die besseren Verhandlungsführer?"

Ich sagte: „Da ich selbst ein Options-Mensch bin, glaube ich, daß Options-Menschen die besseren Verhandler sind."

Beverly lächelt und meinte: „Ich hoffe, daß Sie sich nicht überall zum Maßstab von Kompetenz machen. Doch in diesem Fall haben Sie, unter Berücksichtigung einiger Randbedingungen, recht. Unserer Erfahrung nach sind kontextuell ausgeglichene Options-Menschen mit der Fähigkeit, nötigenfalls auch Prozeduren befolgen zu können, die erfolgreichsten Verhandler. Verhandlungen gelingen am besten, wenn man sowohl eine gewisse Bandbreite von Optionen zum beiderseitigen Vorteil generieren und daraus eine kluge Auswahl treffen als auch soliden prozeduralen Prinzipien folgen kann. Solche Menschen sind selten. Die zweitbesten Verhandler sind dann Prozedural-Menschen, die mit einem ausgezeichneten Set von Prozeduren operieren. Die Talente der ersten Gruppe sind im Prinzip angeboren, während man die zweite Gruppe trainieren kann. Die schlechtesten Verhandler sind Prozedural-Menschen mit schlechten Prozeduren und Options-Menschen, die keine Ahnung haben, was sie eigentlich machen. Von vornherein haben also weder Prozedural-Menschen (wenn ihre Techniken nicht ausreichen) noch Options-Menschen (wenn sie keinen Überblick haben) einen eindeutigen Vorteil."

Berverly entschuldigte sich kurz, um einen dringenden Anruf zu beantworten.

„Im Laufe der Jahre haben wir an einfachen wie an komplexen Verhandlungen teilgenommen und dabei einiges herausgefunden. Erstens: Verhandlungen verlaufen oft entgegen der Intuition. Wenn die Intuition versagt, ist es hilfreich, sich auf eine Reihe effektiver Prozeduren verlassen zu können. Zweitens: Man kann anderen die prozeduralen Grundsätze solider Verhandlungskunst in relativ kurzer Zeit vermitteln. Ich selbst habe dies jahrelang in vielen großen Unternehmen und Organisationen getan. Drittens: Es kann trotzdem ein Leben lang dauern, bis jemand diese Prinzipien tatsächlich befolgt. Gute Verhandlungskurse, von denen es nicht allzu viele gibt, vermitteln einem sowohl solide prozedurale Prinzipien wie die

Kunst der Optionserweiterung. Wir aber sind die einzigen, die dabei die People Patterns berücksichtigen. Dadurch haben wir einen deutlichen Vorteil. Die meisten Verhandlungsseminare, wie überhaupt die meisten Seminare, erklären den Leuten, **was** sie tun sollen, aber nicht, **wie** sie es tun sollen. Auch darin unterscheiden wir uns."

„Das hat mich von Anfang an an diesem Unternehmen gereizt", sagte ich. „Man sagt einem nicht nur, was man machen soll, sondern hilft einem auch bei den erforderlichen Verhaltensänderungen, damit man das Was umsetzen kann."

Beverly schien erfreut und fuhr fort: „Die Grundlagen dieses Patterns sind Ihnen klar, daher konzentriere ich mich darauf, welche Funktion die Optionen und Prozeduren in Verhandlungen haben. Die Herausforderung bei jeder Verhandlung besteht immer darin, Options-Menschen dazu zu bringen, soliden Prozeduren zu folgen, wenn es erforderlich ist, und Prozedural-Menschen dazu zu bringen, auch einmal von bestimmten Prozeduren abzuweichen. Die Kreativität des Options-Menschen und die Rigidität des Prozedural-Menschen können beide ein Nachteil sein. Bei unserem Verhandlungstraining können die Teilnehmer in Kontakt kommen mit dem, was sie innerlich davon abhält, entweder notwendige Prozeduren zu befolgen oder sie nötigenfalls auch einmal über Bord zu werfen. Dazu braucht der Trainer eine gute Kenntnis dieses People Patterns."

„Ich stelle mir vor, daß Options-Menschen und Prozedural-Menschen eine Verhandlung nicht aus der gleichen Perspektive betrachten", vermutete ich.

„Ganz recht", bestätigte Beverly. „Prozedural-Menschen halten Verhandlungen für einen Prozeß, der zu einer Einigung führen soll. Daher ist es bei Verhandlungen mit einem Prozedural-Menschen entscheidend, von Anfang an eine Einigung über den Prozeß selbst herbeizuführen. Prozedural-Menschen fühlen sich wesentlich beruhigter, wenn ihnen das Spiel klar ist. Dieser erste Schritt ist ungeheuer wichtig. Die meisten Verhandlungen werden in den ersten 30 Sekunden gewonnen oder verloren, weil hier festgelegt wird, welches Spiel gespielt wird. Es gibt prinzipiell drei verschiedene Arten von Verhandlungen: Hardball, Softball und prinzipiengeleitete Verhandlungen. Jedes Spiel hat seine eigenen Regeln und Prozeduren."

Da ich keine Fragen hatte, erklärte Beverly weiter: „Prozedural-Menschen brauchen Prozeduren, und sie finden es sehr frustrierend, wenn sie nicht wissen, welcher Prozeß gerade abläuft und, noch schlimmer, an welchem Punkt davon sie sich gerade befinden. Einen einmal begonnenen Prozeß möchten sie auf jeden Fall beenden. Daher fühlen sie sich auch sehr unbehaglich, wenn ein Verhandlungsprozeß steckenbleibt. Wenn man einen Prozedural-Menschen also dazu bewegen kann, in einen Prozeß einzusteigen, wird er unter allen Umständen versuchen, diesen auch zu beenden. Es ist beinahe wie ein innerer Zwang. Also versorgt man ihn mit seinen geliebten Prozeduren. Man achtet sehr darauf, ihm sowohl den Prozeß wie auch die Abfolge der einzelnen Schritte klar darzulegen. Neulich hatte ich selbst eine Verhandlung mit einem Prozedural-Menschen, und dabei verwendete ich ungefähr folgende Einleitung: *Zunächst möchte ich Ihnen vorschlagen, wie wir zu einer Einigung kommen können. Ich möchte Sie nicht übervorteilen, und ich möchte nicht von Ihnen übervorteilt werden. Ich möchte gemeinsam mit Ihnen zu einer Einigung kommen, die uns beide zufriedenstellt und die fairen, objektiven und unvoreingenommenen Kriterien entspricht. Stimmen Sie mir zu? Gut. Lassen Sie mich darlegen, wie wir das erreichen können. Zuerst werden wir uns über das Verfahren einigen. Zweitens werden wir jeweils unsere Interessen darlegen. Drittens werden wir herausfinden, wo sich unsere Interessen überschneiden, und einige Vorschläge entwickeln, die beide Seiten zufriedenstellen. Viertens werden wir uns über faire, objektive und unvoreingenommene Kriterien verständigen. Fünftens werden wir diese Kriterien auf die in Schritt drei entwickelten Vorschläge anwenden. Sechstens werden wir denjenigen Vorschlag auswählen, der den Kriterien am besten entspricht. Ist diese Prozedur in Ihrem Sinne? Ausgezeichnet. Somit haben wir also schon Schritt eins erledigt. Lassen sie uns also mit Schritt zwei weitermachen. Am besten, Sie sagen mir jetzt, wo Ihre Interessen liegen."*

„Wenn ich dieses People Pattern also richtig verstehe, haben Prozedural-Menschen eine natürliche Tendenz, dieser gerade beschriebenen Prozedur zu folgen, wenn sie einmal den Einstieg gefunden haben", resümierte ich.

„So ist es", bestätigte Beverly. „Indem man sie rasch in die Prozedur einbezieht, kommt man ihrem Bedürfnis entgegen, ganz darin aufzugehen. Das kann man sich zunutze machen. Auf jeden Fall bietet man keine Alternativen an. Sobald die Prozedur begonnen hat, hebt man immer wieder hervor, was noch getan werden muß, um sie zu vollenden. Bedenken Sie stets, daß der Prozedural-Mensch ein starkes Bedürfnis hat, das Ende einer Prozedur zu erreichen. Andernfalls fühlt er sich desorientiert, und das kann Ihr Ziel, zu einer Einigung zu kommen, nur erschweren."

„Meine Erfahrung ist, daß manche Prozedural-Menschen in Verhandlungen ausgesprochen stur reagieren", gab ich zu bedenken.

„Damit kommen wir zum nächsten Punkt", sagte Beverly. „Bei einem Prozedural-Menschen besteht immer die Gefahr, daß die Verhandlung in eine Sackgasse gerät. Schließlich fehlt ihm die Fähigkeit, Alternativen zu generieren. Wenn sein Fahrplan scheitert, besitzt er kein Verfahren, um einen neuen zu erzeugen; und einen ihm angebotenen Alternativplan wird er meistens nicht annehmen."

„Ich habe selbst schon in solchen Situationen gesteckt", sagte ich. „Hätte ich da nur schon gewußt, was ich hier gelernt habe."

„Hier sind noch einige weitere Daumenregeln für Verhandlungen mit Prozedural-Menschen. Normalerweise gehen sie an Verhandlungen sehr mechanisch heran. Einer vorgegebenen Prozedur folgen sie bis ins Detail. Jemand mit diesem Pattern hat zum Beispiel vorab seine Ziele und sein maximales Entgegenkommen definiert und einen Fahrplan aufgestellt, um dahin zu gelangen. Er wartet darauf, daß die andere Seite das erste Angebot macht, und beantwortet es mit einem über seine eigenen Ziele hinausgehenden Gegenangebot. Außerdem wird er nur zu allmählichen Konzessionen in kleinen Schritten bereit sein, für die er jedesmal eine Gegenleistung verlangt. Prozedural-Menschen können sehr stur sein. Insgesamt kann ihre Methode sehr effektiv funktionieren. Häufig schließen sie Verhandlungen zu ihrem Vorteil ab. Ein prozeduraler Verhandler mit einigen guten Verfahren kann ein harter Gegner sein."

Beverly sah, daß ich keine Fragen hatte, und setzte ihre Erklärung fort.

„Falls Prozedural-Menschen zu taktischen Manövern Zuflucht nehmen, geschieht das oft auf mechanische und leicht zu erkennende Weise. Vielfach halten sie eine Verhandlung für ein Schachspiel, bei dem jede Seite einen taktischen Zug macht und dann abwartet, wie die andere Seite reagiert. Solche Taktiken können aber zur Eskalation führen und jedes Abkommen erschweren. Normalerweise ist aber das taktische Repertoire der Prozedural-Menschen begrenzt. Sobald man ihre wenigen Finten pariert hat, geraten sie ins Hintertreffen.

Prozedurale Institutionen wie Banken und Versicherungen arbeiten oft mit sehr unflexible Verhandlungsstrategien. Das kommt daher, daß sie auch in ihren übrigen Geschäftsabläufen recht rigiden Abläufen folgen. Normalerweise haben sie das Spiel von vorneherein definiert und erwarten, daß die andere Seite ihre Regeln akzeptiert. Ist die andere Seite dazu nicht bereit, riskieren die Banken lieber einen Verhandlungsstillstand, als von ihrem ursprünglichen Fahrplan abzuweichen. Ist der Verhandlungspartner der Bank selber prozedural orientiert, akzeptiert er oft ihre Rigidität. Er versteht ja, wie wichtig es ist, sich an bestimmte Prozeduren zu halten, und daß die Bank, wie jede andere Institution auch, sich an bestimmte Verfahren halten muß, damit sie überhaupt funktionieren und dem Kunden die gewünschte Leistung bieten kann."

„Was passiert, wenn die Bank mit einem Options-Menschen verhandelt?" wollte ich natürlich wissen.

„Dann gibt es vermutlich ein Problem. Der Options-Mensch möchte von den Prozeduren der Bank nichts wissen. Er haßt Prozeduren und will lieber wissen, welche Optionen ihm die Bank zu bieten hat. Er möchte wissen, weshalb die Bank dieses und jenes nicht kann. Geschäftspolitik interessiert ihn nicht. Er will von den standardisierten Verfahren abweichen. Die Begründung, das verstoße gegen bestehende Regeln, ist für ihn kein Argument."

„Also stimmte meine Vermutung, daß ein Options-Mensch in eine Verhandlung anders hineingeht als sein prozedural orientiertes Gegenüber", sagte ich.

„In der Tat. Options-Menschen konzentrieren sich oft stärker auf das Ergebnis als auf den Prozeß, der dahin führt. Für sie dienen Verhandlungen dazu, die beste Option zu entdecken, der beide Seiten zustimmen können. Sie mögen keine rigiden Prozeduren und bevorzugen statt dessen ein flexibles, vielleicht sogar informelles Vorgehen – zu informell meistens für Prozedural-Menschen. Options-Menschen sind recht gut darin, Optionen zum beiderseitigen oder auch eigenen Vorteil zu entwickeln. Ihre Ziele können sie auf sehr flexible Weise verfolgen, und sie sind sehr vielseitig, wenn es darum geht, die Argumente der Gegenseite zu bestreiten oder die eigene Position zu verteidigen."

„Wie würde ich also die Verhandlung mit einem Options-Menschen gestalten?" erkundigte ich mich.

„Betonen Sie Optionen und Gründe stärker als Prozeß oder Verfahren. Lassen Sie Ihr Gegenüber wissen, daß Sie normalerweise ein bestimmtes Verfahren einhalten, in diesem Fall aber, da Sie ihm entgegenkommen möchten, ausnahmsweise davon abweichen. Ihr Verhandlungspartner ist gut darin, Optionen zu entwickeln. Nutzen Sie sein Talent also zu Ihrem Vorteil. Erklären Sie ihm Ihre Anforderungen und lassen Sie ihn die Optionen entwickeln, die Sie zufriedenstellen sollen. Options-Menschen respektieren Gründe. Sie sollten also jeden Ihrer Vorschläge entsprechend untermauern können. Die gesamte Verhandlung mit einem Options-Menschen könnte so beginnen: *Ich weiß, daß wir beide viel zu tun haben, so daß wir den Verhandlungsprozeß sehr flexibel halten sollten. Ich halte mich meistens an ein festgelegtes Verfahren, aber mit Ihnen wird das nicht nötig sein. Ich möchte Ihnen meine Lage erklären. Ich möchte, daß Sie mir dabei helfen, verschiedene Optionen zu entwickeln, die uns beiden dienen. Ich weiß, daß Sie recht kreativ sind, und möchte diese Verhandlung eher als Problemlösung und weniger als Konfrontation betrachten. Können wir so vorgehen?*"

Beverly kam noch auf einen weiteren Punkt zu sprechen: „Viele Verhandlungsaspekte können mit Hilfe des Patterns der Optionen und Prozeduren analysiert werden. So auch die Frage der Verhandlungstaktiken. Wer von unseren beiden Typen, glauben Sie, wird mit den verschiedenen Tricks besser zurechtkommen?"

„Natürlich die Options-Menschen", antwortete ich.

„Und sie können darin sehr geschickt sein", bestätigte Beverly. „Schließlich steckt in den Verhandlungstaktiken das gesammelte Wissen von vielen tausend Jahren, in denen clevere Leute versucht haben, sich einseitig Vorteile zu verschaffen. Wenn solche cleveren Leute moralisch integer sind, kann ihr Talent auch für andere viel Gutes bewirken; ohne solche Integrität verkommt ihre Cleverness zum Betrug."

„Man braucht bestimmt eine starke Medizin, um sich vor solchen Betrügern zu schützen", vermutete ich.

„Glücklicherweise gibt es diese Medizin in Form des prinzipiengeleiteten Verhandlungsansatzes", erklärte Beverly. „Er wurde von den Juristen Ury und Fisher im Rahmen des Harvard Negotiation Project entwickelt. Ich will ihn hier nur ganz kurz erwähnen. Er kombiniert, ohne es so zu bezeichnen, Elemente der Options- und der Prozedurorientierung. Zur ersten Gruppe zählen Flexibilität, Problemlösungsbewußtsein, Brainstorming zur Entwicklung von beiderseits vorteilhaften Optionen und die Definition von fairen, objektiven Bewertungsmaßstäben. Zur zweiten Gruppe zählen eine Reihe von Verfahren, die zeigen, wie man die Optionselemente anwendet.

Ich möchte noch einige letzte Anmerkungen machen. Beim Unterrichten der prinzipiengeleiteten Verhandlungsstrategie sind wir zwei Arten von Schwierigkeiten begegnet. Prozedural orientierte Teilnehmer halten sich peinlich genau an die Verfahren, sind aber nicht in der Lage, beiderseits vorteilhafte Optionen zu entwickeln. Demgegenüber sind die optionsorientierten Teilnehmer sehr geschickt im Generieren von Optionen, weichen aber rasch von den festgelegten Verfahren ab. Sie überspringen einzelne Schritte, ändern die Reihenfolge oder improvisieren auf jede erdenkliche Art und Weise. Um ein erfolgreicher Verhandler zu werden, ob prinzipiengeleitet oder nicht, ist aber die Ausgewogenheit von beidem unverzichtbar.

Sie sehen, daß flexibles Verhalten für einen guten Verhandler unentbehrlich ist. Er hält sich an Verfahren, wenn es geboten ist, und weicht davon ab, wenn die Situation es erfordert. Jede Verhandlung ist einzigartig. Manchmal muß man bestehende Prozeduren über Bord werfen und neue entwickeln. Eine überstarke Orientierung an Verfahren führt zu mechanischem Verhalten. Dann benimmt man sich wie jemand, der im Aufzug den bereits leuchtenden Etagenknopf noch einmal drückt. Flexibilität und Ausgewogenheit sind also entscheidend."

Ich war beeindruckt. „In dieser Lektion habe ich viel Neues gelernt. Mir ist klargeworden, wie wenig eine Technik nützt, wenn man nicht weiß, **wie** man mit dem Menschen auf der anderen Seite des Tisches kommunizieren soll."

Schlüssel 9: Das Organisations-People-Pattern

Einleitung

Diesmal waren meine Mitfahrer pünktlich. Wenn Dave fuhr, kam er stets rechtzeitig oder sogar zu früh. Man konnte sich wirklich auf ihn verlassen. Als letztes mußte Tom abgeholt werden, der leider wieder nicht fertig war. Es ist schon frustrierend, wie oft wir auf ihn warten mußten. Es schien ihm nichts auszumachen, sich zu verspäten. Er hatte eine endlose Sammlung von Entschuldigungen, die nie besonders ernstzunehmend klangen. Heute hatte sein Rasierapparat nicht richtig funktioniert. Bei Tom schien vieles nicht richtig zu funktionieren.

Die Unterhaltung im Wagen wechselte zum Thema Freizeit. Dave hatte das gesamte Wochenend verplant und sich schon vor Monaten Eintrittskarten für ein Fußballspiel besorgt. Tom hatte noch keine Idee, was er machen wollte. Er wollte warten, ob ihm spontan etwas einfiel. Letzte Woche hatte er auch erst in letzter Minute beschlossen, sich ein Fußballspiel anzusehen. Das Spiel hatte schon längst begonnen, und natürlich waren keine Karten mehr da. Trotzdem hatte er es noch geschafft reinzukommen, weil irgend jemand eine Karte übrig hatte. Ich war immer wieder erstaunt, wie Tom es schaffte, Dinge noch in der letzten Minute in den Griff zu kriegen. Seine Frau hatte am nächsten Tag Geburtstag, und er hatte immer noch nicht entschieden, was er ihr schenken wollte. Glücklicherweise kam mein Haltepunkt in Sicht, und ich mußte mir keine weiteren Geschichten dieser Art anhören.

Ich sah auf die Uhr und stellte fest, daß ich fünf Minuten Verspätung hatte. Glücklicherweise telefonierte Shana gerade und schien es nicht zu bemerken. Trotzdem war ich sauer, daß ich wegen Toms Verantwortungslosigkeit zu spät gekommen war. Vielleicht sollten wir alle zusammenlegen und ihn zu einem Zeitmanagement-Seminar schicken.

Ich erzählte Shana davon. Sie sah mich an und lächelte. „Möchten Sie wissen, weshalb die meisten Zeitmanagement-Seminare reine Zeitverschendung sind?"

„Gern", antwortete ich erstaunt. „Ich wundere mich schon lange, wieso manche Leute immer pünktlich und andere immer zu spät sind. Ich hasse es, zu spät zu kommen."

„Ich weiß", erwiderte Shana. „Das ist einer der Gründe, weshalb wir Sie bei Success Inc. eingestellt haben. Wir suchten jemanden, auf den man sich verlassen kann. Haben Sie schon mal überlegt, wieso manche Menschen ein sehr organisiertes und gut geplantes Leben führen, während andere völlig spontan und ohne jegliche Planung zu leben scheinen? Wieso kümmern sich manche Menschen überhaupt nicht um die Konsequenzen ihres Tuns, während andere nichts tun können, bevor sie nicht über die Konsequenzen nachgedacht haben?"

„Ich weiß jedenfalls, zu welcher der beiden Gruppen ich gehöre", erklärte ich und unterstrich, daß ich das Verhalten von Leuten, die stets zu spät kommen, in keiner Weise nachvollziehen konnte.

Raum und Zeit

Shana begann mit ihrem Vortrag, und ich hatte das Gefühl, daß diese Sitzung besonders interessant werden würde.

„Die Gründe für die genannten unterschiedlichen Verhaltensweisen liegen in einem fundamental wichtigen People Pattern, das damit zu tun hat, wie jeder von uns mit **Organisation** und **Struktur** umgeht. Die Menschen unterscheiden sich darin, wie sie Raum und Zeit organisieren, und dies hat Konsequenzen für ihre Art und Weise, Entscheidungen zu treffen. Manche mögen ein organisiertes Leben. Sie möchten am liebsten alles im voraus planen. Sie brauchen eine Struktur, die ihr Leben von Tag zu Tag begleitet, und sie sind gerne ordentlich und gut organisiert. Diese Menschen treffen rasche Entscheidungen, die sie danach nur ungern widerrufen. Von Leuten, die anders denken als sie, werden sie oft für vorschnell in ihren Urteilen gehalten. Wir nennen sie *Strukturisten*."

Mir gefiel diese Bezeichnung.

„Auf der anderen Seite haben wir Menschen, die ihr Leben gerne spontan leben. Zeitplänen folgen sie nicht gerne, und sie lassen sich auch nicht gerne an Termine binden. Sie möchten frei sein und tun, wonach sie sich gerade fühlen. Sie neigen zu impulsiven Entscheidungen. Für Ordnung und Organisation fehlen ihnen Zeit und Lust. Es fällt ihnen nicht leicht, sich zu entscheiden, und selbst nach einer Entscheidung ändern sie oft ihre Meinung. Wer anders denkt als sie, hält sie oft für verantwortungslos. Wir nennen sie die *Freigeister*."

Ich fand, daß auch dieser Name die richtigen Vorstellungen von entsprechenden Personen evozierte.

„Es liegt auf der Hand, daß sich diese beiden Herangehensweisen ans Leben stark voneinander unterscheiden. Strukturisten lieben die Ordnung, die Freigeister fliehen davor. Dafür mögen sie es, jede Minute des Tages spontan und sorglos zu verbringen, während Strukturisten einen Plan aufstellen und befolgen wollen. Der Strukturist trifft eine Entscheidung und hält sich daran, während der Freigeist sich ständig neu entscheidet. Der Freigeist hält den Strukturisten für rigide und unflexibel, während der seinen Gegenspieler für unberechenbar und verantwortungslos hält. Treffen diese beiden so verschiedenen People Patterns in einer Ehe aufeinander, muß man sich nicht wundern, wenn es zu allergrößten Schwierigkeiten kommt.

Lassen Sie uns nun die beiden Patterns und ihre radikal verschiedenen Herangehensweisen ans Leben im einzelnen untersuchen."

Strukturisten

„Ich möchte wissen, woran man die beiden Patterns erkennen kann", sagte ich.

„Beginnen wir mit dem Strukturisten. Er organisiert sein Leben nach einem festen Plan. Er zieht es vor, die Welt seinen Vorlieben und Wünschen anzupassen, statt sich einfach damit abzufinden, was das Leben für ihn bereithält. Er plant seinen Tag, seine Woche, sein ganzes Leben. Wenn ein unvorhergesehenes Ereignis seine Pläne durcheinanderbringt, reagiert er frustriert oder mit Ärger."

„Als Strukturist habe ich es auch nicht gern, wenn ich ständig meine Pläne auf unerwartete Ereignisse einstellen muß", gab ich zu.

„Das liegt daran, daß Strukturisten es nicht mögen, wenn sie die Umstände ihres Handelns nicht kontrollieren oder die Folgen unerwarteter Veränderungen nicht vorsehen können. Instinktiv wissen sie, daß auch die besten Pläne scheitern können, und versuchen daher nach Möglichkeit, das zu verhindern. Das führt zu einer gewissen inneren Anspannung, da der Kampf gegen die sich ewig ändernden Umstände ja nie aufhört."

Nach einer kurzen Pause für ein dringendes Telefonat fuhr Shana mit ihrer Erklärung fort.

„Hand in Hand mit seinem Planungsbedürfnis geht der Wunsch des Strukturisten nach Gewißheit. Er will Klarheit und haßt es, wenn Dinge offengelassen werden. Auf seine Fragen möchte er Ja oder Nein hören, aber kein Vielleicht. Er hat keine Geduld zu warten, wie sich etwas von selbst entwickelt. Also bringt er Dinge zum Abschluß und muß darum oft einen höheren Preis bezahlen als nötig. Er mag keine Unterbrechungen und möchte seine Aufgaben stets zu Ende bringen. Dieser Drang, alles Begonnen auch zu beenden, ist so stark, daß der Strukturist glaubt, alle anderen müßten sich eigentlich genauso verhalten."

„Die Stärken des Strukturisten liegen demnach in seiner Fähigkeit, zu planen und Entscheidungen zu treffen", faßte ich zusammen.

„So ist es. Sie scheinen das sofort zu verstehen, und dies war ebenfalls einer der Gründe, weshalb wir Sie hier eingestellt haben", bestätigte Shana. „Bei allen Entscheidungen achten Strukturisten sehr auf die Zukunft – auf die Konsequenzen der gegenwärtigen Entscheidung für künftige Ereignisse und Situationen. Dem Strukturisten fällt es nicht schwer, sich zu entscheiden; einer einmal getroffenen Entscheidung bleibt er treu, sofern nicht neue Fakten eine Neubewertung der Entscheidung nötig machen. Auch wenn er notgedrungen eine neue Entscheidung trifft, fühlt er doch ein gewisses Unbehagen, daß er die ursprüngliche Entscheidung nicht durchhalten konnte. Unentschlossenheit und Unverbindlichkeit hält er für Charakterschwächen."

„Ich muß zugeben, daß das genau mit meinen Ansichten übereinstimmt", erklärte ich.

„Das wundert mich nicht", lachte Shana. „Ein Strukturist glaubt, daß man mit klaren Beschlüssen seine Umgebung am besten in den Griff bekommt. Und Strukturisten haben einen unstillbaren Drang, ihre Umgebung zu kontrollieren. Die Zeit wartet nicht, lautet ihr Motto. Man sollte wissen, was man zu tun hat, und es tun. Zögern ist Zeitverschwendung. Was man heute kann besorgen, das verschiebt man nicht auf morgen. Für sein Zeitmanagement führt der Strukturist To-do-Listen und Zeitpläne. Wenn man etwas von ihm will, muß es in seinen Plan passen. Was erledigt ist, wird von der Liste gestrichen, Neues wird hinzugesetzt. Die Komplexität derartiger Listen hängt davon ab, in welchem Ausmaß jemand ein Strukturist ist."

„Manchmal sind meine Listen sehr kurz und dann wieder sehr umfangreich", teilte ich Shana mit einem fragenden Unterton mit.

„Eine gute Beobachtung", antwortete sie. „Das Ausmaß, in dem jemand sich strukturistisch verhält, hängt vom jeweiligen Kontext ab. Aber prinzipiell sind Strukturisten wohlorganisiert. Sie sind die Hauptkäufer von Zeitplansystemen, obwohl sie sie weniger nötig hätten als die Freigeister, die solche Zeitplaner wiederum nicht besitzen. Strukturisten besuchen Zeitmanagementseminare und sind ständig auf der Suche nach Hilfsmitteln, die sie bei der Organisation unterstützen. Ob Schreibtisch, Regal, Tag oder Leben – alles muß organisiert sein. Ihrer Meinung nach hat alles und jedes seinen Platz und sollte sich auch dort befinden. Diese

Ordnungswut kann außerordentlich kleinlich sein. Bürofachgeschäfte und Versandhäuser mit ihren unzähligen perfekten Ordnungs- und Aufbewahrungssystemen finden hier ihre dankbare Kundschaft."

„Ich fürchte, daß meine Frau und ich auch dazu zählen", bekannte ich.

„Strukturisten sind zuverlässig. Wenn sie versprechen, etwas zu tun, dann machen sie es – oder haben zumindest ein schlechtes Gewissen, wenn sie es nicht tun. Die Gründe für die Nichterfüllung liegen allenfalls in nicht kontrollierbaren äußeren Umständen oder darin, daß sich der Betreffende mit dem Versprechen übernommen hat. Im allgemeinen halten Strukturisten ihre Versprechen und erwarten das gleiche von anderen. Falls jemand nicht zu seinem Wort steht, können Strukturisten sehr ärgerlich reagieren, weil sie das zwingt, ihre sorgfältig ausgearbeiteten Pläne zu ändern."

Shana wartete, ob ich Fragen hatte, und fuhr dann fort: „Zu Verabredungen kommen Strukturisten pünktlich oder sogar zu früh. Verspätungen der anderen stören sie sehr. Für den Strukturisten ist Zeit ein kostbares Gut, das er nicht durch die Gedankenlosigkeit anderer verschwendet wissen will. Leistungen, für die er bezahlt, einen Arztbesuch etwa, einen Friseurtermin, ein Seminar oder eine Therapiestunde, möchte er bis zur letzten Minute auskosten. Von demjenigen, der die Dienstleistung anbietet, erwartet er, daß er pünktlich zur Stelle ist und für die gebuchte Zeit zur Verfügung steht. Falls man selbst mit einem Strukturisten zu tun hat, sollte man darauf vorbereitet sein, einen Zeitplan einzuhalten und ein konkretes Ziel oder Ergebnis zu verfolgen."

„Als Strukturist erwarte ich, daß auch meine Umgebung organisiert ist", sagte ich.

„Das ist typisch", sagte Shana. „Das Bedürfnis des Strukturisten nach Ordnung geht über seinen persönlichen Bereich hinaus. Er erwartet Ordnung auch vom Rest der Gesellschaft. Züge, Busse und U-Bahnen müssen pünktlich sein; wenn nicht, sollten die Verantwortlichen ihren Hut nehmen. Für das ordentliche Zusammenleben der Gemeinschaft muß es Regeln geben, die auch durchgesetzt werden müssen. Strukturisten neigen zum Moralismus. Sie halten sich für verantwortungsbewußte Bürger und erwarten, daß andere notfalls gezwungen werden, sich ebenso verantwortungsbewußt zu verhalten. Sie unterstützen Recht und Ordnung und sind dafür, daß Gesetzesbrecher bestraft werden.

Wirtschaft und Verwaltungen werden weitgehend von Strukturisten kontrolliert. Sie schaffen die Systeme und erwarten, daß sich die anderen daran halten. Die Arbeit eines Tages für den Lohn eines Tages. Mitarbeiter sollen pünktlich anfangen und bis zum Dienstschluß – besser noch darüber hinaus – da sein.

Außerdem sollen sie die Verantwortung für ihr Tun übernehmen. Sie sollen ihre Zeitabläufe so planen, daß sie Termine einhalten können. Es gibt keine Entschuldigung dafür, versprochene Ergebnisse nicht pünktlich abzuliefern. Wer nicht produktiv ist, sollte durch jemanden ersetzt werden, der es ist."

„Ich bin sicher, daß alles viel reibungsloser funktionieren würde, wenn es mehr Menschen gäbe, die so denken!" rief ich.

Shana lächelte: „Vergessen Sie nicht, wie schädlich Einseitigkeit sein kann und wie sehr es auf Balance und Ausgewogenheit ankommt."

Die Freigeister

„Kommen wir nun zur zweiten Gruppe, den Freigeistern. Ein Freigeist paßt sich lieber den Umständen an, statt die Umstände seinen eigenen Vorstellungen anzupassen. Er nimmt die Dinge, wie sie kommen, und spürt kein Bedürfnis, alles im voraus zu planen. Er hat die Erfahrung gemacht, daß er die Dinge immer noch regeln kann, wenn sie auf ihn zukommen, und daß Pläne meistens nichts taugen. Statt Pläne zu machen und Enttäuschung zu riskieren, wartet er lieber ab, was passiert, und reagiert darauf. Ein Freigeist möchte frei sein und spontan auf seine Einfälle reagieren, statt sich von Terminen oder Plänen einengen zu lassen. In unklaren Situationen finden sich Freigeister aufgrund ihrer Spontaneität gut zurecht. Wer mit der Strömung fließt, kann gut mit unstrukturierten Situationen umgehen, in denen es Ungewißheit und Veränderung gibt."

„Ich kenne Menschen, die sich gerne alle Optionen offenhalten möchten", sagte ich.

„Zum Leidwesen der Strukturisten. Freigeister wollen nicht gebunden sein und ziehen Offenheit der Sicherheit vor. Es frustriert sie, wenn alles festgelegt ist. Sie lassen sich nicht festnageln oder in die Pflicht nehmen. Endgültige Zusagen vermeiden sie, wo es nur geht. Sie habe nichts gegen Unterbrechungen und können einen Job auch unbeendet liegenlassen, um später daran weiterzuarbeiten. Sie feilschen gern und machen oft gute Geschäfte, weil sie beim Handeln sehr geduldig sein können."

„Aber es fehlt ihnen an Entschlossenheit!" rief ich.

„Das ist sicherlich die große Schwäche eines Freigeistes. Sein Bedürfnis, sich möglichst viele Optionen offenzuhalten, hindert ihn daran, Entscheidungen zu treffen. Oder andersherum: Heute trifft er eine Entscheidung, und morgen bereut er sie und trifft eine ganz andere. Im Gegensatz zum Strukturisten zieht der Freigeist das Vielleicht einem Ja oder Nein vor.

Ein weiteres Merkmal des Freigeistes ist seine Fokussierung auf die Gegenwart. Er interessiert sich mehr dafür, wie er im Jetzt Vergnügen finden oder Unlust vermeiden kann, als daß er sich Sorgen macht um die Konsequenzen in einer ungewissen Zukunft. Um die Zukunft kann man sich ja kümmern, wenn sie da ist, statt sie jetzt schon zu planen. Planung steht ihrer Spontaneität und Impulsivität nur im Wege."

„Manchmal mache ich es aber genauso", wandte ich ein. „Beispielsweise wenn ich mit meiner Familie im Urlaub bin."

„Ich freue mich, daß Sie die Balance nicht vergessen", erwiderte Shana. „Sicherlich gibt es Umstände, in denen es angemessen ist, im Modus des Freigeistes zu handeln. Ein Freigeist geht jedoch fast immer so in der Gegenwart auf, daß er jeden Zeitbezug verliert. Er lebt nicht nach der Uhr. Er ist da, wenn er da ist, und er erledigt die Dinge, wenn er dazu kommt. Im Gegensatz zum Strukturisten hat er eine Abneigung gegen Zeitpläne und Termine, da sie seine Freiheit beschneiden."

„Ich mag Zeitpläne und nehme an, daß auch das bei Ihrer Entscheidung, mich einzustellen, eine Rolle gespielt hat", vermutete ich.

„Ganz recht. Mit der Einstellung eines Freigeistes könnten Sie in unserem Beruf nichts werden. Sie müssen Ihre sämtlichen Termine genau einhalten. Ein Freigeist kommt fast immer zu spät, oder er verschiebt den Termin in letzter Minute, oder er kommt erst gar nicht."

„Jetzt verstehe ich auch, wieso ich fast nur Freunde habe, die Strukturisten sind", fiel mir auf.

„Einen der häufigsten Scheidungsgründe in den USA finden wir interessanterweise in diesem Gegensatz von Strukturist und Freigeist. Die Beziehungen dieser beide Pole, ob privat oder geschäftlich, sind häufig sehr anstrengend und belastet. Das hat übrigens nicht nur mit unterschiedlichem Zeitverhalten, sondern auch mit unterschiedlicher Raumorganisation zu tun. Freigeister neigen zur Unordnung."

„Ich kennen solche Leute", entfuhr es mir. „Sie scheinen keine Zeit zum Aufräumen zu haben."

„Sie haben kein Bedürfnis, alles sauber und ordentlich zu arrangieren", erwiderte Shana. „Das verlangt zuviel Zeit und Mühe. Sie lassen alles liegen, wie es ihnen einfällt. Ordnung halten sie für kein besonders wichtiges Konzept. Einen zugeschütteten Schreibtisch halten sie für ein Zeichen von Kreativität. Ordnung und Struktur können da nur stören.

Etwas anderes, was der Freigeist nicht mag, sind Regeln und Vorschriften. Er hält sie für Belästigungen oder, im günstigsten Fall, für ein notwendiges Übel. Er lebt ganz im Schwung des Augenblicks, möchte Spaß haben und seine Arbeit zu einem Spiel machen. Regeln und Vorschriften machen den Spaß kaputt. Der Freigeist möchte sich dem Fluß des Lebens überlassen. So wird er leicht von allem abgelenkt, was ihn umgibt. Es reizt ihn, ausgetretene Pfade zu verlassen und das Unbekannte zu erforschen. Auch in Unterhaltungen springt er oft von einem Thema zum anderen, so, wie es ihm gerade in den Sinn kommt."

„Ich glaube, daß ich jetzt das Verhalten einiger Bekannter, das mir immer Probleme gemacht hat, besser verstehen kann", sagte ich.

„Das Wissen um dieses Pattern sollte einen ein bißchen toleranter werden lassen. Der Strukturist hält den Freigeist oft für verantwortungslos, unentschlossen, entscheidungsschwach oder sogar für einen kompletten Versager. Ich möchte damit niemanden herabwürdigen, sondern beschreibe nur die Reaktionen derjenigen, die selbst ganz anders denken und handeln."

Identifikation des Patterns

„Welches sind die Zielfragen zur Identifizierung des Patterns?" wollte ich wissen.

„Es gibt verschiedene Möglichkeiten", erklärte Shana. „Die zuverlässigste Methode besteht in der Beobachtung des Verhaltens. Kommt jemand in der Regel pünktlich oder sogar zu früh, oder ist er meistens zu spät dran? Lebt jemand organisiert, oder nimmt er die Dinge so, wie sie kommen? Kann sich jemand rasch entscheiden und bei dieser Entscheidung bleiben, oder ändert er dauernd seine Meinung? Hat jemand ein gutes Zeitgefühl oder nicht? Dies alles sind recht zuverlässige Indikatoren. Man kann jemanden aber auch direkt danach fragen, ob er lieber spontan oder nach Plan lebt oder ob er seine Termine eher pünktlich oder mit Verspätung einhält."

Management

Zur verabredeten Zeit betrat ich Marvins Büro. „Der Arbeitsplatz ist einer der Hauptschauplätze für den Kampf von Strukturisten und Freigeistern", begann er seinen Vortrag." Die Wirtschaft ist das Terrain der Strukturisten. Normalerweise sind sie die Herren des Arbeitsplatzes. Sie kontrollieren ihn mit Hilfe von Uhren, Plänen, Terminen, Regeln, Vorschriften und allen anderen Begleiterscheinungen der Bürokratie."

„Die Freigeister hassen so etwas", sagte ich.

„Zumindest fühlen sie sich in solcher Umgebung nicht wohl. Und sie haben zwei Überlebensstrategien entwickelt: die Übernahme und die Anpassung. Wenn sie dazu gezwungen werden, können sich manche Freigeister gerade so weit auf das Spiel der Strukturisten einlassen, daß sie über die Runden kommen. In einer Welt der Strukturisten bleibt ihnen zum Überleben eben nichts anderes übrig. Doch sobald es die Lage erlaubt, fallen sie in ihren alten Modus zurück. Andere Freigeister überlisten das System, indem sie es umgehen oder Nischen finden, in denen sie sich verstecken können. Kreative Menschen können ziemlich clever sein, und zwar in einer Weise, die sich biedere Strukturisten gar nicht vorstellen können."

„Wie verhält man sich nun als Vorgesetzter eines Strukturisten?" erkundigte ich mich.

„Man muß ihm, wie jeder gute Bürokrat weiß, in logischer und systematischer Weise sagen, was er machen soll. Es hilft, wenn man die Anweisungen schriftlich verteilt. Man erklärt gründlich alle Regeln und Vorschriften und verlangt deren Einhaltung. Man legt Zeitabläufe fest und verlangt Pünktlichkeit. Bei Strukturisten muß man entschlossen vorgehen. Sie mögen es nicht, wenn Dinge im unklaren bleiben. Wenn sie einmal einen Entschluß gefaßt haben, bleiben sie auch dabei. Achten Sie also insbesondere auf die Initialentscheidungen Ihrer Mitarbeiter. Möchten Sie deren Auffassung zu einem bestimmten Thema verändern, müssen Sie neue Fakten präsentieren. Doch das muß nicht immer funktionieren. Machen Sie sich auf rigides Denken und Handeln gefaßt. Vermeiden Sie es, Ihre Mitarbeiter zu überraschen. Halten Sie sie bezüglich Ihrer Pläne, Aufgaben oder Unternehmensziele auf dem laufenden."

„Als Strukturist bin ich selbst ein Freund von detaillierten Plänen."

„Strukturistische Mitarbeiter schätzen eine gut organisierte Arbeitsumgebung; im Durcheinander funktionieren sie nicht gut. Bemühen Sie sich, sie bei der Arbeit so wenig wie möglich zu unterbrechen. Sie erwarten, daß sich alle an die Strukturen halten. Regelverletzungen müssen ihrer Überzeugung nach sanktioniert werden, wenn man nicht eine Schwächung der Arbeitsmoral riskieren will. Schaffen Sie Pufferzonen zwischen Strukturisten und Freigeistern, sonst riskieren Sie doppelten Ärger."

Als Marvin mit der Erklärung des Umgangs mit Freigeistern begann, änderte sich seine Sitzhaltung, und er sah entspannter aus.

„Das Management von freigeistigen Mitarbeitern kann, um das mindeste zu sagen, zu einer interessanten Herausforderung werden. Sie wollen keine strukturierte Routine, sondern möchten Spaß und Spiel bei der Arbeit. Alles, was den

Strukturisten so lieb ist – Regeln, Vorschriften, Pläne, Termine, Organisation und Uhren –, lehnen sie ab.

Bei der Kommunikation mit Freigeistern muß man herausstellen, welche Optionen es gibt. Betonen Sie die Möglichkeit von Alternativen. Bieten Sie ihnen verschiedene Wege, etwas zu erledigen. Rechnen Sie nicht damit, daß sie pünktlich sind oder sich an Zeitpläne halten. Rechnen Sie auch mit mangelndem Verantwortungsbewußtsein. Gehen Sie davon aus, daß sie alles bis zur letzten Minute aufschieben. Brauchen Sie etwas unbedingt bis zu einem bestimmten Termin, sollten Sie eine vorgezogene Deadline setzen. Erwarten Sie aufgrund der Entscheidungsschwäche ihrer Mitarbeiter auch keine schnellen Berichte. Gehen Sie davon aus, daß sie häufig ihre Meinung ändern, und lassen Sie sich davon nicht überraschen. Auf der anderen Waagschale liegen die Kreativität und das Talent der Freigeister zur guten Handhabung von unstrukturierten Situationen. Mit unvorhergesehenen Umständen kann der Freigeist meistens recht gut umgehen. Er eignet sich hervorragend zum Troubleshooter. Halten Sie ihn davon ab, den Strukturisten in seinem Büro zu stören." Marvin lachte, als er das sagte.

„Ich könnte solche Leute manchmal erwürgen", bestätigte ich.

„Darum ist es für beide Seiten das beste, wenn man zwischen ihnen eine Pufferzone errichtet", erklärte Marvin.

„Ich könnte mir denken, daß als Manager beide Typen in Frage kommen", sagte ich

„Natürlich. Hier gibt es Strukturisten und Freigeister. Für jede der beiden Gruppen ist es eine Herausforderung, Mitarbeiter der anderen Gruppe zu führen, wie umgekehrt auch die Mitarbeiter ihre Schwierigkeiten mit einem Vorgesetzten der anderen Gruppe haben. Hier ist offensichtlich wieder einmal die richtige Balance gefragt. Wo Vorgesetzte zu rigide vorgehen, kann alles in einer Art von paramilitärischer Organisation enden. Wenn Manager andererseits zu lax und unstrukturiert sind, kann es sein, daß nichts zu Ende gebracht wird. Viele freigeistige Manager vermeiden Entscheidungen und lassen alles seinen fröhlichen Lauf nehmen. Dann diktieren plötzlich die äußeren Umstände, was zu tun ist. Strukturisten treibt so etwas natürlich in den Wahnsinn."

Ich konnte Marvin nur zustimmen. Der erklärte weiter:

„Es gibt zwei Arten von Management Heroes. Typ eins ist zur richtigen Zeit am richtigen Ort. Das kann an Zufall, glücklichen Umständen oder vorausschauenden Vorgesetzten liegen. Unter anderen Umständen kann er sich als kompletter Versager entpuppen. Typ zwei ist der Manager, der sich in allen Situationen zurechtfinden kann. Er besitzt genügend Balance und Flexibilität, um jeweils das zu tun, was der Situation angemessen ist. Er gehört zu den Leuten, die *People Pattern Power* einsetzen können, um aus ihren Mitarbeitern das Beste herauszuholen."

Zeitmanagement-Seminare

„Ich wollte jetzt noch auf die sogenannten Zeitmanagement-Seminare zu sprechen kommen. Sie sind zum größten Teil reine Zeitverschwendung, weil sie von Strukturisten, die sie nicht brauchen, entwickelt wurden für Freigeister, die sich nicht dafür interessieren. Bei diesen Seminaren geht es normalerweise immer um eine Art von Planungssystem oder Timer. Solche Timerbücher sind die Bibel der Strukturisten und ein sicheres Erkennungszeichen, mit wem man es zu tun hat.

Die Zeitmanagement-Seminare wurden natürlich von Strukturisten entwickelt, um alle Freigeister zu bekehren. Strukturisten gehen irrtümlicherweise davon aus, Freigeister wären deshalb desorganisiert, weil sie nicht wissen, wie sie sich organisieren sollen. Gäbe man ihnen nur ein gutes System an die Hand, könnten sie zu guten Strukturisten werden. Doch damit liegen sie ganz falsch. Natürlich sind Freigeister desorganisiert, und zwar weil sie es so wollen. Das ist keine Frage von Nichtwissen, sondern von persönlichen Präferenzen."

„Ich kennen Freigeister, die an solchen Seminaren teilgenommen haben und denen sie absolut nicht gefallen haben", erinnerte ich mich.

„Genau. Ein Zuviel an Strukturiertheit bereitet ihnen absolute Qualen. Manche Freigeister geraten zufällig in so ein Seminar, andere werden dort hingeschickt. Und dann müssen sie zu ihrer Verzweiflung feststellen, daß dort genau das in höchsten Tönen gelobt wird, was sie für das Grundübel der Welt halten. Die kleinen Büchlein und Planer, die man ihnen dort würdevoll überreicht, werden sie auf eine von zwei Arten los. Die ruchloseren Vertreter des Freigeistertums lassen sie im nächsten Papierkorb oder in der untersten Schreibtischschublade verschwinden. Ihre etwas mitfühlenderen Kollegen schenken sie einem strukturistisch organisierten Freund, der sie sicherlich zu würdigen weiß." Offenbar hatte Marvin Vergnügen an dieser Darstellung.

Service

„Eines der Hauptprobleme unserer heutigen Wirtschaft betrifft das Thema Service. Ich möchte jetzt davon sprechen, was das Organisations-People-Pattern

263

damit zu tun hat. Die Öffentlichkeit erwartet und verlangt guten Service. Wenn irgendwo der Service schlecht ist, dann nicht deswegen, weil die Angestellten nicht wüßten, was guter Service ist, sondern weil sie nicht wollen. Nehmen wir zum Beispiel das Transportwesen ..."

„Da habe ich selbst schon meine schlechten Erfahrungen gemacht!" unterbrach ich.

„Heutzutage beschweren sich viele Leute über den immer schlechter werdenden Service der Fluggesellschaften. Verspätungen und das Streichen von Flügen scheinen inzwischen eher zur Regel als zur Ausnahme geworden zu sein. Stellen Sie sich nur vor, wie frustrierend das für einen guten Strukturisten sein muß! Wie kommt es eigentlich, daß einige Fluggesellschaften sehr häufig verspätet sind, während andere Linien meistens pünktlich eintreffen?" Marvin schien bei diesem Thema sichtlich in Fahrt zu geraten.

„Es gab in den USA einige Leute, die behaupteten, die Fluggesellschaft Alitalia hätte etwas Freigeistiges an sich. Vor einigen Jahren hatte das Luftfahrtamt sogar überlegt, dieser Fluggesellschaft die Lizenz zu entziehen, da sie so häufig verspätet war."

Marvin berichtete eine nette Anekdote. „Vor einigen Jahren war ich mit meiner Frau auf einer Geschäftsreise in Italien und der Schweiz unterwegs. Wir mußten feststellen, daß das Reisebüro für die Strecke Mailand-Genf eine Zugfahrt erster Klasse gebucht hatte, obwohl wir viel lieber geflogen wären. Ich sprach mit meiner Frau über diesen Vorfall. Zwei elegant gekleidete Mitreisende, die unser Gespräch angehört hatten, beruhigten uns und sagten, daß wir noch großes Glück gehabt hätten. Sie selbst hätten an den vergangenen drei Wochenenden versucht, von Mailand nach Genf zu fliegen. Jedesmal sei ihr Flug in letzter Minute abgesagt worden. Diesmal hatten sie beschlossen, von vornehrein mit dem Zug zu fahren. So weit so gut. Leider saßen die beiden Gentlemen auf den Sitzen, die wir in der ersten Klasse vorgemerkt hatten. Auch den freigeistigen Schaffner schien dies nicht zu stören. Der erlaubte uns freundlicherweise, uns mitsamt Gepäck im Korridor niederzulassen, ohne dafür einen erneuten Zuschlag zahlen zu müssen. Doch wie änderte sich das Bild, als wir die Schweizer Grenze überquerten. Der strukturistische Schweizer Schaffner überprüfte sofort alle Fahrkarten und wies allen rechtmäßigen Platzhaltern ihre vorgebuchten Sitzplätze zu."

„Zum Glück gibt es doch überall einige Strukturisten", entfuhr es mir.

„Ja, zum Glück für uns Strukturisten. Und so, wie es freigeistig orientierte Unternehmen gibt, konkurrieren auf denselben Märkten auch strukturistische Unternehmen um ihre Kunden. Als ultimative strukturistische Fluggesellschaft ist

264

sicherlich die Swissair, dicht gefolgt von der Lufthansa, zu nennen. Wenn Sie mit einer dieser beiden Fluggesellschaften reisen, können Sie sicher sein, daß Sie und Ihr Gepäck wohlbehalten am Zielort eintreffen. Auch der Service an Bord ist vorbildlich. Strukturistisch orientierte Fluggesellschaften oder ähnliche Unternehmen denken eben mehr an die zukünftigen Konsequenzen, die auftreten, wenn ihre Passagiere oder deren Gepäck unterwegs abhanden kommen."

Der Treffpunkt

„Neulich war ich auf einer Konferenz und hatte dort ein interessantes Erlebnis", fuhr Marvin fort. „Ich traf einen Bekannten, der recht aufgeregt zu sein schien. Er hatte sich mit einem Freund verabredet, mit dem er nach Hause fahren wollte. Sie hatten sich im zweiten Stock des Konferenzgebäudes treffen wollen. Nun lief er dort schon seit einer halben Stunde umher und konnte seinen Bekannten nicht finden. Ich fragte ihn, wo genau sie ihren Treffpunkt verabredet hatten. Zu meinem Erstaunen teilte er mir mit, daß sie keinen speziellen Treffpunkt ausgemacht hätten. Können Sie sich vorstellen, wie sich zwei Menschen in dieser riesigen Menschenmenge treffen wollten, ohne einen genauen Treffpunkt auszumachen? Wenn nur einer von beiden ein Strukturist gewesen wäre, oder beide, hätten sie nicht nur einen genauen Treffpunkt verabredet, sondern auch noch einen Hilfsplan verabredet für den Fall, daß ihr ursprünglicher Plan aus irgendeinem Grund nicht funktionierte. Wir können sicher sein, daß wir es hier mit zwei Menschen zu tun haben, die im Modus des Freigeistes operieren."

Das Management von Sitzungen

„Auch beim Management von Sitzungen spielt dieses People Pattern eine wichtige Rolle. Damit Meetings effektiv und effizient sein können, müssen sie eine Tagesordnung haben, an die sich jeder hält. Außerdem muß man sich darum kümmern, daß die Beschlüsse, die in einem Meeting gefaßt werden, auch in den Alltag der Organisation umgesetzt werden. Glauben Sie, daß es einen Unterschied macht, welcher unserer beiden Pattern-Typen das Meeting leitet?"

Ich lächelte und sagte: „Das wird sicherlich einen großen Unterschied machen."

Marvin nickte. „Strukturisten halten Meetings ab, um etwas zu erreichen. Sie haben Zeitpläne und Aufgabenlisten. Freigeister dagegen berufen oft spontan ein Meeting ein ohne eine klare Tagesordnung. Das kann zu sehr interessanten Ergebnissen führen."

„Das kann ich mir vorstellen."

„Hier sind einige allgemeine Regeln für ein effizientes Management von Meetings", sagte Marvin. „Regel eins: Man hält nur dann ein Meeting ab, wenn es nötig ist. Regelmäßig angesetzte Meetings sind nicht sinnvoll, wenn es nichts Spezielles zu beraten gibt. Auf solchen Treffen finden Freigeister immer etwas, worüber sie gerne sprechen. Regel zwei: Man kündigt ein Meeting soweit wie möglich im voraus an. Regel drei: Man verschickt die Tagesordnung im voraus und verlangt von allen Teilnehmern, sich auf die einzelnen Tagesordnungspunkte vorzubereiten. Somit sind die Strukturisten vorbereitet, und auch die Freigeister haben eine Chance, sich vor einem Meeting einige Gedanken zu machen. Regel vier: Beginnen und beenden Sie ein Meeting pünktlich, und arbeiten Sie ständig mit dem Relevanztest."

„Mit der Pünktlichkeit dürfte es für die Freigeister eher etwas schwierig sein. Aber was ist mit dem Relevanztest gemeint?"

„Gut, daß Sie fragen", sagte Marvin. „Der Relevanztest ist ein Instrument, mit dem man die Freigeister in Schach halten kann. Er funktioniert so. Zu Beginn eines Meetings stellt der Moderator die Tagesordnung vor und erklärt den Zweck des Treffens. Sobald jemand etwas sagt, das für den gegenwärtigen Tagesordnungspunkt keine Relevanz hat, wendet der Moderator oder ein anderer Teilnehmer des Meetings den Relevanztest an: Er fragte denjenigen, der die fragliche Wortmeldung gemacht hat, in welcher Weise sie für das zur Diskussion stehende Thema relevant ist. Kann diese Relevanz aufgezeigt werden, wird der Beitrag akzeptiert. Kann sie nicht aufgezeigt werden, wird der Beitrag ignoriert."

Ich überlegte kurz und meinte dann, daß viele Meetings dadurch sicherlich beschleunigt werden könnt. „Ich habe festgestellt", sagte Marvin, „daß zwei oder drei unwichtige Bemerkungen, die nicht zurückgewiesen werden, ein Meeting völlig aus der Bahn werfen können."

Marvin sah mich an: „Diese Regeln können dazu beitragen, Meetings in der Spur zu halten. Ich möchte jedoch den Freigeistern kein Unrecht tun und fairerweise feststellen, daß sie zu jedem Meeting auch Bedeutendes beizutragen haben. Ihre Stärke liegt im Brainstorming und in der Entwicklung kreativer Lösungen. Solange man sie entsprechend führt und im Zaum hält, können sie wertvolle Beiträge liefern.

Außerdem gibt es Notzeiten, in denen man alles stehen- und liegenlassen muß, um ein Problem anzugehen. Freigeister haben damit weniger Schwierigkeiten als Strukturisten, die ein ausgeprägtes Bedürfnis besitzen, einem vorgegebenen Plan zu folgen. Haben Sie zu diesem People Pattern noch Fragen?"

Ich überlegte kurz und sagte: „Nein, ich denke, Sie haben alles sehr gut erklärt."

„Gut", sagte Marvin. „Ich denke, Sie sollten jetzt zu Richard in die Verkaufsabteilung gehen. Aber Sie können jederzeit zurückkommen, wenn Sie noch Fragen haben."

Ich bedankte mich bei Marvin und machte mich auf den Weg.

Die Verkaufsabteilung

Richard bereitete gerade einige Präsentationsgrafiken vor, als ich sein Büro betrat. Ohne große Umschweife begann er mit dem Thema.

„Sie können sich vorstellen, daß das Wissen über das Pattern der Strukturisten und Freigeister auch im Verkauf wichtig ist. Wie ich immer wieder sage: Wenn man seine Verkaufszahlen verbessern will, muß man entweder härter arbeiten und mehr Kunden besuchen, oder smarter arbeiten und den Anteil seiner Verkaufsabschlüsse erhöhen. Smart sein heißt hier, daß man seine Verkaufsstrategie auf die Art von Person einstellt, mit der man es jeweils zu tun hat. Im allgemeinen haben es Verkäufer mit strukturistischen Kunden einfacher, weil man von denen immer ein klares Ja oder Nein zu hören bekommt. Von Freigeistern hört man oft nur ein Vielleicht, und das macht die Sache schwierig."

„Wie kann man Strukturisten etwas verkaufen?" wollte ich wissen.

„Vor allem ist es wichtig, daß Sie Ihr Produkt in einer geplanten, organisierten und systematischen Weise vorstellen. Seien Sie pünktlich, und halten Sie sich an jeden zuvor verabredeten Zeitplan. Achten Sie auf ein ordentliches Äußeres. Sprechen Sie sowohl vom **unmittelbaren** wie vom **künftigen** Nutzen des Produkts. Erwähnen Sie auch die künftigen Konsequenzen, die es hat, wenn der Interessent das Produkt nicht kauft. Bitten Sie ihn, sich zu entscheiden. Bringen Sie ihn dazu, mit Ja oder Nein zu antworten. Bekommen Sie ein Nein, sollten Sie nicht davon ausgehen, daß Sie diese Ablehnung umdrehen können, solange Sie keine neuen Informationen beibringen. Für diesen Fall sollte man also immer noch einige zusätzliche Details und Informationen in der Hinterhand haben."

Ich fand diese Erklärungen sehr einleuchtend.

Richard fuhr fort: „Freigeister sind der Schrecken jedes Verkäufers, und zwar aus zwei Gründen. Erstens: Sie entscheiden sich nicht gerne, denn ihr Lieblingswort lautet *Vielleicht*. Professionelle Verkäufer hassen dieses Wort. Sie möchten ein klares Ja oder Nein. Zweitens: Freigeister ändern häufig ihre Meinung. Wir leben im Zeitalter des beratenden Verkaufs, wo es professionellen Verkäufern darum geht, die Bedürfnisse ihrer Kunden zu befriedigen. Die Tage des Power-Verkaufens sind vorbei, wenn man einmal von der Kaufen-Sie-solange-der-Vorrat-reicht-Masche bestimmter Fernseh-Verkäufer absieht. Heute möchte ein Verkäufer, daß der Kunde zufrieden ist und ihn und sein Produkt weiterempfiehlt. Kunden mit unklarer Einstellung sind sicherlich keine guten Empfehlungen, weder für den Verkäufer noch für das Produkt. Ein beratender Verkäufer möchte drei Dinge: 1) der Kunde soll zufrieden sein, 2) der Kunde soll absolut sicher sein, daß er das richtige Produkt gekauft hat, und 3) der Kunde soll sich nicht nur zufrieden und sicher fühlen, sondern es auch bleiben. Bei Freigeistern gibt es damit offensichtlich einige Schwierigkeiten.“

„Ich glaube, ich brauche einige Tips, wie man mit Freigeistern umgeht, denn sie verhalten sich so ganz anders, als ich es gewohnt bin“, bemerkte ich.

„Nun, zunächst einmal ist es bei Freigeistern wichtig, daß der Verkäufer nicht zu dominierend wirkt. Hier ist Flexibilität gefragt. Auf keinen Fall sollte der Verkäufer auf Pünktlichkeit oder einer Tagesordnung bestehen. Begrüßen Sie den Kunden freundlich, wenn er eintrifft, und geben Sie ihm in keiner Weise zu erkennen, daß er zu spät ist. Außerdem sollten Sie als Verkäufer keinen weiteren Termin unmittelbar nach diesem Verkaufsgespräch haben, Sie würden sich nur selbst unter Druck setzen, weil der Freigeist höchstwahrscheinlich ohnehin zu spät ist. Außerdem würde der Freigeist solchen Druck nicht mögen, denn ihm geht es um Spaß und Vergnügen. Geben Sie sich locker und spontan.“

Ich mußte Richard einfach unterbrechen: „Ich bin sicher, daß Spontaneität für manche Strukturisten nicht einfach ist.“

„Das stimmt. Speziell für besonders rigide Kollegen. Wählen Sie also einen sehr aufgelockerten Präsentationsstil. Gehen Sie einfach davon aus, daß der Kunde unentschlossen sein wird. Sprechen Sie davon, wie der Besitz und der Umgang mit dem Produkt dem Kunden mehr Optionen eröffnen werden. Freigeister lieben Impulskäufe. Überprüfen Sie, ob Ihr Produkt den Bedürfnissen des Kunden entspricht. Und dann geben Sie sich jede erdenkliche Mühe, eine Entscheidung herbeizuführen. Machen Sie sich klar, daß das *Vielleicht* des Kunden nicht bedeutet, daß Ihre Präsentation ungenügend ist. Statt dessen reflektiert es nur die Unentschlossenheit des Freigeistes. Manchmal muß man für einen einzigen Verkaufsabschluß mehrere Anläufe oder Besuche machen. Strukturisten können diese Tatsache nur sehr schwer nachvollziehen. Manchmal müssen zwischen acht und fünfzehn Verkaufsgespräche geführt werden, so frustrierend das für den Verkäufer auch sein mag. „

„Das klingt ja furchtbar!" sagte ich.

„Lassen Sie jedenfalls nicht den Mut sinken, solange der Kunde noch ein Interesse zu zeigen scheint. Nach dem gelungenen Verkaufsabschluß müssen Sie auf jeden Fall eine Überbrückung in die Zukunft herstellen, so daß der Kunde seine Entscheidung im nachhinein nicht bereut. Leiten Sie ihn hin zu einer Vision, wie er das Produkt in künftigen Kontexten verwendet."

„Ich sehe", sagte ich, „daß ich hier noch einige Hausaufgaben machen muß. Ich danke Ihnen für Ihre Erklärungen."

„Was ich Ihnen hier beschrieben habe, wird Ihnen jedenfalls in ihrer nächsten Unterrichtsstunde helfen. Viel Glück!" Mit diesen Worten entließ mich Richard.

Verhandlungen

Beverly war, wie stets, mitten in einer Besprechung, die sie rasch beendete, damit wir mit unserer Unterrichtsstunde beginnen konnten.

„Ich möchte Ihnen kurz die wichtigsten Dinge nennen, die man über die Bedeutung des Organisations-People-Patterns für Verhandlungen wissen muß. In jeder Verhandlung haben Strukturisten einen Vorteil, weil sie sich besser vorbereiten. Und Freigeister haben einen Vorteil, weil sie endlos feilschen können und sich anscheinend nicht darum kümmern, ob man jemals zu einer Einigung kommt. Oftmals geben Strukturisten in einer Verhandlung mehr Boden preis als nötig, weil sie ein starkes Bedürfnis nach einer Übereinkunft haben. Sie wollen ein Abkommen und hassen es, wenn sich die Dinge endlos hinziehen. Oft machen Sie unnötige Konzessionen, weil sie das Problem ein für allemal aus der Welt schaffen wollen. Auf der anderen Seite verhandeln Freigeister oft zu lange und verpassen den richtigen Augenblick für eine Einigung. Freigeister befinden sich im Vorteil, wenn die Situation unstrukturiert ist und die Pläne des Strukturisten gescheitert sind."

„In der Verkaufsabteilung habe ich gelernt, daß Freigeister einen Strukturisten zur Verzweiflung treiben können. Ich sehe jetzt, daß dies auch bei Verhandlungen gilt."

„Mehr als man glauben möchte", bestätigte Beverly. „In professionellen Zusammenhängen läßt man eine Verhandlung oft von einem Freigeist führen. Ein Strukturist überwacht ihn. Wenn er das Gefühl hat, der Freigeist habe alles herausgeschlagen, was in der gegebenen Situation möglich ist, akzeptiert er das Ergebnis. Ansonsten bestünde die Gefahr, daß der Freigeist die Verhandlungen endlos weiterführt.

In einer Verhandlung kann man einen strukturistischen Verhandlungsgegner dadurch für sich einnehmen, daß man ihn davon überzeugt, daß man einem bestimmten Plan folgt. Man besteht darauf, eine Tagesordnung festzulegen und sich daran zu halten. Alle Gespräche beginnen und enden pünktlich."

„Im Prinzip gelten hier also die gleichen Regeln wie beim Verkauf", stellte ich fest.

„Ja, in der Tat", bestätigte Beverly. „Machen Sie einen organisierten Eindruck. Achten Sie darauf, daß der Verhandlungsort sauber und aufgeräumt wirkt. Betonen Sie, wie wichtig es ist, zu einer Entscheidung und einem Abschluß zu kommen. Seien Sie fest und entschlossen. Liefern Sie Gründe für Ihre Vorschläge, und konzentrieren Sie sich auf Ergebnisse. Strukturisten wollen gerne eine Einigung erzielen und sind bereit, dafür Konzessionen zu machen. Vergessen Sie nicht, die positiven Konsequenzen des Abkommens für die Zukunft zu beschreiben.

Wenn Sie einen Freigeist für sich einnehmen möchten, müssen Sie ein ganz anderes Spiel spielen. Geben Sie sich flexibel und spontan. Bestehen Sie auf keinen Fall darauf, einen bestimmten Ablauf oder Zeitplan einzuhalten. Gestalten Sie den Verhandlungsprozeß leicht und unterhaltsam. Gehen Sie ruhig davon aus, daß die Gespräche zu spät beginnen und aufhören. Wählen Sie einen Verhandlungsort mit möglichst wenig Ablenkung, denn Freigeister sind sehr leicht abzulenken. Denken Sie daran, daß sich Freigeister ihre Optionen offenhalten wollen. Sprechen Sie also von den Optionen und davon, was Ihre Vorschläge in dieser Richtung bewirken. Verschwenden Sie Ihre Zeit nicht damit, von den Konsequenzen für die Zukunft zu reden."

„Oh ja, ich erinnere mich", sagte ich. „Freigeister kennen keine Zukunft."

Beverly schien lächelte kurz. „Rücken Sie die unmittelbaren Bedürfnisse Ihres Gesprächspartners in den Mittelpunkt. Rechnen Sie damit, daß sich die Diskussionen sehr lange hinziehen. Ihr Gesprächspartner wird unentschlossen sein, und feste Zusagen sind von ihm nicht leicht zu bekommen. Jede Zusage wird er später zu einem gewissen Grad bereuen. Freigeister würden jede feste Zusage am liebsten vermeiden oder sie wenigstens so lange wie möglich aufschieben. Hier ist von Ihner Seite eine beinahe unendliche Geduld gefragt.

Sofern sie keine weiteren Fragen haben, werde ich Sie jetzt wieder zurück zu Shana schicken", sagte Beverly. „Ich bin sicher, Sie werden einige Zeit brauchen, um das, was Sie heute gelernt haben, zu verarbeiten."

Ich bedankte mich und verließ ihr Büro.

Zusammenfassung

„Was ist also besser", fragte mich Shana, „ein Strukturist oder ein Freigeist zu sein?"

„Das kommt darauf an", sagte ich. – „Worauf?"

„Welches Verhalten in einem gegebenen Kontext das sinnvollste ist."

Shana lächelte: „Sie werden es hier vielleicht wirklich zu etwas bringen."

Sie fuhr fort: „Ich möchte Ihnen noch von einer interessanten Untersuchung berichten. Ich hatte Ihnen ja gesagt, daß es sich bei den People Patterns um lebenslang gelernte Gewohnheiten handelt, die nicht leicht zu ändern sind. Beim People Pattern der Strukturisten/Freigeister jedoch haben wir einen Weg gefunden, um dem Klienten zu helfen, seinem Pattern für kürzere oder längere Zeit zu entkommen. Er hat mit der inneren Struktur des Zeiterlebens der betreffenden Person zu tun. Vielleicht erinnern Sie sich noch, daß man Ihnen bei Ihrem ersten Interview verschiedene Fragen gestellt hatte, bei denen es um Vergangenheit, Zukunft und Gegenwart ging."

„Ja, ich erinnere mich. Ich fand diese Fragen damals für ein Einstellungsinterview reichlich merkwürdig."

„Aber die Antworten waren sehr erhellend", erwiderte Shana. „Sie haben uns gezeigt, auf welche Weise Sie Ihre Erinnerungen abspeichern und wie Sie darauf zurückgreifen. Bei dem, was Vergangenheit, Gegenwart und Zukunft miteinander verbindet, sprechen wir von der Time-Line. Wenn wir jemandem dabei helfen, bestimmte Aspekte seiner Time-Line zu verändern, ermöglichen wir ihm, zwischen einem strukturistischen und einem freigeistigen Verhalten zu wechseln. Ich habe immer wieder die Bedeutung von Balance, von Ausgewogenheit betont. Es ist ideal, wenn sich jemand soweit unter Kontrolle hat, daß er sein Pattern den jeweiligen Umständen anpassen kann. In bezug auf das Organisations-People-Pattern ist dies mit entsprechendem Training möglich. Demnächst einmal werde ich Ihnen, wenn Sie möchten, zeigen, wie man das macht."

„Natürlich interessiert mich das", sagte ich, „und ich hoffe, Sie warten damit nicht zu lange."

Das People-Pattern-Gelübde

Das People-Pattern-Gelübde

Die zwei Wochen waren vorbei und mein Orientierungstraining auch. Ich hatte im Augenblick keine weiteren Fragen und freute mich auf das Wochenende, um alles in Ruhe zu assimilieren.

Shana sah mich an und lächelte: „Zwei Dinge fehlen noch, um Ihr Training zu vollenden."

„Was denn?" fragte ich.

Shana lächelte: „Zunächst freue ich mich, Ihnen als Zeichen Ihres beginnenden Verständnisses der People Patterns Ihren persönlichen People-Pattern-Power-Würfel zu überreichen." Shana überreichte mir einen Würfel, der genauso aussah wie derjenige, den ich am ersten Tag meines Trainings auf ihrem Schreibtisch gesehen hatte. Ich freute mich über dieses schöne Erinnerungsstück und beschloß, ihm einen prominenten Platz auf meinem Schreibtisch zu geben.

Dann fuhr Shana fort: „Zweitens möchte ich Sie in aller Form mit dem People-Pattern-Gelübde bekanntmachen. Jeder Manager hier bei Success Inc. legt dieses People-Pattern-Gelübde ab, um sich zum ethischen und professionellen Gebrauch der People Patterns zu verpflichten. Mit diesem kleinen Ritual wollen wir uns die Verantwortung bewußtmachen, die wir mit dem Wissen über dieses sehr mächtige Instrument der Veränderung übernommen haben. Bitte stehen Sie auf und erheben Sie Ihre rechte Hand. Halten sie den People-Pattern-Power-Würfel in Ihrer linken Hand, und sprechen Sie mir nach."

Ich stand auf, wie Shana gesagt hatte, und sprach ihr nach:

ICH GLAUBE AN DIE PEOPLE-PATTERN-POWER. ICH ERKENNE, DASS MIT DIESER MACHT AUCH VERANTWORTUNG VERBUNDEN IST. ICH VERSPRECHE, MEIN WISSEN UND KÖNNEN DER PEOPLE PATTERNS NUR AUF ETHISCHE UND PROFESSIONELLE WEISE ANZUWENDEN. ICH WERDE SIE NIEMALS VERWENDEN, UM ANDERE ABSICHT-

LICH AUSZUBEUTEN ODER ZU MANIPULIEREN. ICH WERDE MEINE KENNTNIS DER
PEOPLE PATTERNS DAZU VERWENDEN, WIN-WIN-SITUATIONEN IN MEINEN TÄGLI-
CHEN INTERAKTIONEN MIT ANDEREN ZU FÖRDERN. FERNER WERDE ICH DAS WISSEN
DER PEOPLE PATTERNS DAFÜR EINSETZEN, DIE KOMMUNIKATION MIT ANDEREN ZU
VERBESSERN, IHR WELTMODELL BESSER ZU VERSTEHEN UND DIE WELT AUS IHREN
AUGEN ZU SEHEN – WAS EINE GANZ ANDERE ALS MEINE EIGENE WELT SEIN KANN. ICH
WERDE DIE PEOPLE PATTERNS IN ALL MEINEN INTERAKTIONEN MIT ANDEREN MIT
INTEGRITÄT, GEWISSENHAFTIGKEIT UND WEISHEIT EINSETZEN. DIES GELOBE ICH.

Shana gratulierte mir, und ich konnte gehen.

Postskriptum

Von heute aus betrachtet stelle ich fest, wie wenig ich damals noch über die People
Patterns wußte. Damals schien es mir schon recht viel zu sein. Doch seitdem sind
mein Wissen und meine Geschicklichkeit in ihrer Anwendung enorm gewachsen.
Jetzt, einige Jahre später, erkenne ich, welchen Einfluß sie auf meine Fähigkeit gehabt haben, mit anderen Menschen umzugehen und sie zu beeinflussen. Auch meine Karriere hat davon profitiert: Hier bei Success Inc. arbeite ich inzwischen als
Senior Manager. Ich danke Ihnen, daß Sie meine Geschichte gelesen haben. Eine
ähnliche Geschichte können Sie selbst auch erleben, wenn Sie die Zeit und Energie aufbringen, die People-Pattern-Power zu erlernen und eine People-Pattern-Person zu werden.

Information zur Aus- und Fortbildung in NLP

Creative NLP Academy

Master-Trainer Klaus Grochowiak

Nerobergstr. 25 • D-65193 Wiesbaden
Tel.: 06 11/52 72 37 • Fax: 06 11/52 97 07
e-mail: cnlpa@cnlpa.de; Home page: http://www.cnlpa.de

Ausbildung zum NLP Practitioner, -Master, -Trainer
und neuerdings auch Master Therapeut
sowie NLP & phänomenologische Familientherapie
und NLP & polykontexturale Logik

INNTAL INSTITUT
Daniela und Claus Blickhan
Diplom-Psychologen, NLP-Lehrtrainer (DVNLP)

NLP-Ausbildungen • Practitioner • Master • Trainer
Business-NLP • Firmeninterne Seminare
Teamtraining • Coaching

INNTAL INSTITUT

INNTAL INSTITUT Asternweg 10a 83109 Großkarolinenfeld
☎ **08031/50601 Fax 50409 e-mail: inntal.nlp@t-online.de**

NLP in Winzenburg !

**Bildungsstätte
Hoe dekenhus e. V.**
Lamspringer Str. 24
D-31088 Winzenburg
Tel.: 0 51 84 / 82 32; Fax: 16 88
hoedekenhus@t -online.de
Internet: www.hoedekenhus.de

NLP-Ausbildungen: Practitioner, Master und Trainer
NLP und Business • NLP und Pädagogik • Coaching

NLP in München

Dr. Elmar Hatzelmann (Wirtschaftspsychologe)

NLP-Ausbildungen: (Practitioner & Master •
Supervision • Einzelberatung • Businesstraining)

Lehrtrainer (DVNLP-Verband) • Ausbildung bei T. Stahl
(ab 1987), R. Dilts und W. Lenk • Feldenkraislehrer

Keltenweg 11 • 82131 Gauting bei München
Tel. 089 / 89 34 00 50 • Fax 089 / 89 34 00 40

 # NLP in Österreich

Österreichisches Trainingszentrum für NLP

2 Tage Einführungs-, 5 Tage Intensivseminare
30 Tage Practitioner-, 27 Tage Master Practitioner-Kurs
Advanced Master-Practitioner für Coaching und Supervision
Staatlich anerkannte Ausbildung zum Lebens- und Sozialberater

Forschungs- und Entwicklungszentrum
für Neuro-Linguistische Psychotherapie (NLPt)

Anerkannt vom
Neuro-Linguistischen Dachverband Österreich (NLDÖ)

Dr. Brigitte Gross, Dr. Siegrid Schneider-Sommer,
Dr. Helmut Jelem, Mag. Peter Schütz

A-1094 Wien, Widerhofergasse 4
Tel: +43-1-317 67 80, Fax: +43-1-317 67 81 22
e-mail: info@nlpzentrum.at, Internet: http://www.nlpzentrum.at

AUSTRIAN INSTITUTE FOR

NLP

NEUROLINGUISTIC PROGRAMMING

JUNFERMANN

Ich tue mir Gutes

160 Seiten, kart.
DM 29,80
ISBN 3-87387-359-1

Lynda Field

Der Weg zu gutem Selbstwertgefühl

Eine Anleitung zu persönlichem Wachstum

Ein Praxisbuch

Wir beginnen unser Leben voller wunderbarer Hoffnungen, die es uns bietet. Wir lieben uns, wir lieben die Welt, wir lieben alles und jeden. Am Anfang sind wir voller Selbstachtung und unseres eigenen Wertes sicher.

Wenn wir uns selbst achten, sind wir mit uns selbst im Einklang. Wir bestimmen unser Leben selbst und sind anpassungsfähig und im Kontakt zu unseren Kraftquellen. Wir genießen die Herausforderungen, die das Leben bereithält, und stellen uns den Anforderungen. Wir fühlen unsere Kraft und unsere Einsatzfreude und wissen um unsere Möglichkeiten, Ziele zu erreichen.

Mit dem Schwinden der Kindheit und zunehmender Lebenserfahrung lernen wir die Selbstzweifel kennen und werden defensiv, um uns zu „beschützen". Im gleichen Maße, wie unser Selbstvertrauen und das Vertrauen in die Welt und in unsere Mitmenschen sinkt, sinkt auch unser Selbstwertgefühl.

Ist der Grund unserer persönlichen Probleme eine zu geringe Selbstachtung, dann können wir die Qualität unseres Lebens verändern, indem wir direkt daran arbeiten, unsere Selbstachtung zu stärken. Das Ziel aller therapeutischen Prozesse – und damit dieses Buches – ist ein gutes Selbstwertgefühl!

Lynda Field hat Soziologie und Sozialpsychologie studiert. Sie arbeitet als Beraterin und Psychotherapeutin in Cornwall, Großbritannien.

JUNFERMANN VERLAG • Postfach 1840
33048 Paderborn • Telefon 0 52 51/3 40 34

KRAFT WERK 1

168 Seiten,
A4-Format, kart.
DM 48,–
ISBN 3-87387-356-7

Das vorliegende Handbuch enthält eine präzise und systematische Darstellung der wichtigsten Bausteine und Modelle des NLP. Es wurde für den praktischen Einsatz als Unterrichts- und Nachschlagewerk für die Practitioner- und Master-Ausbildung konzipiert. Der hohe Gebrauchswert ergibt sich durch die Kombination von kurzen, genauen Beschreibungen mit sehr vielen Graphiken, die Schritt für Schritt zeigen, wie es gemacht wird, wie die Modelle funktionieren und wofür sie speziell geeignet sind.

Der Praxisanspruch wird darüber hinaus auch dadurch dokumentiert, daß der Autor im Einführungsteil die ethischen Grundannahmen des NLP diskutiert, ausführlich erläutert, was es heißt, NLP zu lernen und auch zeigt, wie man als NLP-Anwender die Hürden des Alltags meistert: sei es im Selbstmanagement, in der Therapie oder im Busineß. NLP wird von ihm nicht als Veränderungswerkzeug, sondern als mentale Einstellung und generisches Lernkonzept vermittelt.

„Was sich in den NLP-Trainings als brauchbar für die Teilnehmer erwiesen hat, wurde in dieses Buch eingearbeitet. Es ist ein Buch für die NLP-Praxis." – *Peter Kraft*

Dr. Peter Kraft ist zertifizierter NLP-Lehrtrainer und langjähriger Managementberater, mit den Schwerpunkten Organisationsentwicklung, Personal-Coaching, Veränderungs- und Qualitätsmanagement.

JUNFERMANN VERLAG • **Postfach 1840**
33048 Paderborn • **Telefon 0 52 51/3 40 34**